高等院校汽车专业"互联网+"创新规划教材
"十三五"江苏省高等学校重点教材（编号：2017-2-141）

汽车电器与电子控制技术

主　编　贝绍轶　王奎洋　唐金花
参　编　李国庆　倪　彰　胡　淳
　　　　杭卫星　王晓春

内 容 简 介

本书借鉴国内外汽车专业教学体系及教材特色,结合应用型本科教学需求,对当前汽车上应用的主要电器设备与电子控制技术进行了梳理与整合,内容包括各种汽车电器设备与电子控制系统的结构组成、工作原理及检测诊断等。全书共 5 章,分别为车载电源、车载电器设备、发动机管理系统、底盘控制系统及车载其他控制系统。本书内容丰富全面,图文并茂,实用性强。

本书可作为高等院校汽车服务工程、车辆工程及相关专业的教材或参考书,也可供相关技术人员、管理人员及汽车电子爱好者阅读参考。

图书在版编目(CIP)数据

汽车电器与电子控制技术/贝绍轶,王奎洋,唐金花主编.—北京: 北京大学出版社,2021.11
高等院校汽车专业"互联网+"创新规划教材
ISBN 978-7-301-32673-2

Ⅰ.①汽… Ⅱ.①贝… ②王… ③唐… Ⅲ.①汽车—电气设备—高等学校—教材 ②汽车—电子控制—高等学校—教材 Ⅳ.①U463.6

中国版本图书馆 CIP 数据核字(2021)第 219018 号

书　　　名	汽车电器与电子控制技术 QICHE DIANQI YU DIANZI KONGZHI JISHU
著作责任者	贝绍轶　王奎洋　唐金花　主编
策 划 编 辑	童君鑫
责 任 编 辑	孙　丹　童君鑫
数 字 编 辑	蒙俞材
标 准 书 号	ISBN 978-7-301-32673-2
出 版 发 行	北京大学出版社
地　　　址	北京市海淀区成府路 205 号　100871
网　　　址	http://www.pup.cn　新浪微博:@北京大学出版社
电 子 邮 箱	编辑部 pup6@pup.cn　总编室 zpup@pup.cn
电　　　话	邮购部 010-62752015　发行部 010-62750672　编辑部 010-62750667
印 刷 者	河北滦县鑫华书刊印刷厂
经 销 者	新华书店
	787 毫米×1092 毫米　16 开本　25 印张　600 千字 2021 年 11 月第 1 版　2024 年 7 月第 2 次印刷
定　　　价	76.00 元

未经许可,不得以任何方式复制或抄袭本书之部分或全部内容。
版权所有,侵权必究
举报电话: 010-62752024　电子邮箱: fd@pup.cn
图书如有印装质量问题,请与出版部联系,电话: 010-62756370

前　言

汽车产业是我国国民经济发展支柱产业，连续多年汽车产销量位居世界第一，年产销量已超过 2500 万辆，并且市场需求持续旺盛。汽车产业的迅猛发展需要大量从事汽车后市场服务的高端应用型人才。汽车服务工程专业应运而生，全国已有 200 余所院校开设该专业，为汽车后市场培养了大量专业人才。

汽车电子化是现代汽车技术发展的主要表现特征，如电控汽油喷射系统、电子控制点火系统、制动防抱死系统、电子控制稳定程序及车载控制器局域网络等。汽车电子产品在汽车总成本中所占的比例，由 1950 年的约 1% 发展到 2020 年的超过 30%，预计到 2030 年将达到汽车总成本的 50%。所以，汽车电器与电子控制技术在汽车产业发展中扮演着越来越重要的角色。伴随着汽车的电子化进程，计算机技术、智能控制、网络通信等新技术、新工艺被不断应用于汽车上，使得汽车后市场对高等院校汽车服务工程专业人才培养质量的要求也日益提升。为了满足高素质、应用型汽车后市场人才培养需求，满足汽车服务工程专业及相关专业的教学需求，编者在总结多年教学经验的基础上组织编写了本书。

"他山之石，可以攻玉。"编者借鉴国内外汽车专业教学体系及教材特色，结合应用型本科人才培养需求，对当前汽车上应用的主要电器设备与电子控制技术进行了梳理，摒弃已被淘汰的电子设备部分，添加附合应用趋势的电子设备内容，并对内容进行了优化组合与模块化处理，简洁化传统教材冗长的内容体系。同时，本书内容注重应用型本科的特点，将汽车电子部件的结构、原理与检测、诊断有机结合，在每个章的末尾给出所述内容的典型案例，以增强学生对教材内容的理解，突出教材的应用性；注重"以学生为主导"的思想，考虑学生学习的递进性与兴趣性，设计一些实用性、参与性或启发性的环节与内容，以提高学生的学习兴趣与学习效果。本书结合党的二十大精神设置了课程思政元素。

本书由江苏理工学院贝绍轶、王奎洋、唐金花任主编，李国庆、倪彰、胡淳、杭卫星、王晓春参与编写，其中第 1 章由王奎洋、唐金花编写，第 2 章由唐金花、李国庆编写，第 3 章由王奎洋、倪彰编写，第 4 章由王奎洋、胡淳编写，第 5 章由王奎洋、杭卫星编写。信息化素材、课程思政内容由王奎洋和王晓春搜集、整理，全书由贝绍轶教授统稿。

在本书的编写过程中，编者得到了上海大众汽车 4S 站、奥迪汽车 4S 站等企业技术人员的大力支持；同时参考了部分企业内训材料、图书出版资料和网络视频资源，在此对相关人员表示衷心的感谢和崇高的敬意。

由于编者水平有限，加之汽车电子技术日新月异，因此书中难免存在疏漏之处，恳请广大读者批评指正。

编　者
2024 年 7 月

本书课程思政元素

　　本书课程思政元素从"格物、致知、诚意、正心、修身、齐家、治国、平天下"中国传统文化角度着眼，结合社会主义核心价值观"富强、民主、文明、和谐、自由、平等、公正、法治、爱国、敬业、诚信、友善"设计出课程思政的主题，紧紧围绕"价值塑造、能力培养、知识传授"三位一体的课程建设目标，在课程内容中寻找相关的落脚点，通过案例、知识点等教学素材的设计运用，以润物细无声的方式将正确的价值追求有效地传递给学生，以期培养其理想信念、价值取向、政治信仰、社会责任，全面提高其缘事析理、明辨是非的能力，使其成为德才兼备、全面发展的人才。

　　每个思政元素的教学活动过程都包括内容导引、展开研讨、总结分析等环节。在课程思政教学过程中，教师和学生共同参与其中。在课堂教学中教师可结合下表中的内容导引，针对相关的知识点或案例，引导学生进行思考或展开讨论。

页码	内容导引	思考问题	课程思政元素
1	起动电源类型	1. 哪种蓄电池更适合作为起动电源？ 2. 哪种蓄电池更适合作为电动汽车电源？	辩证思想 适应发展
4	电解液配置	1. 铅酸蓄电池电解液必须由哪两种物质配置而成？ 2. 为何工业硫酸与日常用水不可用于配置电解液？	科学素养 求真务实
13	蓄电池性能检测	1. 用于铅酸蓄电池性能检测的仪表主要有哪些？ 2. 在维修现场，如何判断铅酸蓄电池性能的优劣？	专业能力 专业与社会
18	交流发电机工作原理	1. 交流发电机主要由哪些部件组成？ 2. 为何交流发电机需要各组成部件协同工作？	专业能力 团队合作
21	十一管式交流发电机	1. 八管式交流发电机、九管式交流发电机与六管式交流发电机相比，有何改进之处？ 2. 十一管式交流发电机与八管式交流发电机、九管式交流发电机有何联系？	科技发展 专业能力 创新意识
27	交流发电机检测诊断	1. 用于交流发电机性能检测的仪表主要有哪些？ 2. 在维修现场，如何判断交流发电机性能的优劣？	专业能力 专业与社会
29	电动汽车电池	1. 电动汽车电池主要有哪些类型？ 2. 为什么说电动汽车会逐渐取代燃油汽车？	能源意识 科技发展 可持续发展

续表

页码	内容导引	思考问题	课程思政元素
32	镍镉电池环境污染	1. 镍镉电池的正、负极板及电解液分别由哪些物质构成？ 2. 为何许多国家建议禁止使用镍镉电池？	专业能力 环保意识 可持续发展
60	一键启动功能	1. 一键启动功能与传统起动系统相比，有何创新之处？ 2. 一键启动系统涉及哪些控制单元或部件？	创新意识 团队合作 沟通协作
70	永磁同步电动机	1. 稀土永磁同步电动机有何优点？ 2. 如何保护和合理使用不可再生的稀土资源？	专业能力 专业与国家 可持续发展
80	防眩目前照灯	1. 当前汽车上使用的主要防眩目措施有哪些？ 2. 为什么夜间会车时前照灯使用不当会导致交通事故？	社会公德 专业与社会 规范与道德
81	自适应前照灯	1. 自适应前照灯具有哪些功能？ 2. 自适应前照灯对汽车行车安全有何作用？	科技发展 安全意识 专业与社会
87	电喇叭	1. 汽车电喇叭有何作用？ 2. 汽车电喇叭使用不当会造成哪些不良影响？	辩证思想 法律意识 规范与道德
102	电子组合式仪表	1. 电子组合式仪表具有哪些功能？ 2. 电子组合式仪表未来的发展趋势怎样？	专业能力 科技发展 创新意识
122	熔断器	1. 熔断器在汽车电路中有何作用？ 2. 熔断器通过发热而熔断自己蕴含哪些做人道理？	大局意识 集体主义 责任与使命
125	汽车电器元件	1. 汽车上的常用电器元件有哪些？ 2. 选择几个电器元件，分别说明它们的作用？	社会责任 爱岗敬业 责任与使命
136	电控汽油喷射系统	1. 电控汽油喷射系统有何优点？ 2. 电控汽油喷射系统对能源和环境保护有何影响？	能源意识 环保意识 专业与社会
157	电子控制单元	1. 在电控汽油喷射系统中，电子控制单元有何作用？ 2. 国外芯片技术封锁对我国电子产业有何影响？	大国复兴 产业报国 家国情怀
164	点火时刻控制	1. 什么是发动机最佳点火提前角？ 2. 点火时刻过早或过晚分别对发动机工作有何影响？	辩证思想 环保意识 能源意识

续表

页码	内容导引	思考问题	课程思政元素
172	分层充气模式	1. 什么是分层充气模式？ 2. 分层充气模式与均质混合充气模式相比，有何优点？	环保意识 能源意识 专业与社会
188	泵喷嘴喷油系统	1. 泵喷嘴喷油系统有何特点？ 2. 设计、加工泵喷嘴喷油系统面临哪些难题？	科技发展 创新意识 工匠精神
202	排放控制系统	1. 发动机排放污染有何危害？ 2. 发动机上的排放控制系统分别有何作用？	环保意识 专业与社会 可持续发展
211	NO_x 催化净化器	1. 汽油缸内直喷发动机为何设置 NO_x 催化净化器？ 2. NO_x 催化净化器如何控制 NO_x 排放量？	环保意识 科技发展 专业与社会
221	发动机故障自诊断	1. 发动机故障自诊断系统的发展经历了哪几个阶段？ 2. 人工经验诊断法与仪器设备诊断法各有哪些优缺点？	辩证思想 工匠精神 终身学习
242	自动变速器	1. 自动变速器有何优点？ 2. 世界上自动变速器主要生产企业有哪些？	大国复兴 产业报国
274	自动变速器故障案例	1. 自动变速器典型故障有哪些？ 2. 自动变速器打滑、抖动故障一般采用什么流程排除？	专业能力 专业与社会
275	防抱死制动系统	1. 为何研制防抱死制动系统？ 2. 为何防抱死制动系统能够提高制动时的方向稳定性和转向控制能力？	科技发展 科学素养 专业与社会
291	电子控制稳定程序	1. 电子控制稳定程序有何作用？ 2. 世界上电子控制稳定程序主要生产企业有哪些？	大国复兴 产业报国
313	空气弹簧	1. 空气弹簧具有哪些优点？ 2. 设计、加工空气式电控悬架系统需要具备哪些前提条件？	科学素养 创新意识 工匠精神
327	电子控制转向系统	1. 转向系统经历了怎样的发展历程？ 2. 电子控制转向系统未来的发展趋势是什么？	科技发展 适者生存 终身学习

V

续表

页码	内容导引	思考问题	课程思政元素
348	空调制冷剂	1. 空调制冷剂 R12 对人类健康和环境保护有何影响？ 2. 空调制冷剂 R134a 与 R12 相比，有何不同之处？	环保意识 社会责任 命运共同体
355	自动空调控制系统	1. 自动空调控制系统存在哪些瓶颈？ 2. 我国如何在自动空调控制系统领域实现弯道超车？	科技发展 国家竞争 专业与国家
368	汽车安全	1. 汽车上常见的安全装置有哪些？ 2. 引发汽车交通事故的主要原因有哪些？	安全意识 法律意识 规范与道德
371	被动安全	1. 汽车被动安全装置有何作用？ 2. 为什么安全气囊和安全带需要配合使用？	辩证思想 安全意识 团队协作
379	CAN 总线数据列	1. CAN 总线数据列由哪几个数据区域构成？ 2. 如果 CAN 总线数据列有一个二进制位数据错误，可能导致什么后果？	科学素养 逻辑思维 责任与使命
380	数据总线系统	1. 奥迪 A6L 数据总线系统包含几种线型结构？ 2. 奥迪 A6L 数据总线系统各功能部件正常工作需要满足哪些条件？	团队合作 沟通协作 责任与使命

注：教师版课程思政内容可以联系北京大学出版社索取。

目 录

第1章 车载电源 1
1.1 铅酸蓄电池 2
- 1.1.1 铅酸蓄电池的结构组成 3
- 1.1.2 铅酸蓄电池的工作原理 6
- 1.1.3 铅酸蓄电池的特性参数 8
- 1.1.4 启停系统铅酸蓄电池 12
- 1.1.5 铅酸蓄电池检测诊断 13

1.2 交流发电机 15
- 1.2.1 交流发电机的结构组成 16
- 1.2.2 交流发电机的工作原理 18
- 1.2.3 交流发电机的工作特性 21
- 1.2.4 交流发电机电压调节器 22
- 1.2.5 交流发电机检测诊断 27

1.3 电动汽车电池 29
- 1.3.1 碱性蓄电池 30
- 1.3.2 锂离子电池 35
- 1.3.3 燃料电池 38
- 1.3.4 超级电容 40
- 1.3.5 电池管理系统 42

习题 43

第2章 车载电器设备 45
2.1 起动机 46
- 2.1.1 起动机的结构与原理 47
- 2.1.2 其他类型起动机 54
- 2.1.3 起动机的工作特性 57
- 2.1.4 起动机控制电路 59
- 2.1.5 起动机检测诊断 62

2.2 驱动电动机 65
- 2.2.1 三相异步电动机 66
- 2.2.2 永磁电动机 69
- 2.2.3 开关磁阻电动机 73
- 2.2.4 轮毂电动机 75

2.3 照明与信号系统 76
- 2.3.1 照明系统 77
- 2.3.2 灯光信号系统 83
- 2.3.3 声响信号系统 87
- 2.3.4 照明与信号系统典型电路 88
- 2.3.5 照明与信号系统检测诊断 90

2.4 汽车仪表与指示灯系统 94
- 2.4.1 汽车仪表系统 94
- 2.4.2 汽车指示灯系统 99
- 2.4.3 汽车组合仪表 101
- 2.4.4 仪表与指示灯系统检测诊断 103

2.5 辅助电动装置 104
- 2.5.1 电动座椅 104
- 2.5.2 电动车窗 108
- 2.5.3 电动天窗 109
- 2.5.4 电动刮水器 113
- 2.5.5 电动后视镜 115
- 2.5.6 中央门锁控制系统 117

2.6 汽车电路识读 121
- 2.6.1 汽车电路基本知识 121
- 2.6.2 典型电路图识图 132

习题 134

第3章 发动机管理系统 135
3.1 电控汽油喷射系统 136
- 3.1.1 电控汽油喷射系统概述 136
- 3.1.2 电控汽油喷射系统的结构组成 138
- 3.1.3 电控汽油喷射系统的控制原理 158

3.2 电子控制点火系统 161
- 3.2.1 电子控制点火系统概述 161
- 3.2.2 电子控制点火系统的结构组成 162
- 3.2.3 电子控制点火系统的控制原理 164

3.3 汽油缸内直喷系统 171

3.3.1 汽油缸内直喷进气系统 …… 172
3.3.2 汽油缸内直喷燃油供给系统 …… 175
3.4 电控柴油喷射系统 …… 180
　3.4.1 共轨式喷油系统的结构与原理 …… 180
　3.4.2 泵管嘴喷油系统的结构与原理 …… 183
　3.4.3 泵喷嘴喷油系统的结构与原理 …… 188
3.5 发动机辅助控制系统 …… 191
　3.5.1 怠速控制系统 …… 191
　3.5.2 进气与增压控制系统 …… 197
　3.5.3 排放控制系统 …… 202
　3.5.4 汽油缸内直喷排放控制系统 …… 210
　3.5.5 柴油发动机辅助控制系统 …… 214
3.6 发动机管理系统故障检测诊断 …… 221
　3.6.1 发动机故障自诊断系统 …… 221
　3.6.2 典型故障案例分析 …… 234
习题 …… 239

第4章 底盘控制系统 …… 241

4.1 自动变速器 …… 242
　4.1.1 辛普森式行星齿轮机构 …… 242
　4.1.2 拉维娜式行星齿轮机构 …… 247
　4.1.3 自动变速器电子控制系统 …… 250
　4.1.4 电控无级变速器 …… 257
　4.1.5 双离合器式自动变速器 …… 262
　4.1.6 典型故障案例分析 …… 272
4.2 车辆稳定控制系统 …… 275
　4.2.1 防抱死制动系统 …… 275
　4.2.2 驱动防滑转系统 …… 285
　4.2.3 电子控制稳定程序 …… 291
　4.2.4 典型车型稳定控制系统 …… 297
　4.2.5 典型故障案例分析 …… 303
4.3 电子控制悬架系统 …… 305
　4.3.1 电子控制悬架系统概述 …… 305
　4.3.2 电子控制悬架系统的结构与原理 …… 308
　4.3.3 奥迪汽车电子控制悬架系统 …… 315
　4.3.4 典型故障案例分析 …… 324
4.4 电子控制转向系统 …… 327
　4.4.1 电子控制液压助力转向系统 …… 328
　4.4.2 电动助力转向系统 …… 331
　4.4.3 典型车型电控转向系统 …… 333
　4.4.4 典型故障案例分析 …… 340
习题 …… 342

第5章 车载其他控制系统 …… 344

5.1 自动空调系统 …… 345
　5.1.1 汽车空调制冷系统的组成与工作原理 …… 346
　5.1.2 汽车空调制冷系统的主要部件 …… 348
　5.1.3 奥迪汽车自动空调控制系统 …… 355
　5.1.4 典型故障案例分析 …… 364
5.2 安全气囊系统 …… 366
　5.2.1 安全气囊系统的结构组成 …… 366
　5.2.2 安全气囊系统的工作原理 …… 372
　5.2.3 典型故障案例分析 …… 374
5.3 车载局域网络 …… 375
　5.3.1 CAN总线的组成与工作原理 …… 376
　5.3.2 奥迪汽车数据总线系统的基本组成 …… 380
　5.3.3 奥迪汽车数据总线系统的线型特点 …… 383
　5.3.4 典型故障案例分析 …… 386
习题 …… 389

参考文献 …… 390

第 1 章 车载电源

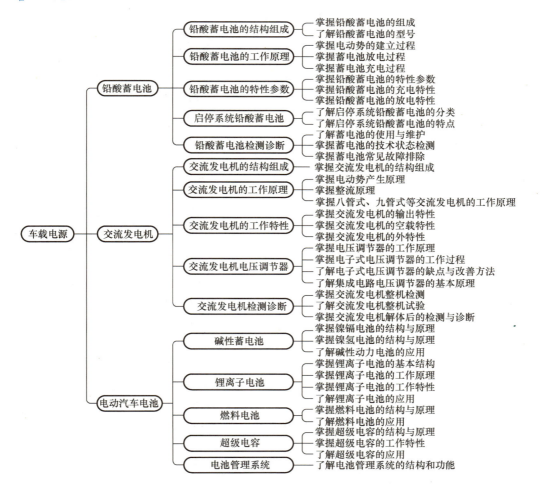

车载电源为车载用电设备提供电能,是汽车的重要组成部分之一。对于传统内燃机汽车,车载电源一般由交流发电机与铅酸蓄电池并联构成,其中交流发电机为主电源,铅酸蓄电池为辅助电源;对于电动汽车来说,车载电源一般是指汽车装载的动力电池,主要有碱性蓄电池、锂离子电池等。

1.1 铅酸蓄电池

蓄电池是一种可实现化学能与电能可逆转换的装置。传统内燃机汽车车载电源系统的基本组成如图1.1所示。

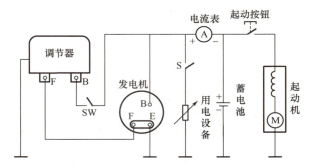

图1.1 传统内燃机汽车车载电源系统的基本组成

蓄电池的主要功能如下。

(1) **作为起动电源**,在发动机起动时向起动机、点火系统等供电。

(2) **作为辅助电源**,在发动机未工作、发电机输出电压过低或输出电量不足时,为用电设备提供电能。

(3) **作为储能装置**,在发动机中、高速运转时,可将发电机产生的剩余电能转换为化学能储存起来。

(4) **作为缓冲电容**,能够吸收汽车电路中出现的瞬时过电压,起到保护电子元件与稳定电压的作用。

(5) **作为持续电源**,可以为汽车上各电子控制系统提供不间断电源。

蓄电池作为发动机的起动电源,需要在数秒内向起动机提供持续大电流(汽油发动机为100~600A,大型柴油发动机可达1000A)。因此,蓄电池内阻要小,容量要大,并且大电流输出时电压稳定,以确保具有良好的起动性能。

车载蓄电池主要有酸性蓄电池与碱性蓄电池两种。酸性蓄电池主要是指铅酸蓄电池,其具有内阻小、成本低、电压稳定及工艺成熟等优点,是较理想的起动电源,在汽车上普遍使用。碱性蓄电池(如铁镍蓄电池、镉镍蓄电池、镍氢蓄电池等)具有能量密度大、使用寿命长等优点;但是其内阻较大,不适合做起动电源,主要用作电动汽车的动力电池。

轿车蓄电池电压一般为12V,整车电气系统电压为14V;商用车一般采用24V的蓄电池组,由两个12V蓄电池串联构成。随着车载用电设备的日益增加,车载电源系统有向

42V单一电压运行模式和42V/14V双电压运行模式发展的趋势,以使车载电源提供更大的极限功率,减小线束的截面面积,减小质量,提高发电机的工作效率。

1.1.1 铅酸蓄电池的结构组成

铅酸蓄电池一般是指电极由铅及其氧化物制成,电解液为硫酸溶液的蓄电池。常用铅酸蓄电池主要有普通铅酸蓄电池、干荷电蓄电池及免维护蓄电池三种。铅酸蓄电池主要由极板、隔板、电解液、联条及壳体等组成。典型铅酸蓄电池的结构组成如图1.2所示。

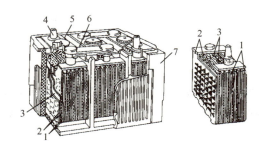

1—正极板;2—负极板;3—隔板;4—极桩;5—加液孔盖;6—联条;7—壳体

图1.2 典型铅酸蓄电池的结构组成

1. 极板

极板是铅酸蓄电池的核心部分,分为正极板和负极板,由栅架与在其上填充的活性物质构成,如图1.3所示。栅架一般由铅锑合金、铅钙合金、钙锡合金等铸造或冲压而成,具有良好的导电性、耐腐蚀性及一定的机械强度。正极板上的活性物质为二氧化铅(PbO_2),呈棕红色;负极板上的活性物质为海绵状纯铅(Pb),呈青灰色。**铅酸蓄电池的充、放电功能就是依靠正、负极板上的活性物质与电解液中的硫酸发生化学反应实现的。**

一对正、负极板置于电解液中,便可产生2V左右的电压。为了增大蓄电池的容量,一般将多片正极板、负极板分别并联,形成正极板组与负极板组,再将两个极板组嵌合,形成单体蓄电池,如图1.4所示。

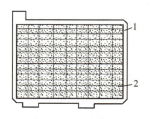

1—栅架;2—活性物质

图1.3 极板

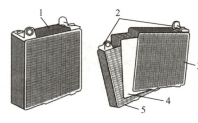

1—单体蓄电池;2—极板联条;3—负极板;4—隔板;5—正极板

图1.4 单体蓄电池及极板组

单体蓄电池的电压为2V,因此,12V的蓄电池需由6个单体蓄电池串联而成。由于正极板上的活性物质较疏松,单侧放电容易使极板拱曲而导致活性物质脱落,因此,负极板一般比正极板多一片,使得每片正极板都处于两片负极板之间,两侧放电均匀。

2. 隔板

为了减小铅酸蓄电池内阻和体积，正、负极板应尽量靠近，但彼此不能接触而短路，故在相邻正、负极板之间加一个绝缘隔板。**隔板具有多孔性，以便电解液渗透，而且化学性能稳定。**隔板材质主要有木头、微孔橡胶、聚乙烯及玻璃纤维等，对铅酸蓄电池容量、循环寿命及自放电等性能有重要影响。隔板除了有片状外，还有一种将极板包入其中的袋状结构，如图 1.5 所示。脱落的极板微粒掉在袋状隔板里，不会引起短路，可使蓄电池壳体内侧底板平整，极板可以一直伸至壳底，增大了极板的有效面积，同时提高了极板的安装稳定性。

图 1.5　袋状结构的隔板

3. 电解液

电解液一般由纯硫酸与蒸馏水按一定比例配制而成，密度为 1.23～1.30g/cm³。 电解液浓度是影响铅酸蓄电池性能和使用寿命的重要因素。因此，电解液中所用硫酸与蒸馏水必须符合行业标准，工业硫酸与日常用水因杂质较多而不可用于配置电解液，否则会导致铅酸蓄电池自放电加剧和极板损坏。

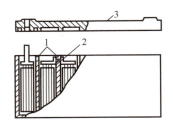

1—隔板；2—联条；3—盖板

图 1.6　单体蓄电池穿壁式连接

4. 联条

铅酸蓄电池通常由多个单体蓄电池通过联条串联而成。 图 1.2 所示为早期的连接方式，联条位于盖板上面。不仅浪费材料，而且会出现内阻增大及自放电问题。一般采用图 1.6 所示的穿壁式连接，连接距离短、内阻小且使用材料少。

5. 壳体

壳体由电池槽与电池盖组成，其作用是盛放电解液和极板组。 壳体以前多采用硬橡胶制成，现在塑料壳体因具有强度大、韧性好、厚度小及易热封合等优点成为主流。壳体底部一般有凸起的筋条，用于支撑极板组。筋条与极板底部构成的空间可以积存极板脱落的活性物质，以防止正、负极板短路。

6. 电解液指示器

由于免维护铅酸蓄电池的电解液消耗量非常小，不需要补充蒸馏水等，因此在汽车上的应用越来越多。由于这种铅酸蓄电池盖上没有加液孔，不能用密度计测量电解液的相对密度，因此一般在蓄电池盖上设有电解液指示器来显示蓄电池的技术状况。**电解液指示器根据光学折射原理反映蓄电池的技术状态，可分为单球式电解液指示器与双球式电解液指示器两种。** 单球式电解液指示器如图 1.7 所示，包括观察窗、指示器、绿色小球等，通过螺纹连接安装于铅酸蓄电池盖上。绿色小球位于底座内，由适当密度的材料制成，可随电解液密度变化而上下浮动。当铅酸蓄电池电量充足时，电解液密度较大，绿色小球上浮到极限位置，经过光线折射观察窗呈绿色；当铅酸蓄电池电量不足时，电解液密度较小，绿色小球下浮到极限位置，经过光线折射观察窗呈黑色或深绿色；当观察窗显示浅黄色或白色时，说明电解液不足，需要更换铅酸蓄电池。

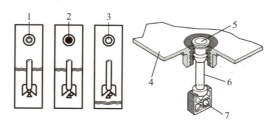

1—绿色；2—黑色；3—浅黄色；4—铅酸蓄电池盖；5—观察窗；6—指示器；7—绿色小球

图 1.7　单球式电解液指示器

7. 典型案例

博世（BOSCH）免维护铅酸蓄电池的结构组成如图1.8所示，额定电压为12V，由6个单体电池串联而成，采用隔膜袋式隔板和穿壁式连接方式。

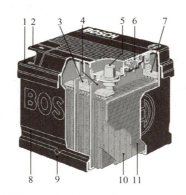

1—铅酸蓄电池盖；2—电极防护罩；3—单体电池联条；4—单体电池隔板；5—极柱；6—密封塞；
7—极板联条；8—铅酸蓄电池壳体；9—底部安装轨槽；10—正极板；11—负极板

图 1.8　博世（BOSCH）免维护铅酸蓄电池的结构组成

8. 铅酸蓄电池型号

根据 JB/T 2599—2012《铅酸蓄电池名称、型号编制与命名办法》，铅酸蓄电池型号由三部分组成，各部分之间用"-"分开，其内容及排列如图1.9所示。

图 1.9　铅酸蓄电池型号的内容及排列

（1）串联的单体蓄电池数，用阿拉伯数字表示。例如："6"表示该蓄电池内包含6个单体蓄电池，其额定电压为12V。当单体蓄电池数目为"1"时，可省略标注。

（2）蓄电池用途，其代号由1～2个字母构成。例如："Q"表示起动型蓄电池。

（3）蓄电池结构特征代号，用于表示蓄电池的某种特征，其由1～2个字母构成。例如:"A"表示干荷电蓄电池,"W"表示免维护蓄电池。

(4) 标准规定的额定容量,用阿拉伯数字表示,单位为 A·h。例如:"100"表示该蓄电池的额定容量为 100A·h。

例如:6-QA-100 表示由 6 个单体蓄电池组成、额定电压为 12V、额定容量为 100A·h 的起动型干式荷电蓄电池;6-QW-180 表示由 6 个单体蓄电池组成、额定电压为 12V、额定容量为 180A·h 的起动型免维护蓄电池。

1.1.2 铅酸蓄电池的工作原理

铅酸蓄电池的工作原理1

铅酸蓄电池的核心部分是极板和电解液,通过极板上活性物质与硫酸溶液的电化学反应建立电动势,实现放电与充电过程。铅酸蓄电池中,参与电化学反应的物质为正极板上的二氧化铅(PbO_2)、负极板上的铅(Pb)及硫酸溶液(H_2SO_4)。三者之间的化学反应过程可用下式表示:

$$PbO_2 + Pb + 2H_2SO_4 \underset{充电}{\overset{放电}{\rightleftharpoons}} PbSO_4 + PbSO_4 + 2H_2O$$

正极板　负极板　电解液　　　　　　正极板　　负极板　　电解液

铅酸蓄电池的工作原理2

1. 电动势建立过程

当正负极板浸入电解液时,负极板上的铅有溶解于电解液的倾向,少量铅生成二价铅离子(Pb^{2+}),同时在负极板上产生两个电子($2e^-$)。当上述过程达到动态平衡时,负极板上有约为 0.1V 的负电位。化学反应过程如下:

$$Pb \longrightarrow Pb^{2+} + 2e^-$$

正极板上的二氧化铅也可溶解于电解液,与水反应生成 $Pb(OH)_4$,$Pb(OH)_4$ 又可分解为四价铅离子(Pb^{4+})和氢氧根离子(OH^-)。化学反应过程如下:

$$PbO_2 + 2H_2O \longrightarrow Pb(OH)_4$$
$$Pb(OH)_4 \longrightarrow Pb^{4+} + 4OH^-$$

由于 Pb^{4+} 沉附于正极板的倾向大于溶解于电解液的倾向,因此当达到动态平衡时,正极板上有约为 2.0V 的正电位。至此,便在正负极板之间建立了约 2.1V 的电动势。

2. 蓄电池放电过程

蓄电池放电过程如图 1.10 所示,当蓄电池连接上用电设备时,在极板间电动势的作用下,负极板上的电子流向正极板,与正极板处的 Pb^{4+} 结合成为 Pb^{2+}。负极板处的电子与正极板处的 Pb^{4+} 减少,正负极板原有的化学平衡被打破,负极板上的铅不断产生新的电子,正极板上的二氧化铅转化为新的 Pb^{4+},持续为用电设备提供放电电流 I_f。随着放电过程的进行,负极板处的铅不断分离出电子转化为 Pb^{2+},正极板处的 Pb^{4+} 不断得到电子转化为 Pb^{2+},再分别与电解液中的 SO_4^{2-} 结合生成硫酸铅($PbSO_4$),沉附在正负极板上。电解液中的 SO_4^{2-} 逐渐减少,电解液的密度下降。

理论上,蓄电池放电过程应进行到正负极板上活性物质全都转化为 $PbSO_4$ 为止,但是实际上这是很难做到的,因为电解液难以渗透到活性物质的最内层。所谓蓄电池完全放电,实际上只有约 20%~30% 的活性物质参与反应转化为 $PbSO_4$。因此,采用薄型极板增强渗透性,可以提高极板活性物质的利用率。

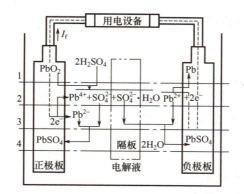

1—放电以前；2—溶解电离；3—输出电流；4—放电以后；I_f—放电电流

图 1.10 蓄电池放电过程

3. 蓄电池充电过程

蓄电池充电过程如图 1.11 所示，当蓄电池连接上充电机或发电机电压高于蓄电池电压时，可对蓄电池进行充电。在充电电源的作用下，电流由蓄电池正极流入，由负极流出，即驱动电子从正极经过充电电源流入负极。此时，正负极板的化学反应与放电时相反。正极板处的 Pb^{2+} 在充电电源的作用下，被夺走两个电子变为 Pb^{4+}，Pb^{4+} 与电解液中的 OH^- 结合生成 $Pb(OH)_4$，$Pb(OH)_4$ 的化学性能不稳定，分解为 PbO_2 和 H_2O，PbO_2 沉附于正极板上，SO_4^{2-} 又与电解液中的 H^+ 结合生成 H_2SO_4。负极板处的 Pb^{2+} 得到两个电子变为 Pb，沉附于负极板上，SO_4^{2-} 与电解液中的 H^+ 结合生成硫酸。因此，**蓄电池充电时，正负极板处的 $PbSO_4$ 逐渐恢复为 PbO_2 和 Pb，电解液中的 SO_4^{2-} 逐渐增加，电解液的密度增大。**

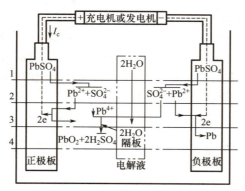

1—充电以前；2—溶解电离；3—输入电流；4—充电以后；I_c—充电电流

图 1.11 蓄电池充电过程

当充电接近终了时，电解液密度最大。如果继续充电，则会电解水而生成 H_2 和 O_2，并从电解液中逸出。**电解水的化学反应过程如下：**

$$2H_2O \xrightarrow{\text{分解}} 2H_2\uparrow + O_2\uparrow$$

1.1.3 铅酸蓄电池的特性参数

1. 静止电动势

静止电动势是指蓄电池在无负载、无电流状态下，正负极之间的稳定电位差，其值与电解液密度和电解液温度有关。在电解液密度为 $1.050 \sim 1.300 \mathrm{g/cm^3}$ 时，静止电动势与电解液密度、电解液温度的关系可由如下经验公式表示：

$$E_j = 0.84 + \rho_{25℃}$$

$$\rho_{25℃} = \rho_t + 0.0075(T - 25)$$

式中：$\rho_{25℃}$——25℃时的电解液密度（$\mathrm{g/cm^3}$）；

ρ_t——实际测得的电解液密度（$\mathrm{g/cm^3}$）；

T——实际测得的电解液温度（℃）。

2. 蓄电池内阻

蓄电池内阻主要包括极板电阻、电解液电阻、隔板电阻及联条电阻等。极板电阻、电解液电阻与蓄电池放电程度、电解液温度及密度有关。随着蓄电池放电程度的增大，附着在极板表面的 $PbSO_4$ 相应增加，极板电阻随之增大。电解液温度较低或密度较大时，会因电解液黏度增大，渗透能力降低，使得电解液电阻增大。电解液密度过小或过大，会因为硫酸的离解度降低而增大电阻。隔板电阻因材料而异，木质隔板比橡胶隔板、塑料隔板的电阻大。联条电阻与联条长度有关，穿壁式联条的电阻较小。例如，环境温度为20℃时，一个充满电的容量为50A·h的铅酸蓄电池内阻仅为 $5 \sim 10 \mathrm{m\Omega}$；环境温度为 $-25℃$、电量为50%时，铅酸蓄电池内阻将增大至约 $25 \mathrm{m\Omega}$。

3. 额定容量

额定容量（C_{20}）是指完全充足电的蓄电池，在电解液温度为25℃时，以20h放电率（$I_f = 0.05 C_{20}$）连续放电，当单体电压降至 $1.75\mathrm{V}$ [12V蓄电池降至 $(10.5 \pm 0.05)\mathrm{V}$，6V蓄电池降至 $(5.25 \pm 0.02)\mathrm{V}$] 时，蓄电池输出的电量。例如：一款6-Q-105型蓄电池在电解液温度为25℃时，以5.25A的电流连续放电20h后，其端电压降至10.5V，则 $C_{20} = 5.25\mathrm{A} \times 20\mathrm{h} = 105\mathrm{A \cdot h}$。额定容量是度量蓄电池储存能力的参数，主要取决于所采用的活性物质和电解液，增大极板的数量、几何尺寸，可以增大蓄电池的额定容量。

4. 可用容量

可用容量（C）是指蓄电池在一定条件下可放出的电量，主要与下列因素有关。

(1) 放电电流强度。

(2) 电解液密度和电解液温度。

(3) 动态放电过程（间歇放电的可用容量比连续放电的多）。

(4) 蓄电池的使用时间（极板上活性物质的损失会导致使用后期蓄电池容量下降）。

(5) 电解液分层程度。

可用容量与放电电流、电解液温度的关系曲线如图1.12所示。放电电流越大、电解液温度越低，蓄电池的可用容量越小。

一款额定电压为12V、额定容量为44A·h的蓄电池的可用容量与放电电流的关系曲线如图1.13所示。在放电电流为2.2A时，可以持续放电20h，可用容量为44A·h；在平均起动电流为 150A 的情况下，放电时间只有约 8min，可用容量仅为 20A·h。这是因为当放电电流较小时，电化学反应能缓慢进入极板微孔深处，极板外围约 **50%** 的酸性溶液可以利用；当放电电流较大时，电化学反应只能发生在极板表面，参与反应的酸性溶液仅限于极板微孔处已存在的部分。

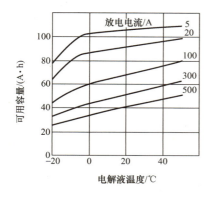

图 1.12 可用容量与放电电流、电解液温度的关系曲线

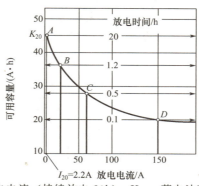

I_{20}—放电电流（持续放电 20h）；K_{20}—蓄电池可用容量

图 1.13 一款额定电压为 12V、额定容量为 44A·h 的蓄电池的可用容量与放电电流的关系曲线

电解液温度对蓄电池可用容量的影响如下：当电解液温度升高时，黏度减小，蓄电池内阻减小，电化学反应效率提高，蓄电池容量与放电电压增大；反之，当电解液温度降低时，黏度增大，蓄电池内阻增大，电化学反应效率降低，蓄电池容量与放电电压减小。由此可知，起动型蓄电池的可用容量不应太小，否则电解液温度很低时，发动机起动转速和起动时间不足。

起动转速与电解液温度的关系曲线如图 1.14 所示。曲线 1a 表示一个放电约 20% 的蓄电池所能提供的起动转速与电解液温度之间的关系，随着电解液温度的降低，所能提供的起动转速下降；曲线 1b 表示蓄电池深度放电后所能提供的起动转速与电解液温度之间的关系；曲线 2 表示发动机所需的最低起动转速。在电解液温度较低时，由于润滑油的黏度较大等，发动机与变速箱内摩擦阻力较大，发动机所需的最低起动转速较高。S_1、S_2 分别为蓄电池放电约 20% 和深度放电后，发动机冷起动的临界温度。低于此温度时，蓄电池将无法提供起动发动机所需的功率，而不能起动发动机。

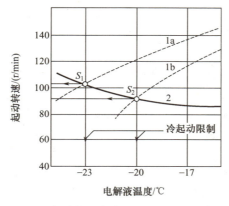

图 1.14 起动转速与电解液温度的关系曲线

5. 放电特性

放电特性是指在恒定放电电流 I_f 放电过程中，蓄电池端电压 U_f、电动势 E 和电解液密度（25℃时）$\rho_{25℃}$ 随放电时间 t_f 的变化规律。将完全充足电的蓄电池以 20h 放电率（$I_f=0.05C_{20}$）的电流进行放电，在放电过程中，每隔一定时间测量其单体电池的端电压和电解液密度，便可得到蓄电池恒流放电特性曲线，如图 1.15 所示。由于蓄电池内阻有电压降，因此蓄电池端电压 U_f 总是低于电动势 E。

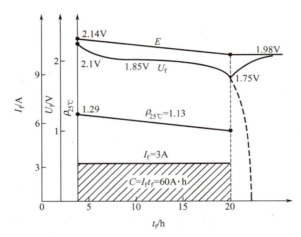

U_f—蓄电池端电压；E—电动势；$\rho_{25℃}$—电解液密度（25℃时）；t_f—放电时间

图 1.15　蓄电池恒流放电特性曲线

（1）电解液密度。

在放电过程中，由于放电电流 I_f 是恒定的，单位时间内硫酸的消耗量是相等的，因此**电解液密度沿直线下降，相对密度每下降 0.03～0.04，蓄电池放电量约为额定容量的 25%**。

（2）蓄电池端电压。

蓄电池放电时的电化学反应是在极板的孔隙内进行的。在开始放电阶段，极板孔隙内电解液中的硫酸迅速消耗，电解液密度迅速下降，单体电池的端电压从 2.1V 迅速下降。此时，蓄电池电解液中的硫酸会向极板孔隙渗透。当孔隙内电解液密度的下降趋势与整个容器内电解液密度的下降趋于一致时，蓄电池端电压 U_f 将随整个蓄电池内电解液密度的下降而缓慢下降到 1.8V，接着迅速下降至 1.75V。电压急剧下降是由于放电终了时，化学反应深入极板的内层，而放电时生成的硫酸铅体积比原来的活性物质体积大（约为海绵状铅的 2.68 倍、二氧化铅的 1.68 倍），硫酸铅聚积在极板孔隙内，缩小了孔隙的截面面积，使电解液深入困难，极板孔隙内消耗的硫酸难以得到补充，孔隙内的电解液密度迅速下降，蓄电池端电压也随之急剧下降，当降至一定值（20h 放电率对应为 1.75V）时，若继续放电，则为过度放电。过度放电对蓄电池有害，因为孔隙中生成的粗结晶硫酸铅在充电时不易被还原，会使极板破坏，蓄电池容量下降。停止放电后，极板孔隙中的电解液和蓄电池中的电解液相互渗透，趋于平衡，蓄电池端电压稍有回升。

蓄电池放电终了的特征如下：①**电解液密度降至最小许可值（约为 1.11g/cm³）**；②**单体电池的端电压降至放电终止电压（约为 1.75V）**。

放电终止电压与放电电流有关，放电电流越大，放完电的时间越短，允许的放电终止电压越低。放电终止电压与放电电流的关系见表 1-1。

表 1-1　放电终止电压与放电电流的关系

放电电流/A	$0.05C_{20}$	$0.1C_{20}$	$0.25C_{20}$	C_{20}	$3C_{20}$
放电时间	20h	10h	3h	30min	5.5min
放电终止电压/V	1.75	1.70	1.65	1.55	1.50

6. 充电特性

充电特性是指在恒流充电过程中，蓄电池端电压 U_c、电动势 E 和电解液密度（25℃时）$\rho_{25℃}$ 随充电时间 t_c 变化的规律。以充电电流 I_c 向一个完全放电的蓄电池充电，在充电过程中，每隔一定时间测量单体电池的端电压和电解液密度，可得到蓄电池恒流充电特性曲线，如图 1.16 所示。充电时，由于电源电压必须克服蓄电池电动势和蓄电池内部的电压降 I_cR_0（$U_c=E+I_cR_0$），因此充电过程中蓄电池端电压总是大于电动势 E。

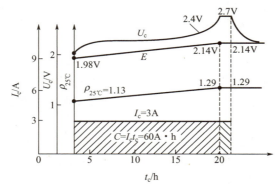

U_c—蓄电池端电压；t_c—充电时间
图 1.16　蓄电池恒流充电特性曲线

由于恒流充电时单位时间内硫酸的生成量相等，因此电解液相对密度随时间逐渐上升。蓄电池端电压在充电开始后迅速上升，这是因为充电时活性物质与硫酸的化学作用首先在极板的孔隙中进行，生成的硫酸使电解液相对密度增大。新生成的硫酸不断向周围扩散，当继续充电至极板孔隙内析出的硫酸与扩散的硫酸达到平衡时，蓄电池端电压不再迅速上升，而是随着电解液相对密度的增大而缓慢上升，呈线性关系。充电接近终了时，蓄电池端电压达到 2.3~2.4V，极板上的活性物质几乎全部恢复为二氧化铅和铅，继续通电，电解液中的水开始分解，产生氢气和氧气，以气泡形式剧烈放出，呈现"沸腾"状态，出现严重的极化现象，使电解液与极板之间产生附加电位差（约为 0.33V），蓄电池端电压升至 2.7V 左右。此时应切断充电电路，停止充电，否则将造成"过充电"。过充电时，由于剧烈地放出气泡而产生压力，加速活性物质脱落，使极板过早损坏，因此应尽量避免长时间过充电。但在实际使用中，往往在充电电压达到最大值后，继续充电 2~3h，以确保蓄电池充足电。

充电停止（$I_c=0$）后，蓄电池端电压立即下降，极板孔隙内的电解液密度和蓄电池电解液密度趋向平衡，蓄电池端电压又降至2.1V左右。

蓄电池充电终了的特征如下：①蓄电池内产生大量气泡，呈现"沸腾"状态；②蓄电池端电压或电解液密度升至最大值，且2h内基本不变。

1.1.4 启停系统铅酸蓄电池

博世汽车启停系统

启停系统在汽车上的使用越来越多，可在发动机怠速运转时自动使发动机熄火，由蓄电池给车载电器设备供电，从而达到降低发动机怠速油耗和排放污染的目的。由于启停系统在发动机熄火时由蓄电池提供动力，并且需要频繁地起动发动机，因此要求蓄电池具有更大的容量、更长的使用寿命，且能够快速大电流充放电。适用于启停系统的蓄电池有增强型富液式蓄电池和玻璃纤维吸附式蓄电池。

1. 增强型富液式蓄电池

增强型富液式蓄电池是在普通铅酸蓄电池的基础上，通过改进栅架材料及工艺、增大正负极板面积、调整活性物质配方、提高活性物质质量及采用聚酯纤维隔板、混酸器等措施，降低蓄电池内阻、电流损耗，提高蓄电池的容量、极板强度、耐腐蚀性、充电接收能力及使用寿命等，使得增强型富液式蓄电池能够满足启停系统的使用要求。聚酯纤维隔板能使极板上吸附更多活性物质，并在极板内部固定活性物质，增强了蓄电池的深度循环耐受性与充电接收能力。混酸器可以抑制电解液分层，使电解液密度保持一致，增强了蓄电池的充电接收能力，延长了蓄电池的使用寿命。其中，电解液分层是指频繁充放电过程中蓄电池溶液中出现的浓度差，此时硫酸集中在蓄电池下部，蓄电池上部硫酸较少。

AGM启停系统蓄电池

与普通铅酸蓄电池相比，增强型富液式蓄电池的优点如下。
（1）部分荷电和深循环性能是普通铅酸蓄电池的两倍。
（2）支持发动机更频繁地起动，并延长怠速时间。
（3）与普通铅酸蓄电池相比，其充电接收能力更强。
（4）热稳定性提高，适用于发动机舱和炎热天气。
（5）具有一定的能量再生能力，适用于启停系统。

2. 玻璃纤维吸附式蓄电池

与增强型富液式蓄电池相比，玻璃纤维吸附式蓄电池的结构有很大不同，其极板不是浸泡在电解液中的，如图1.17所示。玻璃纤维吸附式蓄电池采用了吸附式玻璃纤维隔板技术和密度为1.29～1.31g/cm³的硫酸电解液，电解液大部分吸附于玻璃纤维隔板内，一部分吸附于极板内部。玻璃纤维吸附式蓄电池的玻璃纤维隔板隔膜保持10%的孔隙未浸润电解液，即采用贫液式设计，其作用是给正极反应析出的氧提供移向负极的通道。

图1.17 玻璃纤维吸附式蓄电池的结构

在工作过程中，一方面，氧通过玻璃纤维吸附式隔膜上的孔隙在蓄电池内部重组，正极析出的氧在负极重新化合生成水，使得电化学反应中消耗的水很少，同时与增强型富液式蓄电池相比，极板高度增大，进而提高了极板表面参与电化学反应的能力；另一方面，极板与玻璃纤维吸附式隔膜间采用紧配合装配,玻璃纤维吸附式隔板直接均匀地紧贴在极板活性物质上,使极板充分接触电解液,保证活性物质固定在玻璃纤维垫中间,防止活性物质脱落,同时电解液在隔板玻璃纤维中的毛细现象克服了重力影响,能很大程度地避免蓄电池电解液分层。

与增强式富液式蓄电池相比,玻璃纤维吸附式蓄电池整体性能更优,具有更好的充放电循环能力及深循环性能,电化学反应生命周期更长,电容量更稳定,但是无法在高温环境下使用,一般不安装于发动机舱中,而位于后备箱内。

1.1.5 铅酸蓄电池检测诊断

1. 蓄电池使用与维护

正确使用与维护蓄电池可提高蓄电池容量,使蓄电池经常处于完好状态,延长其使用寿命。蓄电池使用与维护的注意事项如下。

(1) 蓄电池应在车上固定牢靠,以防行车时振动和移位。

(2) 环境温度较低时,应对蓄电池做好保温措施,防止电解液结冰及容量大幅下降。

(3) 每次起动发动机的时间不得超过 5s,两次起动间隔时间不少于 15s。若连续三次起动不成功,则应查明原因并排除故障,再起动发动机。

(4) 拆卸蓄电池时,应遵循"先负后正"的顺序;安装蓄电池时,应遵循"先正后负"的顺序,以免造成蓄电池短路。

2. 蓄电池技术状态检测

(1) 电解液液面高度测量。

普通蓄电池可用玻璃管测量电解液液面高度,如图 1.18 所示。电解液液面应高出极板顶部 10~15mm,电解液不足时应加注蒸馏水。为了方便观察,一些蓄电池侧面设有液面高度指示线,正常液面高度应介于两条指示线之间。

(2) 蓄电池性能状态检测。

普通蓄电池性能状态可通过电解液相对密度、使用高率放电计及利用电导仪测量检测;免维护蓄电池放电程度可通过电解液指示器观察。

电解液相对密度测量方法如图 1.19 所示,吸式密度计可以测量电解液实际密度,并根据电解液温度将测得的密度转换为 25℃时的相对密度。一般相对密度每减小 0.01,相当于蓄电池放电 6%,所以可以根据测得的电解液相对密度估算出蓄电池的放电程度。

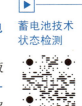
蓄电池检测仪使用方法

蓄电池技术状态检测

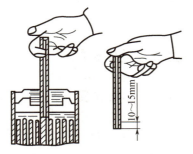

图 1.18 蓄电池电解液液面高度测量

图 1.19 电解液相对密度测量方法

高率放电计用于模拟起动机工作状态,是检测蓄电池容量的仪表。高率放电计由一个阻值很小的负载电阻和一块电压表组成,如图1.20所示。由于检测时,蓄电池对负载电阻的放电电流可达100A以上,因此能比较准确地判定蓄电池的容量和基本性能,是普遍使用的检测仪表。

在常温下,以1/2的冷起动电流(Cold Cranking Ampere,CAA)放电15s,如果蓄电池电压超过9.6V,则这个蓄电池就通过了放电实验,是"健康"的电池。以一款12V蓄电池为例,实验方法如下:将高率放电计的正、负放电针分别连接在蓄电池的正、负极柱上,且保持15s。若蓄电池电压保持在9.6V以上,则说明其性能良好;若蓄电池电压稳定在10.6~11.6V,则说明其电量充足;若蓄电池电压迅速下降,则说明蓄电池已经损坏。但是,此项检测不能连续进行,只有间隔1min后才可以再次检测,以防止蓄电池损坏。

电导技术被全球公认为判定蓄电池性能状态和控制蓄电池充电的新标准。由于蓄电池电导值与蓄电池容量之间存在线性关系,因此可以利用蓄电池电导仪(图1.21)测得电导值,以判断蓄电池的技术状态。蓄电池电导值测量方法是将已知频率和振幅的交流电压加到蓄电池两端,然后测量产生的电流。交流电导值就是与交流电压同相的交流电流分量与交流电压的比值。蓄电池电导值的变化实际上反映了其内部极板表面活性物质化学反应能力的变化,由此可推断出蓄电池容量的变化。蓄电池电导仪进行的测试工作就是将测得的蓄电池实际电导值与蓄电池完好时的标准电导值进行比较,如果差异大到一定程度(相差大于20%),则可判断出需要更换蓄电池。

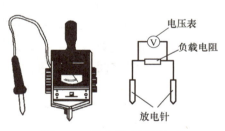

图1.20 高率放电计的组成

图1.21 蓄电池电导仪

3. 蓄电池常见故障排除

随着汽车电子技术的不断发展,汽车电气元件日益增加,经常出现汽车放置一段时间后,蓄电池亏电、无法起动的故障。汽车蓄电池亏电的原因有蓄电池充电不良、蓄电池自身故障及静态放电电流过大,其中第三种情况较常见。

(1)蓄电池充电不良。

故障原因:发电机与蓄电池之间的线路存在虚接;发电机发电量不足。

排除方法:起动发动机,关闭所有电器,测量发电机正极与壳体之间的电压(发电机的输出电压),应在13.5V以上,否则说明发电机发电量不足,需更换发电机;如发电机输出电压正常,起动所有电器,检测蓄电池正极与发动机、车身及蓄电池负极间的电压,其中任意两电压的差值不能超过0.3V,否则说明发电机与蓄电池之间的线路存在虚接,需仔细检查相关线路。

(2) 蓄电池自身故障。

故障原因：极板硫化；电解液过少；蓄电池内部断路。

排除方法：在确定不是蓄电池充电不良的情况下，关闭所有电器，断开点火开关，用大众MCR-341蓄电池检测仪（蓄电池电导仪）对蓄电池进行测试。若测试结果为"更换电池"或"坏格电池"，则应更换蓄电池。

(3) 静态放电电流过大。

故障原因：开关故障；继电器故障；控制单元故障；加装了其他电器。

排除方法：使用大众VAS 6150诊断仪，选择"测试工具""50A电流拾波器"，选择直流；检查车载控制单元中的所有电器（如手套箱灯、行李箱灯、车门灯及车顶灯等）是否关闭；关闭后备箱、发动机盖及所有车门后，用遥控器锁止汽车，等待10min，使所有系统进入休眠模式；将VAS 6150诊断仪的电流钳夹在蓄电池正极或负极导线上，注意电流钳上的箭头应指向电流方向，然后观察VAS 6150诊断仪显示的放电电流，若超过50mA，则说明蓄电池静态放电电流过大，进一步检测步骤如下。

① 查看汽车是否加装了其他电器，如报警器、DVD导航、防盗报警器等。若加装，则需断开其电源。若此时VAS 6150诊断仪显示放电电流明显减小，则说明该加装电器负荷过大，需拆除。

② 逐项断开不受熔丝控制的所有电器（起动机、发电机及点火装置等）的供电线路，同时观察VAS 6150诊断仪显示的放电电流是否变化。若断开某个线路后，放电电流明显减小，则说明该线路或电器存在故障。

③ 将发动机室左侧、仪表台左侧的熔丝盒内的熔丝逐个拔掉。若将某个熔丝拔掉后，VAS 6150诊断仪显示的放电电流明显减小，则说明该熔丝控制的线路或电器存在故障。该步骤也可通过测量各熔丝两端的电压来实现，但所用万用表的精度要高，使用普通数字万用表无法测量，需使用VAS 6150诊断仪的万用表。熔丝有微小的电阻，若有电流经过，则熔丝两端必定有电压，可根据电压确定电流。若5A熔丝两端的电压为0.2mV，则经过的电流为13mA；若15A熔丝两端的电压为0.2mV，则经过的电流为45mA；若20A熔丝两端的电压为0.2mV，则经过的电流为61mA。

1.2 交流发电机

发电机由发动机带动工作，向车载用电设备供电，并可对蓄电池充电。最早使用的是直流同步发电机，采用机械式换向器整流，存在体积较大、功率密度小、低速充电性能差及高速换向火花大等缺点，不能适应现代汽车对发电机的要求，已淘汰。汽车上普遍使用硅整流交流发电机，其具有体积小、质量轻、发电效率高及使用寿命长等优点。此外，为了使发动机转速变化时，发电机输出电压保持稳定，以满足用电设备的用电需求，需要给发电机配备一个电压调节器。最初的电压调节器为触点式，后来被电子式电压调节器取代。电子式电压调节器分为分立元件式和集成电路式，主要采用集成电路式，分立元件式已很少见。

1.2.1 交流发电机的结构组成

交流发电机主要由转子、定子、整流器、端盖及电刷组件等组成，如图 1.22 所示。

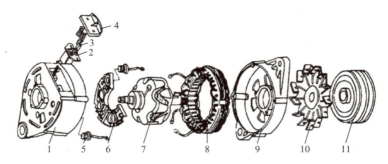

1—后端盖；2—电刷架；3—电刷；4—电刷弹簧压盖；5—硅二极管；6—元件板；
7—转子；8—定子；9—前端盖；10—风扇；11—带轮

图 1.22 交流发电机的结构组成

1. 转子

交流发电机转子用于建立磁场，主要由集电环、转子轴、爪极、磁轭、励磁绕组等组成，如图 1.23 所示。

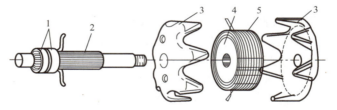

1—集电环；2—转子轴；3—爪极；4—磁轭；5—励磁绕组

图 1.23 交流发电机转子

两块爪极压装在转子轴上，爪极间的空腔内装有磁轭，磁轭上绕有励磁绕组，励磁绕组两端的引线分别焊在与转子轴绝缘的两个铜制集电环上。励磁绕组通过与集电环接触的两个电刷引入直流电流而产生磁场，并将两块爪极磁化，其中一块被磁化为 N 极，另一块被磁化为 S 极，使整个转子形成 4~8 对磁极。国产交流发电机多为 6 对磁极。爪极凸缘呈鸟嘴形，使转子磁场呈正弦分布。

2. 定子

交流发电机定子又称电枢，用于产生交流电动势，由定子铁芯和对称布置的三相电枢绕组组成。定子铁芯由一组相互绝缘且内圆带槽的环状硅钢片叠制而成，三相电枢绕组按一定绕制规则对称嵌放在槽内。交流发电机定子绕组的典型绕制方法如图 1.24 所示。

三相绕组的连接方法有星形接法（又称丫形接法）和三角形接法（又称△形接法）两种。星形接法是将三相绕组的 3 个末端 U_2、V_2、W_2 接在一起，将三相绕组的首端 U_1、V_1、W_1 作为交流发电机的交流输出端，如图 1.25（a）所示。三角形接法是将每相绕组

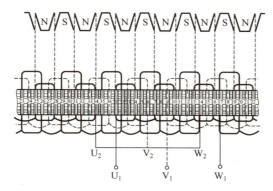

图1.24 交流发电机定子绕组的典型绕制方法

的首端与另一相绕组的末端依次连接，因而有3个接点，这3个接点即交流发电机的交流输出端，如图1.25（b）所示。汽车用交流发电机大多采用星形接法。

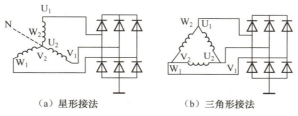

（a）星形接法　　　　（b）三角形接法

图1.25 定子绕组的连接方式

3. 整流器

整流器的作用是将定子绕组产生的三相交流电转换为直流电。整流器由6个硅整流二极管组成，如图1.26所示。硅整流二极管通常直接压装在散热板或发电机后端盖上，其中压装在散热板上的3个硅整流二极管的引线为正极，外壳为负极，称为"正极管"，一般引线端涂有红色标记；压装在后端盖上的硅整流二极管的引线为负极，外壳为正极，称为"负极管"，一般引线端涂有黑色标记。一般交流发电机的6个硅整流二极管分别压装在两块散热板上。

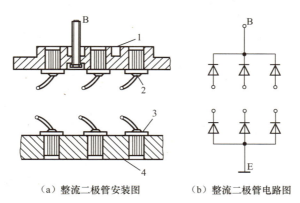

（a）整流二极管安装图　　　　（b）整流二极管电路图

1—绝缘散热板；2—正极管（红色标记）；3—负极管（黑色标记）；4—后端盖板；B—电源输出端；E—接地端

图1.26 整流器的组成

为便于散热，散热板通常由铝合金制成，与后端盖用绝缘材料垫片隔开，固定在散热板上的螺栓伸出发电机壳体，作为发电机的电源输出接线柱，标记为"B""+""电枢"等。

4. 端盖及电刷组件

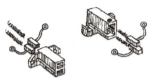

图 1.27 两种电刷组件

前后端盖由铝合金制成，铝合金为非导磁材料，可减少漏磁并具有质量轻、散热性好等优点。后端盖上装有电刷组件，包括电刷架、电刷及电刷弹簧等。两种电刷组件如图 1.27 所示，两个电刷分别装在电刷架的孔内，借助弹簧压力与集电环保持接触。

交流发电机带轮上装有叶片式风扇，用于对发电机进行强制通风散热。为了提高散热强度、减小体积，有些发电机采用双风扇结构，并将风扇叶片安装在转子上。

1.2.2 交流发电机的工作原理

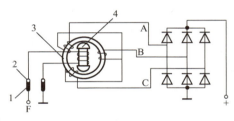

1—电刷；2—集电环；3—定子；4—转子

图 1.28 交流发电机的工作原理

1. 电动势产生原理

交流发电机的工作原理如图 1.28 所示。三相定子绕组按一定规律分布在发电机的定子槽中，彼此相差 120°。三相定子绕组的末端连在一起，呈星形连接。当转子旋转时，定子绕组与磁力线之间产生相对运动，在三相定子绕组中产生频率相等、幅值相等、相位相差 120°的三相正弦交流电动势，其波形如图 1.29（b）所示。

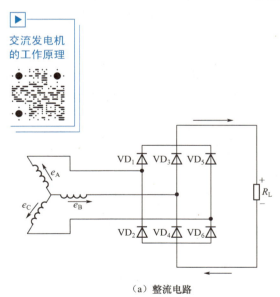

(a) 整流电路

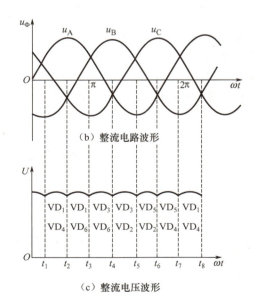

(b) 整流电路波形

(c) 整流电压波形

R_L—电阻；u_Φ—三相正弦交流电动势

图 1.29 三相全波桥式整流电路原理

2. 整流原理

定子绕组产生的三相交流电通过硅整流二极管组成的整流电路转换为直流电。二极管具有单向导电性，当在二极管上加正向电压时，二极管导通，呈低阻状态；当在二极管上加反向电压时，二极管截止，呈高阻状态。利用二极管的单向导电性，可把交流电转换为直流电。

三相全波桥式整流电路如图 1.29（a）所示。二极管的导通原则如下：二极管 VD_1、VD_3、VD_5 为正极管，其正极分别接在发电机三相绕组的首端，负极连接在一起，任一瞬间正极电位最高者导通；二极管 VD_2、VD_4、VD_6 为负极管，其负极分别接在发电机三相绕组的首端，正极连接在一起，任一瞬间负极电位最低者导通。

例如，$t_1 \sim t_2$ 时间内，A 相电压最高，B 相电压最低，VD_1、VD_4 获得正向电压而导通，A、B 相之间的线电压加在负载 R_L 上，形成电流回路；$t_3 \sim t_4$ 时间内，B 相电压最高，C 相电压最低，VD_3、VD_6 获得正向电压而导通，B、C 相之间的线电压加在负载 R_L 上，形成电流回路。因此，每个时刻都有两个二极管导通，从而在负载两端得到一个比较平稳的直流电压，波形如图 1.29（c）所示。

3. 励磁方式

交流发电机的励磁方式是先他励、后自励。当发电机转速较低，输出电压低于蓄电池电压时，由蓄电池向发电机励磁绕组供电，产生励磁电流，为他励方式；当发电机转速升高，输出电压高于蓄电池电压时，发电机自身向励磁绕组供电，产生励磁电流，为自励方式。

交流发电机的典型励磁电路如图 1.30 所示。当点火开关 S 接通时，励磁电路如下：蓄电池正极——点火开关 S——电压调节器——励磁绕组——蓄电池负极。当发电机电压高于蓄电池电压时，励磁电路如下：发电机定子绕组——正极二极管——点火开关 S——电压调节器——励磁绕组——发电机 E 端——负极二极管——定子绕组。

4. 八管式交流发电机

八管式交流发电机通过在三相绕组的中性点与发电机输出端、搭铁端之间分别连接一个二极管，利用中性点的谐波电压提高发电机的输出功率。

（1）中性点。

在星形连接的交流发电机中，三相绕组的共同连接点为中性点，其接线柱的标记为 N，如图 1.31 所示。由于中性点电压 U_N 是通过三个负极管整流后得到的直流电压，即三相半波整流电压，因此其值为发电机输出电压的一半。

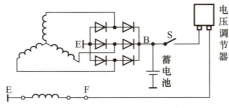

图 1.30　交流发电机的典型励磁电路

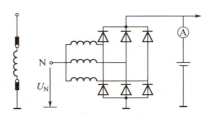

图 1.31　交流发电机的中性点

（2）整流输出原理。

实际上，中性点瞬时电压为三相基波电压整流得到的直流分量和交流分量的叠加。交流分量与发电机转速有关，发电机转速越高，交流分量的瞬时峰值越大，如图1.32所示。当发电机转速升高到一定值（如2000r/min）时，交流分量的最高瞬时值可能超过发电机的直流输出电压（14V），最低瞬时值可能低于搭铁电压（0V）。

交流分量高于发电机直流输出电压和低于0V时，可能对外输出电压。因此，可分别在中性点与发电机输出端"B+"、搭铁端之间增加一个整流二极管，如图1.33所示。图中VD_7和VD_8为中性点整流二极管。

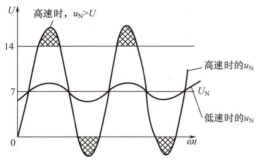

图1.32　不同转速时的中性点电压波形　　　图1.33　八管式交流发电机基本电路

当中性点的瞬时电压高于发电机的输出电压时，二极管VD_7导通，电流经二极管VD_7——负载——三个负极管中的一个后经某相绕组形成回路。当中性点的瞬时电压低于0V时，二极管VD_8导通，电流从某相流出，经该相的正极管——负载——搭铁——二极管VD_8回到中性点而形成回路。增加中性点整流输出后，发电机在高速状态下的输出电流可增大10%～15%。

5. 九管式交流发电机

为增大发电机的电流输出，增大发电机的输出功率，在交流发电机中增加三个整流二极管作为励磁二极管，带励磁二极管的九管式交流发电机的基本电路如图1.34所示。

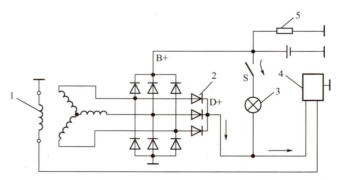

1—励磁绕组；2—励磁二极管；3—充电指示灯；4—电压调节器；5—用电设备；B+，D+—接线端子

图1.34　带励磁二极管的九管式交流发电机的基本电路

当发电机处于自励状态时，三相绕组的电流分两路输出，一路作为输出电流通过六个二极管组成的三相全波桥式整流电路由接线端子"B+"对外输出；另一路通过三个励磁

二极管（正二极管）和三个整流负二极管组成的励磁整流电路，作为励磁电流通过接线端子"D+"──→电压调节器──→励磁绕组，向励磁绕组提供励磁电流。

6. 十一管式交流发电机

带励磁二极管和中性点整流输出的十一管式交流发电机的基本电路如图 1.35 所示。$VD_1 \sim VD_6$ 六个整流二极管组成全波桥式整流电路，VD_{10} 和 VD_{11} 组成中性点整流输出电路，VD_2、VD_4、VD_6 三个负二极管和 VD_7、VD_8、VD_9 三个正二极管组成励磁整流电路。这种发电机广泛应用于大众等公司生产的汽车上。

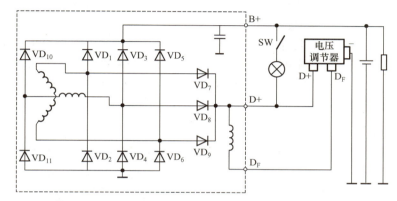

图 1.35　带励磁二极管和中性点整流输出的十一管式交流发电机的基本电路

接线端子"D+"还连接充电指示灯。发动机起动时，点火开关 SW 闭合，发电机以他励方式工作，励磁电路为蓄电池正极──→点火开关 SW──→充电指示灯──→励磁绕组──→电压调节器──→蓄电池负极，充电指示灯点亮；发动机正常运转时，接线端子"D+"输出 14V 电压，充电指示灯熄灭。若发电机不工作或工作不良，则充电指示灯经励磁绕组、电压调节器形成闭合回路，充电指示灯点亮，表明发电机存在故障。

1.2.3　交流发电机的工作特性

交流发电机的工作特性是指发电机经整流后的输出电压 U、输出电流 I 与转速 n 之间的关系，包括空载特性、外特性和输出特性，其中输出特性最重要。

1. 空载特性

当发电机空载运行时，发电机输出电压 U 与转速 n 之间的关系［负载电流 $I=0$ 时，$U=f(n)$ 的函数关系］称为发电机的空载特性。空载特性是判断发电机低速充电性能的重要依据。交流发电机的空载特性曲线如图 1.36 所示。可通过曲线的上升速率和达到蓄电池电压时的转速判断发电机的性能。

2. 外特性

当发电机转速一定时，发电机输出电压 U 与输出电流 I 之间的关系［n 为常数时，$U=f(I)$ 的函数关系］称为发电机的外特性。交流发电机的外特性曲线如图 1.37 所示。

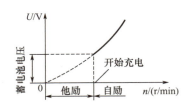

图1.36 交流发电机的空载特性曲线

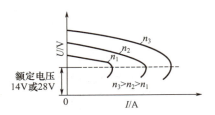

图1.37 交流发电机的外特性曲线

外特性曲线表明，在一定转速下，输出电流增大时，发电机输出电压有较大幅度的下降，且转速越高，下降的斜率越大。因此，在发电机高速运转时，如果突然失去负载，则端电压急剧升高，并对汽车上电气设备中的电子元件造成损害。要使输出电压稳定，必须配备电压调节器。另外，当输出电流增大到一定值时，如果继续增大负载，其输出电流不仅不会增大，反而会与输出电压一起减小，此时发电机外特性曲线的表现如图1.37中的曲线尾部所示。一般交流发电机工作在转折点以前。

3. 输出特性

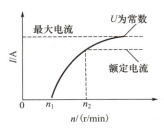

图1.38 交流发电机的输出特性曲线

输出特性又称负载特性或输出电流特性，是指发电机向负载供电时，保持发电机输出电压恒定（标称电压12V电源系统，发电机保持额定电压14V；标称电压24V电源系统，发电机保持额定电压28V）的情况下，输出电流I与发电机转速n之间的关系，即U为常数时，$I=f(n)$的函数关系。交流发电机的输出特性曲线如图1.38所示。

由发电机的输出特性曲线可以得出以下结论。

（1）当发电机转速$n<n_1$时，因发电机输出电压低于额定值，故不能向外输送电流。

（2）当发电机转速$n=n_1$时，发电机输出电压达到额定值。当发电机转速$n>n_1$时，发电机才有能力在额定电压下向负载供电，故称n_1为空载转速。空载转速n_1通常作为选择发电机与发动机传动比的依据。此时发电机的输出电流随着转速的增大而逐渐增大。

（3）发电机达到额定功率时的转速称为额定转速n_2，此时发电机的负载电流为额定电流I_e。额定转速n_2是判断发电机性能的重要指标。

（4）当发电机转速达到一定值后，发电机的输出电流几乎不再继续增大，说明硅整流发电机具有限制最大输出电流的作用。这是由于随着定子绕组中感应电动势的增大，定子绕组的阻抗随转速的升高而增大；同时定子电流增大时，电枢反应的增强使感应电动势下降，发电机转速达到一定值后，其输出电流几乎不变，即具有限定输出电流的作用，因此交流发电机不需要设置限流器。

1.2.4　交流发电机电压调节器

交流发电机电压调节器的作用是通过调节发电机的励磁电流稳定发电机输出电压。按照结构特点和工作原理，交流发电机电压调节器可分为电磁振动式电压调节器和电子式电压调节器两大类。

电磁振动式电压调节器通过触点的反复开闭改变串联在磁场绕组的电阻的阻值，从而调节磁场绕组的励磁电流，进而调节电压。电磁振动式电压调节器主要用于早期的发电机，电压调节器单独安装，通过线路与发电机连接。电子式电压调节器利用晶体管的开关特性控制磁场绕组的接通和断开，以调节磁场绕组的励磁电流，从而调节电压。电子式电压调节器应用广泛，采用分离电子元件的电子式电压调节器通常单独安装，通过线路与发电机连接；采用集成电路的电子式电压调节器用于整体式发电机，安装在发电机内部。

触点式电压调节器

电子式电压调节器

1. 电压调节器的工作原理

交流发电机是由发动机按一定的传动比驱动的，转速范围很大。当发电机转速变化时，要保持发电机电压稳定在某个限定值不变，只能相应地改变发电机的磁通，磁通又取决于励磁电流。也就是说，当发电机转速变化时，只要使励磁电流有相应的变化，就可保持发电机输出电压不变。

2. 电压调节器的种类

（1）双级电磁振动式电压调节器。

双级电磁振动式电压调节器利用触点的开闭，使励磁电路中串入或短接附加电阻 R_1 来调节励磁电流，从而达到调节电压的目的。附加阻值越大，电压调节起作用的转速范围越大，触点打开时产生的火花就越强烈。为了减小火花，延长发电机使用寿命，多采用双级式电压调节器。双级电磁振动式电压调节器的工作原理如图 1.39 所示。多级式电压调节器的电压调节特性如图 1.40 所示。

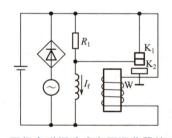

图 1.39 双级电磁振动式电压调节器的工作原理

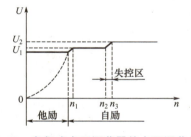

图 1.40 多级式电压调节器的电压调节特性

电压调节器不工作时，低速触点 K_1 闭合，高速触点 K_2 处于开启状态。

发电机低速运转时，低速触点 K_1 闭合，励磁电流由蓄电池供给。随着发电机转速的增大，输出电压增大，当输出电压大于蓄电池电动势时，发电机进入自励阶段。

当发电机转速升到 n_1 时，发电机电压稍高于第一级调节电压 U_1 时，流经电磁线圈 W 的电流产生电磁吸力，克服弹簧拉力使低速触点 K_1 打开，电阻 R_1 串入励磁回路，励磁电流减小，发电机输出电压下降，铁芯吸力减小，低速触点 K_1 闭合，输出电压又增大。当电压升至略高于调节电压 U_1 时，低速触点 K_1 又打开。如此往复，使发电机输出电压的平均值维持在 U_1 不变。低速触点 K_1 不断打开、闭合，转速越高，打开时间越长，励磁电流的平均值越小，从而使发电机在 $n_1 \sim n_2$ 转速范围内输出电压平均值维持在 U_1 不变。

当发电机转速大于 n_2 且小于 n_3 时，低速触点 K_1 一直打开，电阻 R_1 一直串入励磁回路，励磁电流和发电机端电压都随转速的升高而升高，低速触点 K_1 失去调节作用，活动触点处于中间位置，称为失控区。

当发电机转速继续升高，高于 n_3 时，电磁线圈 W 的电磁吸力使高速触点 K_2 闭合，将励磁绕组短路，励磁电流减小到零，发电机电压随之迅速下降，电磁线圈的吸力减小，高速触点 K_2 分开，活动触点处于中间位置，励磁回路又串入电阻 R_1，发电机端电压又随之上升。在发电机转速大于 n_3 范围内，发电机转速越高，高速触点 K_2 闭合的时间就越长，励磁电流的平均值就越小，从而使发电机输出电压平均值维持在 U_2 不变。

（2）电子式电压调节器。

电磁振动式电压调节器结构复杂，质量和体积大，且火花易烧蚀触点，使用寿命短，对无线电干扰大，机械惯性和磁惯性大。而**电子式电压调节器用开关管代替触点，不但开关频率增大，而且不会产生火花，调节效果好，具有质量小、体积小、使用寿命长、可靠性高等优点**，已逐渐取代电磁振动式电压调节器。

电子式电压调节器可分为晶体管调节器和集成电路调节器，两者的工作原理基本相同。

① 内搭铁与外搭铁。

交流发电机有内搭铁发电机与外搭铁发电机之分。内搭铁发电机的两个电刷中，一个电刷的引线与磁场接线柱（标记为"F"或"磁场"）相连，另一个电刷的引线与发电机外壳相连；外搭铁发电机的两个电刷均通过引线与绝缘接线柱（标记为"F＋""F－"）相连，磁场绕组通过"F－"接线柱经电压调节器搭铁。磁场绕组直接搭铁称为内搭铁，磁场绕组经过电压调节器搭铁称为外搭铁。

② 电子式电压调节器的基本原理。

电子式电压调节器有多种形式，其内部电路各不相同，但基本工作原理相同。电子式电压调节器都是利用晶体管的开关特性，通过晶体管导通和截止相对时间的变化来调节发电机的励磁电流。外搭铁电压调节器的基本电路如图 1.41 所示。

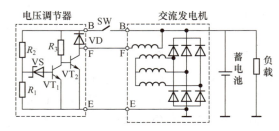

图 1.41　外搭铁电压调节器的基本电路

图 1.41 中，R_1 和 R_2 组成分压器，将发电机的电压按一定比例加于稳压管 VS 上；VS 根据 R_1 分得电压的变化导通或截止。VT_1 为小功率晶体管，其导通或截止由 VS 控制，VT_1 控制大功率晶体管 VT_2 的导通或截止。VT_2 用于控制励磁电流，VT_2 饱和导通时，发电机磁场绕组励磁回路通路；VT_2 截止时，励磁回路断路。

当发电机不转动或发电机低速运转时，接通点火开关 SW，蓄电池端电压加在分压器电阻 R_1 和 R_2 上，R_1 的分压低于 VS 的导通电压，不能使 VS 反向击穿，VT_1 截止，VT_2 导通，发电机励磁回路通路，此时由蓄电池供给励磁电流。当发电机电压升高到高于蓄电池电压而低于设定的目标电压时，发电机自励发电并开始对蓄电池充电，VT$_1$ 继续截止，VT$_2$ 继续导通，但此时的磁场电流由发电机供给，发电机电压随转速升高而迅速升高。当发电机电压上升至设定的目标电压时，R_1 的分压达到 VS 的导通电压，使 VS 导通，VT$_1$ 饱和导通；VT$_1$ 导通后，VT$_2$ 失去正向偏压而截止，发电机励磁回路断路。发电机无励磁电流时，其电动势及端电压迅速下降，当降到 R_1 的分压不足以维持 VS 导通时，VS 截止，VT$_1$ 也截止，VT$_2$ 重新导通，发电机励磁回路又接通。如此反复，将发电机端电压控制在设定的调节电压范围内。

当发电机转速较高、负载较小时，VT$_2$ 的截止时间增加，发电机的平均励磁电流减小；当发电机转速较低、负载较大时，VT$_2$ 的导通时间增加，发电机的平均励磁电流增大，从而使发电机在变负载、变转速的工况下保持输出电压稳定。

图 1.42 所示为内搭铁发电机的电压调节器基本电路。晶体管 VT$_1$、VT$_2$ 采用 PNP 型，发电机的励磁绕组连接在 VT$_2$ 的集电极与搭铁端之间，与外搭铁型电路有显著不同，电路的工作原理和结构与外搭铁电压调节器的类似。

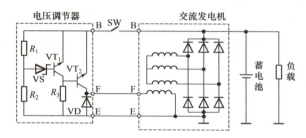

图 1.42　内搭铁发电机的电压调节器基本电路

图 1.41 和图 1.42 只是晶体管电压调节器的基本电路，不能满足实际工作的需要，实际的电压调节器还必须附加其他电子元件和电路，以弥补基本电路的不足。图 1.43 所示为满足实际使用要求的电子式电压调节器——JFT106 型晶体管电压调节器，包括基本电路和辅助电路两部分。

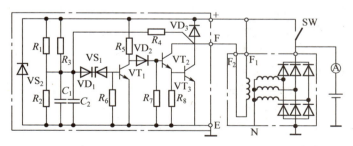

图 1.43　JFT106 型晶体管电压调节器

基本电路由电阻 R_1、R_2、R_5、R_6、R_7、R_8，稳压二极管 VS$_1$，分压二极管 VD$_1$，晶体管 VT$_1$、VT$_2$、VT$_3$ 组成。其中 VT$_2$、VT$_3$ 组成复合开关管，作用是提高放大倍数，增大输出电流，它的负载是发电机磁场绕组。辅助电路由电阻 R_3、R_4，温度补偿二极管 VD$_2$，续流二极管 VD$_3$，降频电容器 C_1、C_2，稳压二极管 VS$_2$ 等组成。

① 接通点火开关 SW 且发电机运转，当电压低于蓄电池电压时，蓄电池电压加在

分压器 R_1、R_2 上，R_2 上的分压低于 VS_1 的击穿电压，VS_1 截止，VT_1 截止。蓄电池电压经 R_5 加在 VD_2、R_7 上，电阻 R_7 使 VT_2 获得正向偏压而导通；VT_2 导通后，偏流电阻 R_8 使 VT_3 获得正向偏压而导通，接通磁场电路。其电流回路如下：蓄电池正极──→电流表 A ──→点火开关 SW ──→发电机"F_1"接线柱──→磁场绕组──→发电机"F_2"接线柱──→调节器"F"接线柱──→晶体管 VT_3 ──→调节器"E"接线柱──→蓄电池负极。发电机电压随转速的升高而升高。

② 当发电机电压达到限额电压时，电阻 R_2 的分压加在 VD_2、VS_1、R_6 上，使 VS_1 击穿导通，VT_1 随之导通，VT_1 集电极对地的电压几乎为零，使 VT_2 失去正向偏压而截止，并使 VT_3 截止，磁场电流为零，发电机电压下降。当发电机电压稍低于限额电压时，VS_1 截止，VT_1 截止，VT_2、VT_3 获得正向偏压而导通，磁场绕组中又有电流通过，发电机电压又上升。VT_1、VT_2、VT_3 交替导通、截止，从而使发电机电压限定在调节电压范围内。

辅助元件用来保护电压调节器和改善电压调节器的性能，各辅助元件的作用如下。

① R_3 为调整电阻。调整 R_3 的阻值可以调整调节器限额电压。R_3 的阻值增大，限额电压升高；反之，限额电压降低。

② VD_3 为续流二极管。在晶体管 VT_3 截止瞬间，磁场绕组产生的自感电动势经二极管构成回路放电，使 VT_3 不被击穿。VD_2 为温度补偿二极管，与稳压管反向串联，其温度系数为负值，工作温度升高，管压降降低；反之，管压降升高。稳压管的温度系数为正值，当温度变化时，起补偿作用，使电压调节器性能稳定。VD_1 为分压二极管。当 VT_1 导通时，VT_2、VT_3 截止，减小 VT_1 温度变化对 VT_2、VT_3 的影响。VS_2 为稳压二极管，并联在发电机两端，起过电压保护作用。

③ R_4 为正反馈电阻。R_4 的作用是提高 VT_3 的开关速度，减小晶体管的耗散功率，延长电压调节器的使用寿命。

④ C_1、C_2 称为降频电容器。C_1 和 C_2 并联在分压电阻 R_2 的两端，利用其两端电压不能突变的特性降低 VT_1 的开关频率，减少 VT_1 的开关次数，从而减小耗散功率，延长电压调节器的使用寿命。

（3）集成电路电压调节器。

集成电路可根据使用要求，将电路中的若干元件集成在同一个基片上，制成一个独立的电子芯片。由于集成电路具有体积小、可靠性高、成本低、适应性强等优点，因此广泛用于汽车电子领域。由于用集成电路开发的电压调节器体积很小，可方便地安装在发电机内部，与发电机组成一个整体，因此装有集成电路电压调节器（简称集成电路调节器）的交流发电机又称整体式交流发电机。

集成电路调节器的基本工作原理与晶体管调节器的相同，都是根据发电机的电压信号，利用晶体管的开关特性控制发电机的磁场电流，达到稳定发电机输出电压的目的。

根据输入电压信号检测点的不同，集成电路调节器的基本电路可分为发电机电压检测法电路和蓄电池电压检测法电路两种。图 1.44（a）所示的电路采用发电机电压检测法，图 1.44（b）所示的电路采用蓄电池电压检测法。

发电机电压检测法电路与蓄电池电压检测法电路的区别在于：前者集成电路调节器电压的采样点直接来自发电机的输出端，后者则来自蓄电池端。

相比而言，采用发电机电压检测法可省略信号输入线，但当发电机至蓄电池电路上的

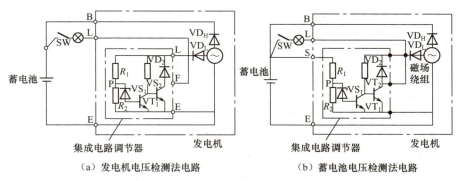

图 1.44　集成电路调节器的基本电路

压降损失较大时，会导致蓄电池的端电压偏低而引起蓄电池充电不足。因此，大功率发电机多采用蓄电池电压检测法，以保证蓄电池的端电压。但采用蓄电池电压检测法后，若发电机的电压输出线或信号输入线断路，则会因无法检测发电机的工作情况而造成发电机失控。

1.2.5　交流发电机检测诊断

交流发电机每运行 750h，应按照维护要求进行检修，主要检查电刷和轴承的情况，若轴承有明显松动，则应更换。

交流发电机检测诊断

1. 整机检测

用万用表测量发电机各接线柱之间的电阻，若所测电阻不符合表 1-2 中的规定值，则表示发电机存在故障。

表 1-2　交流发电机各接线柱之间的电阻

发电机型号	"F"与"−"之间的电阻/Ω	"−"与"+"之间的电阻/Ω		"+"与"F"之间的电阻/Ω	
		正向	反向	正向	反向
JF11、JF13、JF15、JF21	5～6	40～50	>10000	50～60	>10000
JF12、JF22、JF23、JF25	19.5～21	40～50	>10000	50～70	>10000

2. 整机性能试验

按图 1.45 所示方法，在试验台上对发电机进行发电试验，并测出发电机的空载转速和额定转速。如果空载转速过高或达到额定转速时发电机的输出电流过小，则表示发电机存在故障。

汽车交流发电机的工作原理

3. 用示波器观察输出电压波形

当发电机存在故障时，其输出电压的波形出现异常，可以根据输出电压的波形判断发电机是否存在故障。发电机发生各种故障时输出电压的波形如图 1.46 所示。

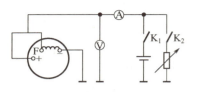 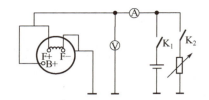

（a）内搭铁交流发电机性能试验　　　　（b）外搭铁交流发电机性能试验

图 1.45　交流发电机性能试验

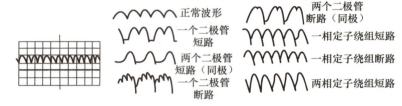

图 1.46　发电机发生各种故障时输出电压的波形

4. 解体后检查

（1）硅整流二极管检查。

拆开定子绕组与硅整流二极管的连接线后，用万用表检查每个硅整流二极管的正向电阻和反向电阻，即可判断二极管的质量。硅整流二极管的检查方法如图 1.47 所示。正常的二极管正向电阻为 8～10 Ω，反向电阻应在 10 kΩ 以上。若正、反向电阻均为零，则表明整流二极管短路；若正、反向电阻的阻值均为无限大，则表明整流二极管断路。短路或断路的二极管应予更换。

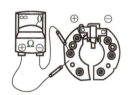 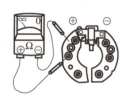 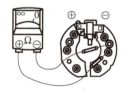 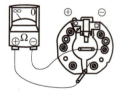

（a）检测正二极管正向电阻　（b）检测正二极管反向电阻　（c）检测负二极管正向电阻　（d）检测负二极管反向电阻

图 1.47　硅整流二极管的检查方法

（2）磁场绕组检查。

用万用表测量磁场绕组两集电环间的电阻，如图 1.48 所示。若电阻符合规定值，则说明磁场绕组良好；若电阻小于规定值，则说明磁场绕组短路；若电阻无限大，则说明磁场绕组断路。用万用表测量集电环与转子轴间的电阻可以判断励磁绕组是否搭铁，如图 1.49 所示。

（3）定子绕组检查。

用万用表检查定子绕组是否断路和搭铁分别如图 1.50 和图 1.51 所示。

图1.48 磁场绕组短路和断路检查

图1.49 磁场绕组搭铁检查

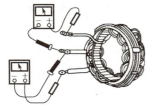
图1.50 定子绕组断路检查

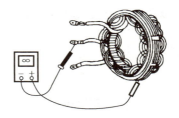
图1.51 定子绕组搭铁检查

（4）电刷组件检查。

电刷和电刷架应无破损或裂纹，电刷应在电刷架中活动自如，不得出现卡滞现象。电刷露出电刷架部分的长度称为电刷长度。电刷长度不应超出磨损极限（原长度的1/2），否则应予更换。电刷弹簧压力应符合标准，一般为2～3N。将电刷压入电刷架，使之露出部分约为2mm，弹簧压力过小则应予更换。

5. 电压调节器检测

电子式电压调节器可通过一个可调的直流电源（输出电压为0～30V，输出电流为3A）和一个测试灯泡（12V或24V，20W）进行检测，检测电路如图1.52所示。检测方法如下：接通开关S，逐渐提高直流电源电压，如果测试灯亮起并随着电源电压的升高而亮度增大，而当电压上升至电压调节器的调节电压值（14V电压调节器为13.5～14.5V，28V电压调节器为27～29V）或略高于调节电压值时，如果测试灯熄灭，则说明电压调节器能正常起调节作用；如果测试灯不熄灭或一直不亮，则说明电压调节器存在故障，应予更换。

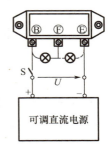

图1.52 电子式电压调节器的检测电路

1.3 电动汽车电池

电动汽车电池分为两大类：蓄电池和燃料电池。蓄电池适用于纯电动汽车，包括铅酸蓄电池、碱性蓄电池、二次锂电池等。**燃料电池专用于燃料电池电动汽车**，包括碱性燃料电池、固体氧化物燃料电池、质子交换膜燃料电池、直接甲醇燃料电池等。在近代电动汽车上广泛采用超级电容。超级电容的电能和动力电池的电能可以与发电机的电能或燃料电池电力的

电动汽车电池类型

电能共同组成"电-电"电力耦合驱动系统,使得电动汽车的动力性能得到极大的改善和提高,并出现了单独以超级电容为电源的"纯电动汽车"。

1.3.1 碱性蓄电池

碱性蓄电池是以氢氧化钾(KOH)等碱性水溶液为电解液的二次电池的总称。根据极板活性物质材料的不同,碱性蓄电池有镍镉电池、镍氢电池等系列。一般情况下,**电解液中的 KOH 不直接参与电极反应**,这是碱性蓄电池区别于铅酸蓄电池的一大特点。与铅酸蓄电池相比,碱性蓄电池具有能量密度高、机械强度高、工作电压平稳、功率密度大等特点。

1. 镍镉电池

(1)镍镉电池的结构与原理。

镍镉电池因其碱性氢氧化物中含有金属镍和镉而得名。镍镉电池的**标称电压为 1.2V**,具有使用寿命长(可充放电循环 1000 次以上)、机械强度高、密封性好、使用温度范围大(−40~50℃)、维护保养方便、能耐受大电流的瞬时冲击等优点。镍镉电池的结构如图 1.53 所示。

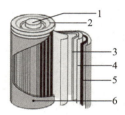

1—正极端子;2—垫片;3—正极材料(氢氧化镍);4—隔离层;
5—负极材料(镉);6—铁质容器
图 1.53 镍镉电池的结构

镍镉电池的正极材料为球形氢氧化镍,充电时为 NiOOH,放电时为 $Ni(OH)_2$;负极材料为海绵状金属镉或氧化镉粉及氧化铁粉,氧化铁粉的作用是使氧化镉粉有较强的扩散性,增大极板的容量。电解液通常为氢氧化钠(NaOH)或 KOH 溶液,为了增大电池的容量,延长使用寿命,通常在电解液中加入少量氢氧化锂(每升电解液加 15~20g)。充放电反应如下。

正极充放电反应为

$$NiOOH + H_2O + e^- \underset{充电}{\overset{放电}{\rightleftharpoons}} Ni(OH)_2 + OH^-$$

负极充放电反应为

$$Cd + 2OH^- - 2e^- \underset{充电}{\overset{放电}{\rightleftharpoons}} Cd(OH)_2$$

电池总反应为

$$Cd + 2NiOOH + 2H_2O \underset{充电}{\overset{放电}{\rightleftharpoons}} Cd(OH)_2 + 2Ni(OH)_2$$

① 镍电极反应机理。

镍电极充电时，首先是电极中 $Ni(OH)_2$ 颗粒表面的 Ni^{2+} 失去电子成为 Ni^{3+}，电子通过正极中的导电网络和集流体向外电路转移；同时 $Ni(OH)_2$ 颗粒表面晶格 OH^- 中的 H^+ 通过界面双电层进入溶液，与溶液中的 OH^- 结合生成 H_2O。上述反应先发生在 $Ni(OH)_2$ 颗粒的表面层，使得表面层中的 H^+ 浓度降低，而颗粒内部仍保持较高浓度的 H^+。H^+ 因浓度具有梯度而从颗粒内部向表面层扩散。

镍电极充电时，H^+ 在 $NiOOH/Ni(OH)_2$ 颗粒中扩散系数小，颗粒表面的 H^+ 浓度降低，在极限情况下会降到零，此时表面层中的 NiOOH 几乎全部转化为 NiO_2，电极电势不断升高，反应如下。

$$NiOOH + OH^- \longrightarrow NiO_2 + H_2O + e^-$$

电极电势升高导致溶液中的 OH^- 被氧化，发生如下反应。

$$4OH^- - 4e^- \longrightarrow O_2\uparrow + 2H_2O$$

因此，在充电过程中，镍电极上会有 O_2 析出，但这并不表示充电过程全部完成。通常情况下，充电不久镍电极就会开始析氧，这是镍电极的一个特点。在极限情况下，表面层中生成的 NiO_2 并非以单独的结构存在于电极中，而是掺杂在 NiOOH 晶格中。NiO_2 不稳定，会发生分解而析出 O_2。

$$4NiO_2 + 2H_2O \longrightarrow 4NiOOH + O_2\uparrow$$

② 镉电极反应机理。

镍镉电池的负极活性物质是海绵状金属镉，放电产物是难溶于 KOH 溶液的 $Cd(OH)_2$。**镉电极放电反应机理是溶解沉积机理，放电时 Cd 被氧化，生成的 $Cd(OH)_3^-$ 进入溶液，形成 $Cd(OH)_2$ 并沉积在电极上。** $Cd(OH)_3^-$ 在碱性溶液中的溶解度为 9×10^{-5} mol/L，该浓度可以使镉电极具有较高的反应速率，这也是镍镉电池能够高倍率放电的主要原因。Cd 电极的放电机理为首先发生 OH^- 吸附，即

$$Cd + OH^- \longrightarrow Cd\text{—}OH_{吸附} + e^-$$

随着电极电势的不断升高，镉进一步氧化，生成 $Cd(OH)_3^-$ 并进入溶液。

$$Cd\text{—}OH_{吸附} + 2OH^- \longrightarrow Cd(OH)_3^- + 2e^-$$

当界面溶液中的 $Cd(OH)_3^-$ 过饱和时，沉积析出 $Cd(OH)_2$。

$$Cd(OH)_3^- \longrightarrow Cd(OH)_2\downarrow + OH^-$$

生成的 $Cd(OH)_2$ 附着在电极表面，形成疏松多孔的 $Cd(OH)_2$，有利于溶液中的 OH^- 继续向电极内部扩散，使内部的海绵状金属镉也通过溶解—沉积过程转化为 $Cd(OH)_2$，实现内部活性物质放电。

(2) 镍镉电池的特性。

① 充放电性能。**镍镉电池的标准电动势是 1.299V，额定电压是 1.2V，平均工作电压为 1.2~1.25V。** 刚充完电的电池开路电压为 1.4V 以上，放置一段时间后，正极不稳定的 NiO_2 发生分解，开路电压降低到 1.35V 左右。镍镉电池在充电开始时，电池电压约为 1.3V，随着充电的进行，电池电压缓缓上升到 1.4~1.5V 并稳定较长时间。充电电压超过 1.55V 后，电解液中的 H_2O 开始电解，产生气体，电压开始急剧上升。到充电末期，正、负极上都开始析出气体，电池电压达到 1.7~1.8V。镍镉电池的放电曲线比较平稳，只是在放电终止时电压突然下降，一般以 0.2C 放电时，电压稳定在 1.2V 左右。

② 倍率持续放电特性。动力镍镉电池允许大电流放电而不损坏，允许放电倍率在 10C 以上，但是大电流放电时，电池电压下降很快，电池可放出的能量下降。

③ 高低温放电性能。温度升高时，镍镉电池的容量增大，但温度超过 50℃ 时，正极的析氧过电势降低，正极充电不完全；同时镉的溶解度会随着温度的上升而增大，迁移到隔膜中，容易形成镉枝晶，导致电池内部微短路；另外，高温还会加速镍基板的腐蚀和镉膜氧化，导致电池失效。低温情况下，电解液的电阻增大，镍镉电池容量下降。如 −45℃ 下镍镉电池以 0.2C 放电，一般只能提供 50% 左右的额定容量；−18℃ 下以 3C 放电，一般可放提供 30% 以上的额定容量。

④ 耐过充电和耐过放电性能。镍镉电池具有很好的耐过充电和耐过放电性能。1C 恒电流持续充电 2h，或强迫过放电不超过 2h，电池都不会损坏，而铅酸蓄电池和锂离子电池在这种情况下都将永久损坏。

(3) 使用镍镉电池的注意事项。

① 记忆效应。**镍镉电池长期不彻底充放电，易在电池内留下痕迹，减小电池容量，这种现象称为记忆效应。**比如，镍镉电池长期只放出 80% 的额定电量后就开始充电，一段时间后，电池充满电后也只能放出 80% 的额定电量。记忆效应的出现是由于传统工艺中负极为烧结式，镉晶粒较粗，如果镍镉电池在完全放电之前就重新充电，镉晶粒容易聚集成块，使镍电极膨胀或生成不导电的 $Ni(OH)_2$，从而引起电池电压下降或容量减小，使电池放电时形成次级放电平台。镍镉电池会储存该放电平台并在下一次循环中将其作为放电的终点。每次使用时，任何一次不完全的放电都将加深记忆效应，使电池的额定容量变得更小。

② 环境污染。镉是镍镉电池的必备原材料，大量研究表明，在人体内镉的半衰期长达 730 年，可蓄积 50 年之久。1993 年，国际抗癌联盟将镉定为ⅠA级致癌物。**镉及其化合物是不可降解的环境污染物，可通过废水、废气、废渣大量流入环境，造成环境污染及健康危害。**基于对环境的保护，许多国家已建议禁止使用镍镉电池。

2. 镍氢电池

(1) 镍氢电池的结构与原理。

混合动力镍氢电池组

镍氢电池的常见形状为圆柱形和长方形，如图 1.54 所示。由活性物质构成电极极片的工艺主要有烧结式、拉浆式、泡沫镍式、纤维镍式、嵌渗式等。由不同工艺制备的电极，其容量、大电流放电性能等均存在较大差异。一般依据使用条件的不同，采用不同工艺制备电池。

电动汽车用镍氢电池也称镍金属氧化物电池，其基本组成有氢氧化镍正电极、储氢合金负极及碱性电解液。

镍氢电池正极的活性物质为 NiOOH（放电时）和 $Ni(OH)_2$（充电时），负极的活性物质为 H_2（放电时）和 H_2O（充电时），在电解液（KOH 水溶液）的作用下进行电化学反应。

负极反应：

$$x H_2O + M + xe^- \underset{\text{放电}}{\overset{\text{充电}}{\rightleftharpoons}} x OH^- + MH_x$$

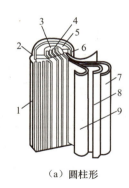 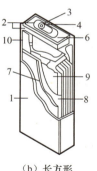

(a) 圆柱形　　　　(b) 长方形

1—负极端子（外壳）；2—绝缘垫圈；3—正极端子（盖帽）；4—安全阀；5—密封板；
6—绝缘环；7—负电极；8—隔膜；9—正电极；10—绝缘层

图 1.54　镍氢电池的结构

正极反应：

$$Ni(OH)_2 + OH^- \underset{\text{放电}}{\overset{\text{充电}}{\rightleftharpoons}} NiOOH + H_2O + e^-$$

电池总反应：

$$xNi(OH)_2 + M \underset{\text{放电}}{\overset{\text{充电}}{\rightleftharpoons}} xNiOOH + MH_x$$

从反应式可以看出，镍氢电池的反应与镍镉电池的相似，只是负极充、放电过程中的生成物不同。**镍氢电池在充、放电过程中，正、负极进行电化学反应时不产生任何中间态的可溶性金属离子，也没有电解液中的任何组分消耗和生成**，因而镍氢电池可以做成密封型结构。镍氢电池的电解液多采用 KOH 水溶液，并加入少量 LiOH。隔膜采用多孔维尼纶无纺布或尼龙无纺布等。镍氢电池放电时，正极上的 NiOOH 得到电子还原成 $Ni(OH)_2$；负极金属氢化物（MH_x）的内部氢原子扩散到表面形成吸附态氢原子，再发生电化学反应生成水和储氢合金。在镍氢电池出现过放电时，正极活性物质中的 NiOOH 已经消耗完，此时正极上的 H_2O 分子被还原为氢和 OH^-。负极上由于储氢合金的催化作用，OH^- 与氢反应又生成 H_2O。

（2）镍氢电池的特性。

① **充电特性**。镍氢电池的充电特性曲线如图 1.55 所示。

在充电起始阶段，镍氢电池的充电电压迅速上升；随后的充电过程中，充电电压上升很缓慢；当充电接近结束时，充电电压有所下降；当停止充电后，镍氢电池内部的极化作用消失，镍氢电池的端电压逐渐下降至开路电压。充电电流越大，充电电压越高，充电效率越低。当温度过高时，蓄电池的充电效率降低，容易造成充电不足。

② **放电特性**。镍氢电池的放电特性曲线如图 1.56 所示。

镍氢电池在放电最初阶段电压迅速下降，随后下降缓慢；当接近放电终了时，蓄电池的端电压下降较快。放电电流越大，放电电压越低，放电时间越短，镍氢电池所能放出的电量相应减小。当温度降低时，镍氢电池放电时的端电压降低，放电时间缩短，所能放出的电量相应减小。

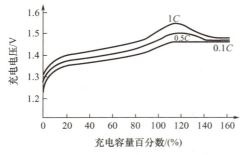

图 1.55 镍氢电池的充电特性曲线

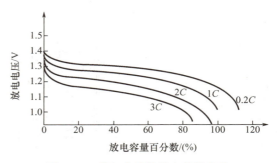

图 1.56 镍氢电池的放电特性曲线

（3）镍氢电池的使用与维护。

① **使用过程忌过充电**。在镍氢电池循环寿命之内，切忌过充电，因为过充电容易使正、负极发生膨胀，造成活性物质脱落和隔膜损坏，导电网络破坏和电池欧姆极化变大等。

② **防止电解液变质**。在镍氢电池循环寿命之内，应抑制电池析氢。

③ **镍氢电池的存放**。保存镍氢电池应在充足电后，如果在电池中没有储存电能的情况下长期保存电池，则电池负极储氢合金的功能减弱，电池使用寿命缩短。

3. 碱性动力电池应用案例

由于镉元素会导致环境污染并对人体造成伤害，因此镍镉电池正逐步被其他电池取代。在某些领域，由于镍镉电池具有高功率特性和良好的低温性能而仍在应用，如在航空领域用作飞机发动机起动及随航备用电源、电力装置开关瞬间分合闸和事故照明电源、铁路系统电力机车供电电源等。镍氢电池逐步成为碱性动力电池的应用主体和主流。

由于镍氢电池满足混合动力电动汽车高功率密度的要求，因此在混合动力电动汽车尤其是日系汽车中应用广泛，如丰田凯美瑞、普锐斯，雷克萨斯 CT 200，本田思域等。

丰田普锐斯混合动力电动汽车采用镍氢电池作为动力电源。其高压蓄电池采用 288V、6.5A·h 的镍氢电池组，如图 1.57 所示。该镍氢电池组可以通过发电机和电动机实现充放电，并且输出功率大、质量小、使用寿命长、耐久性好。凯美瑞混合动力电动汽车的镍氢电池组如图 1.58 所示。

图1.57 普锐斯混合动力电动汽车的镍氢电池组　图 1.58 凯美瑞混合动力电动汽车的镍氢电池组

途锐混合动力电动汽车采用镍氢电池作为动力电源,如图1.59所示。途锐混合动力电动汽车是大众汽车旗下第一款采用电驱动技术的车型,通过结合电力驱动、汽车滑行、能量回收和启停系统4个方面的技术,质量达2.3t的途锐混合动力电动汽车在城市路况下的燃油效率比同级其他车型提高了25%;在城市道路、高速公路和乡间的综合路况下,其平均油耗降低了17%。

图1.59 途锐混合动力电动汽车的镍氢电池

1.3.2 锂离子电池

1. 锂离子电池的结构

锂离子电池主要由正极、负极、隔板、电解质等组成。圆柱形锂离子电池的结构如图1.60所示。

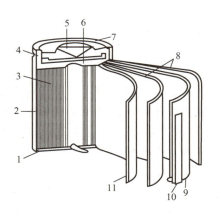

锂离子电池

1—绝缘体;2—负极柱;3—绝缘体;4—密封圈;5—顶盒;6—正极;
7—安全排气阀;8—隔膜;9—负极;10—负极板;11—正极板

图1.60 圆柱形锂离子电池的结构

(1) 正极:锂离子电池的正极活性物质主要是在空气中化学性质稳定的嵌锂过渡金属氧化物,如Li_xCoO_2、Li_xNiO_2、$Li_xMn_2O_4$等,在这些物质中加入导电剂、树脂黏合剂,并均匀地涂覆在铝基体上,形成活性物质呈细薄层分布的正极。

(2) 负极:锂离子电池的负极活性物质主要是碳材料与黏合剂的混合物,将这些物质加入有机溶剂并调和成膏状,涂覆于铜基上形成负极。

(3) 电解质与隔膜:锂离子电池采用以混合溶液为主体的有机电解质或聚合物。隔膜一般使用聚乙烯或聚丙烯材料的多微孔膜。隔膜不仅熔点较低，而且具有较高的抗穿刺强度，可起到热保险作用。

2. 锂离子电池的工作原理

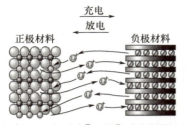

图 1.61 锂离子电池的工作原理

锂离子电池是由二次锂电池发展来的。**锂离子电池的负极活性物质是可嵌入 Li^+ 的碳；正极活性物质是金属锂化物，如 $LiNiO_2$、$LiCoO_2$ 等；电解质是非水性的有机电解质或聚合物。**锂离子电池的工作原理如图 1.61 所示。

锂离子电池充电时，加在电池两个电极之间的充电电场力使正极化合物释放出 Li^+，并经电解质嵌入负极分子排列呈片层结构的碳中；锂离子电池放电时，从呈片层结构的碳中析出 Li^+，并通过电解质嵌回正极。锂离子电池的电极反应表达式如下。

正极反应：
$$LiMO_2 \longrightarrow Li_{1-x}MO_2 + xLi^+ + xe$$

负极反应：
$$nC + xLi^+ + xe \longrightarrow Li_xC_n$$

电池总反应：
$$LiMO_2 + nC \longrightarrow Li_{1-x}MO_2 + Li_xC_n$$

式中，M 为 Co、Ni、W、Mn 等金属元素。

由于锂离子电池的充、放电过程实际上就是 Li^+ 在正、负电极之间来回嵌入和脱出的过程，因此锂离子电池也称"摇椅式电池"。

3. 锂离子电池的工作特性

从安全、可靠及兼顾充电效率等方面考虑，锂离子电池通常采用两段式充电法，**第一阶段为恒流限压，第二阶段为恒压限流**。锂离子电池充电的最高限压值根据正极材料不同而有一定的差别。锂离子电池基本充放电电压曲线如图 1.62 所示。图中曲线采用的充放电电流均为 $0.3C$。不同锂离子电池的区别主要有以下两点：第一阶段恒流值，根据电池正极材料和制造工艺的不同，最佳值存在一定的差别，一般电流为 $0.2C\sim0.3C$；不同锂离子电池在恒流时间上存在很大差别，恒流可充入容量占总体容量的比率也存在很大差别，从电动汽车实际应用的角度出发，恒流时间越长，充电时间越短，越有利于应用。

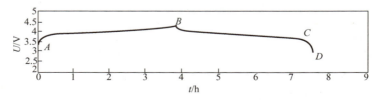

图 1.62 锂离子电池基本充放电电压曲线

锂离子电池放电时，在中前期电压较稳定，下降缓慢，但在后期电压迅速下降，如图 1.62 中的 CD 段所示。在此阶段必须进行有效控制，防止电池过放电，避免对电池造成不可逆的损害。

4. 锂离子电池应用案例

（1）日产 LEAF 纯电动汽车。

2009 年 8 月，日产汽车公司首次公开展示了世界第一款经济型零排放汽车——日产 LEAF 纯电动汽车，如图 1.63 所示，其动力电池结构如图 1.64 所示。日产 LEAF 是一款五座掀背两厢纯电动汽车，配备了先进的由锂离子电池驱动的汽车底盘，其续驶里程超过 160km，可以充分满足消费者在实际生活中的驾驶需求。

图 1.63 日产 LEAF 纯电动汽车

图 1.64 日产 LEAF 纯电动汽车的电池结构

LEAF（叶子）名称本身就是对这款车型非常形象的描述。正如叶子对空气的净化作用一样，日产 LEAF 纯电动汽车实现了真正零排放的驾驶体验。该车采用层叠式紧凑型锂离子电池供电，电池容量为 24kW·h，位于汽车底部、座椅下方，输出功率超过 90kW，能量密度为 140W·h/kg，功率密度为 2.5kW/kg，有 48 个电池单元，50kW 直流快速充电（0~80%）只需不到 30min，家庭 200V 交流充电需 8h。该车最高车速为 120km/h，续驶里程为 230km。

（2）三菱 i-MiEV 电动汽车。

三菱 i-MiEV 电动汽车于 2010 年开始销售，其结构如图 1.65 所示，动力电池结构如图 1.66 所示。三菱 i-MiEV 电动汽车搭载一台 47kW 电动机，由一组 330V/16kW·h 的锂离子电池提供动力，最高车速为 130km/h，续驶里程超过 130km。该车的锂离子电池可以利用家用电源充电，每次充电时间约为 7h，为了缩短充电时间，电力公司推出了一个快充套装，只需 35min 就可以充 80% 的电量。

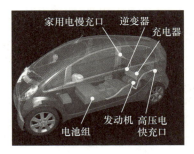
图 1.65 三菱 i-MiEV 电动汽车的结构

图 1.66 三菱 i-MiEV 电动汽车的动力电池结构

1.3.3 燃料电池

1. 燃料电池的结构与基本原理

燃料电池与普通电池的概念完全不同，被称为燃料电池只是由于在结构形式上与电池类似，外观、特性像电池，随着负荷的增大，输出电压下降。作为发电装置，它没有传统发电装置上的原动机驱动发电装置，而是由燃料与氧化剂反应的化学能直接转换为电能。只要不中断供应燃料，它就可以不停地发电。燃料电池可以使用多种燃料，包括氢气、一氧化碳及比较轻的碳氢化合物，氧化剂通常为纯氧或空气。

燃料电池的基本原理是相当于电解反应的可逆反应。燃料电池的结构与电化学反应原理如图 1.67 所示。燃料及氧化剂在电池的阴极和阳极上借助催化剂的作用电离成离子，离子通过两电极间的电解质在电极间迁移，在阴极与阳极之间形成电压。在电极与外部负载构成回路时可向外供电（发电）。

 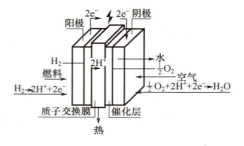

（a）结构　　　　　　　　（b）电化学反应原理

图 1.67　燃料电池的结构与电化学反应原理

最常见的燃料电池是氢氧燃料电池，其基本原理是氢氧反应产生的吉布斯自由能直接转换为电能。其化学反应原理如下：氢气通入阳极，在催化剂的作用下，一个氢分子分解为两个氢离子，并释放出两个电子。阳极反应为

$$H_2 \longrightarrow 2H^+ + 2e^-$$

在电池另一端，氧气或空气到达阴极，同时氢离子穿过电解质到达阴极，电子通过外电路到达阴极。在阴极催化剂的作用下，氧气和氢离子与电子发生反应生成水，阴极反应为

$$\frac{1}{2}O_2 + 2H^+ + 2e^- \longrightarrow H_2O$$

电池总反应为

$$H_2 + \frac{1}{2}O_2 \longrightarrow H_2O$$

理想的燃料电池系统是可逆热力学系统，在不同的工作温度、工作压力下，可通过热力学计算得出。在理想可逆情况下，燃料电池发电效率及单体电池电压的变化规律如图 1.68 所示。

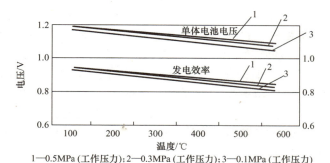

1—0.5MPa（工作压力）；2—0.3MPa（工作压力）；3—0.1MPa（工作压力）

图1.68 燃料电池发电效率及单电池电压的变化规律

实际上，开始反应产生电流时，燃料电池的工作电压降低很多，主要有以下三个原因。

（1）在电极上，活化氢气和氧气的能量要消耗一部分电动势。

（2）电极发生反应后，电池内部的物质移动扩散，所需能量要消耗一部分电动势。

（3）由于电极与电解质之间有接触阻抗，电极和电解质本身也有电阻，因此要消耗与电流成正比的电动势。

活化阻抗、扩散阻抗和电阻的综合作用使燃料电池单体的实际工作电压一般为0.6~0.8V。

2. 燃料电池应用案例

（1）丰田FCV。

丰田FCV动力装置底盘布置如图1.69所示。丰田FCV电池充满后，续航里程可达482km，车内可乘坐4名乘员，仅需3min就可以再次充满电池。与外插电式汽车不同，它不需要等待电池充满后再次使用。该车的最高车速约为161km/h，0~100km/h的加速时间约为10s。该车具体的工作原理如下：将液态氢装入容器，与空气经过催化剂的作用，在燃料电池中发生化学反应生成水，该过程中会产生电能。然后把部分电能输送到发动机，驱动汽车前进，另一部分电能送到电池中。燃料电池的核心是由聚合物电解质薄膜组成的，氢气和氧气从这层薄膜穿过，电子被从氢原子上剥离下来变成电流，而氢分子与氧气结合形成水蒸气。

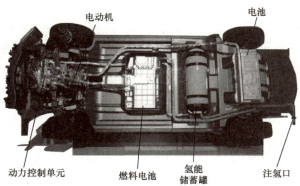

图1.69 丰田FCV动力装置底盘布置

（2）丰田Mirai。

2014年11月，丰田第一款量产氢燃料电池汽车——Mirai在日本东京推出。丰田

Mirai使用了丰田燃料电池系统，它的特别之处在于将燃料电池与混合动力技术进行了深度整合。与传统内燃机相比，它不但做功效率有了明显提升，而且不会排放 CO_2、NO_x 等有害气体。丰田 Mirai 的续驶里程为 650km，完成单次氢燃料补给仅需约 3min。丰田燃料电池系统（图 1.70）包含丰田自主开发的燃料电池组、燃料电池升压逆变器、高压储氢罐等。燃料电池组最大输出功率为 114kW，功率输出密度为 3.1kW/L。此外，由于燃料电池电解液中水的容量也会对发电效率产生重大影响，因此通过内部循环系统将发电过程产生的多余水分排出，保证了燃料电池组的高效运行。与传统丰田燃料电池概念车相比，丰田 Mirai 还加装了加湿器。

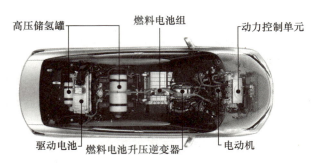

图 1.70 丰田燃料电池系统

1.3.4 超级电容

超级电容1

超级电容是一种通过极化电解质储能的电化学元件，但在储能过程中并不发生化学反应，其储能过程是可逆的，可以反复充放电数十万次。与传统的电容器和二次电池相比，超级电容的比功率是电池的 10 倍以上，储存电荷的能力比普通电容器的强，并具有充放电速度快、循环寿命长、使用温度范围广、无污染等优点，是一种非常有前途的新型绿色能源。

1. 超级电容的结构与原理

电容器由两个彼此绝缘的平板形金属电容板组成，在两块电容板之间用绝缘材料隔开。**电容器极板上储存的电量与电压成正比。电容的计量单位为 F（法拉）**。当电容器充上 1V 电压时，如果极板上储存 1F 电荷量，则该电容器的电容量就是 1F。

电容器的电容量为

$$C = \frac{\varepsilon A}{d}$$

式中，ε 为电介质的介电常数；A 为电极表面积；d 为电容器间隙的距离。

超级电容2

电容器的容量只取决于电容板的面积，与面积成正比，而与电容板的厚度无关。另外，电容器的电容量还与电容器间隙的距离成反比，当电容元件充电时，电容元件上的电压升高，电场能量增大，电容器从电源上获得电能，电容器储存的能量为

$$E = \frac{CU^2}{2}$$

式中，U 为外加电压。

当电容器放电时，电压降低，电场能量减小，电容器释放能量，可释放能量的最大值为 E。

超级电容的结构如图 1.71 所示。当外加电压加到超级电容的两个极板上时，与普通电容器相同，正极板储存正电荷，负极板储存负电荷，在超级电容的两极板上电荷产生的电场作用下，电解液与电极间的界面上形成相反的电荷，以平衡电解液的内电场，这种正电荷与负电荷分别排列在两个电解液界面两侧形成的两个电荷分布层称为双电层。由于采用了双电层结构，因此电容量非常大。当两极板间的电势低于电解液的氧化还原电极电位时，电解液界面上的电荷不会脱离电解液。随着超级电容放电，正、负极板上的电荷被外电路泄放，电解液界面上的电荷相应减少。由此可以看出，超级电容的充放电过程始终是物理过程，不发生化学反应，因此性能更加稳定。

2. 超级电容的工作特性

超级电容具有与电池不同的充放电特性，其放电特性曲线如图 1.72 所示。在相同放电电流下，电压随放电时间呈线性下降趋势。这种特性使超级电容的剩余能量预测及充放电控制比电池的非线性特性曲线简单了很多。

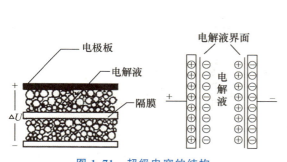

图 1.71 超级电容的结构

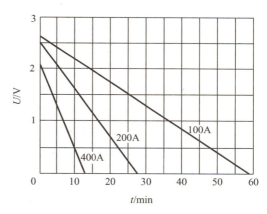

图 1.72 超级电容的放电特性曲线

超级电容的额定容量单位为 F，定义为规定的恒定电流（如 1000F 以上的超级电容规定的充电电流为 100A，200F 以下的为 3A）充电到额定电压后保持 2～3min，在规定的恒定电流放电条件下，放电到端电压为零所需的时间与电流的乘积再除以额定电压，即

$$C = \frac{It}{V}$$

式中，C 为超级电容额定容量；I 为充电电流；t 为充电时间；V 为额定电压。

在超级电容的放电过程中，由于其等效串联电阻比普通电容器的大，因此充放电时不能忽略等效串联电阻产生的电压降，如 2.7V/5000F 超级电容的等效串联电阻为 0.4mΩ，在 100A 电流放电时的等效串联电阻电压降为 40mV，占额定电压的 1.5%；在 950A 电流放电时的等效串联电阻电压降为 380mV，占额定电压的 14%。

3. 超级电容应用案例

由于超级电容具有比功率高、循环寿命长、充放电时间短等优势，因此是理想的电动汽车电源。世界各国争相研究超级电容，并越来越多地将其应用到电动汽车上。

日本是将超级电容应用于混合动力电动汽车的先驱。超级电容是近年来日本电动汽车动力系统开发中的重要领域之一。本田 FCX 燃料电池-超级电容混合动力电动汽车是世界上最早实现商品化的燃料电池汽车，该车已于 2002 年在日本和美国上市；日产公司于 2002 年 6 月 24 日生产了安装有柴油机、电动机和超级电容的并联式混合动力卡车，还推出了天然气-超级电容混合动力电动客车，该车的经济性是传统内燃机汽车的 2～4 倍；日本富士重工推出的电动汽车已经使用了日立机电制作的锂离子电池和松下电器制作的储能电容器的联用装置。

美国在超级电容混合动力电动汽车方面的研究也取得了一定进展，MaxWell 公司开发的超级电容在各种类型的电动汽车上都得到了良好的应用。美国 NASA Lewis 研究中心研制的混合动力电动客车采用超级电容作为主要的能量储存系统。

国内以超级电容为储能系统的电动汽车的研究取得了一系列成果。2004 年 7 月，我国首辆电容蓄能变频驱动式无轨电车在上海张江投入试运行，该车利用超级电容比功率大和公共交通定点停车的特点，停靠站时可在 30s 内快速充电，充电后即可持续提供电能，车速可达 44km/h。哈尔滨工业大学和哈尔滨巨容新能源有限公司研制的超级电容电动公交车可容纳 50 名乘客，最高车速为 20km/h。2010 年上海世界博览会期间，在世博园内运行了采用超级电容驱动的电动客车，如图 1.73 所示。

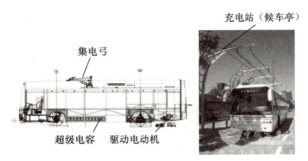

图 1.73　超级电容驱动的电动客车

在纯电动汽车和混合动力电动汽车上采用超级电容-蓄电池复合电源系统被认为是解决未来电动汽车动力问题的最佳途径之一。随着对电动汽车用超级电容的进一步研究和开发，超级电容-蓄电池复合电源系统在满足性能和成本要求上更具有实用性。

1.3.5　电池管理系统

电池管理系统1

电池管理系统（Battery Management System，BMS）是用来对蓄电池组进行安全监控及有效管理，提高蓄电池使用效率的装置。对于电动汽车而言，通过该系统对电池组充放电进行有效控制，可以达到增加续驶里程、延长循环寿命、降低运行成本的目的，并保证动力电池组应用的安全性和可靠性。电池管理系统已经成为电动汽车不可缺少的核心部件之一。

早期的电池管理系统仅对电池进行一次测量参数（电压、电流、温度等）的采集，之后发展到二次参数（电池组荷电状态、内阻）的测量和预测，并根据极端参数进行电池状态预警。现阶段，电池管理系统除完成参数测量和电池状态预警外，还通过数据总线直接参与汽车状态的控制。在功能上，电池管理系统主要包括数据采集、电池状态计算、能量管理、安全管理、热管理、均衡控制、通信功能和人机接口。电池管理系统的功能如图 1.74 所示。

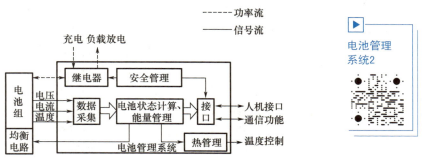

图 1.74　电池管理系统的功能

（1）数据采集。电池管理系统的所有算法都是以采集的动力电池数据作为输入，采样速率、精度和前置滤波特性是影响电池管理系统性能的重要指标。电动汽车电池管理系统的采样速率一般大于 200Hz（50ms）。

（2）电池状态计算。电池状态计算包括电池组荷电状态（State of Charge，SOC）和电池组健康状态（State of Health，SOH）两方面。SOC 用来提示动力电池组剩余电量，是计算和估计电动汽车续驶里程的基础。SOH 用来提示电池技术状态，预计可用寿命等健康状态的参数。

（3）能量管理。能量管理主要包括以电流、电压、温度、SOC 和 SOH 为输入进行充电过程控制，以及以 SOC、SOH 和温度等参数为条件进行放电功率控制两个部分。

（4）安全管理。安全管理是指监视电池电压、电流、温度是否超过正常范围，防止电池组过充电、过放电。如今在对电池组进行整组监控的同时，多数电池管理系统已经发展到对极端单体电池进行过充电、过放电、过热等安全状态管理。

（5）热管理。热管理是指在电池工作温度超高时进行冷却，低于适宜工作温度下限时进行加热，使电池处于适宜的工作温度范围内，并在电池工作过程中保持单体电池间温度均衡。

（6）均衡电路。电池的一致性差异导致电池组的工作状态是由最差单体电池决定的。在电池组各单体电池之间设置均衡电路，实施均衡控制是为了使各单体电池充放电的工作情况尽量一致，提高电池组的工作性能。

（7）通信功能。通过电池管理系统实现电池与车载设备或非车载设备的通信，为充放电控制、整车控制提供数据依据是电池管理系统的重要功能之一，根据应用需要，数据交换可采用不同的通信接口，如模拟信号、脉冲宽度调制信号、控制器局域网络总线或 I^2C 串行接口。

（8）人机接口。根据设计的需要设置显示信息以及控制按键、旋钮等。

电池管理系统的主要工作原理可简单归纳如下：数据采集电路采集电池状态信息数据，由电子控制单元进行数据处理和分析，电池管理系统根据分析结果对系统内的相关功能模块发出控制指令，并向外界传递参数信息。

 习 题

1. 铅酸蓄电池由哪几部分组成？

2. 如何建立铅酸蓄电池的电动势？充电和放电时蓄电池极板及电解液有何变化？
3. 蓄电池的充电特性曲线和放电特性曲线各分为哪几个阶段？
4. 比较增强型富液式蓄电池与玻璃纤维吸附式蓄电池的特点。
5. 如何正确使用蓄电池？
6. 交流发电机的组成及各部件的作用分别是什么？
7. 交流发电机的整流原理是什么？
8. 什么是交流发电机的外特性？为何会产生这种外特性？
9. 什么是交流发电机的输出特性？为何会产生这种输出特性？
10. 交流发电机的电压调节原理是什么？
11. 如何对交流发电机进行整机检测？
12. 如何对交流发电机进行解体检测？
13. 镍镉电池的电极反应机理是什么？
14. 镍氢电池的特性是什么？
15. 锂离子电池的工作原理是什么？
16. 燃料电池的电化学反应原理是什么？
17. 超级电容的工作特性是什么？
18. 电池管理系统有什么功能？

第 2 章 车载电器设备

知识结构

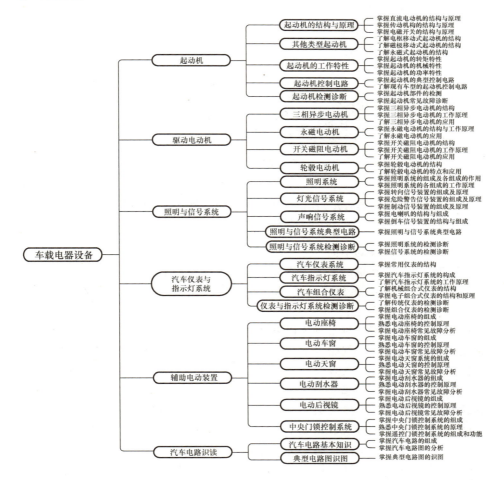

汽车上的车载电器设备主要指用电设备，一般包括起动机、驱动电动机、照明系统、信号系统、汽车仪表与指示灯系统和辅助电动装置等。其中起动机的任务是起动发动机。驱动电动机是电动汽车的关键部件，用来驱动电动汽车行驶。照明系统主要包括车内外各种照明灯及保证夜间安全行车所需的灯光，它的作用是夜晚照明道路，标识汽车宽度，照明车厢内部及夜间检修等。信号系统主要包括电喇叭、蜂鸣器及各种信号灯，主要用来保证汽车运行时的人车安全。汽车仪表与指示灯系统为驾驶人提供汽车行驶时最基本的操作信息，这些信息显示在仪表板上。辅助电动装置主要包括电动座椅、电动车窗、电动天窗、电动刮水器、电动后视镜和中央门锁控制系统等。为适应舒适、娱乐、安全保障的需要，辅助电动装置的数量和类型还在进一步增加。

2.1 起 动 机

起动系统主要由蓄电池、起动机、点火开关及起动继电器等组成，如图2.1所示。其中，起动机的作用是将蓄电池的电能转换为机械能，驱动发动机飞轮旋转，使发动机起动工作。

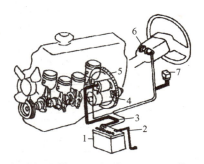

1—蓄电池；2—搭铁电缆；3—起动机电缆；4—起动机；5—飞轮；6—点火开关；7—起动继电器

图2.1 起动系统的组成

按照电动机磁场产生方式的不同，起动机可分为以下两种。

（1）励磁式起动机。电动机的磁场由磁极绕组通入电流产生。

（2）永磁式起动机。电动机的磁极由永久磁铁制成，磁极无励磁绕组，结构尺寸较小。

按照操纵方式的不同，起动机可分为以下两种。

（1）直接操纵式起动机。由驾驶人通过脚踏起动踏板或手拉起动拉杆直接操纵拨叉而使起动机驱动齿轮轴向移动，以使驱动齿轮啮入飞轮齿圈。直接操纵式起动机结构简单，但发动机的布置受到限制，并且起动操作比较麻烦，因此已淘汰。

（2）电磁操纵式起动机。电磁开关通电后产生的电磁力控制驱动齿轮啮入飞轮齿圈和接通电动机电路。电磁操纵式起动机克服了直接操纵式起动机的不足，现应用普遍。

按照驱动齿轮啮入方式的不同，起动机可分为以下五种。

（1）惯性啮合式起动机。驱动齿轮自身旋转的惯性产生轴向移动，啮入飞轮齿圈。惯性啮合式起动机结构简单，但工作可靠性较差，现已很少采用。

(2) **电枢移动式起动机**。磁极产生的电磁力吸引电枢轴向移动，带动轴向固定在电枢轴上的驱动齿轮啮入飞轮齿圈。电枢移动式起动机结构较复杂，主要用于欧洲汽车公司生产的柴油车上。

(3) **磁极移动式起动机**。磁极产生的磁力使其中的活动铁芯移动，带动驱动齿轮啮入飞轮齿圈。由于其结构较复杂，因此这种起动机较少见。

(4) **齿轮移动式起动机**。电磁开关推动电枢轴孔内的啮合杆，使驱动齿轮啮入飞轮齿圈。其结构也比较复杂。

(5) **强制啮合式起动机**。人力（现已被淘汰）或电磁力通过拨叉或直接推动驱动齿轮做轴向移动，强制啮入飞轮齿圈。该起动机结构简单、工作可靠，因而得到广泛应用。

按照传动机构结构的不同，起动机可分为以下两种。

(1) **普通起动机**。起动机的电动机与驱动齿轮之间直接通过单向离合器连接，其传动机构结构简单，是汽车起动机的传统结构形式。

(2) **减速起动机**。在电动机与驱动齿轮之间增设了一组减速齿轮机构，其尺寸小、质量轻、起动可靠，在轿车上得到广泛应用。

2.1.1 起动机的结构与原理

使用最广的电磁操纵强制啮合式起动机如图 2.2 所示，**一般由直流电动机、传动机构和电磁开关三部分组成。**

1. 直流电动机

(1) 直流电动机的工作原理。

直流电动机依靠带电导体在磁场力的作用下产生电磁转矩，其工作原理如图 2.3 所示。

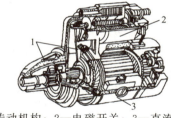

1—传动机构；2—电磁开关；3—直流电动机

图 2.2 电磁操纵强制啮合起动机

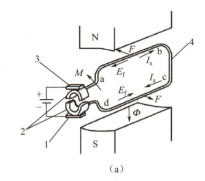
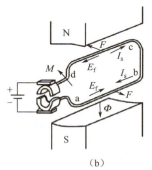

1—负极电刷；2—换向器铜片；3—正极电刷；4—电枢绕组

图 2.3 直流电动机的工作原理

电源的直流电通过电刷和换向器铜片引入电枢绕组，电枢绕组的电流方向为 a→b→c→d，电枢绕组的两匝边受磁场力 F 的作用而形成电磁转矩 M，如图 2.3（a）所示。在电磁转矩 M 的作用下，电枢绕组转动，当 ab 匝边转到下半平面、cd 匝边转到上半平面时，a 端换向片与 d 端换向片交换所接触的电刷，使电枢绕组的电流

方向变为 d→c→b→a，电枢绕组两匝边受磁场力 F 的作用所形成的电磁转矩 M 的方向保持不变，如图 2.3（b）所示。在方向不变的电磁转矩 M 的作用下，电枢便可持续转动。

由此可见，直流电动机换向器的作用就是将电源的直流电转换为电枢绕组内的交流电，使电枢电流及时换向，以使电枢产生一个方向不变的电磁转矩。

实际直流电动机为了能产生足够大且稳定的电磁转矩，其电枢采用多匝绕组串联而成，并由多片换向铜片组成换向器。

根据安培定律，可以推导出直流电动机通电后产生的电磁转矩 M 与磁极的磁通量 Φ 和电枢电流 I_s 之间的关系，即

$$M = C_m I_s \Phi$$

式中，C_m 为电动机结构常数，与电动机磁极对数 P、电枢绕组导线根数 Z 及电枢绕组电路的支路对数 a 等有关（$C_m = PZ/2\pi a$）。

通电的直流电动机的电枢在电磁转矩 M 的作用下转动起来，电枢绕组切割磁力线产生电动势，此电动势与电枢电流 I_s 的方向相反，故称为反电动势 E_f。E_f 与磁极的磁通量 Φ 和电枢的转速 n 成正比。

$$E_f = C_e n \Phi$$

式中，C_e 为电动机结构常数（$C_e = PZ/60a$）。

当直流电动机转动起来之后，其电枢回路的电压平衡方程为

$$U = E_f + I_s R_s$$

式中，R_s 为电枢回路的电阻，包括电枢绕组的电阻和电刷与换向器的接触电阻。

在直流电动机刚接通电源的瞬间，电枢转速 n 为 0，反电动势 E_f 也为 0，电枢绕组通过最大电流（$I_{sm} = U/R_s$），并产生最大电磁转矩 M_{max}，M_{max} 大于电动机的阻力矩 M_z，电枢开始转动并加速。随着电枢转速的上升，反电动势 E_f 增大，电枢电流 I_s 便开始下降，电磁转矩 M 随之下降，当下降至与 M_z 平衡（$M = M_z$）时，电枢就在此转速下稳定运转。

如果直流电动机在稳定运转状态下负载增大（$M < M_z$），则出现如下变化：n↓→E_f↓→I_s↑→M↑→$M = M_z$，电动机在新的转速下稳定运转。

如果直流电动机的工作负载减小（$M > M_z$），则出现如下变化：n↑→E_f↑→I_s↓→M↓→$M = M_z$，电动机又在新的转速下稳定运转。

由此可见，直流电动机具有自动调节转矩的功能，工作中当负载突然变化时，可通过转速、电流和转矩的自动变化来平衡负载的改变，使之能在新的转速下稳定运转。

（2）直流电动机的结构。

直流电动机由电枢总成、磁极、换向器、电刷与电刷架及其他附件组成，如图 2.4 所示。

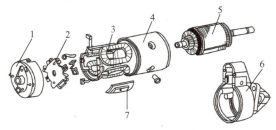

1—前端盖；2—电刷与电刷架；3—励磁绕组；4—电动机外壳；5—电枢总成；6—后端盖；7—磁极铁芯

图 2.4　直流电动机的结构

① 电枢总成。

电枢总成的作用是通入电流后，在磁极磁场的作用下产生一个方向不变的电磁转矩。电枢总成由电枢轴、电枢铁芯、电枢绕组及换向器等组成，如图 2.5 所示。

1—换向器；2—电枢铁芯；3—电枢绕组；4—电枢轴

图 2.5 电枢总成的组成

电枢铁芯用多片内外圆均带槽、表面绝缘的硅钢片叠成，通过内圆花键槽固定在电枢轴上，外圆槽内绕有电枢绕组；电枢绕组一般用较粗的扁铜线采用波绕法绕制，各绕组的端子与换向器铜片焊接，使各电枢绕组串联。

换向器由铜片和云母片叠压而成，压装于电枢轴的一端，云母片使铜片间、铜片与轴之间均绝缘。根据电刷材质的不同，换向器铜片之间的云母片有低于铜片和与铜片平齐两种。云母片低于铜片主要是为了避免铜片磨损后云母片外凸而造成电刷与换向器接触不良；云母片与铜片平齐主要是防止电刷粉末落入铜片之间的槽中而造成短路。国产起动机直流电动机的电刷较软，换向器云母片一般不低于铜片；许多进口汽车起动机的直流电动机的电刷较硬，换向器云母片通常低于铜片。

② 磁极。

磁极的作用是形成磁场。励磁式电动机的磁极由铁芯和励磁绕组组成，用螺钉固定在电动机壳体上，如图 2.6 所示。

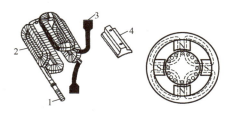

1—接线柱；2—励磁绕组；3—电刷；4—铁芯

图 2.6 磁极的组成

为了增大电磁转矩，电动机一般有四个磁极，有的大功率起动机采用六个磁极。励磁绕组由粗扁铜线绕制而成，与电枢绕组串联，如图 2.7 所示。

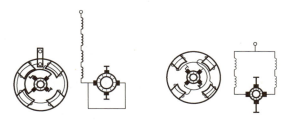

（a）四励磁绕组串联　　（b）励磁绕组两两串联后并联

图 2.7 励磁绕组的连接方式

③ 电刷与电刷架。

电刷由铜粉和石墨压制而成，石墨中加入铜粉是为了减小电阻和增强耐磨性。电刷架多为柜式，电刷架上的盘形弹簧用于将电刷紧紧地压在换向器铜片上。电刷与电刷架的结构如图 2.8 所示。在四个电刷架中，一对电刷架与机壳直接相连，构成了电动机内部电路搭铁。有的电动机则通过励磁绕组的一端与机壳相连实现内部电路搭铁，这种电动机的所有电刷架都与机壳绝缘。

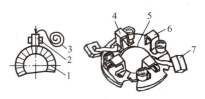

1—换向器；2—电刷；3—盘形弹簧；4—搭铁电刷架；5—绝缘垫；6—绝缘电刷架；7—搭铁电刷

图 2.8　电刷与电刷架的结构

④ 轴承与端盖。

电动机轴承安装于前、后端盖上，端盖与机壳用螺栓固定。普通起动机的电动机一般采用青铜石墨滑动轴承或铁基含油滑动轴承；减速起动机的电枢转速很高，一般采用滚柱轴承或滚珠轴承。

2. 传动机构

普通起动机传动机构的主要组成部件是单向离合器，减速起动机则加装了减速机构。

（1）单向离合器。

单向离合器的作用是起动时将电动机的电磁转矩传递给发动机飞轮，在发动机起动后立即打滑，以防止发动机飞轮带动电动机高速旋转造成电动机电枢"飞散"事故。单向离合器有滚柱式、摩擦片式、扭簧式等形式。

① 滚柱式单向离合器。滚柱式单向离合器有十字腔和十字块两种结构形式，如图 2.9 所示。

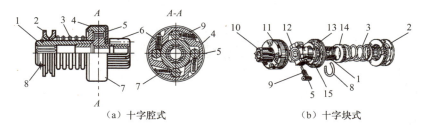

(a) 十字腔式　　　　(b) 十字块式

1—传动套筒；2—移动衬套；3—缓冲弹簧；4—带十字腔座圈；5—滚柱；6—带柄驱动齿轮；
7—罩壳；8—卡簧；9—弹簧及活柱；10—驱动齿轮；11—外壳；
12—十字块；13—护盖；14—弹簧座；15—垫圈

图 2.9　滚柱式单向离合器的结构

滚柱式单向离合器的两种结构形式的工作原理相似。以十字块式为例，如图 2.9（b）所示，单向离合器的外壳 11 与驱动齿轮 10 连为一体，外壳 11 和十字块 12 装配后形成四个楔形槽，槽中有四个滚柱 5，滚柱 5 的直径大于槽窄端尺寸且小于槽宽端尺寸，弹簧及活柱 9 将滚柱 5 推向槽窄端，使得滚柱 5 与十字块 12 及外壳 11 表面有较小的摩擦力。十字块 12 与传动套筒 1 刚性连接，传动套筒 1 安装在电枢轴花键部位，使单向离合器总成可轴向移动和随轴转动。

起动时，电枢轴通过花键带动传动套筒使十字块转动，十字块相对于外壳顺时针转动，使滚柱在小摩擦力的作用下滚向槽窄端而被卡紧，外壳随十字块一起转动，电动机的电磁转矩就通过单向离合器传递给了驱动齿轮，如图 2.10（a）所示。发动机一旦起动，飞轮 7 带动驱动齿轮 1 旋转，使外壳 2 的转速高于十字块 3 的，十字块 3 相对于外壳 2 的逆时针转动使滚柱 4 滚向槽宽端而打滑，如图 2.10（b）所示，从而避免了飞轮带动起动机电枢高速旋转而造成"飞散"事故。

（a）起动时传递电磁转矩　　（b）起动后打滑

1—驱动齿轮；2—外壳；3—十字块；4—滚柱；5—弹簧与压帽；6—楔形槽；7—飞轮

图 2.10　滚柱式单向离合器的工作原理

滚柱式单向离合器结构简单、紧凑，在中小功率的起动机上广泛采用，但在传递较大转矩时，滚柱容易变形而卡死。因此，滚柱式单向离合器不适用于较大功率的起动机。

② 摩擦片式单向离合器。**摩擦片式单向离合器有外接合鼓驱动式和齿轮柄驱动式两种结构形式，**如图 2.11 所示。

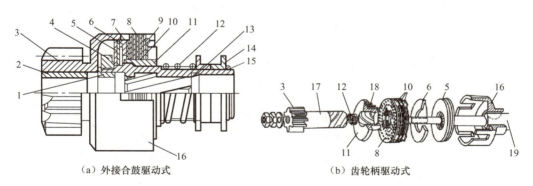

（a）外接合鼓驱动式　　　　　　　　　（b）齿轮柄驱动式

1—限位套；2—衬套；3—驱动齿轮；4—限位螺母；5—弹性垫圈；6—压环；7—调整垫圈；
8—从动摩擦片；9、15—卡环；10—主动摩擦片；11—内接合鼓；12—缓冲弹簧；13—传动套筒；
14—移动衬套；16—外接合鼓；17—驱动齿轮柄；18—小弹簧；19—电枢轴

图 2.11　摩擦片式单向离合器的结构

外接合鼓驱动式单向离合器如图 2.11（a）所示，传动套筒 13 安装在电枢轴右螺旋花键部位，其外圆通过三线螺旋花键与内接合鼓 11 连接，当内接合鼓 11 与传动套筒 13 之间有相对转动时，内接合鼓 11 就会产生轴向移动；内接合鼓 11 外圆上有凹槽，与主动摩擦片 10 的内凸齿配合；从动摩擦片 8 有外凸齿，插入外接合鼓 16 的槽中，外接合鼓 16 与驱动齿轮 3 连为一体；传动套筒 13 自左向右装有弹性垫圈 5、压环 6 和调整垫圈 7，端部用限位螺母 4 轴向固定。

起动时，起动机电枢带动传动套筒 13 转动，内接合鼓 11 因惯性作用而与传动套筒 13 之间产生相对转动，内接合鼓 11 轴向左移，将主、从动摩擦片压紧。此时，电动机的电磁转矩就通过单向离合器传递给驱动齿轮 3。发动机一旦起动，飞轮带动驱动齿轮 3 高速转动，使内接合鼓 11 的转速高于传动套筒 13 的转速，内接合鼓 11 与传动套筒 13 之间产生了与起动时相反的相对转动，使内接合鼓 11 轴向右移，此时主、从动摩擦片间的压力消失而打滑，从而避免了起动机电枢被发动机带动而超速旋转的危险。

起动时，如果发动机起动阻力矩过大而使驱动齿轮未能带动发动机飞轮转动，就会因内接合鼓与传动套筒之间仍存在相对转动而使内接合鼓继续左移，使摩擦片的压紧力继续增大，导致弹性垫圈在压环凸缘的压迫下弯曲；当弹性垫圈弯曲到一定程度时，内接合鼓的左端顶到弹性垫圈而不能再左移，使主、从动摩擦片间的压力不再增大，传递的转矩也就不再增大，从而避免了电动机因负载过大而被烧坏的危险。

摩擦片式单向离合器可以传递较大的转矩，用于功率较大的起动机。摩擦片式单向离合器所传递的最大转矩会因摩擦片磨损而减小，因此，在使用过程中需要经常检修和调整，其结构也比较复杂。

③ 扭簧式单向离合器。扭簧式单向离合器的结构如图 2.12 所示。

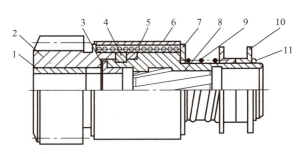

1—衬套；2—驱动齿轮；3—挡圈；4—月形圈；5—扭力弹簧；6—护套；7—垫圈；
8—传动套筒；9—缓冲弹簧；10—移动衬套；11—卡簧

图 2.12　扭簧式单向离合器的结构

传动套筒 8 与起动机电枢以螺旋花键连接，驱动齿轮柄松套在传动套筒 8 上，月形圈 4 限制了驱动齿轮与传动套筒之间的轴向相对移动，但不妨碍其相对转动。扭力弹簧 5 包在驱动齿轮柄和传动套筒 8 的外圆表面，弹簧的两端各有 1/4 圈内径较小，分别箍紧在驱动齿轮柄和传动套筒 8 上。

起动时，扭力弹簧 5 在其两端摩擦力的作用下被扭紧，整个弹簧紧箍在驱动齿轮柄和传动套筒 8 上以传递转矩。发动机起动后，由于驱动齿轮 2 的转速高于电枢的转速，扭力弹簧 5 放松，使驱动齿轮 2 在传动套筒 8 上滑转。

扭簧式单向离合器结构简单、使用寿命长，但由于扭力弹簧的轴向尺寸较大，因此不宜在小型起动机上使用。

（2）减速机构。

减速起动机的电枢与驱动齿轮之间设有减速机构，减速比一般为 2∶1～4∶1。起动机增设了减速机构后，可采用小型高速低转矩的电动机，电动机电流也可减小。因此，减速起动机体积小、质量轻，便于安装；起动性能提高，减小了蓄电池的负担。

减速起动机的减速机构有外啮合式、内啮合式和行星齿轮啮合式，如图 2.13 所示。

（a）外啮合式　　　　　　（b）内啮合式　　　　　　（c）行星齿轮啮合式

图 2.13　减速起动机减速机构的类型

① 外啮合式减速机构。外啮合式减速机构传动中心距较大，受起动机结构的限制，其减速比不能太大，因此，一般只在小功率的起动机上应用。外啮合式减速机构的从动齿轮轮齿通常在单向离合器的壳体上。图 2.14 所示为丰田汽车采用的外啮合式减速起动机的结构。该起动机的传动中心距为 30mm 左右，在电枢轴与驱动齿轮 9 之间利用惰轮 5 做中间传动，并且电磁开关铁芯与驱动齿轮 9 同轴心，电磁开关 14 直接推动驱动齿轮 9 与飞轮啮合，不需要用拨叉，起动机的减速传动效率高，成本适中，广泛应用于小功率的起动机。

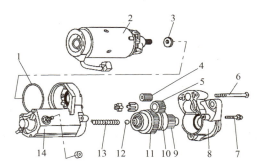

1—橡胶圈；2—电动机；3—毡垫圈；4—主动齿轮；5—惰轮；6—穿钉；7—螺栓；8—外壳；
9—驱动齿轮；10—单向离合器；11—从动齿轮；12—钢球；13—回位弹簧；14—电磁开关

图 2.14　丰田汽车采用的外啮合式减速起动机的结构

② 内啮合式减速机构。内啮合式减速机构传动中心距小，可以有较大的减速比，适用于较大功率的起动机。由于内啮合式减速起动机的驱动齿轮轴向移动需用拨叉拨动，因此内啮合式减速起动机的外形与普通起动机的相似。

③ 行星齿轮啮合式减速机构。行星齿轮啮合式减速机构具有结构紧凑、减速比大、效率高的特点。由于行星齿轮啮合式起动机输出轴与电枢轴同心、同旋向，电枢轴无径向载荷，因此整机尺寸较小；除了增加行星齿轮减速机构，行星齿轮啮合式减速起动机其他轴向位置上的结构与普通起动机的相同，因此这些配件是可以通用的。

3. 电磁开关

（1）电磁开关的结构。

电磁开关主要由吸引线圈及保持线圈、活动铁芯、接触盘等组成。典型电磁开关的结构如图 2.15 所示。

电磁开关两个主接线柱 1、13 分别连接蓄电池和电动机，另一端（电磁开关内部）是相应的触点，由接触盘 4 接通；电磁开关接线柱 12 内部连接着吸引线圈及保持线圈 6，外部通过电路连接起动开关或起动继电器；柴油发动机、电子点火式（点火线圈无附加电阻）汽油发动机的起动机，其电磁开关无附加电阻短路接线柱 2 和导电片 3。活动铁芯 8 右

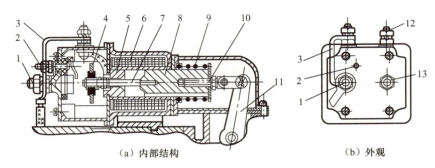

(a) 内部结构　　　　　　　　　　(b) 外观

1,13—主接线柱；2—附加电阻短路接线柱；3—导电片；4—接触盘；5—磁轭；6—吸引线圈及保持线圈；7—接触盘推杆；8—活动铁芯；9—回位弹簧；10—调节螺钉；11—拨叉；12—电磁开关接线柱

图 2.15　典型电磁开关的结构

端通过螺钉连接拨叉 11，左端连接接触盘推杆 7 或与推杆保持一定间隙。当活动铁芯 8 被电磁开关线圈吸动左移时，带动拨叉 11 和接触盘 4 动作。

（2）电磁开关的工作原理。

电磁开关内的吸引线圈与电动机串联，保持线圈与电动机并联。电磁开关的工作原理如图 2.16 所示。

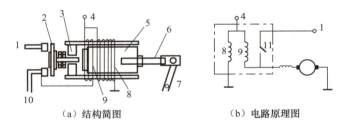

(a) 结构简图　　　　　　　　　　(b) 电路原理图

1—电源接线柱；2—接触盘；3—磁轭；4—电磁开关接线柱；5—活动铁芯；6—拉杆；7—拨叉；8—保持线圈；9—吸引线圈；10—接电动机；11—电磁开关触点

图 2.16　电磁开关的工作原理

电磁开关接线柱 4 接通电源，吸引线圈 9 和保持线圈 8 同时通电，两线圈产生的磁力使活动铁芯 5 克服回位弹簧弹力左移，带动拨叉 7 和接触盘 2 动作，将驱动齿轮拨向飞轮齿圈，当驱动齿轮与发动机飞轮啮合时，接触盘 2 接通电动机电路。

电动机通电工作时，吸引线圈 9 已被接触盘 2 短路，但保持线圈 8 仍然通电，所产生的磁力使活动铁芯 5 保持在移动的位置。断开起动开关瞬间，接触盘 2 还未回位，电源通过接触盘 2 使电磁开关两线圈仍然通电，但此时吸引线圈 9 的电流是反向电流，所产生的磁力与保持线圈 8 的磁力相互抵消，活动铁芯 5 便在回位弹簧弹力的作用下退回，使驱动齿轮和接触盘 2 退回原处，电动机停止工作。

2.1.2　其他类型起动机

1. 电枢移动式起动机

电枢移动式起动机的电枢可轴向移动，起动机不工作时在回位弹簧弹力的作用下，电枢与磁极错开一定的距离。驱动齿轮固定在电枢轴上，其轴向移动靠电枢的移动实现。磁极除有主励磁绕组外，还有两个导线较细、匝数较多、电阻较大的副励磁绕组。一个副励磁绕组与电动机并联，起吸引电枢轴向移动和保持电枢在移动位置的作用；另一个副励磁绕组与电动机的电枢绕组串联，主要用于吸引电枢轴向移动。

电枢移动式起动机的工作原理如图 2.17 所示。

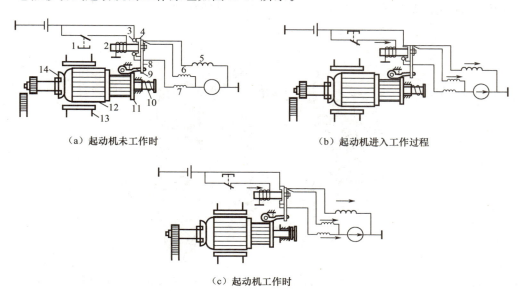

1—起动开关；2—电磁线圈；3—触点；4—接触桥；5—并联副励磁绕组；6—串联副励磁绕组；
7—主励磁绕组；8—挡片；9—扣爪；10—电枢回位弹簧；11—换向器端面凸缘；12—电枢；
13—磁极；14—摩擦片式单向离合器

图 2.17　电枢移动式起动机的工作原理

起动时，接通起动开关 1，电磁线圈 2 通电后产生的磁力吸引接触桥 4 左移，但由于扣爪 9 顶住了挡片 8，使得接触桥 4 只是单边接触，接通副励磁绕组，如图 2.17（b）所示。

两个副励磁绕组通电后，磁极 13 产生的电磁力吸引电枢 12 向左轴向移动。由于此时电枢 12 已有较小的电流通过开始低速转动，因此驱动齿轮在慢慢转动中与飞轮齿圈啮合，从而避免了顶齿和冲击。当电枢 12 移动至驱动齿轮与飞轮完全啮合时，换向器端面凸缘 11 将扣爪 9 顶起，使挡片 8 脱扣，接触桥 4 下边也接触，此时起动机的主电路接通，如图 2.17（c）所示，电动机产生正常的电磁转矩驱动发动机。此时，串联副励磁绕组 6 被短路（主励磁绕组 7 的电阻很小，可以忽略），由并联副励磁绕组 5 及主励磁绕组 7 的电磁力保持电枢 12 移动后的位置。

发动机起动后，摩擦片式单向离合器打滑，电动机空载运行，电枢 12 转速上升，电枢绕组产生的反电动势增大，使电枢 12 及主励磁绕组 7 电流减小，磁极 13 磁力减小。当磁力减小至小于电枢回位弹簧 10 的作用力时，电枢右移回位，驱动齿轮与飞轮齿圈脱离，扣爪 9 也回到锁止位置。关闭起动开关后，起动机停止转动。

电枢移动式起动机的结构较复杂，不宜在倾斜度较大的场合下工作。

2. 磁极移动式起动机

磁极移动式起动机的结构如图 2.18 所示。其中一个磁极铁芯是活动的,铁芯上除了有一组励磁绕组外,还有一个保持线圈 5,通电时用来吸动活动铁芯并保持活动铁芯的位置。活动铁芯移动时可使励磁绕组中的一个常闭触点 1 打开,以改变励磁绕组的连接方式;同时,通过与之连接的拨叉 6 推动驱动齿轮 8 轴向移动。

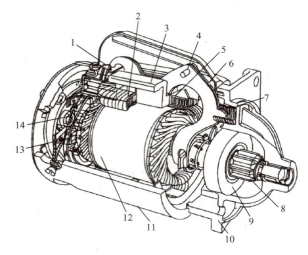

1—常闭触点;2—励磁绕组;3—活动铁芯;4—拨叉销轴;5—保持线圈;6—拨叉;7—复位弹簧;
8—驱动齿轮;9—单向离合器;10—端盖;11—起动机壳体;12—电枢总成;13—电刷;14—电刷弹簧

图 2.18 磁极移动式起动机的结构

磁极移动式起动机的工作原理如图 2.19 所示。起动时,接通起动开关 3,起动继电器 2 触点闭合,使起动机内部通电。励磁绕组 10 和保持线圈 7 产生的磁力使活动铁芯 5 移动,通过拨叉将驱动齿轮推向飞轮齿圈。在驱动齿轮完全啮合前,触点 6 处于闭合状态,电动机内部电路如图 2.20(a)所示,构成复励式电动机。串联的励磁绕组 11、12 的电流较小,而并联的励磁绕组 10 的电流较大,因此转速较低,加之励磁绕组 13 产生相反方向的磁场,使电枢 9 转动受到阻力,进一步降低了电枢 9 的转速,从而保证驱动齿轮在慢慢转动中啮入飞轮齿圈,使啮合容易且较柔和。

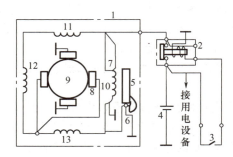

1—起动机;2—起动继电器;3—起动开关;4—蓄电池;5—活动铁芯;
6—触点;7—保持线圈;8—电刷;9—电枢;10,11,12,13—励磁绕组

图 2.19 磁极移动式起动机的工作原理

当驱动齿轮完全啮入后，触点 6 断开，构成了串励式电动机，电路如图 2.20（b）所示。此时，电枢便产生正常的电磁转矩驱动发动机。起动过程中，保持线圈 7 的磁力保持活动铁芯的位置，使驱动齿轮保持啮合、触点 6 保持打开，起动机在正常状态下工作。

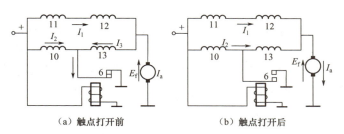

图 2.20　磁极移动式起动机磁场绕组连接方式（图注同图 2.19）

发动机起动后，断开起动开关 3，起动继电器 2 断电，起动机 1 也断电，活动铁芯 5 在回位弹簧弹力的作用下复位，带动单向离合器和驱动齿轮回位，触点 6 闭合，起动机停止工作。

3. 永磁式起动机

永磁式起动机的磁极采用铁氧体永磁材料或钕铁硼永磁材料，由于不需要励磁绕组，因此简化了起动机的结构，起动机的体积较小，质量较轻。图 2.21 所示为 DW1.4 型永磁行星齿轮啮合式减速起动机的结构，其磁极采用永久磁铁。

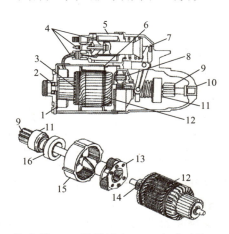

1—电刷；2—球轴承；3—换向器；4—导线插头；5—电磁开关；6—永磁铁磁极；7—拨叉；
8—行星齿轮减速器；9—驱动齿轮；10—轴承；11—单向离合器；12—电枢总成；
13—行星齿轮；14—主动齿轮（太阳轮）；15—齿圈；16—拨叉环

图 2.21　DW1.4 型永磁行星齿轮啮合式减速起动机的结构

起动机的磁极由六块永久磁铁组成，通过弹性保持片将永久磁铁固定在机壳内，六块永久磁铁的 N、S 极交错排列，形成三对磁极。起动机的工作原理与励磁式起动机的相同。

2.1.3　起动机的工作特性

1. 转矩特性

起动机的转矩特性是指电动机产生的电磁转矩 M 与电枢电流 I_s 的关系。由直流电动机的工作原理可知，电动机产生的电磁转矩与电枢电流和磁极磁通量成正比。对于串励式电动机，励磁绕组的励磁电流 $I_j = I_s$，磁极磁通量 Φ 在磁极未饱和时与励磁电流成正比（$\Phi = CI_j$），设 $C'' = C_m C$，于是有

$$M = C_m I_s C I_j = C'' I_s^2$$

直流串励式电动机的转矩特性曲线如图 2.22 所示。在磁极未饱和时，直流串励式电动机的电磁转矩 M 与电枢电流 I_s 的平方成正比；在磁极饱和时，M 与 I_s 成正比。与直流并励式电动机相比，在 I_s 相等的情况下，直流串励式电动机可以产生更大的电磁转矩，这是起动机采用直流串励式电动机的原因之一。

2. 机械特性

起动机的机械特性是指电动机的转速随电磁转矩变化的规律。根据电枢绕组反电动势的关系式 $E_f = C_e \Phi n$ 和电动机电路电压电流平衡关系式 $U = E_f + I_s (R_s + R_j)$，可得到直流串励式电动机的转速 n 与电枢电流 I_s 的关系为

$$n = \frac{U - I_s (R_s + R_j)}{C_e \Phi}$$

串励式电动机在磁极未饱和时，Φ 随 I_s 的增大而增大，转速 n 迅速下降。由于 $M \propto I_s^2$，因此直流串励式电动机的转速随转矩的增大而迅速下降，即具有软的机械特性，如图 2.23 所示。

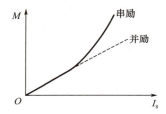
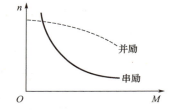

图 2.22　直流串励式电动机的转矩特性曲线　　图 2.23　直流串励式电动机的机械特性曲线

直流串励式电动机具有轻载转速高、重载转速低的特点。重载转速低可以保证电动机在起动（重载）时不会超出允许的功率而烧毁，使起动安全、可靠。这是起动机采用直流串励式电动机的主要原因。由于直流串励式电动机在轻载或空载时转速很高，容易造成"飞散"事故，因此不允许功率较大的直流串励式电动机在轻载或空载下运行。

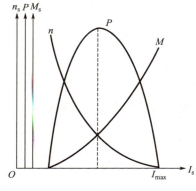

图 2.24　起动机特性曲线

3. 起动机特性

起动机的功率 P 可由下式确定：

$$P = \frac{M_s n_s}{9550}$$

式中，M_s 为起动机输出转矩（N·m）；n_s 为起动机转速（r/min）。

由上式和直流串励式电动机的转矩特性及机械特性可得起动机特性曲线，如图 2.24 所示。起动机在全制动（$n_s = 0$）和空载（$M_s = 0$）时的功率均为 0，而在 I_s 接近全制动电流一半时的输出功率

最大。起动机工作时间短,允许在最大功率的状态下工作,因此,起动机起动时的输出功率一般就是电动机的最大功率或接近最大功率。影响起动机功率的主要因素如下。

(1) **接触电阻和导线电阻**。接触电阻包括起动电路导线与蓄电池极桩、起动机接线柱及电动机内电刷与换向器等的接触电阻。接触电阻大、导线截面面积小或导线过长,都会造成较大的电压降而使起动机功率下降。

(2) **蓄电池容量**。蓄电池的容量小,内阻较大,起动时加在电动机上的端电压就低,使起动机的功率下降。

(3) **环境温度**。环境温度低时,蓄电池的容量减小,内阻增大,使起动机的功率下降。

2.1.4 起动机控制电路

1. 典型起动机控制电路

由起动开关直接通断电磁开关的 ST614 型起动机控制电路如图 2.25 所示。

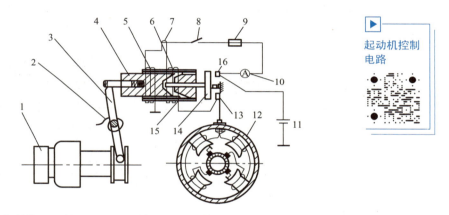

1—驱动齿轮;2—回位弹簧;3—拨叉;4—活动铁芯;5—保持线圈;6—吸引线圈;7—电磁开关接线柱;
8—起动开关;9—熔断器;10—电流表;11—蓄电池;12—电动机;13,16—触点及接线柱;
14—接触盘;15—磁轭

图 2.25 ST614 型起动机控制电路

接通起动开关 8,电磁开关通电,电流通路如下:蓄电池正极──→接线柱 16 ──→电流表 10 ──→熔断器 9 ──→起动开关 8 ──→接线柱 7 ──→吸引线圈 6 ──→接线柱 13 ──→电动机磁场和电枢绕组 ──→搭铁 ──→蓄电池负极。
                                                        ↑   ↓
                                                        └── 保持线圈 5 ←──┘

此时吸引线圈 6 和保持线圈 5 产生的磁力的方向相同,在两线圈磁力的共同作用下,活动铁芯 4 克服弹簧力右移,带动拨叉 3 将驱动齿轮 1 推向飞轮。与此同时,活动铁芯 4 将接触盘 14 顶向触点。当驱动齿轮 1 与飞轮啮合时,接触盘 14 将电磁开关触点 13、16 接通,使电动机通电,其电枢产生正常电磁转矩,并通过传动装置带动发动机转动。此时,吸引线圈 6 被接触盘 14 短路,活动铁芯 4 靠保持线圈 5 的磁力保持在移动的位置。

发动机起动后,在断开起动开关 8 的瞬间,接触盘 14 仍在接触位置,此时电流通路如下:蓄电池正极 ──→接线柱 16 ──→接触盘 14 ──→接线柱 13 ──→吸引线圈 6 ──→保持线圈 5 ──→搭铁 ──→蓄电池负极。此时吸引线圈 6 与保持线圈 5 的磁力相互抵消,活动铁芯

④在弹簧力的作用下回位，使驱动齿轮 1 退出；与此同时，接触盘 14 也回位，切断起动机电路，起动机停止工作。

在起动机驱动齿轮啮入飞轮齿圈的过程中，由于吸引线圈的电流流经电动机，电枢产生较小的电磁转矩，因此驱动齿轮在缓慢转动中与飞轮齿圈啮合，避免了顶齿和冲击。

2．新款帕萨特的起动机控制电路

新款帕萨特的起动机控制电路如图 2.26 所示，其控制原理如图 2.27 所示。帕萨特的起动机由车身控制单元 J519 通过起动继电器 J682 进行控制，而 J519 要控制 J682 工作，需满足以下两个条件：一是接收来自转向柱控制单元 J527 的起动信号；二是接收来自双离合变速器机电单元 J743 的 P/N 位信号。将点火开关置于起动挡时，一路由点火开关将起动信号传递给 J527，J527 又将起动信号传递给 J519；另一路挡位开关 F189 通过驱动 CAN 将挡位信号传递至双离合变速器机电单元 J743，如果换挡杆处于 P 位或 N 位，则 J743 通过信号线将 P/N 位信号（搭铁信号）传递至车身控制单元 J519；J519 接收到起动信号和 P/N 位信号后控制起动继电器 J682 工作，起动机运转。

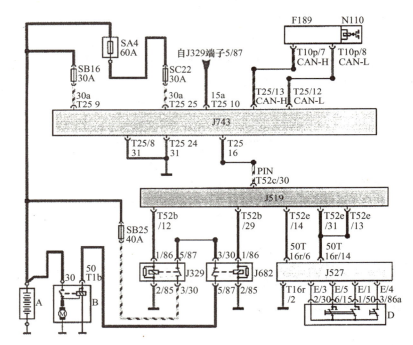

A—蓄电池；B—起动机；D—点火开关；F189—挡位开关；J329—供电继电器；
J519—车身控制单元；J527—转向柱控制单元；J682—起动继电器；
J743—双离合变速器机电单元；N110—换挡杆锁电磁阀

图 2.26　新款帕萨特的起动机控制电路

3．迈腾一键启动控制电路

迈腾安装了接线端控制单元，它一方面充当车身控制单元与电子点火锁操作元件之间的连接件，用于控制接线端；另一方面用于模拟新增的点火启动按键的接线端。接线端控

车载电器设备 第 2 章

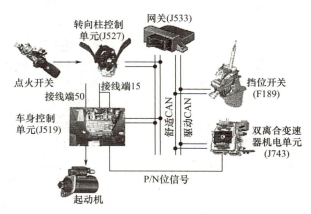

图 2.27 新款帕萨特的起动机控制原理

制单元与 KESSY（无钥匙进入系统）配套安装，实现一键启动功能。一键启动系统的相关组成部件有接线端控制单元 J942、车身控制单元 J519、发动机控制单元 J623、转向柱锁止控制单元 J764、进入/启动许可天线、点火钥匙、点火开关 E415、点火启动按键 E378 等，其控制电路如图 2.28 所示。

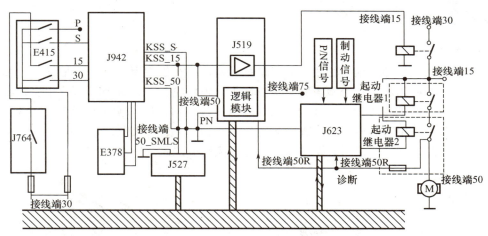

图 2.28 一键启动系统的控制电路

驾驶人通过点火开关或点火启动按键操纵汽车。接线端 S、接线端 15 和点火开关的接线端 50 在接线端控制单元 J942 中被接通。接线端 S 和接线端 15 由接线端控制单元 J942 根据点火启动按键的请求产生持续信号。迈腾的一键启动功能正是建立在第四代防盗器基础之上的，当按下启动按键时，首先进行防盗验证，验证步骤是舒适控制单元通过进入/启动许可天线识别点火钥匙是否合法，如果判断为合法钥匙，舒适控制单元将发出唤醒信号，由串行接口传输到转向柱锁止控制单元 J764 中，使其内部的开关接通，向接线端控制单元 J942 供电，与此同时，J519 接通接线端 15 供电，仪表指示灯点亮。自动启动时，接线端 50 的请求相当于由接线端控制单元 J942 发送到发动机控制单元 J623 的 200ms 的矩形脉冲，与点火启动按键的操纵时间无关。如果发动机控制单元 J623 接收到关于边界条件的信息，如自动变速器车型上的 P/N 位信号和制动信号，发动机控制单元 J623 就会

61

接通其两个起动继电器。在手动变速器汽车上,离合器操纵装置(联锁)的信号被视为输入前提。

如果接线端控制单元J942在连续工作过程中失灵,则处于紧急运行状态,它将继续为接线端15供电,直到识别到车速为0km/h为止。然后断开点火开关,并将硬件和软件都切换到紧急运行状态(J942内部),表示来自点火开关的接线端将被连接,使汽车继续运行。点火启动按键E378不再起作用,其照明装置也被关闭,只要点火启动按键E378出现不可信情况,就会执行以上动作。在处理J942接线端50的请示之前,发动机控制单元J623会通过启动机控制装置的诊断导线(用于"反馈"的接线端50R)查询当前电动势的可靠性。如不可靠,发动机控制单元J623就会中断启动。车身控制单元J519同时获取此信息。点火启动按键E378的两个输入针脚必须传输相同的信号,才能使接线端控制单元J942接收点火启动按键E378的功能请求。输入端断开表示点火启动按键E378未被按下,输入端接地表示点火启动按键E378已被按下。通过接线端控制单元J942向车身控制单元J519发送"故障信息"(这种方式目前使用三根状态导线中的两根),不仅可以传输信息(不存在故障,满足所有起动条件),而且可以传输诊断结果。目前能得到的两种故障信息为控制单元故障和点火启动按键E378故障。

2.1.5 起动机检测诊断

1. 励磁绕组检测

励磁绕组常见故障是接头松脱、绝缘破损,造成磁场绕组匝间短路或搭铁,检测方法如下:将起动机解体后,直观检查励磁绕组接头是否松脱、有无破损;用万用表检测电刷与起动机外壳之间的导通情况,如图2.29所示。若导通,则说明励磁绕组有搭铁故障,应更换励磁绕组。用电枢检验仪检查励磁绕组有无匝间短路,如图2.30所示。通电5min后,若绕组发热,则说明绕组有匝间短路,应更换励磁绕组。

起动机检测诊断

1—万用表表笔;2—起动机外壳
图2.29 励磁绕组搭铁故障检测

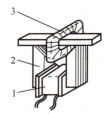

1—感应线圈;2—U形铁芯;3—被检励磁绕组
图2.30 励磁绕组短路故障检测

2. 电枢总成检测

(1)电枢绕组检测。

① 电枢绕组搭铁故障检测(图2.31)。用万用表检测换向器与电枢轴之间的导通情况。若导通,则说明有搭铁故障,应更换电枢。

② 电枢绕组短路故障检测(图2.32)。用电枢检验仪检测电枢绕组间的短路情况。接通电枢检验仪的电源,并将钢片放在电枢铁芯上方的线槽上。若电枢中有短路现象,则在

电枢绕组中产生感应电流,钢片在交变磁场的作用下在槽上振动,由此可判断电枢绕组中有短路故障,应更换电枢。

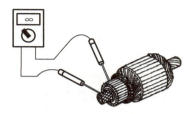 

图 2.31　电枢绕组搭铁故障检测　　　图 2.32　电枢绕组短路故障检测

（2）换向器检测。

当换向器表面有轻微烧蚀时,用细砂纸打磨即可;当有严重烧蚀（径向圆跳动＞0.05mm）时,可在车床上进行精加工,但铜片厚度不得小于 2mm。修整后,云母片的高度与原标准一致,国产汽车的铜片与云母片等高,进口汽车的铜片至少比云母片高 0.2mm。

（3）电枢轴检测。

电枢轴常见故障是弯曲变形,其检测方法如图 2.33 所示。用百分表测量电枢轴的弯曲程度,径向圆跳动应不大于 0.15mm,否则应校正。

3．电刷与电刷架检测

电刷使用的极限高度为标准高度的 2/3,小于极限值时应更换。电刷的接触面不应小于标准接触面的 75%。电刷弹簧的弹力可用弹簧秤测量,应大于 12N,否则应更换。电刷架的绝缘情况可用万用表检测,如图 2.34 所示。

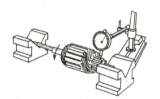 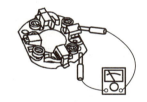

图 2.33　电枢轴弯曲检测　　　图 2.34　电刷架绝缘检测

4．传动机构检测

（1）拨叉检查。拨叉应无变形、断裂、松动等现象,回位弹簧应无锈蚀、弹力正常,否则应更换。

（2）驱动齿轮检查。驱动齿轮的齿长不得小于全齿长的 1/3,而且不得有缺损、裂痕,否则应更换;齿轮磨损严重或扭曲变形时,也应更换。

（3）单向离合器安装与检查。如图 2.35 所示,将单向离合器总成装到电枢轴上,握住电枢,当转动单向离合器外座圈时,驱动齿轮总成应能沿电枢轴自由滑动。如图 2.36 所示,在确保驱动齿轮无损坏的情况下,握住外座圈,转动驱动齿轮,应能自由转动;反转时不应转动,否则说明有故障,应更换单向离合器。

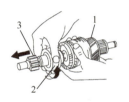

1—电枢；2—外座圈；3—电枢轴

图 2.35 单向离合器总成的安装与检查

1—驱动齿轮；2—外座圈

图 2.36 单向离合器的进一步检查

5. 电磁开关总成检测

（1）柱塞检测。用手指按住柱塞，松开手指后，检查柱塞是否能迅速回位，如图 2.37 所示。如不能，则应更换电磁开关总成。

（2）保持线圈检测。用万用表测量保持线圈接线端 50 与开关之间的电阻，如图 2.38 所示，保持线圈的标准阻值一般不超过 2Ω，如果不符合标准，则应更换电磁开关总成。

（3）吸引线圈检测。用万用表测量吸引线圈接线端 50 与接线端 C 之间的电阻，如图 2.39 所示，吸引线圈的标准阻值应小于 1Ω，如果不符合标准，则应更换电磁开关总成。

图 2.37 柱塞检测

图 2.38 保持线圈检测

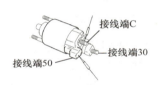

图 2.39 吸引线圈检测

6. 起动机常见故障诊断

（1）起动机不转动。

故障现象：接通起动开关时，起动机不转动，起动机无动作迹象。

故障原因：①电源故障，蓄电池严重亏电或极板硫化、短路等，蓄电池极桩与线夹接触不良，起动电路导线连接处松动而接触不良等；②起动机故障，换向器与电刷接触不良，励磁绕组或电枢绕组有断路或短路，绝缘电刷搭铁，电磁开关线圈断路、短路、搭铁或其触点烧蚀而接触不良等；③起动继电器故障，起动继电器线圈断路、短路、搭铁或其触点接触不良；④点火开关故障，点火开关接线松动或内部接触不良；⑤起动系统控制电路故障，电路有断路，导线接触不良或松脱，熔断器熔丝烧断等。

故障诊断方法如下。①按喇叭或开前照灯，如果喇叭声音小、嘶哑或不响，灯光比平时暗淡，则说明电源有问题，应先检查蓄电池极桩与线夹、起动电路导线接头处是否有松动，触摸导线连接处，看是否发热。若某连接处松动或发热，则说明该处接触不良；若电路连接无问题，则应对蓄电池进行检查。②如果判断电源无问题，用工具将起动机电磁开关上连接蓄电池和连接内部电动机的两个接线柱短接，如果起动机不运转，则说明起动机有故障，应拆检起动机；如果起动机运转正常，则进行下一步检查。③用螺钉旋具将起动继电器上连接蓄电池的 B 接线柱与连接起动机的 S 接线柱直接相连，如果起动机不运转，则应检查连接这两个接线柱的导线；如果起动机正常运转，则进行下一步检查。④将起动继电器上连接蓄电池的 B 接线柱与连接点火开关的 SW 接线柱直接相连，如果起动机不运转，则说明起动继电器有故障，应检修或更换；如果起动机正常运转，则故障在起动继电器至点火开关的导线或点火开关，应检修。

（2）起动机运转无力。

故障现象：起动时，驱动齿轮能啮入飞轮齿圈，但起动机转速明显偏低甚至停转。

故障原因：①电源故障，蓄电池亏电或极板硫化、短路，起动电源导线连接处接触不良等；②起动机故障，换向器与电刷接触不良，电磁开关接触盘和触点接触不良，电动机励磁绕组或电枢绕组局部短路等。

故障诊断方法：首先检查起动电源是否正常，如果起动电源无问题，则应拆检起动机。

（3）起动机空转。

故障现象：起动时，起动机高速运转，但发动机不运转。

故障原因：①单向离合器打滑；②飞轮齿圈的某个部位严重缺损。

故障诊断方法：将发动机飞轮转一个角度，如果故障随之消失（但以后还会再现），则飞轮齿圈有缺损，应焊修或更换飞轮齿圈；如果转动飞轮后起动机仍然空转，则需检修单向离合器。

（4）驱动齿轮与飞轮齿圈撞击。

故障现象：起动时，可听到驱动齿轮与飞轮齿圈的金属碰击声，驱动齿轮不能啮入。

故障原因：①电磁开关触点接通时间过早，驱动齿轮与飞轮齿圈啮合之前就已高速运转；②飞轮齿圈环齿磨损严重或驱动齿轮磨损严重。

故障诊断方法：适当调整电磁开关触点的接通时间，若打齿现象未消失，则应拆检起动机驱动齿轮和飞轮齿圈。

（5）电磁开关吸合不牢。

故障现象：起动时发动机不运转，可听到驱动齿轮来回窜动的声响。

故障原因：①蓄电池亏电或起动机电源线路有接触不良之处；②起动继电器的断开电压过高；③电磁开关保持线圈断路、短路或搭铁。

故障诊断方法：先检查起动电源电路连接是否良好，若连接良好，则将起动继电器连接蓄电池的接线柱与连接起动机的接线柱短接，如果起动机能正常运转，则起动继电器断开电压过高，应调整；如果仍存在故障，则应对蓄电池进行补充充电。如果蓄电池充足电后故障仍未消除，则应拆检起动机电磁开关。

2.2 驱动电动机

电动汽车由电动机驱动，电动机是电动汽车的关键部件。要想使电动汽车具有良好的性能，驱动电动机不仅应具有较大的调速范围、较高的转速和足够大的起动转矩，而且需具有体积小、质量轻、效率高、动态制动性强及能量回馈的特点。目前在电动汽车上已应用的和有应用前景的驱动电动机主要包括直流电动机、交流电动机、永磁电动机和开关磁阻电动机，还有很多研究机构正在研究超导电动机在电动汽车上的应用。现代电动汽车用驱动电动机的性能比较见表 2-1，可根据电动汽车的用途和制造成本灵活选用驱动电动机。

表 2-1 现代电动汽车用驱动电动机的性能比较

类型	直流电动机	交流电动机	永磁电动机	开关磁阻电动机
功率密度	小	一般	大	一般
力矩转速性能	一般	好	好	好
转速/（r/min）	4000～6000	9000～15000	4000～10000	＞15000
最大功率/kW	85～89	94～95	95～97	＜90
10%负荷时的效率/（%）	80～87	79～85	90～92	78～86
可操作性	差	好	好	好
结构坚固性	差	好	一般	好
体积、质量	大、大	一般、一般	小、小	小、小
单位轴功率成本比	1	0.8～1.1	1～1.5	0.6～1
控制器成本	高	高	高	一般

2.2.1 三相异步电动机

1. 三相异步电动机的结构

三相异步电动机主要由定子和转子两大部分组成，在定子与转子之间有一定的气隙。另外，还有轴承盖、端盖、转轴、轴承、风扇、风扇罩壳、接线盒等附件。三相异步电动机的结构如图 2.40 所示。

三相异步电动机

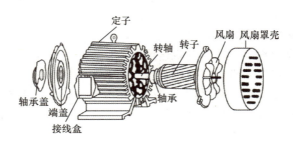

图 2.40 三相异步电动机的结构

（1）定子。定子的作用是产生旋转磁场，三相异步电动机的定子由外壳、定子铁芯、定子绕组等部分组成。

① 外壳。外壳是三相异步电动机机械结构的重要组成部分，由轴承盖、轴承、接线盒和吊环等组成。一般情况下，外壳的外表都铸有散热片，以增大散热面积，有助于电动机散热，从而降低绝缘等级和制造成本。轴承盖由铸铁或铸钢浇注而成，其作用是避免转子有过大的轴向移动。此外，它还起储存润滑脂和保护轴承的作用，以免脏物进入轴承，加速轴承的磨损。接线盒通常用铸铁浇注，其作用是保护和固定绕组的引出线端。吊环通常用铸钢制造，安装在机座的上端，用于起吊、搬抬三相异步电动机。

② 定子铁芯。三相异步电动机的定子铁芯是电动机磁路的一部分，由 0.35～0.5mm 厚的表面涂有绝缘漆的硅钢片叠压而成，如图 2.41 所示。因为硅钢片较薄且片与片之间是绝缘的，所以降低了由交变磁通通过引起的铁芯涡流损耗。定子铁芯内圆有均匀分布的槽口，用来嵌放定子绕组。

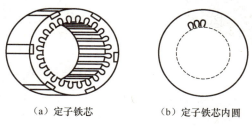

（a）定子铁芯　　　　（b）定子铁芯内圆

图 2.41　定子铁芯及其冲片

③ 定子绕组。定子绕组是三相异步电动机的电路部分，三相异步电动机有三相绕组，通入三相对称交流电流时，会产生旋转磁场。三相绕组由三个彼此独立的绕组组成，每个绕组又由多个线圈连接而成。每个绕组称作一相，三个绕组相互间隔120°。线圈由绝缘铜导线或绝缘铝导线绕制。中小型三相异步电动机大多采用圆漆包线，大中型三相异步电动机的定子线圈则用截面面积较大的绝缘扁铜线或扁铝线绕制，再按照一定规律嵌入定子铁芯线槽。定子三相绕组的六个出线端均引至接线盒，首端分别标为 U_1、V_1、W_1，末端分别标为 U_2、V_2、W_2。定子绕组接线如图 2.42 所示，可以接成星形或三角形。

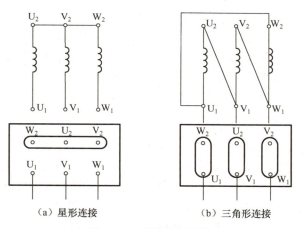

（a）星形连接　　　　（b）三角形连接

图 2.42　定子绕组接线

（2）转子。异步电动机的转子分为绕线型和笼型两种，对应的电动机分别叫作绕线型异步电动机和笼型异步电动机。

绕线型异步电动机的转子是用 0.5mm 厚的硅钢片叠压而成的，套在转轴上，作用与定子铁芯的相同，一方面作为电动机磁路的一部分，另一方面用于安放转子绕组。绕线型异步电动机与定子绕组相同，也是三相的，呈星形连接。三相引出线分别接到转轴上的三个与转轴绝缘的集电环上，通过电刷装置与外电路相连，在转子电路中串联附加电阻以改善电动机的运行性能，如图 2.43 所示。

笼型异步电动机的转子铁芯是圆柱状的，其槽内放置铜条，两端各用一个铜环（也称端

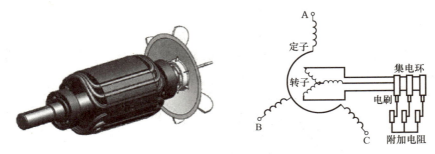

图 2.43　绕线型转子与外接变阻器相连

环）把转子导条连接起来，称为铜排转子，如图 2.44（a）所示；也可用浇注方法，用铝液把转子导条和端环风扇叶片一次浇注成形，称为铸铝转子，如图 2.44（b）所示。100kW 以下的异步电动机通常采用铸铝转子。

 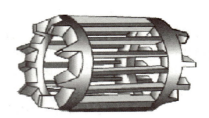

（a）铜排转子　　　　　　　（b）铸铝转子

图 2.44　笼型转子

（3）风扇。风扇是用来通风冷却电动机的。**三相异步电动机的定子和转子之间的气隙通常为 0.2～1.5mm。**气隙太大时，产生的气隙转矩小，会使电动机运行时的功率因数下降；气隙太小时，装配困难，内有异物或转轴有径向窜动时容易卡堵，运行不可靠，高次谐波磁场增强，引起附加损耗和起动性能变差。

2. 三相异步电动机的工作原理

将定子三相绕组按星形接法连接，三相绕组的首端 U_1、V_1、W_1 分别与三相交流电的相线 A、B、C 相连。假设三相交流电在正半周时电流从绕组的首端流入，末端流出；反之，在负半周时，电流流向相反。定子绕组在三相交流电不同相位时合成旋转磁场。图 2.45 所示为一对磁极（$p=1$）交流电动机在三相交流电的作用下，定子上产生的旋转磁场。当 $\omega t=0°$ 时，A 相电流 i_A 为零；B 相电流 i_B 为负，电流由 V_2 端流入，由 V_1 端流出；C 相电流 i_C 为正，电流由 W_1 端流入，由 W_2 端流出，根据右手螺旋定则，可以判定此时定子三相绕组电流产生的合成磁场方向。当 $\omega t=90°$ 时，A 相电流 i_A 为正，电流由 U_1 端流入，由 U_2 端流出；B 相电流 i_B 为负，电流由 V_2 端流入，由 V_1 端流出；C 相电流 i_C 为负，电流由 W_2 端流入，由 W_1 端流出，此时合成磁场已沿顺时针方向在空间转过了 90°。同理，可分别得出 $\omega t=180°$、$\omega t=270°$ 和 $\omega t=360°$ 时定子三相绕组电流产生的合成磁场方向，其中 $\omega t=360°$ 时与 $\omega t=0°$ 时的合成磁场方向相同。

由此可见，**电流变化一个周期，合成磁场在空间也旋转了一周。电流继续改变，磁场不断旋转。**从上述分析可知，**三相电流通过定子绕组形成的合成磁场是随电流的交变而在空间旋转的磁场。**

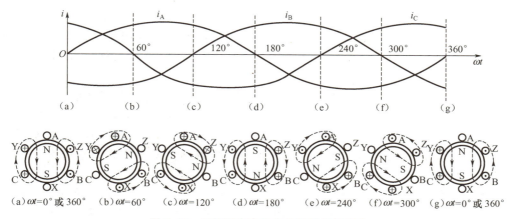

图 2.45　三相异步电动机旋转磁场的产生

在交流异步电动机中，定子绕组流过依次相差 120°相位角的三相交流电时，产生旋转磁场。该旋转磁场在转子绕组中产生感应电动势，由于绕组是闭合回路，因此产生感应电流，有电流的绕组导体在旋转磁场中产生电磁力，对转轴形成电磁转矩，带动转轴转动。

3. 三相异步电动机的应用

三相异步电动机是一种应用广泛的电动机，它运行可靠、转速高、成本低。从技术水平看，三相异步电动机驱动系统是电动汽车用驱动系统的理想选择，但是，在高速运转时转子容易发热，需要对电动机进行冷却，并且提速性能较差。因而，三相异步电动机适合功率大、速度低汽车，尤其是驱动系统功率需求较大的大型电动客车，如国产的广汽 GZ6120EV1、金龙 XMQ6126YE、申沃 SWB6121EV2 等。

2.2.2　永磁电动机

1. 永磁电动机的分类及特点

永磁电动机根据输入电动机接线端的电流可分为永磁直流电动机和永磁交流电动机。 由于永磁交流电动机没有电刷、换向器或集电环，因此又称永磁无刷电动机。根据输入电动机接线端的交流波形，永磁无刷电动机可分为永磁同步电动机和永磁无刷直流电动机。输入永磁同步电动机的是交流正弦或近似正弦波，采用连续转子位置反馈信号来控制换向；输入永磁无刷直流电动机的是交流方波，采用离散转子位置反馈信号控制换向。

由于方波磁场与方波电流之间相互作用产生的转矩比正弦波大，因此永磁无刷直流电动机的功率密度大，但是由功率器件的换向电流引起的转矩脉动也大。正弦波产生的转矩基本是恒转矩或平稳转矩，与绕线转子同步电动机相同。

电动汽车驱动用的永磁无刷电动机还有一种新型的永磁混合式电动机。这种电动机的特点是既有永磁体又有励磁绕组，永磁体通常嵌入转子，励磁绕组固定在定子上。这种电动机没有采用任何特殊的控制策略，通过调节直流励磁电流来控制气隙磁通，即可获得比其他永磁电动机宽的转速范围，特别是在高速区，弱磁控制能很好地满足电动汽车恒功率的运行要求。

2. 永磁直流电动机

永磁直流电动机用永磁体代替励磁绕组和磁极，传统的绕线型励磁直流电动机就变成了永磁直流电动机。由于使用永磁体可节省空间、减少励磁损失，因此永磁直流电动机的功率密度和效率较高；永磁体的磁导率低，可以降低永磁直流电动机的电枢反应，使换向得以改善。这些优点促进了它在电力驱动中的应用与绕线型励磁直流驱动电动机的类似，永磁直流电动机也采用变压控制的直流斩波器输入。两者的不同之处在于永磁直流电动机的励磁不能控制，而绕线型励磁直流电动机的励磁电流可用另外一种斩波器单独控制。因此永磁直流电动机不能得到类似于绕线型励磁直流电动机的工作特性。

与绕线型励磁直流电动机相同，永磁直流电动机的缺点是存在换向器和电刷。换向器会产生转矩波动，同时电刷会带来摩擦和射频干扰，而且换向器和电刷需要定期维护，这使它们在电力驱动中不再具有吸引力。但这类电动机控制简单，在低功率的电动车（如电动自行车和电动三轮车）中仍然有所应用。

3. 永磁同步电动机

（1）永磁同步电动机的结构组成。

永磁同步电动机用永磁体取代绕线型同步电动机转子中的励磁绕组，从而省去了励磁线圈、集电环和电刷。其定子与传统同步电动机的相同，转子采用径向永久磁铁做成的磁极，如图2.46所示。与绕线型同步电动机类似，永磁同步电动机的转子与旋转磁场同步旋转，旋转磁场的转速取决于电源频率。与多相交流电动机的同步电动机和感应电动机类似，永磁同步电动机可以产生理想的恒转矩。

永磁同步电动机

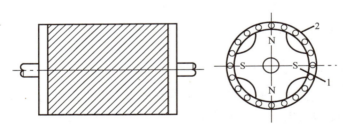

1—永久磁铁；2—起动笼型绕组

图 2.46　永磁同步电动机的转子

根据永磁体在转子上安装位置的不同，永磁同步电动机可分为表面式同步电动机和内置式同步电动机。表面式同步电动机的优点是结构简单，由于永磁体的磁导率接近空气的，因此永磁同步电动机有较大的有效气隙，电枢反应大大降低。与表面式同步电动机相比，内置式同步电动机有较强的磁显性，可产生额外的磁阻转矩分量；而且将永磁体嵌入转子，可保持高速运行时的机械完整性。

（2）永磁同步电动机的工作原理。

永磁同步电动机的工作原理如图2.47所示。由图2.47（a）可知，当定子的A、B、C相按照时序分别通电流时，定子A、B、C相的磁场就会按一定方向旋转，永久磁铁即可旋转。常见的永磁同步电动机的定子为三相对称绕组，如图2.47（b）所示，与三相异步电动机的结构相同，转子上有稀土永久磁铁。驱动器为交-直-交电压型逆变器，通过正弦波脉宽调制，输出频率为 f，电压是可变的三相正弦波电压。三相正弦波电压在定子三相绕组中产生三相对称正弦波电流，并且在气隙中产生旋转磁场。旋转磁场和永磁体转子作用，带动转子与旋转磁场同步旋转，并力图使定子、转子磁场轴线对齐。外加负载转矩之后，转子磁场轴线落后定子磁场轴线一个功率角 θ，功率角 θ 与负载成正比，负载越大，功率角就越大，直至功率角大到使转子停止。由此可见，永磁同步电动机运行时，其转速必须与频率严格成比例旋转，否则会失步停转。因此，永磁同步电动机的转速与旋转磁场同步，其静态误差为零。在负载扰动下，只有功率角变化，而转速不变，响应时间是实时的，这是永磁同步电动机的运行特点。但当功率角处于某个特定值时，电动机会因为失步而停转。因此永磁同步电动机不适合在重负载的情况下使用，也不宜快速起动。

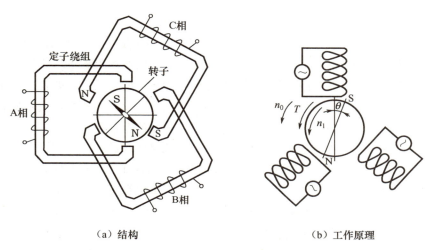

（a）结构　　　　　　　　　　（b）工作原理

n_0—同步转速；T—转矩；n_1—转子转速；θ—功率角

图 2.47　永磁同步电动机的工作原理

4. 永磁无刷直流电动机

（1）永磁无刷直流电动机的结构组成。

永磁无刷直流电动机主要由电动机本体、电子换向器和位置传感器组成，如图 2.48 所示。无论是结构还是控制方式，永磁无刷直流电动机与传统的直流电动机有以下相似之处：用装有永磁体的转子取代有刷直流电动机的定子磁极；用具有多相绕组的定子取代电枢；用由固态逆变器和轴位置检测器组成的电子换向器取代机械换向器和电刷。

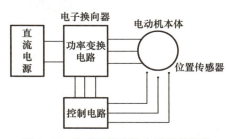

图 2.48　永磁无刷直流电动机的结构

① 电动机本体。

电动机本体主要由定子和转子两部分组成。定子主要由定子铁芯和电枢绕组构成。定子是固定不动的，转子是电动机旋转部分，是产生励磁磁场的部件，主要由永磁体、导磁体和支撑固定零件组成。

② 电子换向器。

电子换向器（又称电子开关）由功率开关和位置信号处理电路构成，主要用来控制定子各绕组通电的顺序和时间。永磁无刷直流电动机本质上是自控同步电动机，电动机转子跟随定子旋转磁场运动，因此，应按一定的顺序给定子各相绕组轮流通电，使之产生旋转的定子磁场。

③ 位置传感器。

位置传感器分为电磁式位置传感器、光电式位置传感器、磁敏式位置传感器等。其功能是检测转子磁极位置，为功率开关电路提供正确的换相信息，即将转子磁极的位置信号转换为电信号，经位置信号处理电路处理后控制定子绕组换相。由于功率开关的导通顺序与转子转角同步，因此位置传感器与功率开关一起，起着与传统有刷直流电动机的机械换向器和电刷类似的作用。

（2）永磁无刷直流电动机的工作原理。

永磁无刷直流电动机的定子有对称布置的三相绕组，并通过电子开关控制三相定子绕组及时换相。在电动机通电后，电子开关使某相定子绕组通电而产生磁场，使转子受电磁力的作用而转动起来；转子位置传感器将转子的位置转换为相应的电信号，并输入电子开关；电子开关根据转子位置传感器的信号控制电枢绕组依次通电，使定子产生的磁场旋转；旋转磁场的磁力作用于转子，使电动机转子持续转动，从而驱动汽车行驶。

永磁无刷直流电动机本体的三相绕组中通过的电流是120°的方波（实际上是顶宽不小于120°的梯形波），绕组在持续通过恒定电流的时间内产生的定子磁场在空间是静止不动的。在电子开关换相期间，随着电流从一相转移到另一相，定子磁场随之跳跃了一个电极相位。连续换相形成旋转磁场，而转子磁场随着转子连续旋转。虽然这两个磁场的瞬时速度不相等，但是平均速度相等，因此能保持"同步"。

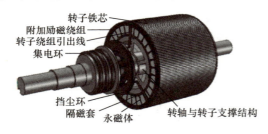

图 2.49 永磁混合式电动机的结构

5. 永磁混合式电动机

永磁混合式电动机与永磁直流电动机相同，主要由定子和转子两部分构成。不同的是永磁混合式电动机在永磁直流电动机的永磁体转子基础上，增加了附加励磁绕组，使电动机转子同时具有永磁体和附加励磁绕组，其结构如图 2.49 所示。

永磁混合式电动机的结构特点是转子是混合式永磁型磁性转子。在永磁型磁性转子中嵌入附加励磁绕组来控制磁通量，达到增大转速范围及改变电动机机械特性的目的。永磁混合式电动机的优点有以下四个方面：一是永磁体有励磁绕组，气隙磁通密度和功率密度高；二是通过采用磁通集中排列来安装永磁体，使气隙磁通密度高于单独安装的永磁体的，调节直流励磁电流的方向和大小，可以灵活调节气隙磁通，因此，转矩转速特性能满足电动汽车驱动的特殊要求；三是调节励磁电流可减小永磁体产生的气隙磁通，使恒功率运行的速度范围显著增大；四是适当调节电源电压和直流励磁电流，可以优化电动机驱动范围的效率图，因此可以提高电动汽车驱动效率。

6. 永磁同步电动机的应用

与传统的电励磁电动机相比，**永磁同步电动机特别是稀土永磁同步电动机具有结构简单、运行可靠、体积小、质量小、损耗少、效率高、电动机的形状和尺寸灵活多变等显著优点**，在电动汽车电驱动系统中具有很高的应用价值。现在很多电动乘用车均使用永磁同步电动机，如日系车中的丰田普锐斯 2010 款、本田 INSIGHT 和日产 ALTIMA；欧洲各汽车公司也大多采用永磁同步电动机，如奥迪 A8 Hybrid、宝马 Active Hybrid 7；我国现阶段推广应用的主要车型也普遍采用永磁同步电动机。我国永磁材料资源储备丰富，永磁同步电动机制造成本将进一步降低。

2.2.3 开关磁阻电动机

1. 开关磁阻电动机的结构

开关磁阻电动机是一种典型的机电一体化电动机，又称开关磁阻电动机驱动系统。它主要由开关磁阻电动机本体、功率变换器、传感器和控制器四部分组成，如图 2.50 所示。开关磁阻电动机的定子和转子由硅钢片叠压而成，采用凸极结构。开关磁阻电动机的定子和转子极数不同，有多种组合方式，最常见的为三相 6/4 结构和四相 8/6 结构。三相开关磁阻电动机的定子上有 6 个凸极，转子上有 4 个凸极。四相开关磁阻电动机的定子上有 8 个凸极，转子上有 6 个凸极。在定子对称的两个凸极上的集中绕组相互串联，构成一相，但在转子上没有任何绕组。因此，定子上有 6 个凸极的称为三相开关磁阻电动机，定子上有 8 个凸极的称为四相开关磁阻电动机，依此类推。开关磁阻电动机的结构方案见表 2-2。

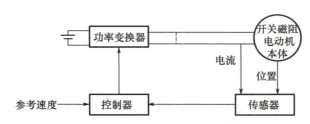

图 2.50 开关磁阻电动机的结构

表 2-2 开关磁阻电动机的结构方案

组数	3	4	5	6	7	8	9
定子极数	6	8	10	12	14	16	18
转子极数	4	6	8	10	12	14	16
步进角/(°)	30	15	9	6	4.28	3.21	2.5

图 2.51（a）至图 2.51（c）分别为三相 6/4 极结构、三相 8/6 极（双绕组）结构和四相 12/8 极结构的开关磁阻电动机的定子和转子结构剖面。

（a）三相6/4极结构　　　　（b）三相8/6极(双绕组)结构　　　（c）四相12/8极结构

图 2.51　开关磁阻电动机的定子和转子结构剖面

2. 开关磁阻电动机的工作原理

三相 6/4 极开关磁阻电动机的工作原理如图 2.52 所示，图中给出了三相绕组分别连通时的状况。开关磁阻电动机的工作原理遵循"磁阻最小"原则。由于定子和转子采用凸极结构，因此每相绕组的电感随转子位置的变化而变化。当Ⅰ相绕组受到激励时，为减小磁路的磁阻，转子顺时针旋转，直到转子极 a 与定子极Ⅰ相对，此时磁路的磁阻最小（电感最大）。然后切断绕组Ⅰ的激励，给绕组Ⅱ施加激励，磁阻转矩使转子极 b 与定子极Ⅱ相对。最后切断绕组Ⅱ的激励，给绕组Ⅲ施加激励，磁阻转矩使转子极 c 与定子极Ⅲ相对。转矩方向一般指向最近的一对磁极相对的位置（图 2.52 中为顺时针）。

四相 8/6 极开关磁阻电动机的工作原理如图 2.53 所示，根据转子位置传感器的反馈信号，相绕组按 1→2→3 的顺序导通使转子沿顺时针方向连续旋转。图中仅画出了其中一相绕组的情况。由于定子和转子采用凸极结构，因此每相绕组的电感随转子位置的变化而变化。当 B 相绕组受到激励时，为减小磁路的磁阻，转子顺时针旋转，直到转子极 2 与定子极 B 相对，满足磁路磁阻最小（电感最大）的条件。然后切断绕组 B 的激励，给绕组 A 施加激励，磁阻转矩使转子极 1 与定子极 A 相对。转矩方向一般指向最近的一对磁极相对的位置。因此，根据转子位置传感器的反馈信号，绕组按 B→A→D′→C′的顺序导通，使转子沿顺时针方向连续旋转。

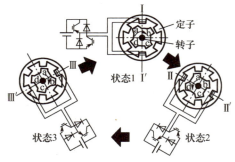 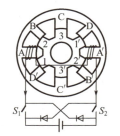

图 2.52　三相 6/4 极开关磁阻电动机的工作原理　　　图 2.53　四相 8/6 极开关磁阻电动机的工作原理

3. 开关磁阻电动机的应用

开关磁阻电动机转子上没有绕组和永磁体，其结构是四种电动机中最坚固的，而且这种结构使得电动机制造简单、成本低、散热较好。与直流电动机和交流电动机相比，开关磁阻电动机不仅效率更高，而且可以在较大的功率范围和转速范围内高效率运行，这种特性十分符合电动汽车驱动的要求。但是，外加电压的阶跃性变化，使得定子电流、电动机径向力变化率突变，开关磁阻电动机工作时产生较大脉动，再加上其结构和各项工作时的不对称，导致开关磁阻电动机工作时产生较大的噪声和振动，这是开关磁阻电动机在电动汽车驱动系统中普遍存在和急需解决的问题。

开关磁阻电动机作为新一代无级调速系统尚处于深化研究开发、不断完善的阶段，其应用领域也在不断拓展之中。

2.2.4 轮毂电动机

1. 轮毂电动机的结构

轮毂电动机技术又称车轮内装式电动机技术，是一种将电动机、传动系统和制动系统融为一体的轮毂装置技术。**轮毂电动机驱动系统根据电动机的转子形式主要分为内转子式和外转子式两种结构**，如图 2.54 所示。内转子式轮毂电动机采用高速内转子电动机，配备固定传动比的减速器，电动机的转速通常高达 1000r/min；外转子式轮毂电动机采用低速外转子电动机，无减速装置，电动机的外转子与车轮的轮辋固定或者集成在一起，车轮的转速与电动机的相同，电动机的最高转速为 1000～1500r/min。

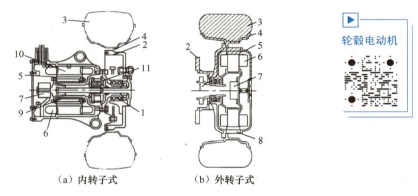

（a）内转子式　　（b）外转子式

1—轴承；2—制动鼓；3—轮胎；4—轮辐；5—永磁体；6—定子绕组；
7—位置传感器；8—外转子；9—内转子；10—外定子；11—行星齿轮

图 2.54 轮毂电动机的结构

内转子式轮毂电动机具有比功率较高、质量小、体积小、噪声小、成本低等优点；其缺点是必须采用减速装置，使效率降低，非簧载质量增大，电动机的最高转速受到线圈损耗、摩擦损耗及变速机构的承受能力等因素的限制。**外转子式轮毂电动机的优点是结构简单、轴向尺寸小，能在很大的速度范围内控制转矩，并且响应速度快，没有减速机构，因而效率高**；其缺点是要获得较大的转矩，必须增大电动机的体积和质量，因而成本高。这两种结构在电动汽车中都有应用，但是随着紧凑的行星齿轮变速机构的出现，内转子式轮毂电动机在功率密度方面比外转子式轮毂电动机具有竞争力。

2. 轮毂电动机的特点

轮毂电动机分为永磁式轮毂电动机、感应式轮毂电动机、开关磁阻式轮毂电动机。轮毂电动机的优点如下。

（1）底盘布置更方便，供电系统更灵活。由于采用了电动轮驱动的形式，因此汽车底盘的布置将更加灵活，省去了机械传动系统之后，汽车车厢空间更大，底盘的设计也就具有更强的通用性。同时，电动汽车的电源供电系统更加灵活，无论是采用燃料电池、超级电容、蓄电池还是采用它们的组合形式，都将更加灵活且不受限制，动力传递形式也由原来的机械硬连接变为只需电缆供电的软连接。

（2）汽车底盘主动控制性能更好。在采用轮毂电动机驱动形式的电动汽车中，汽车的电动轮是可以独立控制的，汽车底盘的主动控制通过控制驱动电动机实现。电动机的控制响应快、精度高，并且每个驱动轮由各自的控制器控制，可以实现底盘主动控制的功能，如果能在四轮中均采用轮毂电动机，则可以实现更理想的控制效果。

（3）驱动力分配更好。由于驱动轮（2个或者4个）的驱动力是可以单独调节的，因此通过分析各轮的转矩利用效率，可选择更经济的驱动方式。

轮毂电动机的缺点如下。

（1）非簧载质量增大，会对整车的操控产生一定的不利影响。

（2）虽然电子制动可以实现能量回收，但是其制动能力有限，因此仍需要有液压制动系统。

3. 轮毂电动机的应用

轮毂电动机技术并非新生事物，早在 1900 年，保时捷就首先制造了前轮装备轮毂电动机的电动汽车。20 世纪 70 年代，该技术在矿山运输车等领域得到应用。对车用轮毂电动机技术，日本汽车企业研究较早，也推出了一些电动轮毂汽车车型，如本田 FCX Concept、三菱 Colt 等。我国汽车企业也研发应用此项技术，如奇瑞瑞麟 X1 增程式电动汽车就采用了轮毂电动机技术。

轮毂电动机驱动形式的优势比较明显，高质量的电动轮毂产品及电动轮毂汽车控制系统的研发已经是国际电气和汽车工程界研究的重要方向。轮毂电动机也有不足之处，比如密封、起步电流和起动转矩的平衡关系，以及转向时驱动轮的差速问题等，如果能解决这些难题，那么轮毂电动机技术将拥有广阔的应用前景。

2.3 照明与信号系统

为了保证汽车行驶安全，如今汽车上都装备了多种照明与信号设备。不同汽车的照明与信号系统是不完全相同的，除了美观、实用外，还必须满足两个要求：**保证行驶安全和符合交通法规**。

汽车照明系统

1. 照明系统

照明系统主要用于夜晚照明道路，标示汽车宽度，照明车厢内部、仪表及夜间检修等。根据对汽车照明的要求，汽车上通常配备如下照明灯具。

（1）**前照灯**。前照灯俗称大灯，装在汽车头部的两侧，用来照亮车前的道路，有两灯制和四灯制之分。四灯制前照灯并排安装时，装于外侧的一对应为近、远光双光束灯，装于内侧的一对应为远光单光束灯。

（2）雾灯。在有雾、下雪、暴雨或尘埃弥漫等情况下，雾灯用于改善道路的照明情况。前雾灯安装在前照灯附近或比前照灯稍低的位置，其灯光光色为黄色。后雾灯采用单只时，应安装在汽车纵向平面的左侧，与制动灯间的距离应大于100mm，灯光光色为红色。

（3）倒车灯。倒车灯装在汽车尾部，兼有灯光信号装置的功能，灯光光色为白色，当变速器挂倒挡时自动发亮，照亮车后侧，同时提醒后方汽车和行人注意安全。

（4）牌照灯。牌照灯用来照亮汽车牌照，安装在汽车尾部牌照上方，灯光光色为白色。

（5）车内照明。车内照明通常由顶灯、仪表灯、踏步灯、工作灯、行李箱灯组成，主要用途是为驾驶人、乘客提供方便，灯光光色为白色。

2. 信号系统

信号系统主要包括灯光信号系统和声音信号系统。灯光信号系统包括转向信号、制动信号、示廓信号和危险警告信号等。声音信号系统包括电喇叭和倒车警告装置。

（1）灯光信号系统。

① 转向信号。汽车转弯时，发出明暗交替的闪光信号。为使转向信号醒目、可靠，要求灯光光色为红色或橙色，橙色居多。要求在灯轴线右偏5°至左偏5°的视角范围内，无论是白天还是黑夜，能见距离都不小于35m；在右偏30°至左偏30°的视角范围内，能见距离都不小于10m。转向灯的闪光频率应为50～110次/分，一般取60～95次/分。

② 制动信号。制动信号由制动灯的亮起表示。要求制动灯采用红色，两个制动灯的安装位置应与汽车纵轴线对称，并在同一高度。其光束角度在水平面内应为灯轴线左右各45°，在铅垂面内应为灯轴线上下各15°范围。

③ 示廓信号。示廓信号由装在汽车前后、左右的示廓灯亮起表示。示廓灯透光面边缘距车身不得大于400mm，示廓灯灯光应在前方100m以外看得清楚，在汽车的其他各方向，能看清示廓灯灯光的距离不应小于30m。

④ 危险警告信号。危险警告信号由左右转向灯同时闪烁表示，与转向信号有相同的要求。

（2）声响信号系统。

① 电喇叭。电喇叭的作用是警告行人和其他汽车，电喇叭声级为90～105dB（A）。

② 倒车警告装置。倒车警告装置由倒车蜂鸣器和倒车灯组成，其作用是当汽车倒车时，发出声音和光信号，警告车后行人和汽车。

2.3.1 照明系统

1. 前照灯

（1）普通前照灯。

普通前照灯的光学组件包括灯泡、反射镜和配光镜三部分。按光学组件结构的不同，前照灯可分为可拆式、半封闭式和全封闭式三种类型。

可拆式前照灯的反射镜和配光镜分别安装，气密性差，反射镜易受湿气和尘埃污染而降低反射能力，严重降低照明效果，故已被淘汰。半

灯光信号系统

前照灯1

封闭式前照灯的结构如图 2.55 所示，其配光镜靠卷曲反射镜边缘上的牙齿紧固在反射镜上，两者之间垫有橡胶密封圈并用螺钉紧固，灯泡从反射镜的后端装入，更换灯泡时不必拆开配光镜。半封闭式前照灯在汽车上仍有使用。

全封闭式前照灯（又称真空灯）的反射镜和配光镜用玻璃制成一体，形成灯泡，里面充以惰性气体，灯丝焊在反射镜底座上，如图 2.56 所示。其优点是密封性好，可避免反射镜被污染，反射效率高、照明效果好，因此得到了很好的普及。但灯丝烧坏后，需要更换前照灯整个总成。

前照灯2

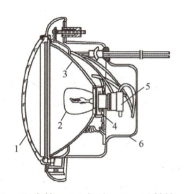

1—配光镜；2—灯泡；3—反射镜；
4—插座；5—接线盒；6—灯壳

图 2.55 半封闭式前照灯的结构

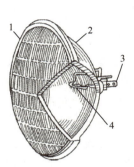

1—配光镜；2—反射镜；
3—插片；4—灯丝

图 2.56 全封闭式前照灯的结构

① 灯泡。前照灯的灯泡有充气灯泡和卤钨灯泡两种。充气灯泡用钨丝做灯丝，灯泡内充以氩气和氮气的混合惰性气体。充气灯泡工作时，惰性气体受热膨胀而产生较大的压力，可减少灯丝钨的蒸发、升高灯丝的温度、增大发光效率、延长灯泡的使用寿命。充气灯泡的结构如图 2.57 所示。卤钨灯泡的灯丝仍为钨丝，但充入的气体中掺有卤族元素（如碘、溴、氯、氟等）。卤钨灯泡工作时，内部形成卤钨再生循环反应，使从灯丝上蒸发的钨又回到灯丝上，以避免从灯丝上蒸发的钨沉积在灯泡壳上而使灯泡发黑，延长了灯泡的使用寿命。卤钨灯泡的结构如图 2.58 所示。

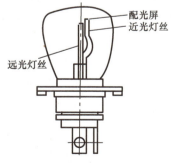

图 2.57 充气灯泡的结构

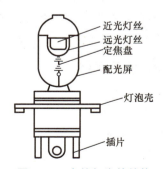

图 2.58 卤钨灯泡的结构

② 反射镜。反射镜用薄钢板冲压而成，表面形状呈旋转抛物面，内表面镀银和铝或仅镀铝，经抛光加工而成。反射镜的作用是将灯泡的光线聚合、反射后导向前方，如图

2.59 所示。经反射镜反射后，还有少量散射光线，照向侧方和下方的散射光线有助于照明两侧 5～10m 的路面。

③ 配光镜。配光镜又称散光玻璃，由透光玻璃压制而成。配光镜的外表面平滑，内侧精心设计成由许多特殊的透镜和棱镜组成的组合体，其结构与作用如图 2.60 所示。配光镜的作用是将反射镜反射出来的光线进行折射，使前照灯 100m 以内的路面和路缘有良好、均匀的照明。

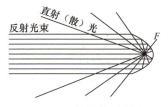

图 2.59　反射镜的反射作用

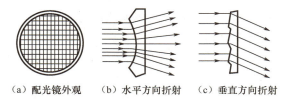

（a）配光镜外观　（b）水平方向折射　（c）垂直方向折射

图 2.60　配光镜的结构与作用

（2）氙气前照灯。

① 氙气前照灯的结构。氙气前照灯是近年在汽车上出现的新型前照灯。氙气前照灯主要由灯泡、镇流器、电子控制器等组成，如图 2.61 所示。

氙气前照灯的石英灯泡壳内充有高压惰性气体——氙气。氙气前照灯的灯头是两个电极，没有灯丝，依靠电极间的电弧放电发光。

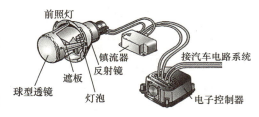

图 2.61　氙气前照灯的组成

在两个电极上涂有水银和碳素化合物，对电极施以高压，电极间的氙气电离，通过电弧放电发光。

② 氙气前照灯的工作原理。接通前照灯开关后，前照灯通电工作，镇流器对直流电源输入的电流进行转换、控制、保护、升压、变频等处理，产生一个瞬间 23kV 左右的高压电，使灯泡电极之间的气体电离而产生电弧放电。此后，镇流器输出 35V 左右的交流电，以维持灯泡电极的电弧放电，使灯泡持续发光。

③ 氙气前照灯的特点。与普通的卤钨灯泡相比，氙气灯泡具有如下特点。

a. 氙气灯泡是通过电极的电弧放电发出超强的电弧光，亮度是传统卤钨灯泡的 3 倍，对提升夜间及雾中驾驶视线清晰度有明显的效果。

b. 氙气前照灯工作时所需的电流仅为 3.5A，电能转换为光能的效率比卤钨灯泡高 70% 以上，电能消耗只是卤钨灯泡的 2/3。

c. 氙气灯泡发出的光色温为 3000～12000K，其中 6000K 的色温与太阳光相似，但含较多绿色和蓝色成分，因此呈现蓝白色光。这种蓝白色光大幅提高了道路标志和指示牌的亮度。

d. 由于氙气灯泡没有灯丝，不存在灯丝烧断而报废的问题，因此使用寿命比卤钨灯泡的长（长 10 倍左右）。

（3）LED 前照灯。

① LED 前照灯的组成和原理。LED 即发光二极管，是一种固态的半导体器件，它可

图 2.62　LED 前照灯的外形

以直接把电转换为光。LED 前照灯由多个 LED 组装在一起，形成前照灯光源。LED 前照灯的外形如图 2.62 所示。

② LED 前照灯的特点。LED 是冷光源，与白炽灯、荧光灯相比，节电效率超过 90%。在相同亮度下，耗电量仅为普通白炽灯的 1/10、荧光灯管的 1/2。

（4）防眩目前照灯。夜间会车时，前照灯的强光易造成迎面汽车驾驶人眩目，从而发生交通事故，因此，前照灯应满足防眩目要求。**汽车前照灯通常采用远光和近光的双丝灯泡，在会车时通过切换远光、近光实现防眩目。**

① 普通双丝灯泡。**普通双丝灯泡的远光灯灯丝位于反射镜旋转抛物面的焦点，近光灯灯丝位于焦点上方，**如图 2.63 所示。当远光灯灯丝通电时，灯泡的光线经反射镜反射后，沿光轴线平行射向远方，可获得较远的照射距离和较小的散射光束；当近光灯灯丝通电时，经反射镜反射后的光线多倾向路面，从而避免迎面汽车驾驶人眩目。

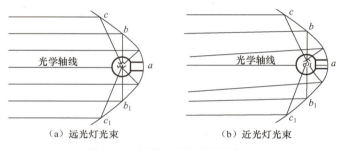

(a) 远光灯光束　　　　(b) 近光灯光束

图 2.63　普通双丝灯泡照射情况

② 带配光屏的双丝灯泡。**带配光屏的双丝灯泡的远光灯灯丝仍位于反射镜旋转抛物面焦点，近光灯灯丝位于焦点的上方，并在其下方装有金属配光屏，**如图 2.64 所示。近光灯点亮时，金属配光屏将光线反射到反射镜上部，经反射镜反射后使光线照向路面，提高了防眩目性能。

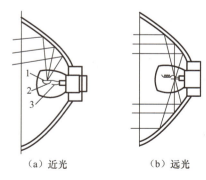

(a) 近光　　　　(b) 远光

1—近光灯灯丝；2—金属配光屏；3—远光灯灯丝

图 2.64　带配光屏的双丝灯泡

③ 非对称配光的双丝灯泡。**安装这种灯泡时，将遮光罩偏转一定的角度，使其近光的光形分布不对称，将近光灯右侧光线倾斜升高 15°，**近光灯灯丝发出的光线经反射镜和配光镜后为非对称式配光（L 形），如图 2.65（b）所示。这种配光特性符合联合国欧洲经

济委员会制定的 ECE 标准，是比较理想的配光，已被世界公认，我国也已采用。另外，还有 Z 形非对称配光，如图 2.65（c）所示，其能使本车行进方向亮区平行升高，不仅避免了迎面汽车驾驶人眩目，而且可以防止汽车右边的行人和非机动车辆驾驶人眩目。

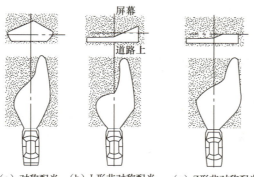

（a）对称配光　（b）L 形非对称配光　（c）Z 形非对称配光

图 2.65　前照灯配光光型

（5）自适应前照灯。

自适应前照灯系统（Adaptive Front System，AFS）能够根据汽车转向盘角度、汽车偏转率和行驶速度，不断对前照灯进行动态调节，适应当前转向角，保持灯光方向与汽车行驶方向一致，以确保对前方道路提供最佳照明，并对驾驶人提供最佳可见度，增强了黑暗中驾驶的安全性。在路面照明差或多弯道的路况中，自适应前照灯可扩大驾驶人的视野，还可提前提醒对方来车。自适应前照灯技术是国际上车灯照明方面的新技术之一，它的研发对汽车夜间行车安全起到了很大的作用。自适应前照灯的工作原理如图 2.66 所示，有自适应前照灯和无自适应前照灯汽车的行驶对比如图 2.67 所示。

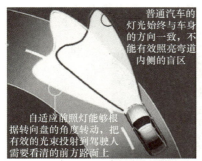

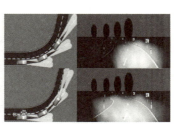

自适应前照灯

图 2.66　自适应前照灯的工作原理　　图 2.67　有自适应前照灯和无自适应前照灯汽车的行驶对比

自适应前照灯是一种自适应的模糊系统，因为自适应前照灯接收的信息除了车速、车身转角和车身倾斜角等少数信息是可以定量的外，其他传感器发回的信息大多只能达到定性的程度，如地面平不平、雨下得大不大等车身之外的环境信息都是不能精确量化的，使得自适应前照灯的中央处理器能够进行模糊的判断。并且，在阴雨天气、路面积水的情况下，汽车的转角与晴天时的相比有极大差异。自适应前照灯的中央处理器不仅要做模糊的判断，而且要随着环境的改变而不断地修正系统参数，所以要求很多信息之间必须是相互关联的。

已经有很多轿车（如宝马 5 系、奔驰 E 级、奥迪 A8、雷克萨斯 RX 级等）加装自适应前照灯。

（6）红外线前照灯。

配备了夜视辅助系统的汽车装有两个额外的红外线前照灯，可以提前看清近光灯照不到的黑暗中的指示牌、弯道、行人、汽车、丢失的货物或者道路上其他可以造成危险的事物。这样，驾驶人可以及时采取制动或者避让措施。此外，红外线前照灯能减轻驾驶人在夜间开车的紧张和劳累，使其保持精神饱满的状态，从而能够在紧要关头迅速、正确地做出反应。

汽车夜视系统主要使用的是热成像技术，也称红外线成像技术。其原理是任何物体都会散发热量，不同温度的物体散发的热量不同，人类、动物和行驶的汽车与周围环境相比散发的热量多，夜视系统就能搜集这些信息，然后转换为可视的图像，把本来在夜间看不清的物体清楚地呈现在人们眼前，提高夜间行车的安全性。红外线成像系统如图 2.68 所示。

图 2.68　红外线热成像系统

夜视系统给驾驶人带来了极大的安全感。试验表明，一般汽车灯只能照射 100m 左右，而夜视系统至少可以看到 450m 以外的路况信息，耗电量仅为前照灯的 1/4。如果汽车行驶前方有一个成年行人，那么一位视力好的驾驶人用近光灯可以在距其 88m 处看到，用远光灯能在 164m 处看到，用夜视系统能在 458m 外看到，尽管它在屏幕上只是个小发光点，如图 2.69 所示。另外，即使打开汽车前照灯也不影响图像的显示，迎面驶来汽车的强烈灯光也不会使夜视系统盲视。此外，夜视系统是全天候的电子眼，在雨雪、浓雾天气的公路上的物体及路旁的一切都能尽收眼底，大大提高了汽车行驶的安全性。

图 2.69　车载夜视系统可视距离对比

越来越多的汽车企业开发并使用夜视系统，不仅能够提高驾驶安全性，而且能够提高豪华程度。但由于价格的原因，国外各大汽车企业只是在其豪华车型中使用了夜视系统，如宝马 7 系、奔驰 S 级等。但是在不久的将来，随着科技的发展和生产成本的降低，夜视系统会全面普及。

2. 雾灯

汽车上都装有前雾灯，用于能见度差（雾天、雨天、雪天及尘土弥漫等）的情况下的道路照明，并对相向行驶汽车提供警示。有的汽车还设有后雾灯，用于向后方汽车和行人提供警示，以提高行车安全性。

雾灯的结构与前照灯的相似，但灯泡均为单丝。**雾灯发出黄色或白色光线，光线应具有较强的穿透性。**雾灯由单独的雾灯开关控制，一些汽车为保护雾灯开关，还配备了雾灯继电器。

3. 倒车灯

倒车灯除了在夜间倒车时提供车后的场地照明外，还对周围汽车和行人有警示作用。为此，有的汽车同时配备了倒车蜂鸣器。

倒车灯通常采用电流为 2.1A、发光强度约为 32cd 的普通照明灯泡。倒车灯由安装在变速器操纵机构处的倒车灯开关控制，在驾驶人挂倒挡时，倒车灯开关接通倒车灯电路，倒车灯通电工作。

4. 牌照灯

牌照灯也是所有汽车必设的照明灯，以使夜间其他汽车和行人能在 25m 处看清车牌号。牌照灯通常采用电流为 700mA、发光强度为 4cd 的灯泡。一般牌照灯安装在车牌上方，由车灯开关控制。当车灯开关在 Ⅰ 挡（开示廓灯）和 Ⅱ 挡（开前照灯）时，牌照灯均通电亮起。

5. 车内照明灯

车内照明灯有仪表照明灯、车厢照明灯（客车）、顶灯、阅读灯、行李箱照明灯、杂物箱照明灯、开关及操纵装置照明灯等，除仪表照明灯都必须装备外，其他车内照明灯因车型和对车内照明的要求不同而配置不同。

车内照明灯是由车灯开关控制的，比如仪表灯、开关及操纵装置照明灯等，车灯开关在 Ⅰ 挡（开示廓灯）和 Ⅱ 挡（开前照灯）时，这些车内照明灯都通电亮起。车厢照明灯（客车）、顶灯、阅读灯、行李箱照明灯、杂物箱照明灯等则由各自的开关控制，在需要时通过各自的开关通电亮起。

2.3.2 灯光信号系统

1. 转向信号装置

转向及危险警告灯信号电路一般由转向灯、转向灯开关、危险警告灯开关和闪光器等组成。转向信号灯的闪烁是由闪光器控制的。汽车上常见的闪光器有电容式闪光器、翼片式闪光器和电子闪光器等。

（1）电容式闪光器。

电容式闪光器的结构如图 2.70 所示。**电容式闪光器主要由继电器连接一个电容器构成。**在继电器的铁芯上绕有串联线圈和并联线圈，电容器采用大容量的电解电容器。电容

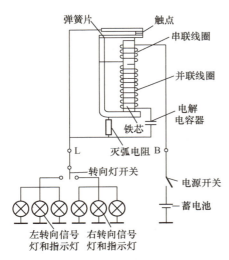

图 2.70 电容式闪光器的结构

式闪光器利用电容器充、放电延时特性，使继电器两个线圈产生的电磁吸力时而相加、时而相减，继电器便产生周期性的开关动作，从而使转向信号灯闪烁。

电容式闪光器的工作原理如下：接通转向灯开关，转向信号灯串入电路。此时，并联线圈、电解电容器及电阻被触点短路，而电流通过线圈产生的电磁吸力大于弹簧片的作用力，触点迅速打开，转向信号灯处于暗的状态（转向信号灯和指示灯尚未来得及亮）。触点打开后，蓄电池经串联线圈和并联线圈向电解电容器充电，由于线圈电阻较大，充电电流很小，不足以使转向信号灯亮，因此转向信号灯仍处于暗的状态。同时，充电电流通过串联圈和并联线圈产生的电磁吸力方向相同，触点继续打开，随着电解电容器的充电，其两端电压逐渐升高，充电电流减小，串联线圈和并联线圈的电磁吸力减小，触点重新闭合，转向信号灯和指示灯处于亮的状态。与此同时，电容通过线圈和触点放电，其放电电流通过线圈时产生的磁场方向与线圈的相反，所产生的电磁吸力减小，故触点仍保持闭合，转向信号灯和指示灯继续发亮。随着电解电容器的放电，其两端电压逐渐下降，放电电流减小，线圈的退磁作用减弱，串联线圈的电磁吸力增大，触点重新打开，灯变暗。如此反复，继电器的触点不断开闭，使转向信号灯和指示灯闪亮。灭弧电阻与触点并联，以减少触点火花。

（2）翼片式闪光器。

翼片式闪光器利用电流的热效应，以热胀条的热胀冷缩为动力，产生突变动作，接通和断开触点，使转向信号灯闪烁。根据热胀受热情况的不同，翼片式闪光器可分为直热翼片式闪光器和旁热翼片式闪光器两种。

① 直热翼片式闪光器。直热翼片式闪光器的结构如图 2.71 所示，主要有翼片、热胀条、活动触点、固定触点及支架等。翼片为弹性钢片，平时靠热胀条绷紧成弓形。热胀条由膨胀系数较大的合金钢带制成，在其中间焊有活动触点，在活动触点的对面安装有固定触点，整个弹跳组件被焊在支架上，支架的另一端伸出底板外部作为另一个接线柱 B。固定触点焊在支架上，支架伸出底板外部作为另一个接线柱 L。热胀条在冷态时，上、下触点闭合。

直热翼片式闪光器的工作原理如下：汽车转向时，接通转向灯开关，蓄电池向转向信号灯供电，转向信号灯立即发亮。此时，热胀条因通过电流而发热伸长，翼片突然绷直，活动触点和固定触点分开，切断电流，转向信号灯熄灭。当通过转向信号灯的电流被切断后，热胀条开始冷却收缩，翼片弯成弓形，活动触点和固定触点再次接触，接通电路，转向信号灯再次发光。如此反复循环，使转向信号灯闪烁。

② 旁热翼片式闪光器。旁热翼片式闪光器的结构如图 2.72 所示。其主要功能零件是由不锈钢制成的翼片，翼片上固定有热胀条，热胀条上绕有电阻丝，电阻丝的一端与热胀条相连，另一端与静触点相连，翼片靠热胀条绷成弓形。动触点固定在翼片上，整个弹跳组件焊在支架上，由支架伸出底板外部做接线柱用，静触点与接线柱相连。闪光器不工作时，上、下触点处于分开状态。

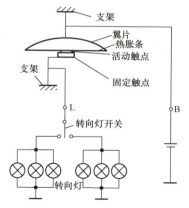

图 2.71 直热翼片式闪光器的结构

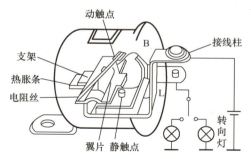

图 2.72 旁热翼片式闪光器的结构

旁热翼片式闪光器的工作原理如下：当汽车转弯时，接通转向灯开关，电流流经电阻丝、静触点、接线柱、转向灯开关、转向信号灯和指示灯。此时转向信号灯虽然有电流通过，但由于电阻丝的电阻较大，电路中电流较小，转向灯不亮。同时，电阻丝加热热胀条，热胀条受热伸长，于是翼片依靠自身弹性使上、下触点闭合，电流流经翼片、动触点、静触点、接线柱 L、转向灯开关、转向信号灯和指示灯。此时，由于电流不再通过电阻丝，因此电流增大，转向信号灯和指示灯发亮。同时，上、下触点闭合，电阻丝被短路，热胀条逐渐冷却收缩，拉紧翼片，上、下触点再次分开。如此循环，使转向信号灯闪烁。

（3）电子闪光器。

电子闪光器的电路结构形式多种多样，大体可分为有触点电子闪光器和无触点电子闪光器两大类。

有触点电子闪光器仍以继电器触点来通、断转向灯电路，由电子电路控制继电器线圈电流，使继电器工作；无触点电子闪光器由电子电路控制晶体管的导通和截止来通、断转向灯电路。

无触点电子闪光器如图 2.73 所示，转向灯电路由晶体管 VT_3 的导通和截止控制，VT_3 的导通和截止则由 VT_1、VT_2、R_1、R_2、C 组成的电子电路控制。

电子闪光器的工作原理如下：接通转向灯开关后，电源通过 R_2 和 R_1、C 向 VT_1 提供正向偏压而使 VT_1 饱和导通，VT_1 导通后，VT_2 基极无足够的导通电压而截止，VT_3 随之截止。VT_1 的导通电流经转向信号灯形成回路，但由于 VT_1 的集电极电流很小，因此在 VT_1 饱和导通时转向信号灯不亮。

电源通过 R_1 对 C 充电，使 C 的电压逐渐增大，VT_1 的基极电位逐渐下降。当 VT_1 基极电位降至导通电压以下时，VT_1 截止，VT_2 通过 R_3 得到正向偏压而饱和导通，VT_3 也随之饱和导通，转向信号灯亮。

VT_1 截止后，C 经 R_1、R_2 放电，使 VT_1 的截止保持一段时间，转向信号灯也保持在亮的状态。但随着 C 放电电流的逐渐减小，VT_1 基极电位又开始升高，使 VT_1 导通，VT_2、VT_3 又截止，转向信号灯又变暗。如此循环，使转向信号灯闪烁。

2. 危险警告信号装置

危险警告信号由危险警告信号开关操纵，用于向其他汽车和行人发出警告。危险警告信号装置通常与转向信号装置共用一个闪光器，也有个别汽车另设专门的危险警告用闪光器。与转向信号装置共用闪光器的危险警告信号电路如图 2.74 所示。

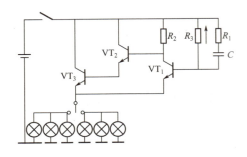

图 2.73 无触点电子闪光器

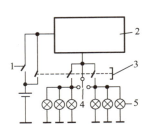

1—点火开关；2—闪光器；3—危险警告开关；
4—转向开关；5—转向信号灯和指示灯

图 2.74 危险警告信号电路

当驾驶人按下危险警告开关时，两侧转向信号灯电路同时接通，在闪光器的控制下，两侧转向灯信号同时闪烁，发出危险警告信号。

危险警告开关除了两个连接转向信号灯电路的触点外，还有一个与点火开关并联的触点（转向信号灯电路不经点火开关控制的无此触点），用于连接闪光器直接与蓄电池，以便危险警告信号在点火开关关闭（停车）时也可使用。

3. 制动信号装置

制动信号装置由制动信号灯、制动信号灯开关及连接电路组成。除了在汽车尾灯处的制动信号灯外，有的汽车还装有高位制动信号灯，以使制动信号更加醒目。控制制动信号灯的制动信号灯开关有液压式、气压式及机械式等形式。

（1）液压式制动信号灯开关。液压式制动信号灯开关如图 2.75 所示。液压式制动信号灯开关安装在液压制动主缸的前端或制动管路中。踩下制动踏板时，制动系统压力增大，膜片向上弯曲，动触片接通接线柱，制动信号灯通电发亮；松开制动踏板时，制动系统压力减小，动触片在回位弹簧的作用下复位，制动信号灯电路被切断，制动信号灯熄灭。

（2）气压式制动信号灯开关。气压式制动信号灯开关如图 2.76 所示。气压式制动信号灯开关通常安装在制动系统的气压管路上。制动时，制动压缩空气推动橡胶膜片向上弯曲，使触点闭合，接通制动信号等电路。

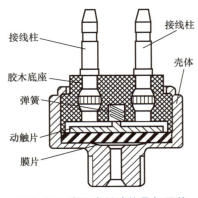

图 2.75 液压式制动信号灯开关

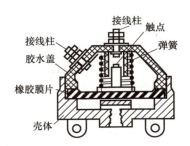

图 2.76 气压式制动信号灯开关

(3)机械式制动信号灯开关。一些汽车装有推杆式制动信号灯开关,制动时,直接由制动踏板推动制动信号灯开关的推杆,使开关触点闭合,接通制动信号灯电路。松开制动踏板时,推杆在回位弹簧的作用下复位,触点断开,制动信号灯断电熄灭。

2.3.3 声响信号系统

1. 电喇叭

电喇叭有筒形、螺旋形和盆形等形式。由于盆形电喇叭具有结构简单、尺寸小、质量轻、声音指向性好等特点,因此在汽车上得到普遍应用。盆形电喇叭的结构如图 2.77 所示,主要有铁芯、线圈、触点、衔铁、膜片等。当驾驶人按下喇叭按钮 10 时,电流经触点 7 通过线圈 2,线圈 2 产生磁力吸衔铁 6,强制膜片 4 移动,衔铁 6 移动,使触点 7 断开,电流中断,磁力消失,膜片 4 在自身弹性和弹簧片的作用下与衔铁 6 一起恢复原位,触点 7 闭合,电路接通,电流再通过触点 7 流经线圈 2 产生磁力。如此循环,膜片 4 不断振动,从而发出声响。共鸣板 5 与膜片 4 刚性连接,可使振动平顺,发出的声音更加悦耳。

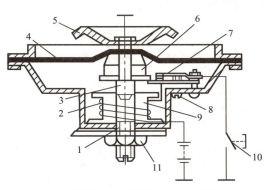

1—下铁芯;2—线圈;3—上铁芯;
4—膜片;5—共鸣板;6—衔铁;
7—触点;8—调整螺钉;9—管式铁芯;
10—喇叭按钮;11—锁紧螺母

图 2.77 盆形电喇叭的结构

2. 倒车信号装置

倒车信号装置包括倒车灯和倒车报警器。当汽车倒车时,为了警告车后的行人和驾驶人,设置了报警装置——倒车报警器。倒车报警器和倒车灯都由倒车灯开关控制,倒车报警器中设置了蜂鸣器。倒车信号装置电路如图 2.78 所示。倒车灯开关的结构如图 2.79 所示。

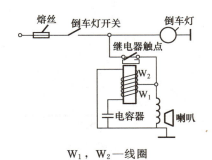

W_1,W_2—线圈

图 2.78 倒车信号装置电路

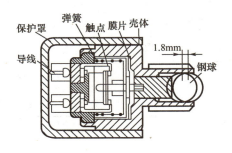

图 2.79 倒车灯开关的结构

当变速器处于倒挡时,倒车灯开关闭合,倒车灯亮起,同时接通倒车报警器电路,蜂鸣器发出警报。此时,蓄电池通过线圈 W_1 对电容进行充电。由于此时流入线圈 W_1 和线圈 W_2 的电流相等、产生的磁场方向相反,因此线圈吸引力减弱,继电器触点继续闭合。随着电容器两端电压逐渐升高,线圈 W_1 中的电流减小,此时线圈 W_2 产生的磁通大于线圈 W_1 产生的磁通,于是触点打开,倒车报警器电路切断,停止发出声响。

在继电器触点打开时,电容器通过线圈 W_1 和线圈 W_2 放电,使线圈产生电磁力,触点仍继续打开。当电容器两端电压下降到一定值时,线圈磁力消失,继电器触点重新闭合,倒车报警器再次报警,电容器又开始充电。如此循环,继电器触点不断地开、闭,倒车警报器发出连续警报,以示倒车。

2.3.4 照明与信号系统典型电路

1. 丰田卡罗拉前照灯电路

丰田卡罗拉前照灯电路如图 2.80 所示,元件明细见表 2-3。

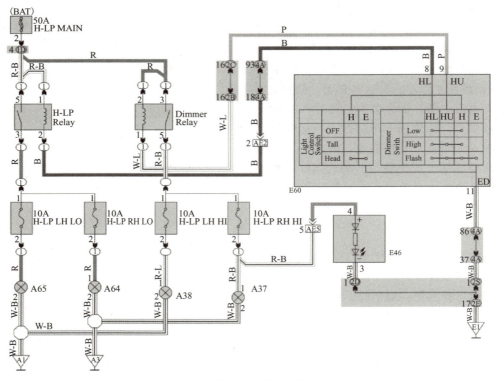

图 2.80 丰田卡罗拉前照灯电路

表 2-3 丰田卡罗拉前照灯电路元件明细

序号	代号	名称
1	H-LP MAIN	前照灯主熔丝
2	H-LP Relay	前照灯继电器
3	Dimmer Relay	远光继电器
4	H-LP LH LO	左侧前照灯近光熔丝
5	H-LP RH LO	右侧前照灯近光熔丝
6	H-LP LH HI	左侧前照灯远光熔丝
7	H-LP RH HI	右侧前照灯远光熔丝

续表

序号	代号	名称
8	A65	左侧前照灯总成（近光）
9	A64	右侧前照灯总成（近光）
10	A38	左侧前照灯总成（远光）
11	A37	右侧前照灯总成（远光）
12	E60	车灯开关总成
13	E46	组合仪表

前照灯的工作原理如下：当车灯开关总成（E60）置于前照灯挡（Head 挡）时，若变光开关在近光挡（Low 挡），则变光开关内的端子 HL 与 H 导通，通过车灯开关中 Head 挡的 H 与 E 端子使前照灯继电器磁化线圈搭铁而产生磁场，前照灯继电器的触点闭合，近光灯亮。当变光开关置于远光挡（High 挡）时，变光开关内的 HL、HU 与 H 端子导通，通过车灯开关中 Head 挡的 H 与 E 端子使前照灯继电器与远光继电器的磁化线圈搭铁而产生磁场，前照灯继电器与远光继电器的触点闭合，远光灯与近光灯同时亮。当变光开关置于超车挡（Flash 挡）时，变光开关内的 HL、HU、H、E 端子导通，并且由 E 端子直接搭铁，使前照灯继电器和远光继电器同时闭合，近光灯和远光灯同时亮。

2. 丰田卡罗拉转向信号电路

丰田卡罗拉转向信号电路如图 2.81 所示，元件明细见表 2-4。

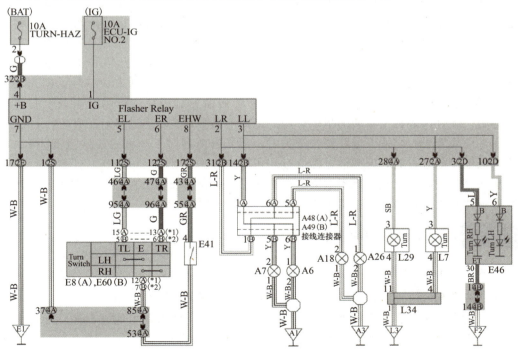

图 2.81　丰田卡罗拉转向信号电路

表 2-4　丰田卡罗拉转向信号系统电路元件明细

序号	代号	名称
1	Flasher Relay	闪光继电器
2	E8、E60	转向灯开关
3	E41	危险警告开关总成
4	A6	左侧转向信号灯
5	A7	左前转向信号灯
6	A18	右前转向信号灯
7	A26	右侧转向信号灯
8	L29	右后转向信号灯
9	L7	左后转向信号灯
10	E46	组合仪表
11	A48、A49、L34	接线插接器

转向信号电路的工作原理如下。

(1) 左转向。当转向灯开关置于 LH 时，转向灯开关的 TL 端子与 E 端子导通，此时闪光继电器端子 5 通过转向灯开关到搭铁点 E1 搭铁，得到一个低电位信号，闪光继电器通过端子 3 输出电压，使得左前、左侧及左后转向信号灯闪亮，指示汽车处于左转向状态。同时，组合仪表板上左转向指示灯闪亮，提示驾驶人左转向信号灯正常工作。

(2) 右转向。当转向灯开关置于 RH 时，转向灯开关的 TR 端子与 E 端子导通，此时闪光继电器端子 6 通过转向灯开关到搭铁点 E1 搭铁，得到一个低电位信号，闪光继电器通过端子 2 输出电压，使得右前、右侧及右后转向信号灯闪亮，指示汽车处于右转向状态。同时，组合仪表板上右转向指示灯闪亮，提示驾驶人右转向信号灯正常工作。

(3) 危险警告。当按下危险警告开关时，闪光继电器端子 8 通过搭铁点 E1 搭铁，得到一个低电位信号，此时闪光继电器通过端子 2、端子 3 同时输出电压，使得左、右转向信号灯同时闪亮，指示汽车处于危险状态。同时，组合仪表板上左、右转向指示灯同时闪亮，提示驾驶人危险警告灯正常工作。

2.3.5　照明与信号系统检测诊断

1. 前照灯检测与调整

在制造汽车的过程中，由于车身存在焊装差异，安装前照灯后难以保证道路上的配光要求，因此汽车在出厂前都要进行前照灯灯光调整。汽车的振动可能使前照灯部件的安装位置发生变化，从而改变光束的正确照射方向；同时，灯泡在使用过程中会逐步老化，反射镜也会受到污染而使聚光性能变差，导致前照灯的亮度不足，这些变化都会使驾驶人对前方道路情况辨认不清，或在会车时造成对方驾驶人眩目等，从而发生交通事故。因此，前照灯的发光强度和光束的照射方向被列为机动车运行安全检测的必检项目。另外，汽车更换前照灯后，需要进行灯光的调整。

（1）前照灯检测与调整前汽车准备。

① 清除前照灯上的油污。

② 检查轮胎气压，应符合汽车制造厂的规定。

③ 检查汽车蓄电池，应处于充足电状态。

（2）前照灯的检测与调整方法。

前照灯检测采用自动追踪光轴式前照灯检测仪，如图2.82所示。检测过程中，前照灯光束照射到受光器上时，若前照灯光束照射方向偏斜，则主、副受光器上下或左右电池的受光量不相等，产生的电流也不相等。其电流的差值使控制受光器上下移动的电动机或控制控制箱左右移动的电动机运转。电动机通过钢丝绳牵动受光器上下移动或驱动控制箱在轨道上左右移动，直至受光器上下、左右光电池受光量相等为止。这就是自动追踪光轴，追踪时受光器的位移由光轴偏斜指示计指示，发光强度由光度计指示。

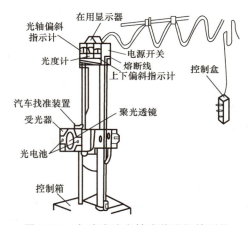

图 2.82　自动追踪光轴式前照灯检测仪

如需调整前照灯光轴偏斜量，可一边调整前照灯的照射方向，一边观察光轴偏斜指示计，使指针回到规定范围即可。

2．照明系统故障诊断

（1）照明系统常见故障现象及原因分析。

照明系统常见故障现象及原因分析见表2－5。

表 2－5　照明系统常见故障现象及原因分析

序号	常见故障现象	原因分析
1	灯光变暗	（1）电路中电阻过大。 （2）发电机输出电压过低。 （3）配光镜或反射镜褪色
2	前照灯失调	（1）悬架故障。 （2）接头松动。 （3）车身板件损坏

续表

序号	常见故障现象	原因分析
3	车灯不工作	(1) 灯泡灯丝烧断。 (2) 熔丝熔断。 (3) 导线、接头、熔丝松动或断脱。 (4) 继电器不工作。 (5) 车灯总成腐蚀。 (6) 开关不能接触

(2) 照明系统电路检查。

① 直观检查,即用眼睛和手检查导线有无松动、开关有无松动、是否存在其他明显故障。接头要清洁,并要连接可靠。

② 检查蓄电池的电量,不能小于额定电量的70%。

③ 熔丝的连通性检查。一般用仪表或试灯来测量两端的电压,以判断其通断情况。

④ 使用时,继电器发出"咔嗒"响声,说明继电器已经工作,但未必接触。

⑤ 检查开关的输入电压,应为蓄电池电压。

⑥ 检查继电器的输出电压,应为蓄电池电压。

⑦ 检查继电器的供电电压,应为蓄电池电压。

⑧ 检查开关的输出电压,应为蓄电池电压。

⑨ 检查车灯的供电电压,与蓄电池的电压差应小于5V。

⑩ 检查搭铁电路(连通性和电压),电阻应为0Ω,或者电压为10V。

(3) 照明系统电路常见故障现象及原因分析。

照明系统电路常见故障现象及原因分析见表2-6。

表2-6 照明系统电路常见故障现象及原因分析

序号	常见故障现象	原因分析
1	接通车灯开关各挡,所对应的车灯均不亮	(1) 电流表至熔丝盒之间断路。 (2) 20A和10A的熔丝同时熔断。 (3) 车灯开关损坏
2	近光灯不亮	(1) 变光开关近光灯接线柱至前照灯之间断路。打开车灯开关,连接变光开关的电源线接线柱和近光灯接线柱,观察前照灯。如果灯亮,则变光开关损坏;如果灯不亮,则变光开关至线束导线断路或两近光灯灯丝烧坏。 (2) 可用试灯在左接线板或右接线板近光灯接线柱上检查。如果试灯亮,则近光灯灯丝烧坏;如果试灯不亮,则变光开关至线束导线断路
3	远光灯不亮	变光开关的远光接线柱至前照灯之间断路。将车灯开关接至Ⅱ挡,接通变光开关,查看远光指示灯。 (1) 如果灯亮,则表明与指示灯接点至线束导线断路,或两灯损坏。 (2) 如果灯不亮,则先检查远光指示灯技术状况,若良好,接通变光灯的电源线接线柱和远光灯接线柱,观察前照灯及远光指示灯,表明变光开关损坏;若不亮,则表明远光指示灯接线柱至变光开关之间导线断路

续表

序号	常见故障现象	原因分析
4	示廓灯、尾灯和仪表等均不亮	接通雾灯开关，观察仪表灯状况。 （1）如果仪表灯亮，说明车灯至导线断路。关闭雾灯，并接通车灯开关，示廓灯、尾灯和仪表用试灯检查车灯的接线柱。如果不亮，表明车灯断路；如果亮，表明车灯接线柱至车束导线断路。 （2）如果仪表灯不亮，一般说明灯泡烧坏，可用试灯检查（左、右、后）接线板示廓灯接线柱，做进一步判断

3. 信号系统故障诊断

（1）转向信号灯闪光频率不正常。

故障现象：拨动转向信号灯开关，左、右转向信号灯的闪光频率不一致或闪光频率都不正常。

故障原因：导线接线不良；灯泡功率选用不当或某侧灯泡烧坏。

故障判断与排除：检查闪光器、转向信号灯开关接线柱上的接线是否松动，灯泡功率是否与规定相符，左、右灯泡功率是否相等。灯泡功率对闪光频率影响很大，若灯泡功率小于规定值，则闪光频率低；反之，闪光频率高。若左、右转向信号灯闪光频率都偏离或低于规定值，则一般为闪光断电器失调，应予以调整，调整无效者予以更换新件。

（2）电喇叭故障分析。

电喇叭故障原因及排除方法见表2-7。

表2-7 电喇叭故障原因及排除方法

故障现象	故障原因	排除方法
按下电喇叭按钮，电喇叭不响	电喇叭电源线断路或导线松脱、断路	检修
	过载或电路搭铁、短路使熔丝熔断	检修
	电喇叭按钮烧蚀，搭铁不良	打磨、检修
	喇叭继电器触点烧蚀、间隙过大、线圈断路	打磨、调整、检修
	电喇叭触点烧蚀或不能闭合，线圈短路或断路，灭弧电阻或电容器短路	打磨、修理、更换
电喇叭音质不佳（沙哑、发闷或刺耳）	铅酸蓄电池亏电	充电
	喇叭继电器触点接触不良	清洁、打磨
	电喇叭触点烧蚀，接触不良	清洁、打磨
	电喇叭膜片破裂或扬声器破裂	更换
	电喇叭衔铁和铁芯间隙不均匀	调整
	电喇叭弹簧片折断	更换
	电喇叭松动	紧固

续表

故障现象	故障原因	排除方法
电喇叭音量过小	导线松动	紧固
	喇叭继电器触点烧蚀	打磨
	电喇叭触点烧蚀，调整不当，线圈局部短路	打磨、调整、检修
电喇叭触点经常烧蚀	电喇叭灭弧电阻烧蚀变细、阻值增大、断路或灭弧电容器断路，电容量过大或过小	更换
	电喇叭调整不当，工作电流过大	调整
	电喇叭线圈匝间短路，工作电流过大	检修
电喇叭长鸣	喇叭继电器触点烧蚀或触点弹簧弹力过小	打磨、检修
	电喇叭按钮回位弹簧弹力不足或折断	检修、更换
	喇叭继电器 B（电池）与 H（电喇叭）接线柱被导线连通，或 S（按钮）接线柱与电喇叭按钮间的导线搭铁	检修

2.4 汽车仪表与指示灯系统

2.4.1 汽车仪表系统

汽车仪表的作用是监测汽车的运行状况，使驾驶人随时观察与掌握汽车各系统工作状态的相关信息，以便正确使用汽车，提高行车安全，及时发现和排除可能出现的故障。汽车仪表按结构形式的不同，可分为独立式仪表和组合式仪表两种。独立式仪表是指各种仪表都有各自的壳体，单独安装在仪表板上；组合式仪表是指各种仪表封装在一个壳体内。由于组合式仪表具有结构紧凑、美观、便于观察等特点，因此广泛应用于现代汽车。

汽车仪表系统由机油压力表、冷却液温度表、燃油表、车速里程表和发动机转速表等组成。

1. 机油压力表

机油压力表用来显示发动机主油道的机油压力，由装在仪表板上的指示表和装在主油道的传感器（或称机油压力感应塞）组成。常见机油压力表有双金属片式机油压力表、电磁式机油压力表和动磁式机油压力表三种。下面以双金属片式机油压力表为例进行说明。

双金属片式机油压力表又称电热式机油压力表，其与传感器的基本结构如图 2.83 所示。传感器一般做成盒子形，中间有膜片 2，膜片 2 的下方油腔经管接头与润滑系统主油道相通，膜片 2 上部顶住弯曲的弹簧片 3，弹簧片 3 的一端设有触点，另一端固定搭铁。双金属片 4 上绕有加热线圈，一端焊在双金属片端的触点上，另一端接在接触片 6 上。

双金属片式机油压力表内装有双金属片 11，双金属片 11 上绕有加热线圈 16，其一端经

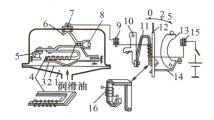

1—油腔；2—膜片；3—弹簧片；4, 11—双金属片；5—调节齿轮；6—接触片；
7—机油压力传感器接线柱；8—校正电阻；9, 15—机油压力表接线柱；10, 13—调节齿扇；
12—指针；14—弹簧片；16—加热线圈

图 2.83 双金属片式机油压力表与传感器的基本结构

接触片 6 与传感器的触点相连，另一端接电源正极。双金属片 11 一端弯成勾形扣在指针上。当接通点火开关（或电源开关）时，机油压力表电路通路，其电流通路如下：蓄电池正极→点火开关→机油压力表接线柱 15→加热线圈 16→机油压力表接线柱 9→机油压力传感器接线柱 7→接触片 6→双金属片 4→触点→弹簧片 3→搭铁→蓄电池负极。电流通过双金属片 4 和双金属片 11 上的加热线圈，使双金属片受热变形。

当油压很低时，膜片 2 几乎没有变形，此时作用在触点上的压力很小。当电流通过不久，温度略有升高时，双金属片 4 弯曲，使触点分开，电路即被切断。经过一段时间后，双金属片 4 冷却伸直，触点又闭合，电路又被接通。但不久触点又分开，如此循环下去。由于触点打开时间长，闭合时间短，变化频率低，因此通过双金属片 11 加热线圈的平均电流较小，双金属片 11 温度较低，弯曲不大，指针只略微向右移指向低油压。

当油压高时，膜片 2 向上拱曲，加在触点上的压力增大，使双金属片 4 向上弯曲。这样需要在双金属片 4 温度较高，也就是加热线圈通过较大、较长时间的电流后，触点才能分开，而且分开后很快闭合。因此在油压高时，触点处于打开状态的时间缩短，频率增大（如油压为 0.49MPa 时，频率为 110～125 次/分；油压为 0.19MPa 时，频率为 60～70 次/分），平均电流增大，指针偏移量大，指向高压。

为使机油压力表的示值不受外界温度变化的影响，将双金属片 4 做成 n 形，其中绕有加热线圈的臂为工作臂，另一个臂为补偿臂。当外界温度变化时，工作臂的附加变形被补偿臂的相应变形补偿，使指示表的指示值保持不变。在安装传感器时，必须使传感器壳上的箭头向上，其偏斜不应超过垂直位置 30°，以确保工作臂在补偿臂的上方，否则会造成指示误差。

2. 冷却液温度表

冷却液温度表又称水温表，用来指示发动机冷却液的工作温度。 冷却液温度表的工作电路由冷却液温度表和冷却液温度传感器两部分组成，冷却液温度表安装在仪表板上，冷却液温度传感器安装在发动机气缸盖的冷却水套上。在多数汽车上，同时使用冷却液温度表与冷却液温度警告灯。

冷却液温度表分为双金属片式冷却液温度表和电磁式冷却液温度表。 冷却液温度传感器分为双金属片式冷却液温度传感器和热敏电阻式冷却液温度传感器。双金属片式冷却液温度表和冷却液温度传感器的工作原理与机油压力表的相同，此处不再赘述。下面以电磁式冷却液温度表与热敏电阻式冷却液温度传感器的工作原理为例进行说明。

电磁式冷却液温度表的工作电路如图 2.84 所示。电磁式冷却液温度表内有两个互成一定角度的铁芯，铁芯上分别绕有磁化线圈，其中磁化线圈 L_2 与冷却液温度传感器串联，磁化线圈 L_1 与冷却液温度传感器并联，两个铁芯的下端对着带指针的偏转衔铁，其等效电路如图 2.85 所示。当冷却液温度低时，由于热敏电阻式冷却液温度传感器的阻值大，因此线圈 L_2 中的电流小，而线圈 L_1 中的电流大，磁场增强，吸引衔铁指针指向低温。当冷却液温度高时，由于冷却液温度传感器的阻值减小，流经线圈 L_2 的电流增大，磁场增强，吸引衔铁逐渐向高温方向偏转，使指针指向高温。

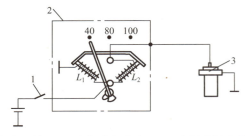

1—点火开关；2—冷却液温度表；3—冷却液温度传感器

图 2.84　电磁式冷却液温度表的工作电路

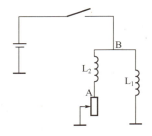

图 2.85　电磁式冷却液温度表的等效电路

3. 燃油表

燃油表由装在仪表板上的燃油表和装在燃油箱内的传感器组成，用于指示燃油箱中的存油量。燃油表有电磁式燃油表和电热式燃油表两种，传感器均使用可变电阻式传感器。

（1）电磁式燃油表。

电磁式燃油表的工作电路如图 2.86 所示。其传感器由可变电阻、滑片和浮子等组成。当燃油箱内油面位置变化时，浮子带动滑片移动，从而改变电阻值。左线圈与可变电阻串联，右线圈与可变电阻并联，等效电路如图 2.87 所示。当燃油箱中无燃油时，浮子下沉，可变电阻被滑片短路，右线圈同时被短路，无电流通过。此时，左线圈中的电流达到最大值，产生的电磁吸力最大，吸引转子使指针指向"0"的位置。当燃油箱中的燃油增加时，浮子上浮，带动滑片滑动，右线圈中的电流逐渐增大，在左线圈和右线圈的合成磁场作用下，转子带动指针向右偏转，指针指向高刻度位置。当燃油箱中装满燃油时，右线圈的电磁吸力最大，指针指向"1"的位置；当燃油箱中燃油为半箱时，指针指向"1/2"的位置。传感器的末端搭铁，可减少滑片与可变电阻接触时产生的火花。

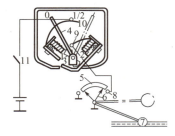

1—左线圈；2—右线圈；3—转子；4—指针；
5—可变电阻；6—滑片；7—浮子；
8—传感器接线柱；9,10—燃油表接线柱；11—点火开关

图 2.86　电磁式燃油表的工作电路

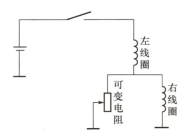

图 2.87　电磁式燃油表的等效电路

(2) 电热式燃油表。

电热式燃油表的工作电路如图 2.88 所示。当燃油箱中无燃油时，传感器浮子在最低位置，可变电阻全部接入电路，加热线圈中的电流最小，所以双金属片没有变形，指针指向"0"的位置。当燃油箱中的油量增大时，传感器浮子上浮，带动滑片移动，可变电阻的阻值减小，加热线圈中的电流增大，双金属片受热变形，带动指针向右转动。由于经加热线圈中的电流除与可变电阻的阻值有关外，还与电源电压有关，因此该电路需配有稳压器。

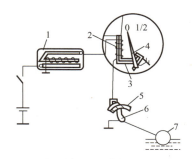

1—电源稳压器；2—加热线圈；3—双金属片；4—指针；5—可变电阻；6—滑片；7—传感器浮子

图 2.88　电热式燃油表的工作电路

4. 车速里程表

车速里程表由车速表和里程表两部分组成，是用来指示汽车行驶速度和累计行驶里程的仪表。

电子车速里程表由车速传感器、电子电路、步进电动机、车速表和里程表（里程表又分为行程指示表和累计里程指示表）等组成，如图 2.89 所示。

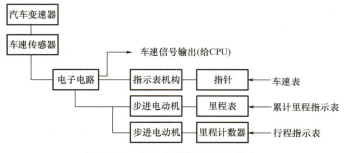

图 2.89　电子车速里程表的组成

奥迪汽车的仪表中装有指针式电子车速里程表，其原理如下：车速传感器由变速器驱动，能够产生与汽车行驶速度成正比的电信号。传感器由塑料环、舌簧开关和 1 个含有 4 对磁极的转子组成，如图 2.90 所示。转子每转 1 周，舌簧开关中的触点闭合 8 次，产生 8 个脉冲信号，车速越高，传感器的信号频率越高。当车速为 20km/h 时，传感器的信号频率为 17.5～22.9Hz；当车速为 200km/h 时，传感器的信号频率为 213.3～225.2Hz。电子电路的作用是将车速传感器传送来的具有一定频率的电信号经整形、触发，输出一个与车速成正比的电流信号。该电子电路主要包括稳压电路、恒流电源驱动电路、64 分频电路和功率放大电路，如图 2.91 所示。仪表精度由电阻 R_1 调整，仪表初始工作电流由电阻 R_2 调整，电阻 R_3 和电容器 C_3 用于电源滤波。

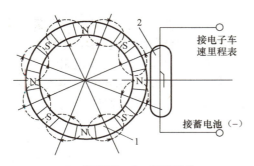

1—塑料环；2—舌簧开关

图 2.90　奥迪汽车电子车速里程表传感器

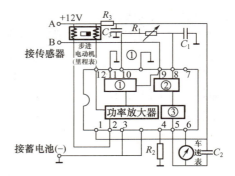

①—64分频电路；②—稳压电路；③—恒流电源驱动电路

图 2.91　奥迪汽车电子车速里程表电路

车速表实际上是一个电磁式电流表，当汽车以不同车速行驶时，从电子电路端子6输出与车速成正比的电流信号，驱动车速表的指针偏转，指示相应的车速。

里程表由一个步进电动机及六位数字的十进制齿轮计数器组成，步进电动机是一种利用电磁感应原理将脉冲信号转换为线位移或角位移的电动机。车速传感器输出的信号经64分频后，再经功率放大器放大功率，驱动步进电动机转动，带动六位数字的十进制齿轮计数器工作，从而精确记录累计行驶里程。

5. 发动机转速表

发动机转速表用于指示发动机的运转速度，有机械式和电子式两种。电子式转速表由于结构简单、指示精确、安装方便，因此应用广泛。

电子式转速表获取转速信号的方式有三种：**从点火系统获取脉冲电压信号、从发动机的转速传感器获取转速信号、从发电机获取转速信号**。汽油发动机电子式转速表都以点火系统的初级电路为触发信号。图2.92所示为电子式转速表的电路原理，转速信号来自点火系统的初级电路。

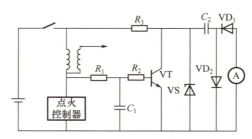

图 2.92　电子式转速表的电路原理

电子式转速表的工作原理如下：当点火控制器使初级电路导通时，晶体管 VT 处于截止状态，电容 C_2 充电。充电电路为蓄电池正极→R_3→C_2→VD_2→蓄电池负极，构成回路。

当点火控制器使初级电路截止时，晶体管 VT 的基极得到正电位而导通，此时 C_2 通过导通的晶体管 VT、电流表和 VD_1 构成放电回路，从而驱动电流表。

当发动机工作时，初级电路不断地导通、截止，其导通、截止的次数与发动机转速成正比。所以当初级电路不断地导通、截止时，电容 C_2 不断地充、放电，其平均放电电流与发动机转速成正比，于是将平均电流标定成发动机转速即可。

2.4.2 汽车指示灯系统

为了保证行车安全、提高汽车的可靠性，汽车仪表板上安装了许多警告灯，如机油压力警告灯、冷却液温度警告灯、燃油不足警告灯、制动液不足警告灯、制动器摩擦片使用极限警告灯、制动灯电路故障警告灯、制动系统故障警告灯等。

警告灯由报警开关控制，当被监测的系统或总成工作不正常时，对应的报警开关闭合，该系统的警告灯亮，以提醒驾驶人注意，采取相应的措施，确保行车安全。

1. 机油压力警告灯

机油压力警告灯监测润滑系统的工作情况，当润滑系统机油压力低于允许值时，警告灯亮，以引起驾驶人注意。 膜片式机油压力报警灯控制电路如图 2.93 所示。当机油压力正常时，机油压力推动膜片向上弯曲，推杆将触点打开，警告灯熄灭；当机油压力低于标准值时，膜片在弹簧压力作用下向下移动，使触点闭合，警告灯亮，警告驾驶人机油压力不足。

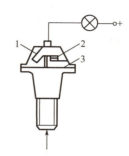

1—弹簧片；2—触点；3—膜片

图 2.93 膜片式机油压力报警灯控制电路

2. 冷却液温度警告灯

在汽车上除了装有冷却液温度表外，还装有冷却液温度警告灯。当冷却液温度超过标准值时，红色警告灯亮。

冷却液温度警告灯控制电路如图 2.94 所示，其报警开关为双金属片式温度开关。当冷却液温度在正常范围时，双金属片几乎不变形，触点分开，警告灯不亮；当冷却液温度超过标准值时，双金属片温度升高而弯曲变形，使触点闭合，警告灯亮。

3. 燃油不足警告灯

在汽车上除了装有燃油表外，还装有燃油不足警告灯，当燃油少于标准值时，警告灯亮，以提醒驾驶人添加燃油。

热敏电阻式燃油警告灯控制电路如图 2.95 所示，其报警开关为热敏电阻式，装在燃油箱内。当燃油箱内燃油量大时，负温度系数的热敏电阻浸在汽油中，温度低，电阻大，因此电路中几乎没有电流，警告灯暗。当燃油减少到标准值以下时，热敏电阻元件从燃油中露出，此时热敏电阻温度升高，电阻减小，电路中电流增大，警告灯亮。

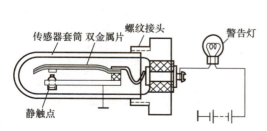

图 2.94 冷却液温度警告灯控制电路

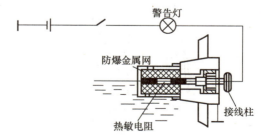

图 2.95 热敏电阻式燃油警告灯控制电路

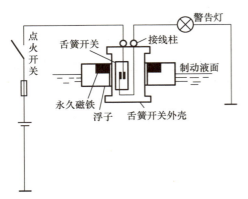

4. 制动液不足警告灯

采用液压制动的汽车装有制动液不足警告灯，用于在制动液面低于标准值时报警。图 2.96 所示为制动液不足警告灯控制电路。当制动液充足时，浮子的位置较高，此时永久磁铁高于舌簧开关的位置，舌簧开关处于断开状态，警告灯不亮；当浮子随着制动液液面下降到标准值时，永久磁铁接近舌簧开关，使舌簧开关触点闭合，警告灯电路导通，警告灯亮。

图 2.96 制动液不足警告灯控制电路

5. 制动器摩擦片使用极限警告灯

制动器摩擦片使用极限警告灯的作用是当制动器摩擦片磨损到极限厚度时，发出报警信号，提醒驾驶人更换制动器摩擦片。图 2.97 所示为制动器摩擦片使用极限警告灯控制电路。将一段导线埋在摩擦片内部，该导线与组合仪表中的电子控制器相连，当摩擦片没达到极限厚度时，电子控制器中的晶体管基极电位为低电位，晶体管截止，警告灯不亮。当摩擦片达到极限厚度时，埋在摩擦片中的导线被磨断，电子控制器中的晶体管基极电位为高电位，晶体管导通，警告灯亮。

6. 制动灯电路故障警告灯

由于制动灯对行车安全极为重要，而驾驶人在开车过程中很难发现制动灯有故障，因此常在汽车中设置制动灯电路故障警告灯。图 2.98 所示为制动灯电路故障警告灯控制电路。在正常情况下，踩下制动踏板，制动灯开关接通，电流经左、右两个电磁线圈到制动信号灯。此时两个线圈产生的磁场相互抵消，舌簧开关的触点继续处于常开状态，警告灯不亮。当其中一个灯泡损坏或者电路有断路时，有故障一侧的电磁线圈将不产生磁场，而另一侧的电磁线圈产生磁场，舌簧开关中的触点闭合，警告灯亮，提醒驾驶人制动灯电路有故障。

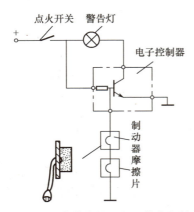

图 2.97 制动器摩擦片使用极限警告灯控制电路

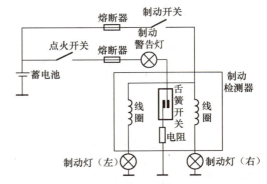

图 2.98 制动灯电路故障警告灯控制电路

7. 制动系统故障警告灯

制动系统故障警告灯控制电路如图 2.99 所示。其原理是在双管路制动总泵的两个制动管路之间并联一个差动阀。当两个制动管路制动正常时,差动阀柱塞处于中间位置,报警开关的触发杆处于柱塞凹槽内,警告灯不亮。当制动系统中任何一侧制动管路压力下降时,差动阀柱塞受液压被迫移动。差动阀移动时,报警开关的触发杆被顶起,报警开关触点闭合,警告灯亮。

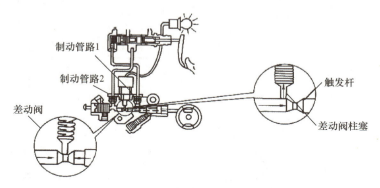

图 2.99　制动系统故障警告灯控制电路

2.4.3　汽车组合仪表

汽车组合仪表的指示表都封装在一个壳体内。汽车组合仪表可分为机械组合式和电子组合式两种类型。

1. 机械组合式仪表

机械组合式仪表将各仪表集中安装在一个仪表壳体内,通常用一个仪表电路板将各指示表与其传感器相连,各仪表均由其传感器控制独立工作。机械组合式仪表的组成如图 2.100 所示。

图 2.100　机械组合式仪表的组成

与独立式仪表相比,机械组合式仪表具有结构紧凑、美观、便于观察等特点,因而已在汽车中广泛采用。

2. 电子组合式仪表

电子组合式仪表也称行车电脑,具有记忆、运算处理功能,不仅能精确显示机油压力、冷却液温度、车速、燃油储量等直接参数,而且能显示经过计算后的间接参数,比如瞬时油耗量、平均油耗、平均车速、续驶里程、行驶时间等。因此,电子组合式仪表可使驾驶人更加方便、全面地掌握汽车的运行状况。电子组合式仪表通过控制器将各仪表与传感器连接在一起，其控制系统如图 2.101 所示。

电子组合式仪表1

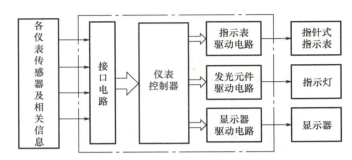

图 2.101　电子组合式仪表的控制系统

电子组合式仪表2

　　一些电子仪表采用指针式指示表显示，指针式指示表有机械式和电磁式两种，相应的驱动方式也不同。机械式指示表用步进电动机驱动仪表控制器，根据相关传感器的电信号输出相应的示值指令，通过驱动电路使步进电动机转动相应步数，带动指示表针转动相应的角度；电磁式指示表实际上是一个电流表，仪表控制器的示值指令经驱动电路输出占空比脉冲信号（信号脉冲频率和幅值恒定、脉冲宽度可变），使指示表指针相应地偏摆。与普通的指针式指示表相比，电子控制的指针式指示表反应灵敏，示值精度高。

　　电子仪表的显示器有不同的结构形式，主要有发光二极管数码显示方式、真空荧光屏显示方式和液晶显示方式。不同类型的显示器，采用的驱动电路不同。汽车电子仪表多采用液晶显示器，这种显示器不仅可直接显示数字，而且可显示字母、符号、图形等，使仪表的显示更加灵活、醒目。采用液晶显示器显示的电子仪表如图 2.102 所示。电子组合式仪表具有显示精度高、工作可靠性强、一表多用、可显示更多信息等优点。

图 2.102　采用液晶显示器显示的电子仪表

　　电子仪表系统与无线传输设备结合，可与车外进行信息交流，具有通信和导航等功能。比如，电子仪表存储电子地图并装备车载 GPS，可随时了解汽车行驶的具体位置、到达目的地的行驶路线等信息；电子仪表及车载无线通信系统可通过交通管理中心、汽车救助中心等获得城市交通状况信息、选择最佳行驶路线、及时得到求助等。为使驾驶人观察仪表时更加方便、省时，已研究出能在较远处成像的虚像显示、风窗玻璃映像显示及风窗玻璃全息图像显示等显示技术。

　　随着汽车电子技术、车载无线通信技术及电子显示技术的进一步发展，指示准确、信息量大且高度智能化的电子组合式仪表将在汽车上有越来越多的应用。

2.4.4 仪表与指示灯系统检测诊断

1. 传统仪表的检测诊断

（1）传统仪表的故障诊断思路。

大部分汽车仪表电路都配有电源稳压器，而且无论是电磁式仪表还是电热式仪表都配有传感器。当两个或两个以上仪表同时不工作时，应先检查仪表熔丝和电源稳压器是否有故障；当单个仪表不工作时，应先确定故障是在传感器还是在仪表。

（2）机油压力表常见故障诊断。

在检修机油压力表时，油底壳的油量应该是正常的。

① 机油压力低。可拆下传感器，发动机怠速运转，若连接传感器的孔没有机油流出，则说明发动机出现问题。

② 机油压力表失灵。拆下导线，将点火开关接通，用导线瞬时搭铁，若指针指向上限，则说明机油压力表良好，传感器有故障，应更换传感器；否则，应更换机油压力表。

（3）冷却液温度表常见故障诊断。

① 发动机工作时，指针不动或总指向低温处。此时，如果燃油表或其他警告灯不工作，则故障在点火开关至蓄电池之间。如果燃油表工作，则故障在冷却液温度表与冷却液温度传感器之间，可将冷却液温度传感器的导线插头拔出，并做瞬时搭铁试验，若表工作，则说明冷却液温度传感器有故障，应更换；若指针仍不转动，则故障在冷却液温度传感器导线或冷却液温度表，需更换导线或冷却液温度表。

② 接通点火开关后，指针指向最高温度。可拔出冷却液温度传感器上的导线插头，如果指针退回低温处，则说明冷却液温度传感器失效，应更换；如果指针不能退回低温处，则说明经过冷却液温度表后的导线搭铁。

（4）燃油表常见故障诊断。

接通点火开关后指针指向无油位置（事实上燃油箱有油）。此时，如果冷却液温度表和其他警告灯不工作，则故障在点火开关至蓄电池之间。如果冷却液温度表工作，则故障在燃油表与其传感器之间，拆下传感器导线，做搭铁试验，若燃油表工作，则故障在传感器，应更换；若指针仍不转动，则故障在传感器导线或燃油表。

接通点火开关后，指针指向油满位置（事实上燃油箱未满）。此时拆下传感器的导线接头，如果指针退回，则表明传感器有故障，应更换；如果指针不能退回，则表明传感器导线搭铁。

2. 组合仪表的检测诊断

一般来说，使用组合仪表的汽车都采用电子控制，其中包括对电子仪表系统的控制，即来自各种传感器信号处理和仪表的显示都是由微型计算机控制的。使用微型计算机控制的汽车一般都具有故障自诊断系统，可以利用该系统对电子仪表系统进行自检，检查电子仪表系统功能是否正常，并对其故障进行诊断。对于多数汽车来说，只要按下计算机上的相应按钮即可开始对汽车进行自检，若有故障，则可以读出故障码。通过查阅有关手册，了解故障码代表的故障原因，找出相应的处理方法。

汽车仪表的故障诊断，除了依靠微型计算机自诊断系统进行自诊断以外，还可以使用专门的检测设备进行检测和诊断。这些检测设备属于外接设备，可以直接插入汽车微型计算机的相应插槽内使用。

现代汽车上电器仪表的作用越来越大，产生的故障也相应增加，诊断故障的简易方法如下。

（1）短接法。

在其他电器仪表工作均正常，只有与稳压器相连的仪表（如燃油表和电磁式冷却液温度表等）不工作时，可利用短接法进行检查。用导线将稳压器的输入端、输出端短接，若与稳压器相连的仪表指针立即偏转，则稳压器内部存在故障。

（2）对比法。

电器仪表读数不准时，可采用对比法进行校验检查。在相同的工况条件下，比较被校验的仪表与标准仪表的读数，判断被校验仪表的技术状况。例如校验汽车电流表时，可将被试电流表与标准电流表及可变电阻串联，接通蓄电池电流，逐渐调小可变电阻，比较两个电流表的读数，若相差超过 20%，则电流表存在故障，应予以检修或更换。

（3）搭铁法。

当电器仪表读数异常，通过分析推断可能是传感器搭铁不良或损坏，以及传感器与指示表间的导线存在断路故障时，常采用搭铁法进行检查。用导线将有关接线柱搭铁，可判断故障原因及位置。接通点火开关后，无论燃油箱内油量是多少，电磁式燃油表指针都指向"1"，双金属片式燃油表指针都指向"0"，以上情况均说明相应仪表传感器可能搭铁不良或损坏，或者传感器与指示表间的导线存在断路故障，可利用搭铁法进行检查。将传感器与导线相连的接线柱搭铁，若指针转动，则说明传感器损坏或搭铁不良。若指针不转动，则可用导线将指示表上接传感器的接线柱搭铁；若指针转动，则传感器与指示表间的导线存在断路故障，若指针仍不转动，则说明指示表内部损坏或其他电源线故障。

（4）拆线法。

当汽车电器仪表读数异常，通过分析推断可能是传感器内部或传感器与指示表间的导线存在搭铁故障时，常采用拆线法进行检查，即通过拆除有关接线柱上的导线来判断故障的原因及部位。以电磁式燃油表为例，当传感器内部搭铁或浮子损坏，以及传感器与燃油表间的导线搭铁时，无论燃油箱内油量为多少，接通点火开关后，燃油表指针都指向"0"，此时可采用拆线法进行检查。拆下传感器上的导线，若此时燃油表指针向"1"移动，则传感器内部搭铁或浮子损坏；若燃油表指针仍指向"0"，则应拆下燃油表上的传感器接线柱导线；若仪表指针向"1"移动，则燃油表至传感器间的导线搭铁；若仪表指针仍不转动，则可能是燃油表内部损坏或其电源线断路。

2.5 辅助电动装置

2.5.1 电动座椅

1. 电动座椅的组成

电动座椅由电动机、传动和调整装置、电子控制系统（控制开关）、电动座椅开关等组成，如图 2.103 所示。按照调节方式的不同，电动座椅可分为手动调节式和动力调节式。其中，动力调节式按照动力源的不同又分为真空式、液压式和电动式三种。电动座椅因操作方便、结构简单而应用广泛。按照座椅电动机数和调节方向数的不同，电动座椅又分为两向可调、四向可调、六向可调、八向可调和多向可调等。

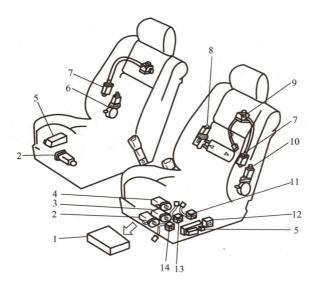

电动座椅

1—电动座椅控制器；2—滑动电动机；3—前垂直电动机；4—后垂直电动机；5—电动座椅开关；
6—倾斜电动机；7—头枕电动机；8—腰垫电动机；9—位置传感器（头枕）；
10—倾斜电动机和位置传感器；11—位置传感器（后垂直）；12—腰垫开关；
13—位置传感器（前垂直）；14—位置传感器

图 2.103 电动座椅的组成

（1）电动机。

电动机的作用是为电动座椅提供动力，多采用双向电动机，即电枢的旋转方向随电流方向的改变而改变，使电动机按不同的电流方向正转或反转，以达到调节座椅的目的。电动座椅多采用永磁式双向直流电动机，一个电动座椅可装 2 个、3 个、4 个或 6 个电动机。为防止电动机过载，电动机内装有熔丝，以确保电动机的安全。

（2）传动和调整装置。

传动装置的作用是将电动机的动力传给座椅调整装置，使其完成座椅的调整。传动装置主要由联轴器、软轴、减速器和螺纹千斤顶或齿轮传动机构组成。电动座椅的动力传递路线如下：电动机的动力→软传动轴→减速器→螺纹千斤顶或齿轮传动机构，使电动座椅按驾驶人或乘员的理想位置进行调节。

（3）电子控制系统。

电动座椅的电子控制系统由传感器、电子控制器和执行机构三部分组成。传感器包括位置传感器、后视镜位置传感器、安全带扣环传感器及转向盘倾斜传感器等；电子控制器包括输入接口、计算机 CPU 和输出处理电路等；执行机构主要包括座椅调整、后视镜调整、安全带扣环及转向盘倾斜调整等微电动机，这些电动机可灵活地正、反转，以调整各种装置。另外，电子控制系统还配备手动开关，当手动操作此开关时，各驱动电动机电路接通，输出转矩，进行各种调整。

(4) 电动座椅开关。

电动座椅开关根据集成方式分为开关与电动座椅控制模块一体式和开关与电动座椅控制模块分体式。驾驶人侧电动座椅开关如图2.104所示。

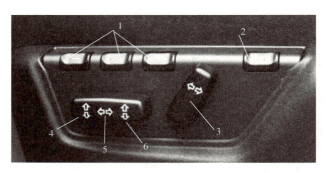

1—记忆按钮；2—存储设定的按钮；3—座椅靠背倾斜角度调节按钮；4—座椅前端高度调节按钮；
5—座椅向前/向后调节按钮；6—座椅向上/向下调节按钮

图2.104 驾驶人侧电动座椅开关

不同车型的电动座椅的开关基本相同，一般分为两部分：座椅靠背调节按钮和整体及椅垫调节按钮。电动座椅位置存储与设定如下。

① 调节座椅至合适的位置。
② 同时按住记忆键"M"与1、2、3任一个位置键。
③ 松开手后，座椅记忆便被存储到用户选择的位置。

设置位置记忆后，将座椅移动到其他位置，可通过按记忆按钮来验证座椅是否移动到设置位置。

2. 电动座椅控制电路

丰田卡罗拉电动座椅有六项电动调节功能和两项腰部支撑调节功能。丰田卡罗拉电动座椅控制电路如图2.105所示。

(1) 驾驶人座椅的调节电路分析。

① 驾驶人座椅前后滑动。按下座椅向前滑动按钮时，驾驶人座椅调节开关C3的1-9脚和6-4脚接通，蓄电池正极→30A乘客座椅熔丝→驾驶人座椅调节开关1脚→驾驶人座椅调节开关9脚→左前座椅滑动电动机→驾驶人座椅调节开关6脚→驾驶人座椅调节开关4脚→L46（A）、C6（B）连接器的B4号端子→L2搭铁→蓄电池负极，驾驶人座椅向前滑动。

按下座椅向后滑动按钮时，驾驶人座椅调节开关C3的1-6脚和9-4脚接通，蓄电池正极→30A乘客座椅熔丝→驾驶人座椅调节开关1脚→驾驶人座椅调节开关6脚→左前座椅滑动电动机→驾驶人座椅调节开关9脚→驾驶人座椅调节开关4脚→L46（A）、C6（B）连接器的B4号端子→L2搭铁→蓄电池负极，驾驶人座椅向后滑动。

② 驾驶人座椅前端上下调节。按下座椅前端向上调节键时，驾驶人座椅调节开关C3的1-7脚和8-4脚接通，蓄电池正极→30A乘客座椅熔丝→驾驶人座椅调节开关1脚→驾驶人座椅调节开关7脚→左前座椅升降电动机→驾驶人座椅调节开关8脚→驾驶人座椅调节开关4脚→L46（A）、C6（B）连接器的B4号端子→L2搭铁→蓄电池负极，驾驶人座椅前端向上移动。

按下座椅前端向下调节按钮时，驾驶人座椅调节开关C3的1-8脚和7-4脚接通，

车载电器设备 第2章

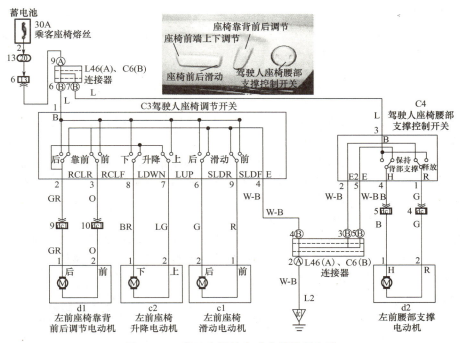

图 2.105　丰田卡罗拉电动座椅控制电路

蓄电池正极→30A乘客座椅熔丝→驾驶人座椅调节开关1脚→驾驶人座椅调节开关8脚→左前座椅升降电动机→驾驶人座椅调节开关7脚→驾驶人座椅调节开关4脚→L46（A）、C6（B）连接器的B4号端子→L2搭铁→蓄电池负极，驾驶人座椅前端向下移动。

③ 驾驶人座椅靠背前后调节。按下座椅靠背向前调节按钮时，驾驶人座椅调节开关C3的1-3脚和2-4脚接通，蓄电池正极→30A乘客座椅熔丝→驾驶人座椅调节开关1脚→驾驶人座椅调节开关3脚→左前座椅靠背前后调节电动机→驾驶人座椅调节开关2脚→驾驶人座椅调节开关4脚→L46（A）、C6（B）连接器的B4号端子→L2搭铁→蓄电池负极，驾驶人座椅靠背向前移动。

按下座椅靠背向后调节按钮时，驾驶人座椅调节开关C3的1-2脚和3-4脚接通，蓄电池正极→30A乘客座椅熔丝→驾驶人座椅调节开关1脚→驾驶人座椅调节开关2脚→左前座椅靠背前后调节电动机→驾驶人座椅调节开关3脚→驾驶人座椅调节开关.4脚→L46（A）、C6（B）连接器的B4号端子→L2搭铁→蓄电池负极，驾驶人座椅靠背向后移动。

（2）电动座椅腰部支撑控制电路分析。

按下驾驶人座椅腰部支撑控制保持调节按钮时，驾驶人座椅腰部支撑控制开关的3-4脚和1-2脚接通。蓄电池正极→30A乘客座椅熔丝→驾驶人座椅腰部支撑控制开关3脚→驾驶人座椅腰部支撑控制开关4脚→左前座椅腰部支撑控制电动机→驾驶人座椅腰部支撑控制开关1脚→驾驶人座椅腰部支撑控制开关2脚→L46（A）、C6（B）连接器的B4号端子→L2搭铁→蓄电池负极，驾驶人座椅腰部支撑向前移动。

按下驾驶人座椅腰部支撑控制释放调节按钮时，驾驶人座椅腰部支撑控制开关的3-1脚和4-5脚接通。蓄电池正极→30A乘客座椅熔丝→驾驶人座椅腰部支撑控制开关3脚→驾驶人座椅腰部支撑控制开关1脚→左前座椅腰部支撑控制电动机→驾驶人座椅腰部支撑控制开关 4 脚→驾驶人座椅腰部支撑控制开关 5 脚→L46（A）、C6（B）连接器的 B4 号端子→L2 搭铁→蓄电池负极，驾驶人座椅腰部支撑向后移动。

3. 电动座椅常见故障分析

（1）座椅完全不能动作。

故障现象：座椅完全不能动作。

故障原因：①熔断器断路；②线路及其插接件松旷；③座椅开关故障；④电源电路及其搭铁线路故障。

故障诊断与排除：①检查熔断器的连接情况；②检查线路及其插接件是否松旷；③检查座椅开关是否损坏；④检查电源电路及其搭铁线路是否有故障。

（2）座椅某个方向不能动作。

故障现象：座椅某个方向不能动作。

故障原因：①该方向对应的电动机损坏；②座椅开关损坏；③该方向对应线路断路。

故障诊断与排除：①检测该方向对应的电动机是否正常；②检测座椅开关工作是否正常；③检测该方向对应线路是否有短路或断路。

2.5.2 电动车窗

1. 电动车窗的组成

电动车窗主要由车窗、车窗升降器、电动机、继电器、车窗开关等组成。车窗升降器用于把电动机的旋转运动转换为车窗的上下移动。电动车窗有两套控制开关，一套分布在汽车仪表台或驾驶人侧车门扶手上，由驾驶人控制；另一套分布在对应的车窗上，方便乘员使用。

奥迪轿车电动车窗如图 2.106 所示。

2. 电动车窗控制电路

电动车窗控制电路如图 2.107 所示。通过改变电动机的电流方向来改变电动机的转向，从而实现车窗的升降。

图 2.106 奥迪轿车电动车窗

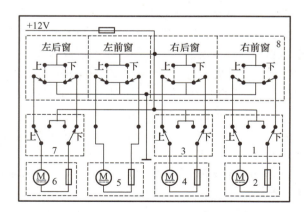

1—右前车窗开关；2—右前车窗电动机；3—右后车窗开关；
4—右后车窗电动机；5—左前车窗电动机；
6—左后车窗电动机；7—左后车窗开关；8—驾驶人主控开关

图 2.107 电动车窗控制电路

驾驶人主控开关控制左后车窗上升时的电流方向如图 2.108 所示。乘员操作左后车窗下降时的电流方向如图 2.109 所示。

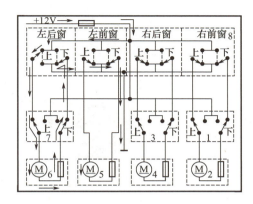
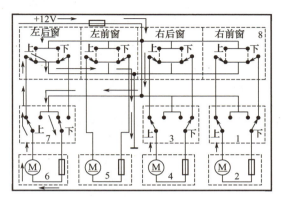

1—右前车窗开关；2—右前车窗电动机；
3—右后车窗开关；4—右后车窗电动机；
5—左前车窗电动机；6—左后车窗电动机；
7—左后车窗开关；8—驾驶人主控开关

图 2.108　驾驶人主控开关控制左后车窗上升时的电流方向

1—右前车窗开关；2—右前车窗电动机；
3—右后车窗开关；4—右后车窗电动机；
5—左前车窗电动机；6—左后车窗电动机；
7—左后车窗开关；8—驾驶人主控开关

图 2.109　乘员操作左后车窗下降时的电流方向

电动车窗

3. 电动车窗常见故障分析

（1）所有车窗均不能升降。

故障原因：熔断器断路；连接导线断路；有关继电器、开关损坏；电动机损坏；搭铁点锈蚀、松动。

诊断步骤：先检查熔断器是否断路。若熔断器良好，则应将点火开关接通，检查有关继电器和开关火线接线柱上的电压是否正常，如电压为零，则应检查电源线路；如电压正常，则应检查搭铁线是否良好，若搭铁不良，则应清洁、紧固搭铁线，若搭铁良好，则应对继电器、开关和电动机进行检测。

（2）某车窗不能升降或只能沿一个方向运动。

故障原因：车窗按键开关损坏；车窗电动机损坏；连接导线断路；安全开关故障。

诊断步骤：如果车窗不能升降，先检查安全开关是否工作，该车窗按键开关工作是否正常，再通电检查该车窗的电动机正反转是否运转稳定。若有故障，则应检修或更换；若正常，则应检修连接导线。如果车窗只能沿一个方向运动，则一般是按键开关故障或部分线路断路或接错所致，可以先检查线路连接是否正常，再检修按键开关。

2.5.3　电动天窗

1. 电动天窗的组成

电动天窗主要由天窗玻璃、天窗电动机、天窗传动机构、天窗控制装置等组成，如图 2.110 所示。

(1) 天窗电动机。

天窗电动机为永磁式直流电动机，电动机有两个电刷，控制模块通过改变两个电刷的正、负极来使电动天窗打开和关闭。天窗电动机与控制模块集成为一体，其中包括永磁式直流电动机、减速机构和控制模块，如图 2.111 所示。

电动天窗

1—天窗玻璃；2—天窗控制装置；
3—天窗电动机；4—天窗传动机构

图 2.110 电动天窗的组成

图 2.111 天窗电动机

(2) 天窗传动机构。

天窗传动机构由滑动机构、连接机构和驱动机构组成。

① 滑动机构。滑动机构由驱动电动机、驱动齿轮、滑动螺杆和后枕座组成，如图 2.112 所示。天窗开关动作时，驱动电动机产生的转矩由驱动齿轮传递给滑动螺杆，滑动螺杆带动后枕座滑动。电动机正、反转使后枕座前、后移动，决定天窗玻璃打开还是关闭。

② 连接机构。连接机构的组成如图 2.113 所示。当天窗玻璃打开时，后枕座由于滑动螺杆的作用，向汽车后方推出。两个导向销分别沿着导向槽移动，首先把天窗后端向下方引出，落入车顶下部。然后压紧螺杆，向汽车后方滑动，当天窗玻璃关闭时，后枕座向汽车前方伸出滑动，导向销达到图示位置即全闭。

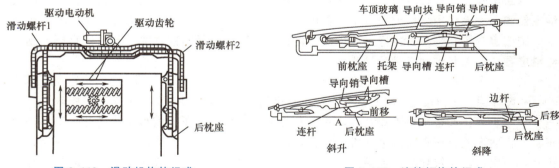

图 2.112 滑动机构的组成　　图 2.113 连接机构的组成

③ 驱动机构。驱动机构由驱动电动机、驱动齿轮、凸轮、限位开关等组成。驱动电动机通过蜗轮、中间齿轮进行减速，将动力传递给驱动齿轮，驱动齿轮一方面带动滑动螺杆移动，另一方面将动力传递给凸轮。

(3) 天窗控制装置。

① 控制开关。控制开关主要包括滑动开关和斜升开关。丰田卡罗拉天窗控制开关如图 2.114 所示。滑动开关有滑动打开、滑动关闭和断开（中间位置）3 个挡位。斜升开关

有斜升、斜降和断开（中间位置）3 个挡位。操纵控制开关，使天窗驱动电动机实现正、反转，使天窗在不同的状态下工作。

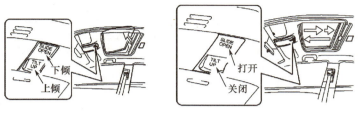

图 2.114　丰田卡罗拉天窗控制开关

② 限位开关。限位开关如图 2.115 所示，主要用来检测天窗所处的位置。限位开关靠凸轮转动来实现电路的接通和断开。凸轮安装在驱动机构的动力输出端。当驱动电动机输出动力时，通过驱动齿轮和滑动螺杆减速以后带动凸轮转动，于是凸轮周边的凸起部位触动限位开关，使其打开和关闭，以实现对天窗的自动控制。

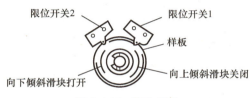

图 2.115　限位开关

③ 天窗控制继电器模块。天窗控制继电器模块是一个数字控制电路，设有定时蜂鸣器和继电器等，作用是接收开关输入的信息，通过数字电路进行逻辑运算，确定继电器的动作，给电动机发出指令，控制电动机正、反转，完成天窗的打开、关闭、斜升和斜降。

2. 电动天窗控制电路

凯越电动天窗控制电路如图 2.116 所示，利用打开和关闭两个继电器改变电动机电流的方向，使电动机有向前和向后两个旋转方向。

图 2.116 所示控制电路的工作过程如下。

（1）天窗打开：接通点火开关，按下天窗控制开关后部，信号从天窗开关传送到天窗控制继电器模块，打开继电器工作，电动机转动，打开天窗。

（2）天窗关闭：接通点火开关，按下天窗控制开关前部，信号从天窗开关传送到天窗控制继电器模块，关闭继电器工作，电动机反向转动，关闭天窗。

（3）向上倾斜：接通点火开关，天窗关闭后，要想倾斜打开天窗后端，按住天窗控制开关前部，信号从天窗开关传送到天窗控制继电器模块，打开继电器工作，电动机转动，天窗向上倾斜。

（4）向下倾斜：接通点火开关，按住天窗控制开关后部，信号从天窗开关传送到天窗控制继电器模块，关闭继电器工作，电动机转动，关闭天窗。

3. 电动天窗常见故障分析

（1）天窗无法正常工作。

故障现象：天窗工作，但是不正常，打开和关闭位置有误（主要表现为无法关闭天窗）。

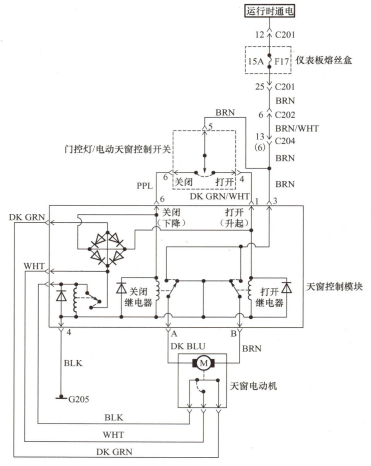

图 2.116 凯越电动天窗控制电路

故障原因：电动机失效、线束失效或者线束插头连接不好、开关失效、机械组揉控针螺母脱落、轨道有异物、电动机不在零位、链条与电动机零位不一致、两根链条的零位不一致、天窗熔丝烧毁、天窗控制继电器模块损坏、天窗电动机损坏、相关线路短路或断路、钥匙行程开关卡住。

解决方法：初始化电动机，或者更换电动机、检查线束及插头、改进或者更换线束、更换开关、重新安装揉控针螺母、清理异物、调整电动机至零位。

（2）天窗异响。

故障原因：电动机异响，链条与盖板干涉。挡风条弹簧未在正确位置，天窗导轨护板未安装到位，天窗玻璃植绒胶条灰尘多，轨道中有异物或灰尘使摩擦力增大，轨道缺乏润滑脂，遮阳板滑块脱落或后滑块未在轨道里面。

解决方法：更换动电动机；更换盖板；或正确安装挡风条弹簧，重新安装到位，用酒精擦拭；清洗轨道内的杂质；添加润滑油（要使用专用润滑脂）。取出脱落的滑块，并更换滑块，将滑块重新安装到起翘轨道内。

（3）天窗塌陷。

故障原因：控制模块存储的天窗升高极限位置发生改变。

解决方法：恢复天窗初始化设置。如果天窗恢复初始化设置后还是不能与车顶平齐，则手动调整天窗高度。松开天窗和固定骨架上的左右各三颗螺钉，天窗会在一定空间内上下移动。在车内拖住天窗后部一个角上下移动，从外侧观察天窗与车顶齐平后，拧紧内部固定螺钉，按照从后向前的顺序调整其余三个角并拧紧所有螺钉后，天窗高度调整完毕。

2.5.4 电动刮水器

1. 电动刮水器的组成

电动刮水器的作用是清扫风窗玻璃上的雨水、雪或尘土，保证在不良天气时驾驶人有良好的视线，确保行驶安全。电动刮水器主要由直流电动机、蜗轮蜗杆、拉杆、摆杆、刮水片摆臂等组成，如图 2.117 所示。一般电动机和蜗轮蜗杆结合成一体，形成刮水器。

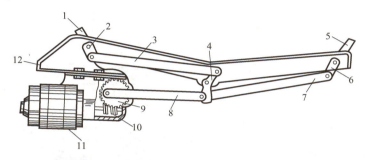

1，5—刮水片摆臂；2，4，6—摆杆；3，7，8—拉杆；9—蜗轮；
10—蜗杆；11—直流电动机；12—底板

图 2.117 电动刮水器的组成

2. 电动刮水器控制电路

电动刮水器的变速原理是利用直流电动机的变速原理实现的，具体过程如下。

（1）慢速刮水。

刮水器变速控制电路如图 2.118（a）所示。当接通电源开关 1，变速开关 12 在 L 挡位置时，电流通路如下：蓄电池正极→电源开关 1→熔断器 2→电刷 B_3→电枢绕组 10→电刷 B_1→接线柱 Ⅱ→接触片→接线柱 Ⅲ→搭铁→蓄电池负极，电动机低速运转。

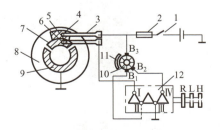 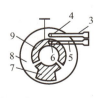

（a）刮水器变速控制电路　　（b）触点仍与铜环接触

1—电源开关；2—熔断器；3，5—触点臂；4，6—触点；7，9—铜环；
8—减速蜗轮；10—电枢绕组；11—永久磁铁；12—变速开关

图 2.118 刮水器变速控制电路和自动复位装置

(2) 快速刮水。

当变速开关12拉到"H"挡位置时,电流通路如下:蓄电池正极→电源开关1→熔断器2→电刷B_3→电枢绕组10→电刷B_2→接线柱Ⅳ→接触片→接线柱Ⅲ→搭铁→蓄电池负极。电动机快速运转。

(3) 停机复位。

当变速开关在R挡位置时,如果刮水片未停在风窗玻璃下沿位置,由于触点仍与铜环接触,如图2.118 (b) 所示,因此电流继续流经电枢。电流通路如下:蓄电池正极→电源开关1→熔断器2→电刷B_3→电枢绕组10→电刷B_1→接线柱Ⅱ→接线柱Ⅰ→触点臂5→铜环9→搭铁→蓄电池负极,电动机继续转动。当刮水片摆到风窗玻璃下沿时,触点臂5与铜环9接通而短路,如图2.118 (a) 所示位置,切断电动机电流,刮水器停止运转。

电动刮水器

3. 电动刮水器常见故障分析

电动刮水器常见故障分析见表2-8。

表2-8 电动刮水器常见故障分析

序号	主要故障		故障原因	拆解图片	处理措施
1	刮水器工作噪声大	刮水片与风窗玻璃刮擦噪声	风窗玻璃有脏污、刮水片变形撕裂	刮水片变形撕裂	清洁风窗玻璃或更换刮水片
		传动机构运动噪声	传动机构工作时发出的摩擦或刮碰	机构干涉	检修或更换传动机构
		电动机工作噪声	电动机内部磁瓦破碎;电刷磨损严重;调节螺钉松动导致电枢轴偏心	磁瓦破碎	检修或更换电动机
2	电动机不工作		电动机缸盖处密封失效;线束导向密封圈处密封失效;变速器后盖密封失效	设计时各密封处防水性能不足,或材料选择不当,部分车型布局不良,雨水长期淋到电动机上面	电动机内部进水	更换电动机

续表

序号	主要故障	故障原因	拆解图片	处理措施
2	电动机超负荷运转烧毁	刮水器起动后突然遇到较大阻力，超出了电动机的力矩输出范围，电动机持续运转后产生大量热而烧毁	漆包线烧蚀	更换电动机
	齿轮剔齿造成电动机堵转烧毁	齿轮材料选用不当，齿轮机械强度不高	蜗轮磨损	

2.5.5 电动后视镜

1. 电动后视镜的组成

电动后视镜主要由位置调整电动机、折合电动机、加热线路、位置设定传感器、调整开关等组成，其外形如图 2.119 所示。

（1）位置调整电动机。

电动后视镜的镜片与位置调整电动机（图 2.120）连接，当点火开关在打开位置时，可以操控位置调整电动机工作，以调整后视镜的角度。电动后视镜内有两个位置调整电动机，分别是上下位置调整电动机和左右位置调整电动机，电动机和位置设定传感器构成一个单元，无法单独更换。

图 2.119 电动后视镜外形

图 2.120 位置调整电动机

（2）折合电动机。

配置电动折合功能的后视镜会安装一个折合电动机（图 2.121），以实现后视镜的手动折合功能和自动折合功能。折合电动机的控制和监测由对应的前车门模块来完成。

（3）加热线路。

电动后视镜有用于除霜的加热线路（图 2.122），

图 2.121 折合电动机

加热线路设在后视镜玻璃背面。若加热线路存在故障，则需更换整个后视镜玻璃。加热线路由前车门模块进行供电和接地控制，自动加热功能由恒温控制模块控制。

电动后视镜1

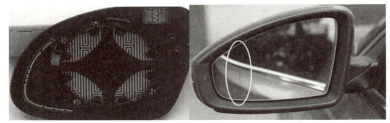

图 2.122　加热线路

电动后视镜2

（4）位置设定传感器。

带有位置记忆功能的电动座椅的汽车具备后视镜位置存储功能。为了实现位置存储功能，在每个电动后视镜内部设置两个位置设定传感器，分别检测后视镜的左右和上下位置。

（5）调整开关。

调整开关由 L（调整左侧外后视镜）键、R（调整右侧外后视镜）键、加热键、折回调整键组成，如图 2.123 所示。操控后视镜调整开关，可以实现后视镜的位置调整和折合控制功能。

1—折回调整键（后视镜折叠或展开）；2—外后视镜加热键；3—L（调整左侧外后视镜）键；
4—R（调整右侧外后视镜）键；5—O（不能调整外后视镜）键

图 2.123　调整开关的组成

2. 电动后视镜控制电路

电动后视镜控制电路如图 2.124 所示。调整电动后视镜时，先通过左右调整开关选择要调整的后视镜。如调整左侧镜时，开关打向左侧，此时开关分别与节点 7、节点 8 接通，再通过控制开关调整上下和左右。向上调整时，可将控制开关推向上侧，此时控制开关分别与向上节点、左向上节点结合。电路如下：蓄电池正极→熔断器→点火开关→控制开关向上节点→左/右调整开关→节点 7→左侧镜上下调整电动机→节点 1→电动镜开关节点 2→控制开关左上节点→电动镜开关节点 3→蓄电池负极，左侧镜上下调整电动机运转，完成调整过程。其他调整过程与向上调整过程类似，通过接通不同的开关完成。

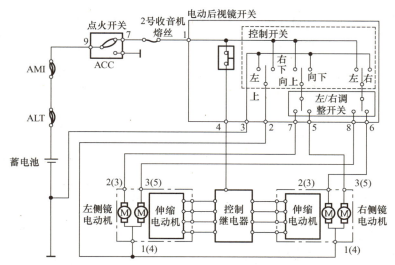

图 2.124 电动后视镜控制电路

3. 电动后视镜常见故障分析

（1）两个电动后视镜都不能动。

故障现象：两个电动后视镜都不能动。

故障原因：①熔丝熔断、线路断路或插接件松脱；②电动后视镜开关、电动机损坏。

故障诊断与排除：①检测保险丝、线路的断路、松动及插件松脱状况；②检测电动后视镜开关和电动机性能。

（2）一侧电动后视镜不能动。

故障现象：左或右侧电动后视镜不能动。

故障原因：①电动后视镜开关损坏；②电动机损坏；③搭铁线路不良。

故障诊断与排除：①检测电动后视镜开关；②检测电动后视镜电动机；③检测电动后视镜控制线路搭铁。

（3）一侧电动后视镜上下方向不能动。

故障现象：左或右侧电动后视镜上下方向不能动。

故障原因：①电动后视镜上下调整开关损坏；②搭铁线路不良。

故障诊断与排除：①检测电动后视镜开关；②检测电动后视镜控制线路搭铁。

（4）一侧电动后视镜左右方向不能动

故障现象：左或右侧电动后视镜左右方向不能动。

故障原因：①电动后视镜左右调整开关损坏；②搭铁线路不良。

故障诊断与排除：①检测电动后视镜开关；②检测电动后视镜控制线路搭铁。

2.5.6　中央门锁控制系统

1. 中央门锁控制系统的组成

如今多数轿车选装中控门锁，当驾驶人用锁扣或钥匙锁定左前门时，其他三个车门及行李箱门同时被锁好，打开时可单独打开左前车门，也可同时打开所有车门及行李箱门。**中控门锁一般由中央门锁控制开关、钥匙控制开关、门锁总成、行李箱门开启器开关、行李箱门开启器和门控开关等组成。**

中央门锁控制系统

（1）中央门锁控制开关。

中央门锁控制开关安装在左前门内侧扶手上，如图2.125所示，用来控制全车车门的开启与关闭。

（2）钥匙控制开关。

钥匙控制开关安装在左前门和右前门的外侧门锁上，如图2.126所示。当从车外用车门钥匙开车门或锁车门时，全车车门同时关闭或开启。钥匙的功能是实现在车门外锁车或打开车门锁，同时钥匙是点火开关、燃料箱、行李箱等全车设置锁的地方的共用钥匙。

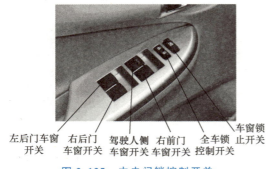

图2.125 中央门锁控制开关

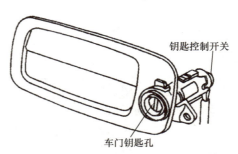

图2.126 钥匙控制开关

（3）门锁总成。

中央门锁控制系统的常用门锁总成是电动门锁。电动门锁可分为电动机式、电磁式、真空式和电子式等类型。图2.127所示为电动机式门锁总成。图2.128所示为电磁式门锁总成。

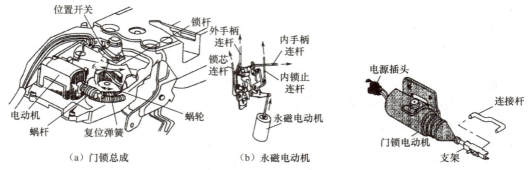

图2.127 电动机式门锁总成　　　　　　图2.128 电磁式门锁总成

门锁总成主要由门锁传动机构、门锁开关和门锁壳体等组成。门锁开关用来检测车门的开启、关闭情况。当车门关闭后，门锁开关断开；车门开启时，门锁开关接通。门锁传动机构由电动机、齿轮和位置开关等组成。当门锁电动机转动时，蜗杆带动蜗轮转动。齿轮推动锁杆，车门关闭或开启，然后齿轮在复位弹簧的作用下返回原位置，防止操纵门锁时电动机工作。位置开关在锁杆推向门锁位置时断开，推向开门位置时接通。

(4) 行李箱门开启器开关。

行李箱门开启器开关（图 2.129）位于仪表板下面，拉动此开关便能打开行李箱门。行李箱门开启器开关操作时，先用钥匙顺时针旋转打开行李箱门开启器主开关，再用行李箱门开启器开关打开行李箱。

(5) 行李箱门开启器。

行李箱门开启器装在行李箱门上，由轭铁、线路断路器、插棒式铁芯、电磁线圈、轴和支架等组成，如图 2.130 所示。轴连接行李箱门锁，当电磁线圈通电时，插棒式铁芯将轴拉入并开启行李箱门。线路断路器用来防止电磁线圈因电流过大而过热。

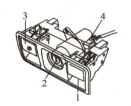

1—行李箱门开启器开关；2—钥匙门；
3—燃油箱盖开启器开关；
4—行李箱门开启器主开关

图 2.129　行李箱门开启器开关

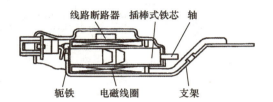

图 2.130　行李箱门开启器的组成

(6) 门控开关

门控开关用来检测车门的开启、关闭情况。车门打开时，门控开关接通；车门关闭时，门控开关断开。

2. 中央门锁控制系统的电路

中央门锁控制系统的电路如图 2.131 所示。中央门锁控制系统由左前门锁主开关、右前门锁主开关、门锁继电器和门锁电动机等组成，其中门锁电动机为永磁式电动机。中央门锁控制系统的工作过程如下。

(1) 当将门锁主开关转到锁止位置时，触点 1 闭合，门锁继电器中的锁止线圈有电流通过，触点 5 闭合。此时全车门锁电动机的电流方向如下：蓄电池正极→门锁继电器触点 5→全车门锁电动机→门锁继电器触点 7→搭铁，电动机旋转拉动连接杆，将车锁锁止。

(2) 当将门主锁开关转到开锁位置时，触点 2 闭合，门锁继电器中的开锁线圈有电流通过，触点 8 闭合。此时全车门锁电动机的电流方向如下：蓄电池正极→门锁继电器触点 8→全车门锁电动机→门锁继电器触点 6→搭铁，电动机旋转拉动连接杆，将车锁打开，此时通过门锁电动机的电流方向与锁止时通过电动机的电流方向相反。

3. 遥控门锁控制系统

遥控门锁控制系统的作用是从远处锁止和解锁所有车门。该系统由车门控制发射器控制。车门控制发射器如图 2.132 所示。车门控制发射器向车门控制接收器发送无线电波，主车身控制单元执行识别码，识别处理并接合门锁控制。

(1) 遥控门锁控制系统的组成及主要零部件功能。

遥控门锁控制系统的组成如图 2.133 所示，主要零部件功能见表 2-9。

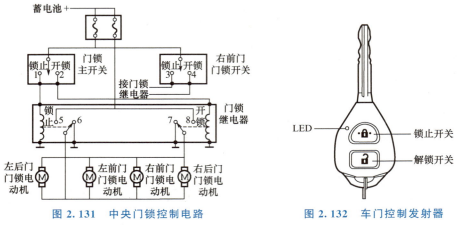

图 2.131　中央门锁控制电路　　　　图 2.132　车门控制发射器

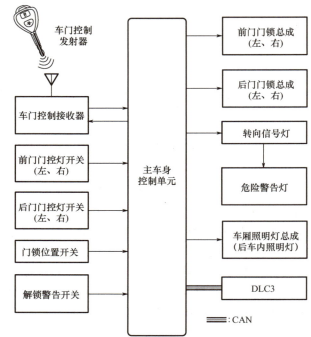

图 2.133　遥控门锁控制系统的组成

表 2-9　遥控门锁控制系统的主要零部件的功能

主要零部件	功　能
车门控制发射器	（1）有锁止开关和解锁开关。 （2）向车门控制接收器发送弱无线电波（识别码和功能代码）。 （3）在发送过程中指示灯（LED）亮
车门控制接收器	接收弱无线电波（识别码和功能代码），并将其作为代码数据输出到主车身控制单元

续表

主要零部件	功　能
前门门控灯开关、后门门控灯开关	当车门打开时接通，当车门关闭时断开，将车门状态（开启或关闭）代码输出至主车身控制单元
解锁警告开关	检测钥匙是否插入点火锁芯中
门锁位置开关	将各车门的门锁位置发送至主车身控制单元
主车身控制单元	响应来自车门控制接收器的代码数据和来自各开关的信号，发送遥控门锁控制信号

（2）遥控门锁控制系统的功能。

车门控制发射器带有锁止开关和解锁开关，操纵这些开关可激活各项功能。遥控门锁控制系统的功能见表 2-10。

表 2-10　遥控门锁控制系统的功能

功　能	操　作
所有车门锁止	按下锁止开关锁止所有车门
所有车门解锁	按下解锁开关解锁所有车门
自动锁止	如果车门通过遥控门锁控制解锁后，在 30s 内没有车门打开，则所有车门将自动再次锁止
应答	（1）当通过遥控操作锁止车门时，危险警告灯闪烁一次。 （2）当通过遥控操作解锁车门时，危险警告灯闪烁两次
上车照明	当所有车门锁止时，按下解锁开关使车厢照明灯与解锁操作同步亮起
自诊断模式	（1）系统在诊断模式下，如果车门控制接收器从车门控制发射器接收到正常的无线电波，则车厢照明灯以对应各个开关功能的正常方式闪烁。 （2）使用智能检测仪读取故障码
发射器识别码注册	能将六类发射的识别码注册到车门控制发射器包含的 EEPROM（写入和存储）中

2.6　汽车电路识读

2.6.1　汽车电路基本知识

1. 汽车电路的组成

汽车电路由电源、熔断器、电器开关、电器元件、连接器和导线等组成，简图如图 2.134 所示。

图 2.134　汽车电路的组成简图

(1) 电源。

汽车电路要正常工作，必须供电良好。汽车电路的电源按功能一般分为常电源和条件电源。

① 30 号线。从蓄电池正极引出，中间不经过任何控制开关，直接连接到中央继电器盒内 30 号接线柱或起动机接线柱上的火线是始终有规定电压的电源线，称为常火线。

② 15 号线。点火开关位于 ON（接通）或 ST（起动）挡时，30 号线经点火开关连接中央继电器盒内 15 号接线柱或对点火系统、仪表系统、照明系统等小容量用电设备供电的导线，称为"钥匙门来电"，是小容量火线。

③ X 线。X 线是卸荷线，也称大容量火线。雾灯、刮水器、风窗加热等大容量用电设备用电都取自 X 线。只有在点火开关位于 ON 挡时 X 线才有电，而在点火开关位于 ST（起动）挡起动发动机时 X 线断电，即便忘记关闭上述大容量用电设备，它们也会自动断电，从而保证发动机顺利起动。

④ 搭铁线。搭铁线也称 31 号线。汽车电路都有正极和负极。为了节约电线材料和安装方便，一般汽车电路都采用单线制，即蓄电池正极线直接与各用电设备连接，蓄电池负极线直接搭在车架金属机件上，用电设备的负极线就近搭在车架金属机件上，用发动机和汽车底盘的金属体做公共通道。这种负极线与车体相连的方式称为搭铁，也称接地。现在绝大多数汽车是负极搭铁。

汽车上一般有两条以上的主搭铁线，其中一条是蓄电池负极电线，另一条是发动机与大梁之间的搭铁线。这些搭铁线与普通导线不同，一般是扁平的铜质或铝质编织线，电流承载量大。

(2) 熔断器。

熔断器在电路中起保护作用。当电路中的电流超过额定电流时，熔断器的熔丝通过自身发热而熔断，从而切断电路，防止电路的连接导线和用电设备烧坏。

通常情况下，轿车是将很多熔断器组合在一起安装在熔断器盒内，在熔断器盒盖上注明各熔断器名称、额定电流及位置，并用不同的颜色区分熔断器额定电流，见表 2-11。

表 2-11　熔断器颜色与额定电流对应表

熔断器颜色	额定电流	熔断器颜色	额定电流
绿色	30A	白色	25A
黄色	20A	蓝色	15A
红色	10A	棕色	7.5A
米色	5A	紫色	3A

图 2.135 所示为大众汽车熔断器盒，一般安装在仪表板的一侧。图中共有 44 个熔断器安装位置。1～22 号熔断器与电路图一一对应，从 23 号起在电路图上外加一个数字 2 来表示，如电路图标注的是 S_{228}，含义如下：S 表示熔断器；2 表示熔断器盒第二区域；28 表示第 28 号熔断器。

（3）电器开关。

电器开关是控制汽车上各种电器设备工作的开关，其控制对象不同，操作方式也不同，主要分为两类：**直接控制式和间接控制式**。

① 直接控制式。直接控制式即开关直接控制小功率负载，如点火开关控制、转向灯控制、驻车灯控制等。

在直接控制的开关中，点火开关是汽车电路中最重要、最复杂的手动多级开关。其主要功能是锁住转向盘转轴（LOCK 挡）、接通点火仪表指示灯（ON 挡）、起动（START 挡）、为附件供电（ACC 挡，主要是收放机专用），用于柴油车时增加发动机预热功能（HEAT 挡）。其中起动挡、预热挡因为工作电流很大，开关不易接通过久，所以在操作时必须用手克服弹簧力，扳住钥匙，一松手就弹回点火挡，不能自行定位，其他挡均可自行定位。

各汽车企业的点火开关不完全相同，下面举例说明大众汽车、奥迪汽车的点火开关位置功能。如图 2.136 所示，锁芯处于三个位置：1 为 OFF 挡；2 为 ON 挡；3 为 START 挡。对应的汽车钥匙有四种位置：钥匙拔出；钥匙插入处于 OFF 挡；钥匙处于 ON 挡；钥匙处于 START 挡。

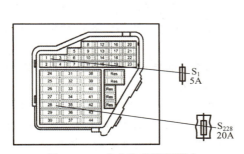

图 2.135　大众汽车熔断器盒

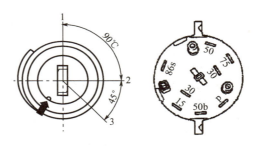

（a）点火开关正面钥匙旋转位置　（b）点火开关背面接柱位置

图 2.136　点火开关

在汽车钥匙拔出，30 号线经点火开关 P 触点向停车灯开关（与转向开关集成在一起）供电，如图 2.137 所示，如果停车灯开关向左或向右扳动，相应的左或右驻车灯就会亮起，从而引起过往汽车和行人的注意。

钥匙放置于锁芯内，但不旋转，处于 OFF 挡。86s 触点会闭合，30 号线通过 86s 点分别向仪表、收音机、J393（舒适控制单元）提供 12V 电压信号，如图 2.138 所示。其作用是当钥匙拔出时，86s 触点断开，切断 12V 电压，J393 将控制门锁开启，收音机自动关闭等，30 号线与 P 点仍然接通。

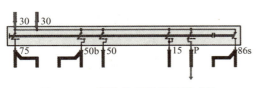

图 2.137　钥匙处于拔出位置时的
点火开关内部电路

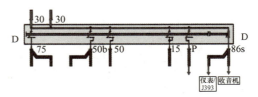

图 2.138　钥匙插入锁芯位置时的
点火开关内部电路

点火开关处于 ON 挡时，除 30 号线与 P 点断开，与 86s 仍然接通外，30 号线分别与 15 号接线柱和 75 号接线柱接通，因此 15 号线与 X 线得电，如图 2.139 所示。X 线得电过程如下：当点火开关处于 ON 挡时，12V 电压由 30 号线→75 号接线柱→J59 的 86 号接线柱→85 号接线柱→31 号线，形成回路。此时，卸荷继电器的 30 触点与 87 触点闭合，X 线与 30 号线接通，如图 2.140 所示。

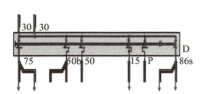

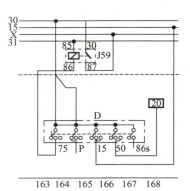

图 2.139　钥匙处于 ON 挡时的点火开关内部电路　　图 2.140　X 线电路

点火开关处于 START 挡时，30 号线除与 86s、15 号接线柱接通外，还与 50 号、50b 号接线柱接通，控制起动机起动，如图 2.141 所示。此时 75 号接线柱与 30 号线不导通，X 线断电，使得即便在 X 线上忘记关闭电器，它们也将自动断电，从而保证发动机能顺利起动，卸荷线由此得名。

② 间接控制式。间接控制式即开关不直接控制负载，而是控制中间继电器，再利用中间继电器的触点控制大功率负载，如喇叭控制、刮水器控制等。

继电器是利用电磁或机电原理或其他方法（如热电或电子），实现自动接通或断开一对或多对触点，以完成用小电流控制大电流以减小控制开关触点的电流负荷。常见的继电器有进气预热继电器、空调继电器、喇叭继电器、雾灯继电器、中间继电器、风窗刮水器/清洗器继电器、危险报警与转向闪光继电器等。不同的继电器不能直接互换使用。

图 2.142 所示为电磁继电器的结构原理。该继电器共有 4 个接线柱，分成两组：85 号接线柱与 86 号接线柱是一组，称为控制电路；30 号接线柱与 87 号接线柱是一组，称为主电路。若 85 号接线柱搭铁，86 号接线柱通过开关 K 接 3 号线（电源线），30 号接线柱接 30 号线，87 号接线柱接用电设备，当开关 K 闭合后，控制电路（85 号与 86 号）导通，电磁线圈得电，产生磁性，吸引 30 号线与 87 号线之间的触点闭合，用电设备通电工作。

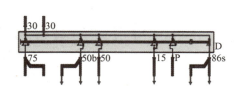

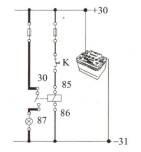

图 2.141　钥匙处于 START 挡时点火开关内部电路　　图 2.142　电磁继电器的结构原理

汽车电器开关类型不同，在电路图中的表示方法也不同。汽车各开关的图形符号如图 2.143 所示。

（4）电器元件。

汽车中只要用电的元器件都称为汽车电器设备，在电路图中用不同图形符号表示汽车电器设备。图形符号是用于电气图或其他文件中的表示项目或概念的一种图形、标记或字符，是电气技术领域中最基本的工程语言。常用汽车电器设备的图形符号如图 2.144 所示。

图 2.143　汽车各开关的图形符号　　　图 2.144　常用汽车电器设备的图形符号

（5）连接器。

为了安装与维修方便，线束与线束或导线与导线之间用连接器相连，常用连接器如图 2.145 所示。为了防止连接器在汽车行驶过程中脱开，所有连接器均采用闭锁装置。连接器接合时，应把连接器的导向槽重叠在一起，使插头与插孔对准，再平行插入，牢固连接。要拆下连接器时，首先解除闭锁，然后把连接器拉开，不允许在未解除闭锁的情况下用力拉导线，会损坏导线和连接器。

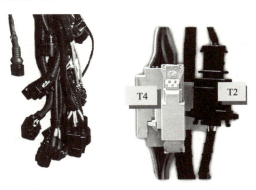

图 2.145　常用连接器

（6）导线。

汽车电气系统的导线有高压导线和低压导线两种。高压导线主要用于点火线圈高压输出至各缸火花塞上的高压分线或氙气前照灯高压输出导线。低压导线按用途分为普通低压导线和低压电缆线两种。汽车充电系统、仪表、照明、信号及辅助电器设备均使用普通低压导线；起动机与蓄电池的连接线、蓄电池与车身的搭铁线等使用低压电缆线。

2. 汽车电路图解析

大众汽车整个电路都是纵向排列的，同一系统的电路归纳在一起，在电路图中所占篇幅局限在某个范围。蓄电池、起动机、发电机电路如图 2.146 所示。

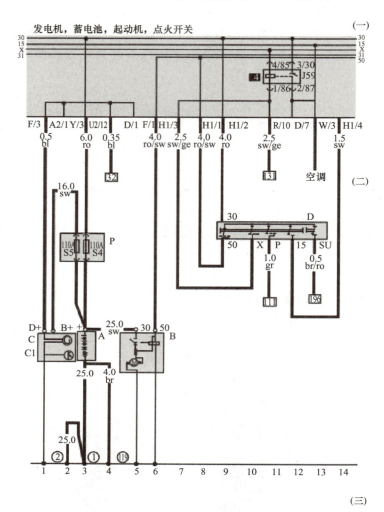

A—蓄电池；B—起动机；C—发电机；C1—电压调节器；D—点火开关；
J59 - K—触点卸荷继电器；P—主熔断器，位于蓄电池上方；
①—接地点，蓄电池-车身；②接地点，变速箱-车身；⑲接地点，中央继电器盒

图 2.146　蓄电池、起动机、发电机电路

每个电路图分为以下三大部分。
（1）标题部分。
标题说明该电路的内容，若读者需要查阅某系统或部件的电路图，则首先要通过标题查找，如图 2.146 中的（一）部分所示。
（2）电路图部分。
电路图是利用图形符号和文字符号，表示汽车电路构成、连接关系和工作原理，而不考虑实际安装位置的一种简图，如图 2.146 中的（二）部分所示。该部分内容与标题相对应。
电路图部分由上而下又分为 A、B、C 三部分：A 部分是中央电器盒电路（上部灰色区域电路）；B 部分是汽车用电器及连线电路；C 部分的横线是搭铁线，上面标有电路代

码和搭铁点位置，如图 2.147 所示。

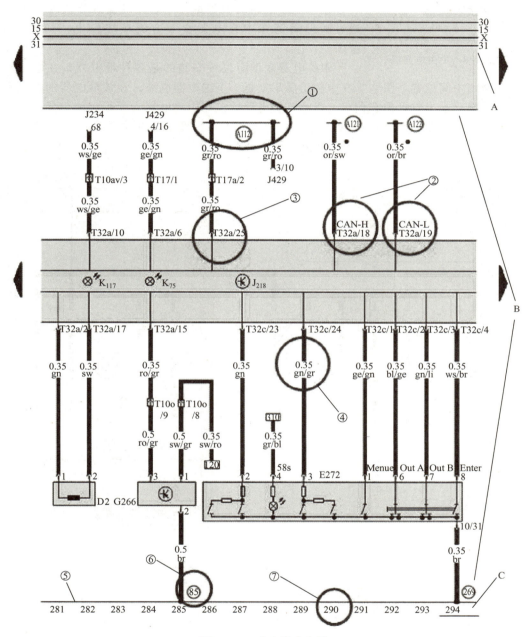

图 2.147　大众汽车电路

① 中央电器盒电路。整车电路以中央电器盒为中心，中央电器盒包含各种电源线、继电器和熔断器等。

电路图最上方灰色区域的四条横线中，其中三条是引入电器盒内不同用途的电源线，第四条是搭铁线，如图 2.147 中的 A 部分所示。标号为"30"的是常火线；标号为"15"的是从点火开关 15 号接线柱引出的供电线；标号为"X"的是卸荷线；标号为"31"的是

图 2.148　中央电器盒

搭铁线。它们在电路图中用细实线画出，在实际汽车中是压装在中央电器盒内的成型铜片，它们的输入导线或输出导线通过螺母固定在中央电器盒下方的接线柱上，如图 2.148 所示。

中央电器盒正面位置安装的是各种继电器，在电路图中灰色区域的中间位置，图 2.149 中的①所示就是一个继电器电路，在该继电器的右侧有一个小黑方框，小黑方框内有数字，表示该继电器插接在中央电器盒面板上的位置。如数字"2"表示该继电器插在中央电器盒的第 2 号位置上，如图 2.149 中的②所示。数字"2"下方的 J59 表示该继电器的名称或功能（可查找图注）。

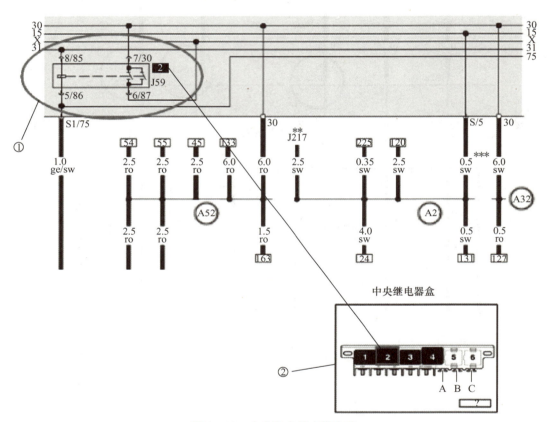

图 2.149　大众汽车继电器电路

继电器插脚与中央电器盒插孔的配合用分数形式标明。如 2 号继电器有 4 个插脚，在电路图上标有"5/86""6/87""7/30""8/85"，其中分子"5""6""7""8"是指中央电器盒面板上第 2 号位置上相应的 4 个插孔，在中央电器盒面板上显示；分母"86""87""30""85"是指该继电器上 4 个插脚的标号，在继电器的插脚旁显示。电路图中的分子和分母一一对应。

中央电器盒的进、出导线大多集中在该盒的背面。因此，背面有各种形式组合插头与各线束插座配对，每个组合插头都有一个英文字母作为它的代号，如图 2.150 所示。所有中央电器盒的进、出导线都能在灰色区域内最下方的横线（从上往下数第 5 条横线）上反映出来。例如图 2.149 中的"S/5",其中"S"表示标有字母 S 的插头,斜杠后面的数字 5 表示该插接器连接的导线在第 5 号插孔(在同一线束里,所有导线在同一英文字母下编成从"1"开始的不同序号),如 D2、D5、D8 分别表示插接器 D 的第 2 号、第 5 号、第 8 号插孔,而且凡是接点标有同一代号的所有导线都在车上的同一线束内,这也为实际工作中查找线路提供了方便。

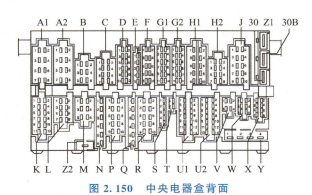

图 2.150　中央电器盒背面

② 汽车用电器及连线电路。图 2.147 中的 B 部分是实际车身电器和连接线,利用图形符号和文字符号在电路图上表示汽车电路构成、连接关系和工作原理。

电器元件在电路图中是主体。电器元件在图中用框图辅以相应的标号表示。每个元件都有一个代号,电器元件的接线点用标号标出,标号在元件上可以找到。例如在图 2.146 中,起动机用 B 表示,并且有两个接点,一个标号 30,另一个标号 50。

电路中连线分为外线和内线。外线部分在图上以粗实线画出。汽车电器元件和开关总成等内部结构在电路图中以细实线画出,这部分连接是存在的,但线路是不存在的。标示出来只是为了说明这种连接关系,同时使电路图更加容易被理解,如图 2.146 所示的交流发电机 C、起动机 B 等。

外线部分每条线上有导线颜色和截面面积标注,线端有接线柱或插口标示其连接关系。导线颜色标记用字母表示:白色用 ws 表示,黑色用 sw 表示,棕色用 br 表示,红色用 ro 表示,绿色用 gn 表示,蓝色用 bl 表示,灰色用 gr 表示,紫色用 li 表示,黄色用 ge 表示,如果导线是双色的,则以两种颜色的字母共同标记,用"/"隔开。大众汽车电路图中导线的颜色存在一定的规律:红色多为电源线;棕色为搭铁线;白黄色用于控制灯;蓝色多用于指示灯或传感器;全绿色或绿黑色多用于脉冲式电器等。导线截面面积是用数字标示在导线颜色上方,单位是 mm^2。例如图 2.147 中的④部分导线颜色是绿灰色,导线的截面面积是 $0.35mm^2$。

线路中的连接插头统一用字母 T 做代号,后面跟数字表示该插头的孔数及连接导线对应的孔的序号。例如图 2.147 中的③所示 T32a/25 表示该插头共有 32 个插孔位置,连接导线对应的插孔序号为 25,a 表示该元件上 32 孔的插头不止一个,因此用后缀 a、b、c 加以区分。

图 2.147 中的①部分,多根粗导线用一根细实线连接显然不合理,其实细实线部分也是不存在的,A112 是导线不可拆卸的汇集点,为电路图的美观和查找方便而采用此方法处理。

③ 电路图最底部横线——搭铁线。电路图底部横线表示搭铁线，导线搭铁端标注有带圈的数字代号，如图2.147中的⑥所示，各代号的搭铁部位可查看图注。

在横线的下方是连续制图和识图的标记号，称为电路代码，数字没有实际的意义，但它有两个作用：每个代码都与一条纵向电路相对应，连续的电路代码对应汽车某整个系统电路内容；电路代码便于反映在一部分电路图中难以表达的接续部分，如图2.147中的⑦所示。

对于一些线路比较复杂的设备（如前照灯），其工作时会涉及点火开关、灯光开关和变光开关等配电设备，而这3个开关不在同一条纵线上，若按传统画法，必定要画一些横线将它们连接起来，这样图上就会出现较多横线，增大读图难度，为此，大众汽车电路图采用"断线留号法"来续接电路。例如图2.151中的喇叭电源电路并不完整，在上半段电路有一个小方框，内标"16"的地方被终止。而该 16 纵向方向下对应的电路代码为190。只要找到电路代码 16 的电路图，在 16 上方对应的纵向电路，则其上部断线处必标有 190，如图2.152所示。只要合并两个方框，就等于把电路连接在一起，称为"交叉查找合并法"，如图2.153所示。沿着 190 向上经过熔断器 S240 到电源线 a，接着找上一页电路，发现同样出现一根标有 a 的电源线，如图2.154所示，两根 a 线实际上是同一根导线。顺着该线继续查找，发现该线与蓄电池正极相连，因此不难判断喇叭主电路供电为常火线 30。

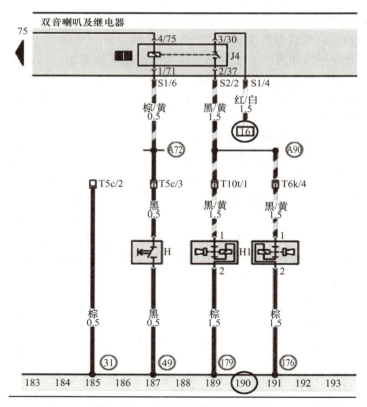

图2.151　大众汽车喇叭电路（一）

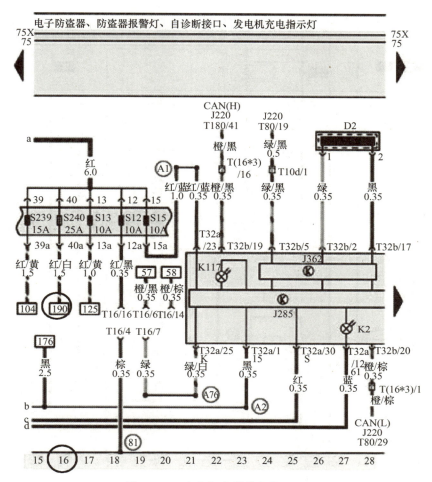

图 2.152 大众汽车喇叭电路（二）

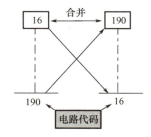

图 2.153 交叉查找合并示意

（3）图注部分。

图注是指对本页电路中出现的电器元件、插头、搭铁点、导线的汇集点等进行必要的解释，方便检修人员查找、理解电路，如图 2.146 中的（三）部分所示（有的图注在电路图的左边）。

汽车电器与电子控制技术

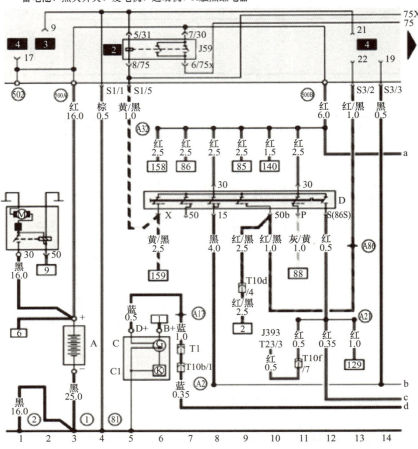

图 2.154　大众汽车喇叭电路（三）

2.6.2　典型电路图识图

大众帕萨特蓄电池、点火开关、发电机、起动机、X 触点继电器电路如图 2.155 所示。

1. 蓄电池

蓄电池用 A 表示。负极搭铁用①表示搭铁点在车身上，②表示搭铁点在变速器上。这两条搭铁线较粗，截面面积分别为 25.0 mm² 和 16.0 mm²。

蓄电池正极共分出 3 条线：第一条与起动机 30 接线柱用 16.0 mm² 黑线连接，向起动机供大电流；第二条与中央电器盒 30 号接线柱连接，向中央电器盒 30 号线供电。导线为红色，截面面积为 16.0 mm²；第三条与交流发电机 B+接线柱连接（该段导线用断线留号法来续接电路，可用交叉查找合并法来处理），蓄电池与发电机成并联电路，组成汽车双电源。

2. 起动机

起动机用 B 表示。30 号接线柱如前所述，50 号接线柱的断号 9 与点火开关 50b 断号

车载电器设备 第2章

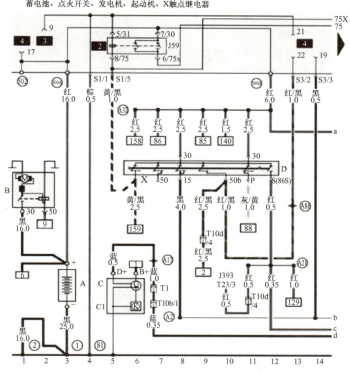

A—蓄电池；B—起动机；C—发电机；C1—调压器；D—点火开关；J59—X触点继电器，在继电器板上2号位（370继电器）；J393—舒适控制单元；T1—单针插头，蓝色，在发动机缸线体的右侧；T10b—10针插头，黑色，在发动机控制单元防护罩内的左侧（1号位）；T10d—10针插头，棕色，在发动机控制单元防护罩内的左侧（2号位）；T10f—10针插头，蓝色，在左A柱处（6号位）；T23—23针插头，在舒适控制单元上；Ⓐ2—正极连接在（15），在仪表板线束内；Ⓐ17—连接线（61），在仪表板线束内；Ⓐ21—连接线（86s），在仪表板线束内；Ⓐ32—正极连接线（30），在仪表板线束内；Ⓐ80—连接线（50b），在仪表板线束内；①—搭铁点，蓄电池与车身；②—搭铁点，变速器与车身；㊥—搭铁连接线，在仪表板线束内；⑤00A—螺栓搭铁点1（30c火线），在继电器板上；⑤00B—螺栓搭铁点1（30c火线），在继电器板上；⑤02—螺栓搭铁点3（30a火线），在继电器板上

图2.155　大众帕萨特蓄电池、点火开关、发电机、起动机、X触点继电器电路

②续接（交叉查找合并法），组成起动机电磁开关控制电路。起动机转子与保持电磁线圈各自引出的导线表示自身内部搭铁。

3. 发电机

发电机用C表示。发电机电压调节器用C1表示。发电机D+接线柱的蓝色导线通过一个单孔插头T1与一个10孔插头T10的1号接点连接到d，蓝色导线d与下页蓝色导线d续接，通往仪表发电机充电指示灯。电路代码5处表示发电机内部搭铁。

4. 点火开关

点火开关用D表示，它有6个接点。

习 题

1. 起动机一般由哪几部分组成？各部分的作用是什么？
2. 直流电动机的基本组成是什么？其工作过程是怎样的？
3. 电枢移动式起动机是如何工作的？
4. 起动机的工作特性有哪些？影响起动机功率的因素有哪些？
5. ST614 型起动机的工作原理是什么？
6. 如何对起动机进行故障检测？
7. 起动机的常见故障有哪些？
8. 三相异步电动机由哪几部分组成？各部分的作用是什么？
9. 永磁电动机是如何分类的？它的特点是什么？
10. 永磁无刷直流电动机的工作原理是什么？
11. 永磁混合电动机的特点是什么？
12. 永磁直流电动机的特点是什么？一般在什么场合应用？
13. 三相 6/4 极开关磁阻驱动电动机的工作原理是什么？
14. 轮毂电动机技术的优点是什么？一般在什么场合应用？
15. 前照灯的主要组成部件及功用是什么？前照灯有哪些防眩目的措施？
16. 汽车灯光信号系统和声响信号系统分别由哪几部分组成？各有什么作用？
17. 电磁式燃油表的工作原理是什么？
18. 双金属片式机油压力表的工作原理是什么？
19. 电子车速里程表的组成和工作原理分别是什么？
20. 燃油警告灯和机油压力警告灯的工作原理分别是什么？
21. 电子组合仪表的控制原理是什么？
22. 电动座椅是如何实现前后方向调节的？
23. 简述电动车窗的组成。
24. 简述电动天窗的组成及各部分的功能。
25. 简述电动刮水器的控制原理。
26. 电动后视镜是如何实现除霜功能的？
27. 简述中央门锁控制系统的组成。
28. 汽车电路常见表示方法有哪几种？

第3章 发动机管理系统

知识结构

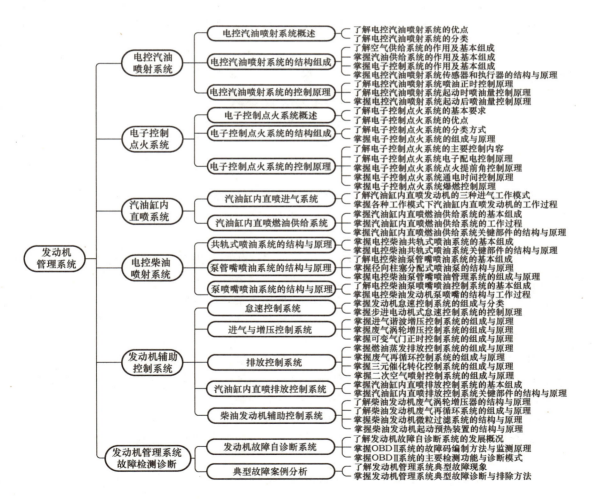

发动机是内燃机汽车的动力来源,直接影响汽车的动力性、经济性及排放性能等。发动机管理系统充分利用电子技术、计算机技术及现代控制理论的优势,极大限度地优化发动机的工作状况,提高了发动机的动力性、经济性等,降低了汽车尾气中有害物质的排放量。本章将以典型汽油发动机管理系统为重点,兼顾汽油缸内直喷系统与电控柴油喷射系统。发动机管理系统是一个综合型控制系统,除了包含两个主要的控制系统(电控汽油喷射系统和电子控制点火系统)外,还包括进气控制系统、排放控制系统、故障自诊断系统等辅助控制系统。

3.1 电控汽油喷射系统

3.1.1 电控汽油喷射系统概述

电控汽油喷射系统的控制内容主要包括喷油量控制与喷油时刻控制,将具有一定压力的汽油适时喷射到进气管道或气缸内,使发动机在各种工况下都能获得适量的、雾化良好的汽油,进而实现对可燃混合气空燃比的最佳控制。电控汽油喷射系统结构简图如图 3.1 所示。

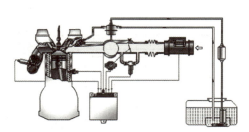

图 3.1 电控汽油喷射系统结构简图

1. 电控汽油喷射系统的优点

(1) 进气阻力小。进气管道中没有了喉管的阻碍作用,进气歧管设计自由度大,使发动机的充气效率提高,从而有效地提高了发动机的动力性。

(2) 雾化效果好。汽油以一定压力喷出,雾化质量高,有助于形成空燃比适当、各缸均匀的混合气,充分发挥汽油的效能,降低油耗和排气污染;尤其在发动机处于低温、低速时,仍具有良好的雾化效果,改善了发动机的低温起动性能。

(3) 空燃比控制精度高。电控汽油喷射系统可直接或间接测量发动机的进气量,进而计量出发动机燃烧所需的供油量,同时根据冷却液温度、尾气中的氧含量等参数进行适时修正,精确控制发动机各种工况下的空燃比,有效提高其动力性、经济性及排放性能。

(4) 动态响应快。由于汽油以一定的压力直接喷射到进气歧管或气缸内,对节气门的响应速度快,因此可以消除发动机变工况时汽油供给的迟滞现象,有利于提高汽车的加速性能。

(5) 便于协调控制。汽车各电子控制系统之间的协调控制,可使汽车的安全性、舒适性、动力性及经济性进一步提高。例如，电控汽油喷射系统与电子控制点火系统、驱动防滑转系统等之间的协调控制。

2. 电控汽油喷射系统的分类

（1）按喷油器的安装位置分类。

按照喷油器安装位置的不同，电控汽油喷射系统可分为缸外喷射与缸内喷射两种形式，如图 3.2 所示。

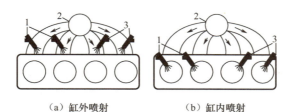

(a) 缸外喷射　　　(b) 缸内喷射

1,3—喷油器；2—节气门体

图 3.2　喷油器的安装位置

缸外喷射是指喷油器将汽油喷射到进气歧管内或进气管道中，喷油压力不高（约为 0.2～0.3MPa），结构简单，成本较低，应用较广泛。

缸内喷射是指喷油器直接将汽油喷射到气缸内部。由于汽油黏度低、喷射压力较高（为 0.3～0.4MPa），并且缸内工作条件恶劣（高温、高压），因此对喷油系统的技术条件和加工精度要求较高。汽油缸内直喷技术产品已比较成熟，这部分内容将在后续章节详细介绍。

（2）按喷油器的数目分类。

按照喷油器数目的不同，电控汽油喷射系统可分为单点喷射与多点喷射两种形式。

单点喷射是在节气门体上安装一个中央喷射装置，用一个或两个喷油器集中向进气管道内喷射汽油形成可燃混合气，因此也称节气门体喷射或中央喷射。单点喷射系统可采用较低的喷油压力（约为 0.1MPa），虽然存在各缸燃料分配不均及供油滞后等缺点，但其结构简单、成本低，故在早期的电控汽油喷射系统中得到广泛应用。

多点喷射是在每个气缸进气歧管或气缸盖上安装一个喷油器，喷油器数量与发动机气缸数量相等，各气缸之间的混合气浓度较一致，其控制精度、灵敏度等均优于单点喷射的，是当前电控汽油喷射系统广泛采用的形式。

（3）按喷油器的喷射方式分类。

按照喷油器喷射方式的不同，电控汽油喷射系统可分为连续喷射与间歇喷射两种形式。

连续喷射又称稳定喷射，在发动机工作过程中喷油器一直处于喷油状态，汽油被连续不断地喷入进气歧管或进气管道内。由于连续喷射不需要考虑发动机的工作时序，因此控制系统的结构原理较简单，但空燃比的控制精度不高。单点喷射系统及早期的多点喷射系统采用连续喷射。

间歇喷射又称脉冲喷射，其特点是喷油频率与发动机转速同步，喷油量取决于喷油器的开启时间，即喷油脉冲宽度。控制单元根据各种传感器所获得的发动机运行参数动态变化情况，精确计量发动机所需的喷油量，再通过控制喷油脉冲宽度控制发动机各种工况下可燃混合气的空燃比。间歇喷射的控制精度较高，已完全取代了早期的连续喷射。间歇喷射又可分为同时喷射、分组喷射和顺序喷射三种形式。同时喷射是指各缸喷油器按照同一喷油脉冲信号同时喷油。分组喷射是指将喷油器分成两组或三组，各组交替喷油。顺序喷射是指喷油器按照发动机的工作顺序依次喷油，可实现在最佳时刻向各缸喷射所需的汽油量，有利于改善发动机的工作性能。但顺序喷射需要各气缸的识别信号及与气缸数相等的喷油器驱动电路。随着电子技术的发展，从 20 世纪 90 年代起，电控汽油喷射系统已基本采用顺序喷射。

（4）按进气量检测方式分类。

按照进气量检测方式的不同，电控汽油喷射系统可分为间接检测与直接检测两种形式。

间接检测又可分为速度-密度方式与节气门-速度方式。速度-密度方式是根据进气歧管压力和发动机转速计量发动机每个工作循环的进气量；节气门-速度方式是根据节气门开度和发动机转速计量发动机每个工作循环的进气量。采用速度-密度方式的电控汽油喷射系统一般称为 D 型汽油喷射系统（D 为"压力"的德语单词"Druck"的首字母）。由于空气在进气管道内流动时会产生压力波动，且不同工况下的进气流量差值能达到 40 倍之多，因此 D 型汽油喷射系统的进气量测量精度不高，但进气阻力小、充气效率高、使用成本较低。节气门-速度方式已很少单独使用，一般作为速度-密度方式或直接检测方式的备用进气量检测方式。

直接检测方式是通过空气流量计直接测量发动机的进气量，再根据进气量与发动机转速来确定发动机每个工作循环所需的供油量，因此与间接检测方式相比，其测量精度高、稳定性好。直接检测方式根据所用空气流量计的不同，又可分为体积流量式与质量流量式，其中质量流量式测量精度较高，使用较多。采用直接检测方式的电控汽油喷射系统一般称为 L 型汽油喷射系统（L 为"空气"的德语单词"Luft"的首字母）。

（5）按控制系统的结构分类。

按照控制系统结构的不同，电控汽油喷射系统可分为开环控制与闭环控制两种形式。

开环控制是把根据实验确定的发动机各种运行工况所对应的最佳供油量的数据事先存入控制单元，发动机在实际运行过程中，根据各传感器的输入信号判断发动机所处的运行工况，再找出最佳供油量，发出控制信号驱动电磁喷油器动作，以控制混合气的空燃比。

闭环控制是在排气管上加装氧传感器，根据排气中氧含量的变化判断实际进入气缸的混合气空燃比，再与设定的目标空燃比进行比较，根据两者偏差调节喷油器喷油量，从而将混合气空燃比控制在目标值附近。因此，闭环控制可达到较高的空燃比控制精度，并可消除由产品差异和磨损等引起的性能变化对空燃比的影响，工作稳定性好，抗干扰能力强。

由于发动机某些特殊运行工况（如起动、暖机、加速、大负荷等）需要提供较浓的混合气来保证发动机的相应性能，因此现代电控汽油喷射系统通常采用开环控制与闭环控制结合的控制方式。

3.1.2　电控汽油喷射系统的结构组成

虽然不同国家、不同生产厂家生产的电控汽油喷射系统在控制功能、控制参数、控制精度及控制部件数量与类型等方面存在一定的差异，但电控汽油喷射系统的结构组成通常是相似的，主要由空气供给系统、汽油供给系统和电子控制系统三部分组成。

1. 空气供给系统

空气供给系统的作用是控制和计量发动机工作所需的空气量。空气供给系统主要由空气滤清器、空气流量计或进气歧管压力传感器、进气管道、节气门控制组件、进气歧管等组成，如图 3.3 所示。空气经空气滤清器过滤后，通过进气管道和节气门控制组件，在进气歧管与喷油器喷出的汽油混合后，被吸入气缸参与燃烧。

通常在汽车行驶时，空气流量由驾驶人通过操纵节气门调节节气门开度进行控制；在发动机怠速运转时，空气流量由控制单元调节怠速控制装置进行控制，相关内容在后续章节具体介绍。在 L 型电控汽油喷射系统中，发动机进气量由空气流量计计量；在 D 型电控汽油喷射系统中，发动机进气量由进气歧管压力传感器计量。

空气供给系统

2. 汽油供给系统

汽油供给系统的作用是供给发动机燃烧过程所需的汽油，并对汽油进行过滤和雾化。汽油供给系统主要由汽油箱、汽油泵、汽油滤清器、汽油压力调节器及喷油器等组成，如图 3.4 所示。汽油泵将汽油从汽油箱内压出，经过汽油滤清器过滤与汽油压力调节器调压后，通过油管输送给喷油器，喷油器根据电子控制单元发出的喷油脉冲信号准确喷油，对汽油进行雾化，并与空气混合成可燃混合气。

汽油供给系统

图 3.3　空气供给系统的结构组成　　图 3.4　汽油供给系统的结构组成

（1）汽油泵。

汽油泵的作用是将汽油从汽油箱内吸入、压出，为汽油供给系统提供源源不断的具有一定压力的汽油。根据安装位置的不同，汽油泵可分为内置式和外置式两种形式。由于内置式汽油泵安装在汽油箱内，不易发生气阻和漏油现象，对汽油泵的自吸性能要求较低，噪声小，因此电控汽油喷射系统广泛采用内置式汽油泵。

电动燃油泵

汽油泵主要由泵体、永磁电动机、安全阀、单向阀及外壳等组成，如图 3.5 所示。电动机通电工作，带动泵体转动，进油口吸入汽油，流经汽油泵内部后从出油口压出，给整个汽油供给系统供油。单向阀的作用是防止汽油泵不工作时汽油回流，使油管内保持一定的油压，以便发动机再次起动时不会发生气阻现象，并能及时供油而易于起动。安全阀的作用是防止油路堵塞而引起管路油压过高，造成管路破裂或汽油泵损坏等。当汽油泵输出压力超过一定值（如 400kPa）时，安全阀会自动打开，高压汽油可回流至汽油泵的进油口处，降低供油系统油压。

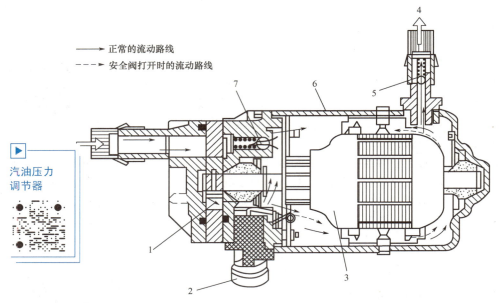

汽油压力调节器

1—泵体；2—电连接器；3—永磁电动机；4—出油口；5—单向阀；6—外壳；7—安全阀

图 3.5 汽油泵的结构组成

（2）汽油压力调节器。

电控汽油喷射系统工作时，喷油器的喷油量由喷油器的喷油压力及开启时间决定，其中喷油压力是指喷油器的前后压力差，数值上等于系统油压与进气歧管压力之差。汽油压力调节器的作用是使喷油器的系统油压或喷油压力保持稳定，以保证电子控制单元通过控制喷油器的喷油时间即可准确控制汽油喷射量。按照调节方式的不同，汽油压力调节器分为绝对压力调节器和相对压力调节器。

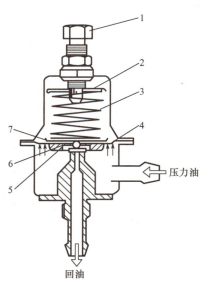

1—调节螺钉；2，7—弹簧座；3—弹簧；4—膜片；5—阀托盘；6—阀体

图 3.6 绝对压力调节器的结构

① 绝对压力调节器。绝对压力调节器的结构如图 3.6 所示。当汽油压力超过设定值时，汽油压力会推动膜片上移而开启出油阀，部分汽油便经出油阀、回油管流回汽油箱，使油压降低。当汽油压力低于设定值时，弹簧力使膜片下移而关闭出油阀，油压上升。绝对压力调节器的膜片随汽油压力的变化而振动，控制出油阀的开启与关闭，将系统油压稳定在恒定范围内。调节螺钉改变弹簧的预紧力，即可调整系统油压的设定值。

绝对压力调节器一般与汽油泵、汽油滤清器及相应油管等集成在一起，安装在汽油箱内，构成无回油管供油系统，其结构如图 3.7 所示。无回油管供油系统在汽油箱内实现油压调节，多余的汽油在汽油箱内完成回流，通过油管向连接各喷油器的汽油分配管提供恒定的系统油压。这样可以避免温度较高的回油进入汽油箱而导致油温升高，降低了汽油箱内汽油的蒸发速度，降低了汽油蒸发排放控制系统的负担，提高了发动机的热机起动性能。

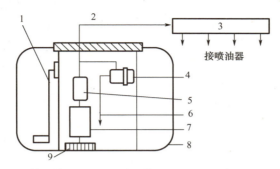

1—油面传感器；2—供油管；3—汽油分配管；4—汽油压力调节器；5—汽油滤清器；
6—汽油箱内回油管；7—汽油泵；8—汽油箱；9—滤网

图 3.7　无回油管供油系统的结构

绝对压力调节器的不足是没有顾及进气歧管压力变化对喷油压力的影响，喷油压力会随进气歧管压力的变化而变化，从而导致实际喷油量发生变化，影响空燃比的控制精度。因此，采用绝对压力调节器的电控汽油喷射系统，控制单元需根据进气歧管压力的变化对喷油器的喷油时间做适当修正。

② 相对压力调节器。相对压力调节器一般安装在汽油分配管上，其结构如图 3.8 所示。金属外壳的内部被膜片分隔为弹簧室和汽油室。其中，弹簧室通过一根软管与发动机进气歧管相通，汽油室直接与汽油分配管相通。因此，膜片下方汽油室一侧承受汽油分配管的油压，即系统油压；另一侧受进气歧管负压与弹簧压力的合力作用。

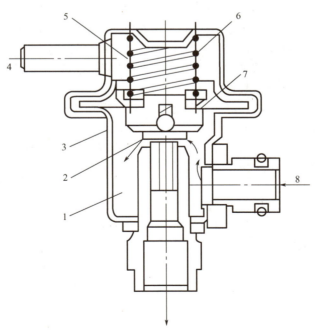

1—汽油室；2—回油阀；3—壳体；4—真空接口；5—弹簧室；6—弹簧；7—膜片；8—进油口；9—出油口

图 3.8　相对压力调节器的结构

当发动机工作时，若进气歧管负压增大，则作用在膜片弹簧室侧的压力减小，在系统油压作用下膜片上移，增大回油阀开度，使得多余的汽油从回油管流回油箱，系统油压随之减小；反之，若进气歧管负压减小，则回油阀开度减小，系统油压随之增大，使得喷油器的喷油压力不随进气歧管压力的变化而变化。由于喷油器的喷油压力为喷油器阀口两端的系统油压与进气歧管压力的差值，而膜片受力平衡时系统油压为弹簧压力与进气歧管压力之和，因此喷油器的喷油压力主要取决于弹簧压力。当发动机停止工作时，汽油泵停转，在弹簧压力与大气压力作用下回油阀关闭，使系统油压保持一定的残余值，便于发动机再次起动。

相对压力调节器的系统油压调节范围一般为250～300kPa，工作特性如图3.9所示。

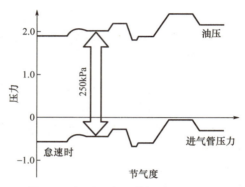

图3.9 相对压力调节器的工作特性

（3）喷油器。

喷油器实际上是一个电磁阀，是汽油供给系统的关键部件之一；它根据电子控制单元发出的喷油脉冲信号精确控制汽油喷射量，同时将汽油喷射后雾化。

喷油器是一种加工精度非常高的精密仪器，要求动态流量范围大、雾化性能好、抗堵塞能力强。为此，各汽车公司先后开发了不同结构形式的喷油器，以满足这些性能要求。

根据结构特点的不同，喷油器有多种分类形式：根据喷油器燃料的送入方式，可分为顶供式喷油器和底供式喷油器；根据喷油器的用途，可分为单点式喷油器和多点式喷油器；根据喷油器的阻值，可分为低阻型喷油器和高阻型喷油器；根据喷油器的喷口特点，可分为轴针式喷油器、球阀式喷油器及片阀式喷油器。下面以典型的轴针式喷油器为例，介绍其结构与工作原理。

① 喷油器的结构与原理。轴针式喷油器的基本结构如图3.10所示，主要有外壳、针阀、弹簧、衔铁及电磁线圈等。电磁线圈无电流通过时，喷油器内的针阀被弹簧压在喷油器出口处的密封锥形阀座上。当电子控制单元发出喷油脉冲信号时，电磁线圈电路被触发接通，电磁线圈产生电磁吸力，吸动衔铁，带动针阀离开阀座上移约0.1mm，压力汽油从针阀与阀座之间的精密环形缝隙中喷出。喷油脉冲信号结束后，电磁线圈的电流被切断，电磁力迅速消失，在弹簧的作用下，针阀迅速回位，阀门关闭，喷油器停止喷油。

一般汽油经汽油分配管分配到各缸喷油器，从顶部供油且在喷油器体内轴向流动，而且只有在针阀开启时汽油才流动。因此，在发动机室的温度较高时易产生气阻，影响汽车的热起动性能。为此，若采用底部供油方式，由于汽油可围绕阀座区经喷油器内腔从上部不断地流出，对喷油器计量部位的冷却效果十分明显，因此可有效地防止气阻产生，提高汽车的热起动性能。此外，由于采用底部供油方式的喷油器可省去汽油分配管，有利于降低成本，因此在现代汽车上应用日趋广泛。

② 喷油器的工作特性。喷油器针阀的工作特性如图 3.11 所示。受喷油器针阀的机械惯性及电磁线圈磁滞性等的影响，针阀的运动将产生滞后现象。当喷油脉冲加至喷油器电磁线圈后，针阀升至最大升程时刻相对驱动脉冲上升边沿滞后时间 T_o；而喷油脉冲消失时，针阀完全落座关闭相对驱动脉冲下降边沿滞后时间 T_c。同时可以看到，阀门开启的滞后时间 T_o 比阀门关闭的滞后时间 T_c 长，T_o 与 T_c 的差值称为无效喷射时间。通常，蓄电池电压对喷油器阀门开启时的滞后时间 T_o 影响较大，而对喷油器阀门关闭时的滞后时间 T_c 影响很小。因此，当蓄电池的电压发生变化时，将对喷油器的喷油量产生影响，必须加以修正。

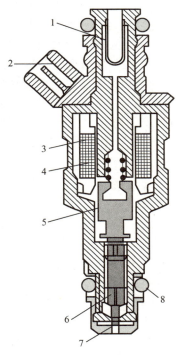

1—滤网；2—接口；3—电磁线圈；4—弹簧；
5—衔铁；6—针阀；7—轴针；8—密封圈
图 3.10　轴针式喷油器的基本结构

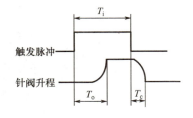

图 3.11　喷油器针阀的工作特性

3. 电子控制系统

电子控制系统主要由传感器、电子控制单元及执行器三部分组成，其作用是电子控制单元根据传感器采集的信号计算、确定最佳喷油量和最佳喷油时刻，发出指令控制执行元件动作，实现最佳喷油控制。

（1）传感器。

传感器是一种信号检测与转换装置，安装在发动机的相关部位，其功能是检测发动机运行状态的各种电量、物理量和化学量参数，并将这些参量转换成计算机能够识别的电信号传输给电子控制单元。电控汽油喷射系统中的常见传感器有空气流量计、进气歧管压力传感器、节气门位置传感器、进气温度传感器、氧传感器及曲轴位置传感器等。

① 空气流量计。空气流量计通常安装在空气滤清器后面，其作用是将吸入发动机的空气量转换为电信号送至电子控制单元。空气流量计信号是确定基本喷油量的主要依据之一，空气流量计按照测量原理可分为体积流量式和质量流量式。体积流量式空气流量计测得的数据为每秒的空气量（mL），一般还要根据进气温度和大气压力修正为质量流量，主要有翼片式与卡门旋涡式两种形式。其中，翼片式空气流量计通过进气管道设置的翼片带动电位计滑片移动，从而获得进入进气管道的空气流量。其在 20 世纪 50—70 年代较流行，但进气阻力较大，影响进气系统性能，现已基本淘汰。卡门旋涡式空气流量计主要有反光镜式与超声波式两种形式，其原理是在进气通道中设置一个锥形涡流发生器，当空气通过时，锥形涡流发生器的后面便会产生两列并排的旋涡，并且旋涡的频率与空气流速成正比。卡门旋涡式空气流量计通过反光镜检测方法或超声波检测方法测出旋涡频率，进而获得进气体积流量。质量流量式空气流量计测得的数据直接为每秒的空气量（g），使用较多，主要包括热线式与热膜式两种形式。热线式空气流量计主要由采样管、铂金热线、温度补偿电阻、控制线路板等组成，如图 3.12 所示。根据铂金热线在壳体内安装部位的不同，热线式空气流量计可分为主流测量和旁通测量两种结构类型。主流测量热线式空气流量计整体安装在进气系统主流通道上，铂金热线为直径为 $70\mu m$ 的铂金丝，安装于采样管中。采样管置于主空气通道中央，两端装有金属防护网，防止气流中的杂质损伤铂金热线。旁通测量热线式空气流量计与主流测量热线式空气流量计在结构上的主要区别在于，将铂金热线和温度补偿电阻安装在旁通空气通道上。

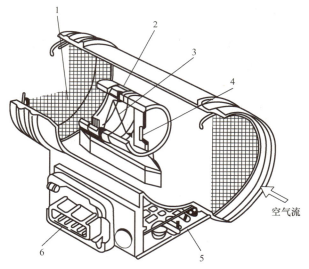

1—防护网；2—采样管；3—铂金热线；4—温度补偿电阻；5—控制线路板；6—连接插头

图 3.12 热线式空气流量计的组成

热线式空气流量计的测量电路如图 3.13 所示。铂金热线阻值随着温度变化，热线本身构成惠斯通电桥的电阻 R_H。采样管内安装一个铂金薄膜热敏电阻，其阻值随着进气温度变化，称为温度补偿电阻，构成惠斯通电桥的电阻臂 R_K。采样管塑料护套上安装一个精密电阻，能用激光修整，构成惠斯通电桥的电阻臂 R_A，该电阻上的电压即空气流量计的输出信号。惠斯通电桥臂上的另一个电阻 R_B 安装在控制线路板上面，该电阻在最后调试试验中用激光修整，以便对设定空气流量下的空气流量计输出特性进行校正。

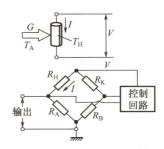

R_H—热线电阻；R_K—温度补偿电阻；
R_A—精密电阻；R_B—调零电阻

图 3.13　热线式空气流量计的测量电路

热线式空气流量计利用发热体与空气传热现象测量发动机的进气量。 其测量原理如下：在流动空气中放置一个发热体，因向周围空气放热而冷却，流经发热体的空气越多，发热体的传热量越大。置于进气气流中的发热体（铂金热线）向空气散热时的传热系数可表示为

$$h = \alpha + \beta\sqrt{G}$$

式中，h 为传热系数；α、β 为常数；G 为空气质量流量（g/s）。

按照传热学原理，置于空气流中的热线电阻在单位时间内损失的热量可用下式表示：

$$H = hA(T_H - T_A)$$

式中，A 为热线传热面积（mm²）；T_H 为铂金电阻的温度；T_A 为温度补偿电阻的温度。

热线产生的热量

$$W = R_H I_H^2$$

当热线处于热平衡（$W = H$）时，假设热线与补偿电阻的温度差值（$T_H - T_A$）为定值（如 100℃），则热线的电流与空气的质量流量有如下关系：

$$I \propto \sqrt{\alpha + \beta\sqrt{G}}$$

可知，流过热线的电流直接与空气质量流量 G 有关，不需要根据空气密度进行修正。热线式空气流量计的输出特性如图 3.14 所示。

热线式空气流量计利用惠斯通电桥平衡原理设计控制电路，使热线温度与进气温度的差值保持恒定。当发动机进气流量增大时，铂金热线上被带走的热量会增大，铂金热线迅速冷却，电阻值随之下降，惠斯通电桥失去平衡。此时，控制电路会自动增大供给铂金热线的电流，使热线恢复原设定的温度和电阻，直至惠斯通电桥恢复平衡。电子控制回路增大的电流取决于铂金热线被冷却的程度，即空气质量流量。**因此，发动机进气质量流量增大，将引起热线电流的增大，同时精密电阻 R_A 的电压相应增大，电子控制单元便可根据该电压信号测定空气质量流量。**

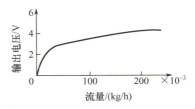

图 3.14　热线式空气流量计的输出特性

由于热线式空气流量计基于热线表面与空气的热传导，铂金热线上的任何污染附着都会造成测量误差，因此控制电路中应设置自动"清污"功能。在发动机熄火后的 4s 内，控制电路会自动提供自净电流，使热线迅速升高到 1000℃ 并保持 1s，可将附着在热线表面污物清除干净。

热膜式空气流量计的结构（图 3.15）、原理与热线式空气流量计的基本相同，只是将发热体由铂金热线变为金属铂热膜，可使发热体不再直接承受空气流动产生的作用力，提高了强度和工作可靠性。

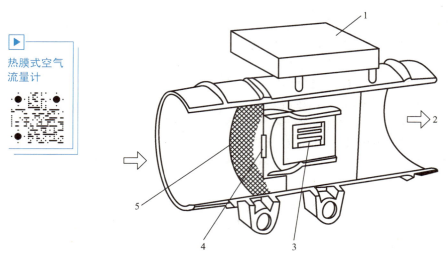

1—控制回路；2—通往发动机；3—金属铂热膜；4—进气温度传感器；5—金属网

图 3.15　热膜式空气流量计的结构

热线式空气流量计和热膜式空气流量计能直接测出进气流的质量流量，避免进气温度、海拔高度等引起误差，再加上其响应时间短、测量精度高，已成为现代电控汽车喷射系统的主流空气流量计。

② 进气歧管压力传感器。进气歧管压力传感器一般安装在节气门后方进气管道上，其作用与空气流量计的相同，用于测量发动机的进气量。与空气流量计不同的是，进气歧管压力传感器根据发动机的负荷变化测量进气歧管压力的相应值，采用间接测量方式测算发动机的进气量。

进气歧管压力传感器根据信号产生的原理不同，可分为压敏电阻式、电容式、可变电感式及表面弹性波式等。其中，压敏电阻式和电容式在 D 型电控汽油喷射系统中应用较广泛。

压敏电阻式进气歧管压力传感器利用半导体的压阻效应测量进气歧管内的气体压力，其主要由压力转换元件、混合集成电路及滤清器等构成，如图 3.16 所示。

压力转换元件是具有压阻效应的半导体硅膜片，其一侧是真空室，另一侧导入进气歧管压力。其中部经光刻形成直径约为 2mm、厚度约为 50μm 的薄膜，薄膜周围有 4 个应变电阻，以惠斯通电桥方式连接。

压敏电阻式进气歧管压力传感器的测量电路如图 3.17 所示，R_1、R_2、R_3、R_4 构成惠斯通电桥电路。R_1、R_3 阻值随膜片应力变化相同，R_2、R_4 阻值随膜片应力变化相同，而 R_1 与 R_2 及 R_3 与 R_4 阻值随膜片应力变化相反。当硅膜片受力变形时，若 R_1 和 R_3 受压，其阻值随应力增大而减小，则 R_2 和 R_4 受拉，其阻值随应力增大而增大，使惠斯通电桥失去平衡，信号输出端有信号输出。硅膜片受力与变形程度和进气歧管压力成正比，即进气歧管压力越大，硅膜片受力与变形程度越大，输出的信号越强，且输出信号电压与进气歧管压力呈线性变化关系。

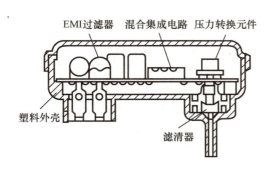
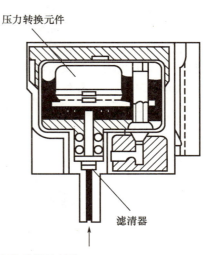

图 3.16 压敏电阻式进气歧管压力传感器的结构

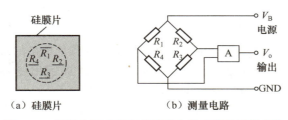

图 3.17 压敏电阻式进气歧管压力传感器的测量电路

混合集成电路的功能是将较弱的输出信号经过放大后输出，可明显提高传感器的灵敏度。压敏电阻式进气歧管压力传感器具有尺寸小、精度高、成本低、响应性好及测量范围广等优点，应用最广泛。

③ 节气门位置传感器。节气门位置传感器通常安装在节气门体上，可以将节气门开度、急速、加速、减速等信号转换为电信号传送给电子控制单元，以便电子控制单元根据发动机的各种典型工况对喷油量及喷油时刻进行最优控制。节气门位置传感器有开关量输出型和线性输出型两种形式。

线性输出型节气门位置传感器的结构如图 3.18 所示。在传感器内部安装有两个与节气门联动的电刷（滑动触头），其中一个电刷触头在印刷电路板基片上的滑片电阻上滑动，将节气门开度转换为电压信号输出，其输出特性如图 3.19 所示，可知节气门开度与传感器输出电压信号成正比。因此，电子控制单元可以根据输出信号获得表示节气门由全闭至全开的所有开启角度及其变化率的电压信号，精确判别发动机的实时负荷、加/减速状态。

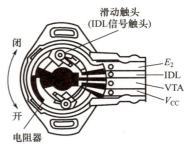

图 3.18 线性输出型节气门位置传感器的结构

线性输出型节气门位置传感器连接线路如图 3.20 所示。传感器内部设置的另一个电刷采用开关量输出方式,检测节气门全闭状态,电子控制单元判断发动机的怠速工况,且可以用怠速时的电压值对反映节气门开度的电压值进行修正,提高节气门位置检测的精度。这种将开关量输出与线性输出组合在一起的节气门位置传感器是当前机械式节气门位置传感器的主流形式,各生产厂家相关产品的结构原理大同小异。

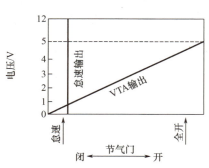

图 3.19　线性输出型节气门位置
传感器的输出特性

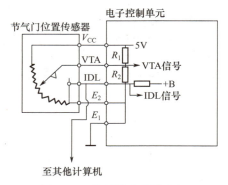

图 3.20　线性输出型节气门
位置传感器连接电路

此外,有些线性输出型节气门位置传感器取消了开关量输出的怠速触点,由线性输出信号提供发动机的怠速判断信息;有些线性输出型节气门位置传感器用非接触霍尔式检测元件取代可变电阻式检测元件,延长了传感器的使用寿命。

④ 进气温度传感器。判定发动机的热状态、计算进气质量流量及排气净化处理等,需要对发动机冷却液温度、进气温度及排气温度等进行连续精确的测量,因此电控汽油发动机上常设置温度传感器。其中,**进气温度传感器与冷却液温度传感器普遍采用负温度系数热敏电阻式温度传感器**,分别安装于进气管道、冷却液管道上,用于感知进气温度和冷却液温度。

温度传感器有绕线电阻式、热敏电阻式、扩散电阻式、半导体晶体管式、金属芯式及热电偶式等类型,在电控汽油喷射系统中应用较多的是绕线电阻式和热敏电阻式。

a. 绕线电阻式温度传感器。绕线电阻式温度传感器是在绝缘绕线架上绕上高纯度的镍线,再罩上适当的外套制成的,利用电阻值随温度变化而变化的特性,测量发动机冷却液温度和进气温度。其精度在±1%以内,响应特性较差,响应时间约为 15s。

b. 热敏电阻式温度传感器。热敏电阻式温度传感器利用半导体电阻的热敏特性检测温度,分为负温度系数和正温度系数两种。**负温度系数是指传感器阻值随着温度的上升而减小**,正温度系数表示传感器阻值随着温度的上升而增大。该类传感器的电阻值与温度值存在一一对应的关系,将传感器与一个固定阻值电阻串联,通过检测传感器电阻上分得的电压值,即可计算出相应的温度值。热敏电阻式温度传感器灵敏度高,但输出特性线性度差,响应特性比绕线电阻式温度传感器的好,使用温度一般在 300℃内,因而广泛用于检测发动机冷却液温度和进气温度。热敏电阻式温度传感器的结构如图 3.21 所示。

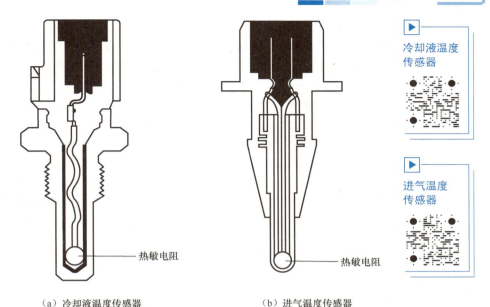

图 3.21 热敏电阻式温度传感器的结构

⑤ 氧传感器。**氧传感器安装于排气管上，是发动机空燃比控制的反馈信号，用于检测发动机的实际空燃比**，以判断实际可燃混合气的浓度，向电子控制单元提供空燃比的反馈信号，使空燃比收敛于理论值附近的较窄范围内，提高三元催化转化器的净化效果，减少排气污染。氧传感器主要有传统的氧化锆式和氧化钛式两种类型，此外还有可用于稀薄燃烧控制的宽域氧传感器。

a. 氧化锆式氧传感器。氧化锆式氧传感器应用较普遍，基本元件是氧化锆（ZrO_2）陶瓷体，其是一种固体电解质，氧分子可以进入其中。氧化锆式氧传感器的结构如图 3.22 所示。氧化锆陶瓷体制成管状，一般称为锆管，其内外表面均覆盖一层多孔性膜作为电极。锆管内表面与大气相通，外表面与发动机排出的尾气接触。

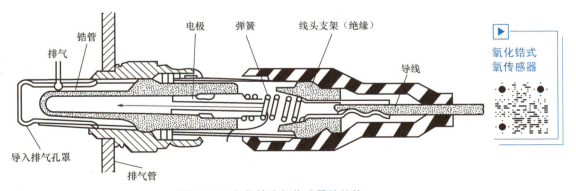

图 3.22 氧化锆式氧传感器的结构

当锆管温度较高时，渗入固体电解质内的氧分子发生电离，且电离后的氧离子由氧浓度高的内侧向氧浓度低的外侧扩散，致使两个电极之间产生电动势，形成微电池。即氧化锆元件在高温下将锆管内、外表面的氧浓度差转换为微电动势，检测该电动势即可获得尾气中氧浓度信号。同时，锆管内外两侧的氧浓度差越大，产生的电动势越大，其输出特性如图3.23所示。可以看出，针对固体电解质锆管而言，虽然可利用氧浓度差产生电动势，但在理论空燃比附近较窄范围内产生的电动势变化率很小，很难准确地检测出理论空燃比的临界点。

实际中通常利用具有催化作用的铂作为氧传感器电极，可使电动势在理论空燃比附近产生阶跃变化，如图3.24所示，以准确测定出理论空燃比的临界点。当混合气较稀时，由于氧传感器外侧尾气中氧浓度较高，因此两侧氧浓度差很小，扩散到尾气侧的氧离子很少，几乎不产生电动势。当混合气较浓时，废气中存在较多的一氧化碳（CO）、碳氢化合物（HC），铂的催化作用加速铂电极表面氧离子与尾气中CO、HC的反应程度，使得外侧铂表面几乎没有氧离子，增大了传感器内、外两侧氧浓度差，使得氧传感器两电极间电动势在理论空燃比的临界点处产生突变。过量空气系数λ＜1时，氧传感器输出电压接近1V；λ＞1时，氧传感器输出电压接近0V。

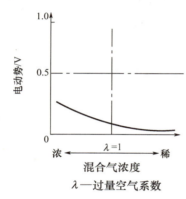

图3.23 无催化作用的氧化锆式氧传感器的输出特性

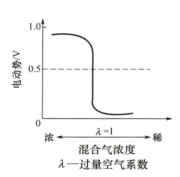

图3.24 有催化作用的氧化锆式氧传感器的输出特性

氧化锆式氧传感器只有在温度超过300℃时才能正常工作，有非加热型和加热型两种。早期广泛使用非加热型氧传感器，依靠发动机尾气加热，一般需要在发动机运转数分钟后才能开始工作。现在一般使用加热型氧传感器，在传感器内部增加了一个陶瓷加热元件来加热锆管。其优点是可在发动机起动后20～30s使传感器达到工作温度，安装灵活性好，并且扩大了空燃比闭环控制的工作范围。

b. 氧化钛式氧传感器。氧化钛式氧传感器与氧化锆式氧传感器的检测原理有很大的不同，**其是利用二氧化钛（TiO_2）的导电性随尾气中氧含量的变化而变化的特性制成的**，又称电阻型氧传感器。二氧化钛是一种在室温下具有很大电阻的半导体，但当尾气中氧含量小（混合气浓）时，二氧化钛中的氧分子将逃逸，使其晶体出现缺陷后，有更多的电子可用来传送电流，材料电阻随之大幅减小。二氧化钛的这种特性与其温度及尾气中的氧含量有关。因此，欲使二氧化钛在300～900℃的尾气温度中连续使用，必须进行温度补偿。当混合气较浓时，尾气中氧含量低，二氧化钛阻值较小；当混合气较稀时，尾气中氧含量较高，二氧化钛阻值较大，并且在理论空燃比临界点处产生突变，如图3.25所示，由此可检测出可燃混合气理论空

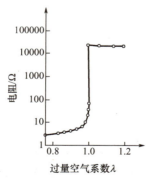

图3.25 氧化钛式氧传感器的输出特性

燃比临界状态点。

氧化钛式氧传感器的外形与氧化锆式氧传感器的相似，内部包含二氧化钛陶瓷元件与加热元件。加热元件一般采用钨丝或陶瓷材料制成，以使传感元件——二氧化钛温度保持稳定，从而使传感器的输出特性不受温度影响。因为二氧化钛为多孔性陶瓷材料，因此可以利用热传导方式直接加热，加热效率高，达到激活温度（约为600℃）所需时间短。相对而言，氧化钛式氧传感器具有结构简单、体积小、成本低等优点，但其电阻值随温度变化较大，需采用一些温度补偿方法，以便在高温下也能检测。

c. 宽域氧传感器。为了降低汽车排放而普遍采用的三元催化转化系统要求空燃比控制在理论空燃比附近很窄的范围内，这是以牺牲燃油经济性为前提的。现代汽车发动机越来越多地采用稀薄燃烧技术，要求氧传感器能够在一个较宽的空燃比范围内对汽车尾气氧浓度进行连续检测。因此，宽域氧传感器应运而生。

宽域氧传感器是以氧化锆式氧传感器为基础加以改进产生的。在氧化锆式氧传感器的ZrO_2组件两端加上一定电压，可使氧离子移动而产生电流，其电流值与尾气氧浓度成正比。宽域氧传感器便是利用此特性连续检测出稀薄燃烧区的空燃比。

如图3.26所示，当有电压加在固体电解质ZrO_2上时，氧分子（O_2）会在内电极（阴极）上得到电子形成氧离子（O^{2-}），通过ZrO_2的传递作用，在外电极（阳极）上放电，氧离子又变成氧分子。这样氧分子通过固体电解质从阴极被泵到阳极，这种现象称为泵氧电池，外加电压为泵电压，回路中产生的电流为泵电流。

在泵氧过程中，外加泵电压的增大导致泵电流的增大程度逐渐减小，最后使泵电流在一定的电压范围内不变或变化很小，此时电流达到饱和，该电流称为极限电流。极限电流与继续增大的电压无关，而取决于氧的扩散速率，与被测环境中的氧分压呈正比。因为传感器的输出电流与外界氧分压成线性关系，所以能连续检测出稀薄燃烧区的空燃比。这种宽域氧传感器也称极限电流型氧传感器，其工作特性如图3.27所示。

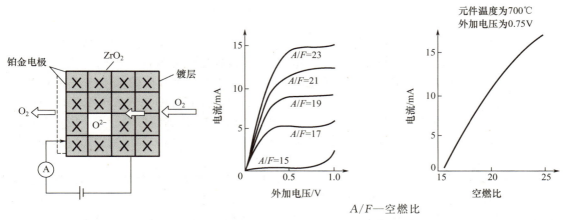

图3.26　泵氧电池的基本结构与原理　　图3.27　极限电流型氧传感器的工作特性

为了得到与环境中的氧分压有关且比较稳定的极限电流，一般在传感器阴极表面加一个扩散障碍层，以限制氧分子向阳极传输。这样氧分子通过障碍层的扩散成为泵氧电流的控制环节，由此产生的极限电流与环境中的氧分压有稳定的线性关系。广泛使用的扩散障碍层主要有小孔扩散层与多孔扩散层两种。

极限电流型氧传感器主要用于稀薄燃烧发动机，而在理论空燃比附近及在浓燃烧区域产生的信号极其微弱，不能用于空燃比反馈控制。对整个浓燃烧和稀薄燃烧范围的空燃比控制，可以采用双电池极限电流型氧传感器。这种氧传感器同时利用了氧浓差电池原理和泵氧电池原理，将理论空燃比控制与稀薄空燃比控制融为一体，实现了从过浓区域到理想空燃比再到稀薄燃烧区域整个状态的全范围连续检测，是一种检测范围极宽的广域氧传感器。

双电池极限电流型氧传感器如图 3.28 所示，由一个普通氧浓差电压型氧传感器（参考电池）、一个极限电流型氧传感器（泵氧电池）及扩散小孔、扩散室等构成。参考电池与泵氧电池之间由带有 $20\sim50\mu m$ 缝隙的多孔层隔开。它需要一个专门设计的传感器控制器来控制其正常工作，在图中传感器控制器用 A 和 B 表示。

宽域氧传感器

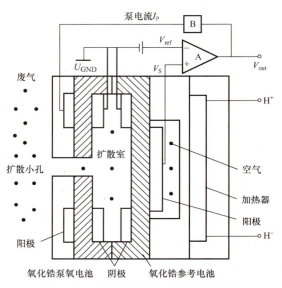

图 3.28 双电池极限电流型氧传感器

尾气通过扩散小孔进入扩散室，尾气可能是缺氧的浓混合气，也可能是富氧的稀混合气。参考电池感知尾气的氧浓度后，产生电压 V_S。根据尾气氧浓度的不同，缺氧的浓混合气将产生高于参考电压 V_{ref} 的 V_S，传感器控制器将产生一个方向的泵电流 I_P。I_P 通过泵氧电池将氧分子泵入扩散室内，使扩散室恢复到 $V_S=0.45V$ 的尾气含氧浓度的平衡状态。相反，富氧的稀混合气将产生低于参考电压 V_{ref} 的 V_S，传感器控制器将产生一个反方向的泵电流 I_P。I_P 通过泵氧电池将氧分子泵出扩散室。当空燃比为理论空燃比时，氧分子不需要泵出或泵入，$I_P=0$。

这样就产生了或正或负的泵电流 I_P，其符号取决于尾气中的氧含量（在稀薄燃烧区域为正，在浓燃烧区域为负），其与氧浓度有一定的比例关系。在控制环路中有一块数字信号处理电路，该电路有两路输出，一路将变化的泵电流 I_P 信号转换为线性电压 V_{out}，此电压在 0～5V 连续变化，用于电子控制单元控制混合气空燃比；另一路输出脉宽调制信号以控制加热器加热氧传感器，使其保持稳定的工作温度，具有快速激活特性。

双电池极限电流型氧传感器的工作特性如图 3.29 所示。从图中可以看出，这种宽域氧传感器的工作特性曲线平滑，泵电流 I_P 与尾气中的氧浓度存在一一对应关系，能够连续检测极宽的空燃比，可以更好地保证发动机在整个空燃比范围内平稳运行。

⑥ 曲轴位置传感器。曲轴位置传感器是电控汽油喷射系统的最重要传感器之一,一般安装于分电器内、曲轴的前后端或凸轮轴的前后端,可提供发动机曲轴转角信号、气缸(活塞)行程位置信号及发动机转速信号,以确定发动机的基本喷油量、喷油时刻及点火时刻。按照检测原理的不同,曲轴位置传感器可分为光电式、电磁式及霍尔式三种类型,由于电磁式曲轴传感器和霍尔式曲轴传感器的抗污能力及高速时信号识别能力强,因此应用较广泛。

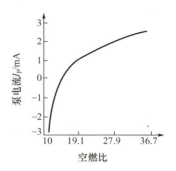

图3.29 双电池极限电流型氧传感器的工作特性

a. 电磁式曲轴位置传感器。电磁式曲轴位置传感器的结构如图3.30(a)所示,主要有永久磁铁、转子及电磁线圈等。转子固定在分电器轴上,线圈固定在分电器外壳上,永久磁铁的磁力线通过转子叶轮、托架等构成磁路,其工作原理如图3.30(b)所示。当发动机工作时,分电器轴带动叶轮旋转,使磁路的气隙发生变化,相应改变了磁路的磁阻。即转子的叶片接近托架(位置A至位置B)时,气隙变得越来越小,使得磁路的磁阻减小,磁通量相应增大;转子的叶片转离托架(位置B至位置C)时,气隙变得越来越大,使得磁路的磁阻增大,磁通量相应减小。如此往复,在电磁线圈内产生感应电动势,形成输出电压信号。该电压信号值和方向均呈周期性变化,频数与齿数相等,可以据此信号检测曲轴转角、活塞行程位置及发动机转速。

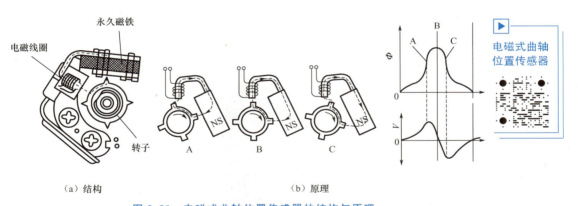

图3.30 电磁式曲轴位置传感器的结构与原理

图3.31所示为日产公司电磁式曲轴位置传感器的结构,主要有轮齿式的信号盘、磁头、电磁线圈及相关电路等。

图3.31所示传感器设有一个带有细齿的信号盘,随着曲轴同步旋转,而且信号盘的外缘沿圆周每隔4°加工一个齿,共有90个齿。同时,每隔120°(6缸发动机)或180°(4缸发动机)布置一个信号凸缘。安装在信号盘边缘的传感器盒内装有三个(4缸发动机为两个)由永久磁铁及铁芯组成的磁头。其中,磁头②感知信号磁盘120°凸缘,用于产生120°信号;磁头①和磁头③间隔3°曲轴转角的位置安装,用以感知信号盘齿圈,产生1°曲轴转角信号。信号盒内装有放大电路及整形电路,通过连接器与电子控制单元相连,120°曲轴转角信号和1°曲轴转角信号通过线束输出。

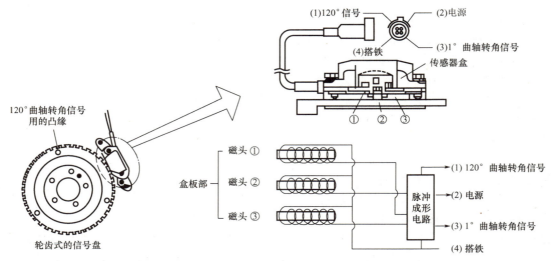

图 3.31 日产公司电磁式曲轴位置传感器的结构

当发动机运转时,电磁线圈内的磁通量周期性变化,产生交变感应电动势信号,如图 3.32 所示。该信号通过整形、放大后转换为脉冲信号输出。按照结构分析,曲轴每旋转一圈,磁头②上将产生 3 个 120°脉冲信号,磁头①和磁头③上将各产生 90 个脉冲信号。由于磁头①和磁头③相隔 3°曲轴转角安装且对应的脉冲信号周期占曲轴转角均为 4°,因此磁头①和磁头③产生脉冲信号的相位差恰好为 1°曲轴转角。可知,两个磁头产生的脉冲信号经处理后,可获得 1°曲轴转角信号。

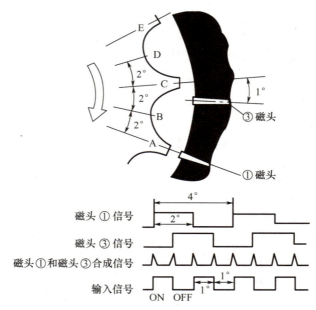

图 3.32 曲轴转角 1°信号产生原理

同时,由于产生 120°信号的磁头②的安装位置对应于活塞压缩行程上止点前 70°,如

图 3.33 所示,因此其信号可称为上止点前 70°信号,即发动机在运转过程中,各缸在压缩行程上止点前 70°均由磁头②产生一个基准脉冲信号。

b. 霍尔式曲轴位置传感器。霍尔式曲轴位置传感器是利用霍尔效应原理产生与曲轴转角、转速及位置对应的电压脉冲信号。霍尔效应原理如图 3.34 所示,当电流 I 通过放在磁场中的半导体电基片(霍尔元件)且电流方向与磁通 B 方向垂直时,电荷在洛伦兹力的作用下沿电流方向的一侧发生漂移。因此,在垂直于电流与磁通的霍尔元件的横向截面上会产生一个与电流和磁场强度成正比的电压,称为霍尔电压 U_H。

$$U_H = \frac{R_H}{d}IB$$

式中,R_H 为霍尔系数;d 为基片厚度;I 为磁场电流;B 为磁场强度。

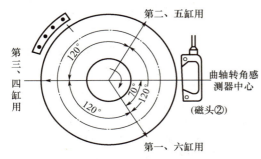

图 3.33 磁头②与曲轴的位置关系

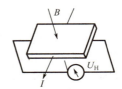

图 3.34 霍尔效应原理

当结构一定且电流 I 为定值时,霍尔电压 U_H 与磁场强度 B 成正比。霍尔式曲轴位置传感器利用触发叶片或轮齿通过改变霍尔元件的磁场强度,使霍尔元件产生霍尔电压,从而输出曲轴转角、活塞行程位置及发动机转速信号。

图 3.35 所示为通用公司霍尔式曲轴位置传感器,主要由永久磁铁、触发叶轮、导磁板及霍尔集成电路等组成(未标),两个触发叶轮的侧面均安装一个霍尔信号发生器。该传感器安装于曲轴的前端,两个带叶片的触发轮安装在曲轴带轮前端且随之一起旋转。外触发叶轮外缘上均匀设有 18 个触发叶片与 18 个窗口,每个触发叶片和窗口的宽度均为 10°弧长。内触发叶轮外缘上设有 3 个触发叶片和 3 个窗口,3 个触发叶片的宽度不相等,分别为 100°弧长、90°弧长及 110°弧长;3 个窗口的宽度也不相等,分别为 20°弧长、30°弧长和

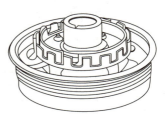

图 3.35 通用公司霍尔式曲轴位置传感器

10°弧长。其中,宽度为 100°弧长的触发叶片前边沿位于压缩行程一、四缸上止点前 75°;90°弧长的触发叶片前边沿在三、六缸压缩行程上止点前 75°;110°弧长的触发叶片前边沿在二、五缸压缩行程上止点前 75°。

霍尔式曲轴位置传感器的工作原理如图 3.36 所示。当触发叶片转动时,每当叶片进入永久磁铁与霍尔元件之间的空气隙时,由于霍尔元件的磁场被触发叶片旁路,因此不产生霍尔电压。当触发叶片离开空气隙时,永久磁铁的磁通通过导磁板穿过霍尔元件,产生霍尔电压。霍尔电压信号经霍尔集成电路放大、整形后,向电子控制单元输出曲轴位置传感器信号。

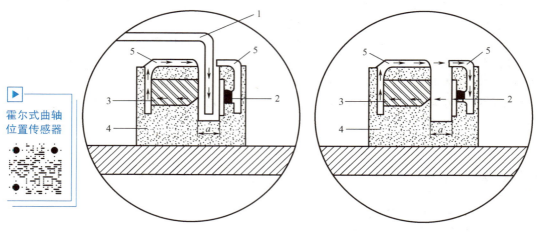

（a）触发叶轮进入空气隙时　　　　（b）触发叶轮离开空气隙时

1—触发叶片；2—霍尔元件；3—永久磁铁；4—底板；5—导磁板；a—空气隙距离

图 3.36　霍尔式曲轴位置传感器的工作原理

外触发叶片每旋转一周产生 18 个脉冲信号，称为 18X 脉冲信号，如图 3.37 所示。一个脉冲周期对应 20°曲轴转角，电子控制单元对 18X 脉冲信号进行处理后，即可求得 1°曲轴转角信号。内触发叶片每旋转一周产生 3 个宽度不等的电压脉冲信号，称为 3X 脉冲信号。各脉冲信号上升边沿分别相对于一、四缸，三、六缸及二、五缸压缩行程上止点前 75°位置，可用于电子控制单元控制喷油时刻及点火提前角。

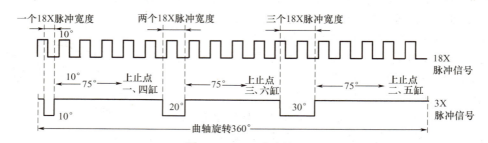

图 3.37　18X 脉冲信号

此外，有些发动机曲轴位置传感器结合了电磁式与霍尔式的原理。例如，上海大众 AJR 发动机既在曲轴后端、靠近飞轮位置设有电磁式曲轴位置传感器，又在凸轮轴前端、链轮之后设有霍尔式凸轮轴位置传感器。上述两个传感器配合提供曲轴转角、活塞行程位置及发动机转速信号。电磁式曲轴位置传感器信号转子上均匀预设 60 个凸齿，其中对应于发动机一、四缸压缩行程上止点前一定角度位置缺少两个凸齿，即实际设有 58 个凸齿。其可以提供发动机曲轴转角信号、发动机转速信号及一、四缸压缩行程上止点信号。霍尔式凸轮轴位置传感器触发叶轮上设有一个 180°的缺口，当凸轮轴带动触发叶轮转动时，触发叶轮上的叶片与缺口间隔通过磁铁与霍尔元件间的空气隙，产生霍尔电压信号。该信号的下降沿对应于一缸压缩上止点前一定角度，由此可以获得一缸压缩行程上止点信号。如果凸轮轴位置传感器信号缺失，那么电子控制单元不再区分一、四缸压缩行程上止点。由于采用分组点火方式,因此发动机仍能起动,但此时爆燃控制关闭,点火提前角推迟,输出功率下降。

(2) 电子控制单元。

电子控制单元是电控汽油喷射系统的核心部件,**其功能是根据各种传感器和控制开关输入的信号参数,对汽油喷射量和喷油时刻进行实时控制,以使发动机获得最佳空燃比**。电子控制单元的内部结构如图 3.38 所示,主要有输入回路、A/D 转换器、微型计算机及输出回路四部分,控制核心为微型计算机。

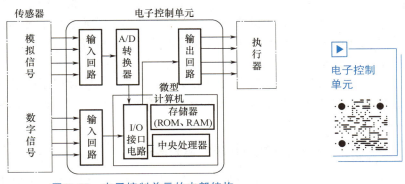

图 3.38 电子控制单元的内部结构

① 输入回路。从传感器传递来的输入信号一般都要**经过输入回路滤波、整形、放大等处理后,才能送至中央处理器(Central Processing Unit,CPU)进行运算控制**。例如,电磁式曲轴位置传感器可输出曲轴位置或发动机转速信号,其信号幅值随发动机转速变化而变化。当转速较低时,信号较弱,一般可将信号整形、放大处理成标准的方波后,送入中央处理器进行运算和控制,可提高信号的识别能力。此外,曲轴位置传感器信号转子一般只有几十个齿,为了精确控制发动机喷油时刻,需要得到 0.5°或 1°曲轴转角信号,通过输入回路处理后可达到此目的,使得曲轴每转一圈,输入回路相应产生 720 个或 360 个脉冲,中央处理器便可得到 0.5°或 1°曲轴转角信号。

② A/D 转换器。传感器的输出信号根据信号特征一般**可分为模拟信号、开关量信号及连续脉冲信号等**。例如,冷却液温度传感器信号为模拟信号,怠速信号为开关量信号,发动机转速信号为连续脉冲信号等。传感器信号的性质不同,输入电子控制单元后的处理方法也不同。由于中央处理器只能识别数字信号,因此当传感器的输出信号为数字信号时,可直接送至中央处理器;而当传感器的输出信号为模拟信号时,必须通过 A/D 转换器转换为数字信号后,才能输送至中央处理器中进行运算处理。

③ 微型计算机。微型计算机是电子控制单元的核心部分,**主要由中央处理器、存储器及 I/O 接口电路等组成**。中央处理器是整个控制系统的核心,主要由可进行数据运算与逻辑运算的运算器、暂时存储的寄存器及控制器组成,其作用是根据传感器输出的发动机运行工况中各种参数信号的变化情况进行运算处理,找出最优控制目标,对执行器进行适时控制。

存储器具有保存与存取数据的功能,可分为随机存储器(Random Access Memory,RAM)和只读存储器(Read-only Memory,ROM)。**随机存储器可随时存取计算机工作中产生的过程参数,如发动机运行时的故障码、空燃比学习修正值及怠速学习修正值等**。

随机存储器一般由蓄电池电源线直接供电，不受点火开关控制，随机存储器断电后，其内部的数据将丢失。在计算机工作时，只读存储器只能进行读操作，写入操作只能是在脱机情况下事先进行。只读存储器中的内容不会因断电而消失，可永久保存已写入的信息。只读存储器中保存的数据一般是控制程序软件、喷油量控制及点火时刻控制的数学模型等。

I/O接口电路是中央处理器与传感器及控制器进行正常通信的控制电路。I/O接口是微型计算机中不可缺少的部分，具有数据缓冲、电平匹配及时序控制等多种功能。

④ 输出回路。一般微型计算机输出的是数字信号，而且输出功率较小，通常无法直接驱动执行器动作。因此，必须采用输出回路，将数字信号转换为可以驱动执行器工作的输出信号。随着电子技术的发展，发动机电子控制单元中除了有一些基本控制装置外，还增设了抗电磁干扰的保护装置、自检装置及后备系统等。

（3）执行器。

喷油器是电控汽油喷射系统的主要执行器，其功能是根据电子控制单元发出的喷油脉冲信号精确计量汽油喷射量，同时将汽油喷射后雾化，从而使发动机空燃比处于最佳的状态。

3.1.3 电控汽油喷射系统的控制原理

汽油喷射控制主要是指喷油正时控制和喷油量控制。喷油正时主要依据曲轴位置传感器和凸轮轴位置霍尔传感器信号进行控制，实现在最佳时刻喷射燃油（如排气行程上止点前70°曲轴转角），其控制原理与点火时刻控制的相似，将在后续章节介绍。喷油量控制即喷射持续时间控制，其目的是根据电子控制单元设定的目标空燃比来精确控制喷油量，使混合气达到最佳空燃比。

发动机正常工作时，汽油喷射持续时间控制主要分为两大类：一类是发动机起动后喷油量控制；另一类是起动时喷油量控制，两者的控制模型不完全相同。

1. 起动后喷油量控制

电子控制单元先根据发动机的进气量和转速信号确定基本喷油量，再根据冷却液温度传感器、节气门位置传感器、氧传感器等信号进行修正，确定最佳喷油持续时间，并发出指令控制喷油器动作，从而实现发动机在最佳空燃比状态下工作。

（1）基本喷油量控制。

基本喷油量是指发动机在正常工作温度下稳定运行时，为获得最佳空燃比所需的喷油量。由于喷油器的特征参数与喷油压力差相对恒定，喷油器的喷油量与喷油持续时间成正比，因此基本喷油量控制实际就是基本喷油时间控制。基本喷油时间的确定方法主要有公式计算法和数值查询法两种。

① 公式计算法。基本喷油时间是以一个进气行程中吸入气缸内的空气质量为依据来进行计量的。如果已知某气缸进气行程吸入气缸的空气质量与目标空燃比（A/F），则可以确定该气缸此时所需的理论燃油质量。因此，只要获得发动机每转吸入气缸的空气质量、气缸数以及目标空燃比（A/F），就可计算得到基本喷油量，从而进一步获得基本喷油时间。

但是，进气量的计量方式不同，空气质量流量的计算不尽相同。翼片式、卡门涡流式和进气歧管压力式的进气量计量方式为体积流量式，即由传感器传出的信号只能换算成单位时间进气量的体积，因此还需要根据进气温度和大气压力进行修正后才能得到空气质量流量。热线式、热膜式的进气量计量方式为质量流量式，传感器传出的信号直接是质量流量信号，无须根据进气温度和大气压力进行修正。

② 数值查询法。数值查询法是事先将由试验获得的特定工况下发动机转速、空气流量（或进气歧管压力）与最佳基本喷油时间的关系数据存储在电子控制单元的只读存储器中。当发动机工作时，电子控制单元根据发动机转速与空气流量（或进气歧管压力），从只读存储器中查询相应数据即可获得基本喷油时间。如果发动机在非特定工况下工作，电子控制单元则根据该工况周围的四个特定工况点的基本喷油时间，通过插值法获得该工况的基本喷油时间。

（2）喷油量修正控制。

喷油量修正控制的目的是使发动机在各种情况下都能获得最佳空燃比，使发动机始终工作在最佳状态。 喷油量修正控制主要有以下几个方面。

① **起动后燃油加浓修正**。发动机起动后，为了保证发动机在温度较低、燃油雾化不良的情况下稳定运转，须进行起动后燃油加浓修正。在点火开关从"起动"位置转到"点火"位置的瞬间，电子控制单元做出起动后燃油加浓修正控制。电子控制单元根据冷却液温度信号确定起动后燃油加浓修正系数的初始值，再根据时间或发动机转速递减燃油加浓修正系数。

② **暖机时燃油加浓修正**。发动机冷机起动后，即进入暖机阶段。暖机时燃油加浓修正也是燃油气化不足的一种补充措施，其与起动后燃油加浓修正同时进行。但是，起动后燃油加浓修正数十秒后即结束，而暖机时燃油加浓修正持续进行，直到冷却液温度达到规定值。暖机时燃油加浓修正系数随着冷却液温度的上升而减小。

③ **高温时燃油加浓修正**。高温时燃油加浓修正的目的是提高发动机的热起动性能。当发动机温度过高时，燃油管内的汽油就会蒸发产生汽油蒸气，致使喷油器的实际喷油量减小，混合气变稀，发动机热机起动困难。因此，为了解决高温起动时混合气稀化问题，需要进行高温时燃油加浓修正，增大燃油喷射量。电子控制单元根据起动信号和冷却液温度做出燃油加浓修正控制。

④ **加速时燃油加浓修正**。汽车在加速时，如果仍然使用基本喷油量，则混合气的空燃比会相对于目标值产生一定的偏差，使混合气变稀，因此在加速时应该进行加速时燃油加浓修正。电子控制单元根据节气门位置传感器信号做出加速时燃油加浓修正控制，根据空气流量计或进气歧管压力传感器、发动机转速传感器及冷却液温度传感器的信号确定加速喷油修正量。

⑤ **减速时燃油减量修正**。与加速时相反，汽车减速时会使混合气变浓，为了降低燃油消耗和排放污染，需要进行减速时燃油减量修正。电子控制单元根据节气门位置传感器信号做出减速时燃油减量修正控制，根据空气流量计或进气压力传感器、发动机转速传感器及冷却液温度传感器的信号确定减速喷油修正量。修正系数与负荷变化率、冷却液温度的关系和加速时燃油加浓修正的相似，只是一个是加浓修正，一个是减量修正。

⑥ **大负荷、高转速燃油加浓修正**。当汽车在大负荷工作状态下时，发动机需要供给较浓的混合气，因此需要进行大负荷燃油加浓修正。当节气门开度大于设定值时，电子控制单元根据节气门位置传感器信号做出大负荷燃油加浓修正控制；当节气门开度小于设定值时，大负荷燃油加浓修正立即取消。

高转速燃油加浓修正的目的与大负荷燃油加浓修正的相似。电子控制单元将发动机转速传感器信号做出高转速燃油加浓修正控制。

⑦ 燃油停供修正。燃油停供修正的实质是电子控制单元停止向喷油器发送喷油脉冲信号，喷油器停止供油。进行燃油停供修正的情况有如下两种。一种是汽车减速时停止供油，以降低燃油消耗和排放污染。电子控制单元根据节气门开度的变化情况确定是否为减速工况，再根据发动机转速和冷却液温度确定是否进行燃油停供修正控制。冷却液温度越低，燃油停供修正的转速越高，以防止低温时发动机因燃油停供而熄火。当因燃油停供而使转速下降到一定值或节气门被打开时，发动机立即恢复燃油供给。另一种是在发动机转速过高时停止供油，即超速燃油停供，以防止发动机损坏。电子控制单元将发动机的实际转速与设定的最高转速进行比较，当实际转速达到最高转速时，电子控制单元立即进行燃油停供控制，使喷油器停止喷油。当实际转速下降至某规定值时，再恢复燃油供给，如此循环，以避免发动机转速过高。

⑧ 蓄电池电压变化时燃油量修正。当蓄电池电压发生变化时，喷油器电磁线圈的电流值也会发生变化，从而使喷油器针阀的开启速率与关闭速率发生变化，并且对前者的影响较大。因此，当蓄电池电压降低时，喷油器的无效喷射时间增加，喷油量相对减小；相反，当蓄电池电压升高时，喷油器的无效喷射时间减少，喷油量相对增大。为了消除由蓄电池电压变化导致的喷油量偏差现象，电子控制单元根据蓄电池电压的变化对喷油器的通电时间进行修正。

⑨ 理论空燃比反馈修正。为了满足排放法规的要求，降低尾气中有害污染物的成分，如今汽车几乎都装有三元催化转化装置。由于三元催化转化装置只有在理论空燃比附近才能很好地起到净化废气中的 NO_x、HC 和 CO 的作用，因此为了有效地利用三元催化转化装置，需要对空燃比进行精确控制，使其维持在理论空燃比附近。理论空燃比反馈修正就是根据氧传感器的反馈信号对喷油量进行修正控制，以保证三元催化转化装置的净化效果。当氧传感器的信号电压一直较高（大于 0.45V）时，说明混合气较浓，电子控制单元会适当减少喷油时间；当氧传感器的信号电压一直较低（小于 0.45V）时，说明混合气较稀，电子控制单元会适当增加喷油时间。这种反馈修正使发动机的空燃比始终保持在理论空燃比附近较窄的范围内。

但是，在有些情况下不适合采用理论空燃比反馈修正。如发动机低温起动时，由于发动机冷却液温度较低，需要提供较浓的混合气，若此时仍进行反馈修正，使空燃比在理论空燃比附近，会使发动机起动困难；又如发动机在急加速时，也需要较浓的混合气，若仍进行反馈修正，则会使发动机加速不良。

⑩ 自适应燃油量修正。自适应燃油量修正也称学习空燃比修正，目的是进一步提高空燃比控制精度。在实际运行过程中，发动机的性能（如空气供给系统、燃油供给系统的性能）变化，可能会造成实际空燃比相对于目标空燃比的偏离不断增大，导致发动机不能正常工作。自适应燃油量修正就是通过计算实际空燃比与目标空燃比的偏离量，给出燃油量修正系数，并将符合当前情况的燃油修正量反映到喷射时间上，使空燃比的控制得以提高。燃油量修正系数被存储在电子控制单元的随机存储器内，以便于以后使用过程中能将当前条件的修正系数及时反映在喷油时间上，提高空燃比的控制精度。

2. 起动时喷油量控制

发动机起动时，由于进气量小、转速波动大，无论是空气流量计还是进气歧管压力传感器都不能精确测量进气流量,因此起动时通常不根据吸入的空气质量和发动机转速来计算基本喷油时间,而是**根据发动机冷却液的温度确定基本喷油时间,再根据进气温度、蓄电池电压信号对基本喷油量进行修正,得到起动时的喷油持续时间**。由于温度低时,喷入的燃油不易汽化,从而使附着在进气管和气缸壁上的燃油增加,实际进入气缸的燃油减少,因此为了使发动机能够顺利起动,基本喷油时间随温度的降低而呈增加趋势。

3.2 电子控制点火系统

3.2.1 电子控制点火系统概述

1. 点火系统的基本要求

为保证汽油发动机在各种工况和使用条件下均能准确、可靠地点火,点火系统应满足下列基本要求。

(1) **具有足够大的点火电压**。

火花塞的点火电压(即次级电压)应高于火花塞的击穿电压。击穿电压是指能击穿火花塞电极间隙的基本电压。击穿电压的影响因素包括火花塞间隙、气缸内混合气的压力与温度、电极的温度和极性及发动机的运行工况等。

为了保证点火可靠,点火系统必须具备一定的高压储备,以保证在所有情况下送往火花塞电极间的电压均大于该工况下火花塞的击穿电压。但电压过高会造成绝缘困难,成本提高。一般次级电压限制在50kV以内,但某些汽车发动机为了提高对各种性能燃料的适应性,可提高次级电压。特殊的发动机系统设计可以产生大于150kV的高压。

(2) **具有足够高的点火能量**。

要使混合气可靠点燃,火花塞产生的电火花必须具有一定的能量。汽车发动机工况变化范围广,所需的点火能量变化较大。

为了提高经济性及减少有害排放物,汽车发动机广泛采用稀薄燃烧技术,在工作时尽量提供空燃比大于17的稀混合气。由于稀混合气难以点燃,因此需要增大火花的能量。基于上述原因,为了保证可靠点火,一般需要点火系统可靠提供50~80mJ,最高150mJ的点火能量,即所谓高能点火系统。

(3) **具有适当的点火时刻**。

最佳点火提前角随发动机结构、工况及使用条件的变化而变化。几乎所有发动机的运行情况与结构参数都能够对点火提前角产生影响,包括转速、负荷、汽油辛烷值、压缩比、混合气的成分、进气压力、火花塞的数量等。综上所述,**点火提前角受制于燃烧速度和燃料性能,所有引起燃烧速度和燃料性能变化的因素,必将同时影响最佳点火提前角的数值**。

因此,发动机对点火提前角的要求是多变的、复杂的、随机的和相互制约的。而且,提高发动机性能的许多措施(比如稀薄燃烧技术和追求"微爆"的临界工况)均会对点火系统提出新的要求。电子控制点火系统的作用是在集中控制的框架下,对上述因素变化在点火系统中引起的反应实施控制，追求发动机工作状态的最佳效应。

2. 电子控制点火系统的优点

20世纪70年代末出现的无触点式点火装置解决了点火电压与点火能量的问题，但点火提前角的调节基本上仍是机械式的。机械装置本身有局限性，无法保证在各种状况下点火提前角均为最佳，极大地影响了点火系统的稳定性和可靠性。

现代汽油发动机电子控制点火系统的成功之处在于实现了点火提前角的自适应性自动控制，即当发动机运行工况及使用环境变化时，可对点火提前角实时控制，最大限度地改善和提高发动机的各项性能。电子控制点火系统的具体特点如下。

（1）在所有工况及各种环境条件下，均可自动获得理想的最佳点火提前角，从而使发动机动力性、经济性、排放性及工作稳定性等均处于最佳匹配状态。

（2）在整个工作范围内，均可提供足够高的点火能量，提高了点火的可靠性，有效地减少了能源消耗和废气有害成分。

（3）配合稀薄燃烧技术，在整个工作范围内提供所需的恒定点火能量。

（4）配合闭环反馈控制技术，与燃料供给系统实行综合控制，可将点火提前角控制在刚好不发生爆燃的临界状态，以获得较高的燃烧效率，有利于发动机各种性能的提高。

3.2.2 电子控制点火系统的结构组成

传统点火系统与电子控制点火系统的结构分别如图3.39与图3.40所示。电子控制点火系统由电源、传感器、电子控制单元、点火控制模块、点火线圈、分电器（有分电器式点火系统）及火花塞等组成。

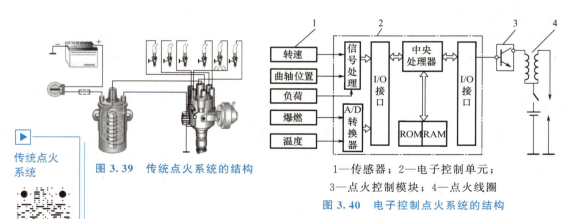

图3.39 传统点火系统的结构

1—传感器；2—电子控制单元；
3—点火控制模块；4—点火线圈

图3.40 电子控制点火系统的结构

电源一般由蓄电池与发电机组成，供给点火系统所需的点火能量。传感器包括曲轴位置传感器、爆燃传感器、空气流量计、冷却液温度传感器、节气门位置传感器等，主要用于检测发动机的运行状态，为电子控制单元控制点火提前角提供依据。电子控制单元是电子控制点火系统的核心，在发动机工作时，不断采集传感器的信号，经过分析、计算、比较，最终向点火控制模块输送点火指令信号。点火控制模块是点火控制系统的一个执行机构，将电子控制单元输出的点火信号进行功率放大后，驱动点火线圈工作。点火线圈将点火瞬间需要的点火能量以磁场的形式储存起来，可根据需要将电源提供的低压电转换为足以在火花塞电极间产生击穿点火的高压电。火花塞将具有一定能量的电火花引入气缸,点燃气缸内的可燃混合气。分电器根据发动机的工作时序,将点火线圈产生的高压电依次传送到各缸火花塞。

电子控制点火系统工作时,电子控制单元不断地采集发动机的转速、负荷、冷却液温度、进气温度等信号,根据只读存储器内存储的相关程序和数据,确定该工况下的最佳点火提前角和通电时间,并向点火控制模块发送指令。点火控制模块根据电子控制单元的点火指令,控制点火线圈初级回路的导通和截止。当初级线圈通电时,点火能量以磁场的形式储存起来;当初级线圈断电时,在次级线圈中产生较高的感应电动势,使相应的火花塞跳火工作,点燃可燃混合气。对于闭环控制的系统,电子控制单元还可以根据爆燃传感器的信号判断发动机的爆燃程度,并将点火提前角控制在轻微爆燃的范围内,使发动机能获得较高的燃烧效率。

无分电器式电子控制点火系统(Distributorless Ignition System,DIS)是在微型计算机控制的基础上,将点火系统中的分电器总成用电子控制装置取代后制造而成的。它利用电子配电控制技术直接将点火线圈的次级线圈与火花塞相连,即把点火线圈产生的高压电直接传送给火花塞进行点火,由此实现了点火系统全电子化的目标。由于无分电器式电子控制点火系统改变了传统的机械式分火方式,即用微型计算机控制电子配电方式取而代之,因此失误率低、无机械磨损、无须调整,而且高压电由点火线圈直接作用在火花塞上,可减少无线电干扰及能量损失。现在越来越多的汽车采用这种点火系统。

无分电器式电子控制点火系统的电子控制单元不仅具有根据发动机的工况对点火提前角进行控制的功能,而且具有电子配电功能,即通过控制点火线圈组中的点火线圈导通与截止的时序,控制火花塞依次击穿点火的时序,完成点火控制过程。无分电器式电子控制点火系统根据配电方式不同,可分为单独点火、双缸同时点火及二极管配电点火三种类型,如图3.41所示。

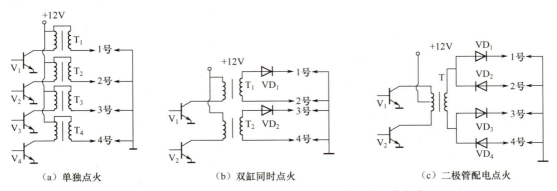

图 3.41 无分电器式电子控制点火系统的三种配电方式

单独点火方式是指将点火线圈直接安装在火花塞的顶上,不仅取消了分电器,而且取消了高压线,分火性能较好,但其结构与点火控制电路较复杂。

双缸同时点火方式的两个火花塞共用一个点火线圈且同时点火,这种配电方式只能用在气缸数为双数的发动机上。此外,与单独点火方式相比,其结构与点火控制电路相对简单,仍保留了点火线圈与火花塞之间的高压线,因此能量损失略大。此外,串联在高压回路的二极管可用来防止点火线圈在初级线圈导通瞬间产生的次级电压加在火花塞上后发生的误点火。

二极管配电点火方式的特点是四个气缸共用一个点火线圈，但点火线圈为内装双初级线圈、双输出次级线圈的特制点火线圈，并且利用四个二极管的单向导通性交替完成对一、四缸和二、三缸配电过程。这种点火方式与双缸同时点火方式相比，具有相同的特性，但对点火线圈要求较高，而且发动机的气缸数应是 4 的倍数。

3.2.3　电子控制点火系统的控制原理

电子控制点火系统的控制内容主要包括点火提前角控制（点火时刻控制）、通电时间控制、电子配电控制及爆燃控制等，其中爆燃控制为点火时刻控制的反馈控制。

1. 点火提前角控制

由于点火提前角对发动机的动力性、经济性及排放净化等有直接的影响，因此有必要对其进行精确控制。但是，影响点火提前角的因素很多，而且关系复杂，难以找到精确的数学模型，实际中通常采用实验的方法来确定发动机在各种工作状态下的最佳点火时刻。由于影响发动机点火提前角的主要因素是发动机转速和负荷，因此实验时先将发动机的转速、负荷划分为若干个小区，形成一个转速与负荷构成的点阵，通过实验获得不同转速、负荷时对应的点火提前角的最佳值，以此绘出点火提前角的三维控制脉谱图，如图 3.42 所示。再将该图转换成二维表，如图 3.43 所示，并将这些数据作为最佳点火提前角标准参数存入只读存储器，以供实际的点火提前角控制所用。在只读存储器中，还存储了根据实验确定的各种修正参数和控制程序，用于点火提前角的修正控制。修正点火提前角是电子控制单元根据发动机转速和负荷信号以外的有关传感器信号对点火时刻进行修正的点火提前角。

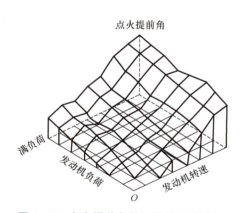

图 3.42　点火提前角的三维控制脉谱图　　图 3.43　点火提前角的二维表

点火提前角控制一般包括起动时点火提前角控制和起动后点火提前角控制两个方面。

（1）起动时点火提前角控制。

发动机起动时，由于发动机的转速和负荷（进气压力或进气流量）变化较大，无法正确计算点火提前角，因此在发动机起动且转速低于 400 r/min 时，通常将点火提前角固定在初始点火提前角，即此时的实际点火提前角等于初始点火提前角。

但是为了提高起动性能，一些发动机起动时的点火时刻并不是初始点火提前角，而是由电子控制单元根据发动机的温度和转速对点火提前角进行适当的控制。例如，日产的 ECCS 系统在正常起动转速（大于 100r/min）下，主要考虑温度对发动机燃烧的影响。当温度较低时，从点火到迅速燃烧需要较长时间，因此应该适当增大点火提前角。

在低起动转速（小于 100r/min）下，若保持原有的点火提前角，则可能在活塞到达上止点前，混合气就已经迅速燃烧起来，造成发动机起动困难甚至反转。为避免此种情况，电子控制单元根据起动转速来确定低速点火提前角。

低速起动点火提前角＝正常起动转速点火提前角×（起动转速/100）

（2）起动后点火提前角控制。

当发动机起动后，点火开关提供的起动信号消失，电子控制单元随即进入起动后点火提前角控制程序。起动后，点火提前角控制主要包括基本点火提前角控制和修正点火提前角控制两个方面。基本点火提前角控制包括怠速和正常行驶两种情况；修正点火提前角控制主要包括怠速暖机修正、怠速稳定修正、过热修正、空燃比反馈修正等。

① 基本点火提前角。基本点火提前角通常以二维表的形式存储在电子控制单元的只读存储器中，分为怠速与正常工况两种情况。

a. 怠速时的基本点火提前角。怠速时的基本点火提前角是指传感器有怠速信号输出时对应的基本点火提前角。其值根据空调或其他辅助系统是否工作及怠速转速略有不同，如图 3.44 所示。若空调工作，则怠速目标转速应提高，可适当增大点火提前角，以利于发动机稳定运转。以丰田 TCCS 系统为例，空调工作时基本点火提前角为 8°，空调不工作时怠速基本点火提前角则为 4°。

b. 正常工况下的基本点火提前角。正常工况下的基本点火提前角主要取决于发动机的转速和负荷。电子控制单元根据相关传感器的输出信号从只读存储器中找出基本点火提前角的最佳值，如图 3.45 所示。

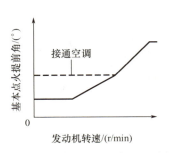

图 3.44 怠速时的基本点火提前角

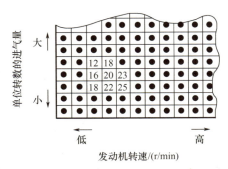

图 3.45 正常工况下的基本点火提前角

② 点火提前角修正。通过上述方法得到基本点火提前角后，可通过修正得到最终实际控制的最佳点火提前角。点火提前角修正一般分为如下几种。

a. 怠速暖机修正。怠速暖机修正主要是指当怠速触点闭合时，电子控制单元根据冷却液温度对点火提前角进行修正。当冷却液温度较低时，由于混合气的燃烧速度较慢，因此应该适当增大点火提前角，以促使发动机尽快暖机。随着温度的升高，点火提前角的修正值应逐渐减小，直至温度达到一定值时，怠速暖机修正结束。暖机修正特性如图 3.46 所示。

b. 怠速稳定修正。发动机怠速运转时，怠速转速会因负荷的变化（如空调、动力转向等工作）出现波动，电子控制单元将根据实际转速与目标转速差值适当修正点火提前角，以稳定发动机的转速。当实际转速低于目标转速时，电子控制单元根据其差值适当地增大点火提前角；当实际转速高于目标转速时，应适当地减小点火提前角。怠速稳定修正特性如图3.47所示。

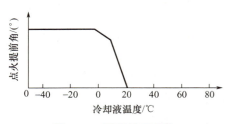

图3.46 暖机修正特性

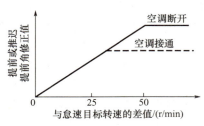

图3.47 怠速稳定修正特性

c. **过热修正**。过热修正是指当发动机温度过高时，为使发动机能够正常工作而对点火提前角进行适当的修正，具体包括如下两种情况：一种是发动机在正常运转（怠速触点断开）时，如果发动机温度过高，则容易产生爆燃，为避免这种情况发生，应适当减小点火提前角；另一种是发动机在怠速工况下时，如果发动机温度过高，则应适当增大点火提前角，以避免发动机长时间过热。过热修正特性如图3.48所示。

d. **空燃比反馈修正**。对于利用氧传感器进行闭环控制的汽油喷射系统，当处于闭环控制时，电子控制单元根据氧传感器的信号对空燃比进行修正。随着修正喷油量的增大或减小，发动机的转速会在一定范围内波动。为了提高发动机转速的稳定性，电子控制单元在控制喷油量减小而使混合变稀的同时，应该适当地增大点火提前角；反之，在控制喷油量增大的同时，应该适当地减小点火提前角。空燃比反馈修正特性如图3.49所示。

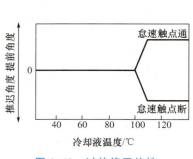

图3.48 过热修正特性

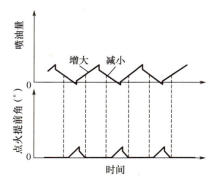

图3.49 空燃比反馈修正特性

e. **极限提前和推迟控制**。发动机的实际点火提前角由初始点火提前角、基本点火提前角与修正点火提前角组成。当发动机工作时，如果实际点火提前角过大或过小，则会导致发动机工作不正常。因此，电子控制点火系统设定了一个实际点火提前角的范围，以控制发动机工作时其点火提前角不超出正常工作的极限值。不同的发动机，设定的点火提前角的最大极限值和最小极限值不同，一般最大极限值为35°～45°，最小极限值为－10°～0°。

此外，当发动机的后备系统工作时，点火提前角通常被设定为初始点火提前角；当发动机产生爆燃时，也应对点火提前角进行适当修正，以消除爆燃。

2. 通电时间控制

当点火线圈的初级电路接通后,初级电流是按照指数规律增大的,因此初级电路断开瞬间初级电流所能达到的数值与初级电路的通电时间有关。只有通电时间达到一定值时,初级电流才能达到饱和,从而使次级电压达到最大值,因此必须保证足够的通电时间。但是通电时间过长,会使点火线圈过热,造成电能消耗增大甚至点火线圈损坏,所以最佳通电时间的确定要兼顾上述两个方面的要求。

影响初级电路通电时间的主要因素有发动机转速与蓄电池电压。由于通电时间是以曲轴转角来度量的,因此对于不同的转速,单位曲轴转角代表的的绝对时间各不相同。同时,当蓄电池电压发生变化时,点火线圈初级电流的上升速率也会发生变化,这就导致在相同的通电时间里初级电流会有所变化,因此有必要根据发动机转速与蓄电池电压对通电时间进行修正。

发动机工作时,电子控制单元根据输入的蓄电池电压和发动机转速信号,从通电时间数据表中查出相应的数值,通过点火线圈驱动电路对初级电路通电时间进行控制。当发动机转速高时,适当增加通电时间,以防止由初级电路电流减小、次级电压下降造成点火困难。当蓄电池电压较高时,减少初级电路的通电时间,以防止由初级电流过大造成电能消耗增大甚至点火线圈损坏;当蓄电池电压较低时,增加初级电路的通电时间,以保证能形成足够大的初级电流,提供足够的点火能量。

3. 电子配电控制

图 3.50 所示为日本丰田公司无分电器式电子控制点火系统电路,电子控制单元除向点火控制模块输出点火信号 IG_t 外,同时输出气缸判别信号 IGd_A、IGd_B,为点火控制模块提供气缸的点火时序。

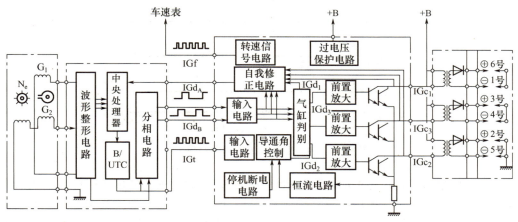

图 3.50　日本丰田公司无分电器式电子控制点火系统电路

下面以图 3.50 为例对电子配电控制加以说明。

(1) 输入信号。

曲轴位置传感器由 G_1、G_2 及 N_e 对应的三个线圈组成,用于判别气缸行程及检测曲轴转角的位置,以确定点火提前角和通电时间。

G_1 信号产生的原理与普通电磁式信号发生器的工作原理相同,只要 G_1 线圈信号出现,就表示第六缸处于压缩行程上止点位置，主要用于确定点火时刻基准。

由于 G_2 线圈与 G_1 线圈相位相差 360°曲轴转角，因此当 G_2 信号出现时，即表示第一缸活塞处于压缩行程上止点位置，其作用与 G_1 信号的相同。

N_e 信号传感器转子有 24 个齿，每转一圈产生 24 个脉冲信号，其周期长度为 30°曲轴转角。将此脉冲信号整形后，通过电路将 24 个脉冲进行 720 脉冲分频，即可产生 1°曲轴转角信号，主要用于计量点火提前角和点火线圈的通电时间。

（2）输出信号。

电子控制单元依据发动机转速、进气量、冷却液温度、起动开关等信息，精确计算点火提前角，并向点火控制模块发出 IGd_1、IGd_2 及 IG_t 信号，如图 3.51 所示。其中，IG_t 为点火信号，用于各缸点火提前角控制；IGd_1 和 IGd_2 为判缸信号。点火控制模块可据此判定气缸的点火次序，依次完成对点火线圈点火过程的控制。

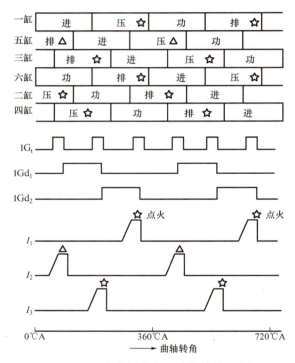

图 3.51　无分电器点火系统输出信号分析

由于电控燃油喷射系统中喷油器驱动信号也来自曲轴位置传感器，因此若点火系统出现故障使火花塞不点火，而曲轴位置传感器工作正常，则喷油器会正常喷油，使汽油进入气缸，导致发动机状态异常，或继续运转时三元催化转化器过热。为了避免这种现象发生，设定完成点火过程后，点火控制模块应及时向电子控制单元返回点火确认信号 IG_f。若其 3~5 个工作循环均无 IG_f 信号反馈，则电子控制单元判定点火系有故障，发出指令强行断油，使发动机熄火。

4．爆燃控制

汽油发动机是利用火花塞点燃混合气，通过火焰传播的方式进行燃烧，以完成可燃混合气在气缸内的膨胀做功过程。如果气缸压力、气体温度异常升高，则可能造成部分混合气不等火焰传播而自行着火燃烧，从而在气缸内瞬时形成多个燃烧火源促使温度升高，产生强大的压力波，这种现象称为爆燃。由于爆燃会造成发动机噪声过大、机构损坏及火花塞电极或活塞产生熔损等危害，因此有必要抑制发动机的爆燃现象。通常，抑制爆燃现象的主要措施有采用抗爆性好的燃料、改进燃烧室的结构、加强冷却液的冷却效果、推迟点火时刻等，其中推迟点火时刻对抑制爆燃的效果最明显。

（1）爆燃与发动机点火时刻关系。

爆燃与发动机点火时刻密切相关，如图3.52所示。如果点火时刻早，燃烧的最大压力过高，则爆燃容易发生。通常发动机产生最大转矩对应的点火时刻处在产生爆燃对应的点火时刻附近的最佳转矩最小点火提前角曲线。传统点火系统除根据油料品质选择点火提前角外，无其他爆燃控制系统。设定点火时刻远离爆燃界限，点火时刻滞后，导致发动机转矩和功率下降，燃料消耗增加。爆燃与发动机转矩的关系如图3.53所示。

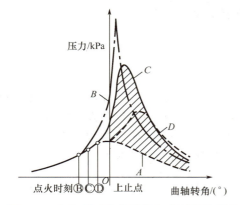

图3.52 气缸压力与发动机点火时刻的关系

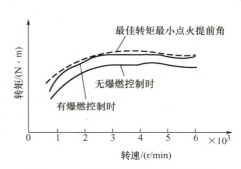

图3.53 爆燃与发动机转矩的关系

在设置爆燃传感器的点火闭环控制系统中，可利用反馈控制把点火时刻控制在爆燃界限点附近，即所谓"微爆"状态，有利于提高发动机各项性能。

（2）爆燃传感器。

爆燃传感器用于检测发动机的爆燃趋势与程度，以实现发动机点火时刻的闭环控制，从而有效地抑制爆燃现象发生。此外，由于闭环控制系统可将发动机的燃烧过程控制在轻微爆燃状态，因此能有效地提高发动机的工作性能。爆燃传感器是点火闭环控制系统中不可缺少的信号反馈元件。

发动机爆燃检测方法通常有气缸压力法、燃烧噪声法及机体振动法。其中气缸压力法精度最高，但传感器直接接触爆燃源，耐久性差且安装困难，一般仅用于试验研究型发动机。燃烧噪声法采用非接触式检测法，耐久性很好，但精度和灵敏度偏低。最常见的是用机体振动法来判断爆燃强度。采用机体振动法的爆燃传感器有磁致伸缩式和压电式两种类型，压电式又分为共振型和非共振型两种。

① 磁致伸缩式爆燃传感器。磁致伸缩式爆燃传感器通常安装在发动机机体上，可将机体振动信号转换为电压信号来检测发动机的爆燃强度。磁致伸缩式爆燃传感器主要由铁芯、永久磁铁及感应线圈等组成。当发动机产生振动时，磁芯受振动偏移，致使感应线圈内磁通量发生变化，在感应线圈内产生感应电动势，其值与发动机振动的频率有关。当传

感器的固有振动频率与发动机发生爆燃时的振动频率一致且产生谐振时,传感器将输出最大电压信号。电子控制单元根据谐振点输出的电压信号,即可判断出发动机爆燃强度。

② 非共振型压电式爆燃传感器(图3.54)。非共振型压电式爆燃传感器用于**根据振动加速度信号来判断发动机爆燃强度**。其组成元件主要有同极性相向对接的两个压电元件和固定于壳体上的配重。发动机工作时,配重将机体加速度信号转换为压力信号,作用于压电元件上,压电元件再将压力信号转换为电压信号输出。

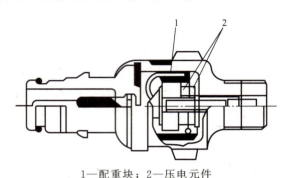

1—配重块;2—压电元件
图3.54 非共振型压电式爆燃传感器

非共振型压电式爆燃传感器的输出特性曲线如图3.55所示,其特点是较平缓。即使在爆燃发生的频率及其附近,输出电压也不会很大。因此,必须将反映发动机振动频率的输出电压信号传送至能识别爆燃信号的滤波器,通过滤波处理后便可判别是否有爆燃信号产生及爆燃强度。此传感器可用于检测具有较宽频带的发动机振动频率。当用于不同发动机上时,只需调整滤波器的过滤频率即可使用,而不需要更换传感器,这是非共振型压电式爆燃传感器的突出优点。

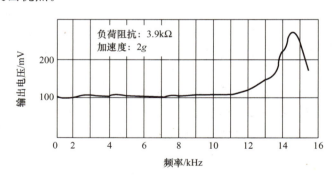

图3.55 非共振型压电式爆燃传感器的输出特性曲线

(3)爆燃控制原理。

一般爆燃现象是电子控制单元根据爆燃传感器信号进行判别的。爆燃传感器通常安装在发动机的缸体上,它将发动机缸体的振动信号转换为电压信号,并输入电子控制单元作为判别爆燃现象的控制信号。由于爆燃传感器输出的电压信号中还包含各种频率的其他电压信号,因此需要用识别电路来鉴别爆燃信号。电子控制信号先利用滤波电路对爆燃传感器传送来的信号进行滤波处理,将特定频率范围内的爆燃信号与其他信号分离,再将滤波后的信号峰值与爆燃判别基准值进行比较,判别发动机是否发生爆燃及爆燃强度。对于共振型压电式爆燃传感器，若信号峰值超过基准值，则说明发动机处于爆燃状态，应适当推迟点火时刻；若一定时间内无爆燃现象发生，则阶跃地提前点火时刻，直至爆燃现象再次发生后，重新开始推迟点火时刻。如此往复，使发动机处于轻微爆燃的状态。爆燃强度一般是根据一定时间内爆燃信号超过基准值的次数来判定的，次数越多，爆燃强度越大；相反，次数越少，爆燃强度越小。爆燃强度的判定与爆燃反馈控制原理分别如图 3.56 和图 3.57 所示。

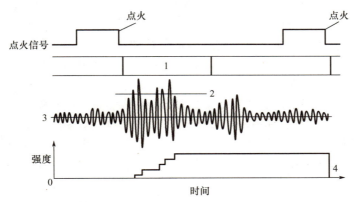

1—爆燃判定期间；2—爆燃判别基准；3—爆燃传感器输出信号；4—爆燃强度判定曲线

图 3.56　爆燃强度的判定

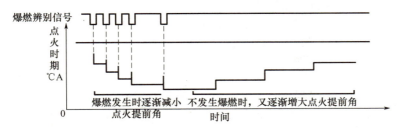

图 3.57　爆燃反馈控制原理

此外，由于发动机运转时的振动信号频繁且强烈，因此为了防止产生错误的爆燃判别，发动机并非在任何时刻都进行爆燃反馈控制。通常设定的爆燃控制范围只局限于发动机点火后且爆燃可能发生的一段曲轴转角范围内，只有在该范围内，电子控制信号才对爆燃信号进行判别。同时，当发动机的负荷低于一定值时，一般不会出现爆燃现象，因此也不采用爆燃反馈控制。

3.3　汽油缸内直喷系统

汽油缸内直喷系统1

传统的汽油发动机通过计算机采集转速、进气量、凸轮位置及各相关信号来控制喷油器将汽油喷入进气歧管，汽油在进气歧管内与空气混合，然后进入燃烧室中燃烧。空气与汽油的最佳混合比（理论空燃比）是 14.7∶1，

汽油缸内
直喷系统2

由于喷油器与燃烧室有一定的距离，汽油与空气的混合受进气气流和气门开度的影响较大，部分微小的汽油颗粒会吸附在管道壁上，汽油与空气不能做到均匀混合，因此现实中很难达到理论空燃比，进而影响发动机动力性和经济性，这已成为传统发动机无法解决的一个问题。

要想解决以上难题，必须把汽油直接喷射到气缸中。从 2000 年开始各汽车企业先后研制出缸内直喷发动机（直喷式汽油发动机）。缸内直喷发动机采用类似于柴油发动机的供油技术，通过一个活塞泵提供所需的 10MPa 以上的压力，将汽油提供给位于气缸上部的喷油器。通过计算机控制喷油器在最恰当的时间将汽油直接注入燃烧室，通过对燃烧室内部形状的设计，使混合气能产生较强的涡流，以充分混合，保证在顺利点火的情况下，根据不同的工况实现均匀燃烧和分层燃烧，从而降低燃油消耗，实现动力提升。

各大汽车生产企业都推出了缸内直喷发动机，最成熟的缸内直喷发动机有两个，一个是奥迪 FSI（Fuel Stratified Injection）；另一个是三菱 GDI（Gasoline Direct Injection）。无论是 FSI 还是 GDI，都是借助柴油发动机节油的先天优势实现汽油发动机优化的，所以在结构与工作原理上大同小异。下面以奥迪 FSI 发动机为例，介绍汽油缸内直喷进气系统的结构与工作原理。

3.3.1　汽油缸内直喷进气系统

奥迪 FSI 发动机的进气工作模式通常有分层充气、均质稀混合气和均质混合气三种，三种工作模式的工作特性曲线如图 3.58 所示。

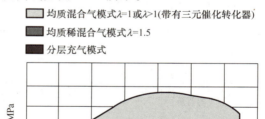

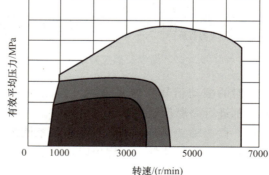

图 3.58　奥迪 FSI 发动机三种工作模式的工作特性曲线

1. 分层充气模式

（1）进气过程。

发动机小负荷工况下，采用分层充气模式，节气门打开，以减少节流损失。进气歧管翻板工作，封住各进气歧管的下进气道，使空气运动加速，如图 3.59 所示。此时气缸处于进气行程，被吸入的空气以涡流形式通过上部进气通道加速进入气缸，活塞顶部的特殊形状加剧了气流的涡流效果，如图 3.60 所示。

图 3.59 分层充气模式

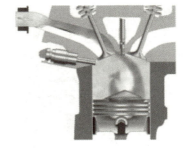

图 3.60 分层充气模式的涡流效果

（2）喷油过程。

如图 3.61 所示，当活塞处于压缩行程时，约上止点前 60°曲轴转角处喷油开始，约上止点前 45°曲轴转角处结束喷油。喷油时刻对混合气的形成有很大影响，在到达点火时间之前的很短时间里，喷油器以 4～11MPa 的压力向火花塞附近喷射燃油，燃油喷射角非常小，燃油雾气不与活塞顶部接触。

（3）混合气形成过程。

如图 3.62 所示，混合气形成只发生在 40°～50°曲轴转角之间。如果曲轴转角小于这个范围，则无法点燃混合气；如果曲轴转角超出这个范围，则混合气变为均质混合气，过量空气系数 λ＝1.6～3。

图 3.61 分层充气模式的喷油过程

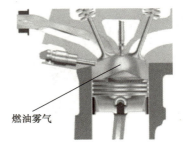

图 3.62 分层充气模式的混合气形成过程

（4）燃烧做功过程。

如图 3.63 所示，当混合气分层时，火花塞处混合气较浓，远离火花塞处的混合气较稀。火花塞点火，使混合好的气雾点燃做功。混合好的气雾周围的气体起到隔离作用，气缸壁热损耗小，发动机热效率提高。

2. 均质稀混合气模式

（1）进气过程。发动机中等负荷下，采用均质稀混合气模式。进气过程与分层充气模式的相似。此时，节气门打开，进气歧管翻板关闭各进气歧管的下进气道，使空气加速流动，并呈旋转状进入气缸，如图 3.64 所示。

（2）喷油过程。均质稀混合气模式的喷油是在进气行程开始的，在点火上止点前 300°曲轴转角处喷入燃油，控制过量空气系数 λ≈1.55。

（3）混合气形成。均质稀混合气模式的混合气形成有足够的时间，并且混合均匀，易形成较稀的均质混合气。

图 3.63 分层充气模式的燃烧做功过程

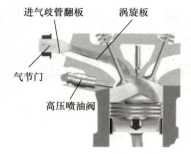

图 3.64 均质稀混合气模式的进气过程

（4）燃烧做功过程。对于均质稀混合气模式，点火时刻有较大的范围进行优化控制，可自由选择，燃烧发生在整个燃烧室内。

3. 均质混合气模式

（1）进气过程。<u>发动机大负荷工况下，采用均质混合气模式</u>。发动机控制单元根据节气门位置传感器的信号来控制节气门打开，根据发动机的负载和转速来控制进气歧管翻板全开，打开进气歧管的下进气道，如图 3.65 所示。

（2）喷油过程。均质混合气模式的喷油时刻与均质稀混合气模式的相同，即<u>在点火上止点前 300°曲轴转角处喷入燃油</u>，如图 3.66 所示，此模式的过量空气系数 $\lambda \approx 1$。

图 3.65 均质混合气模式的进气过程

图 3.66 均质混合气模式的喷油过程

（3）混合气形成。均质混合气模式的混合气形成时间较长，使混合气充分混合，从而形成均质混合气。

（4）燃烧做功过程。对于均质混合气模式，点火时刻有较大的范围，根据发动机的负荷、转速及其他传感器信号精确控制，如图 3.67 所示。

图 3.67 均质混合气模式的燃烧做功过程

3.3.2 汽油缸内直喷燃油供给系统

1. 燃油供给系统的组成

缸内直喷发动机的燃油供给系统主要由燃油箱、电动燃油泵、燃油滤清器、燃油高压传感器、高压燃油泵、燃油压力调节器、油轨、过压阀、高压喷油器（阀）及燃油压力传感器等组成，如图 3.68 所示。

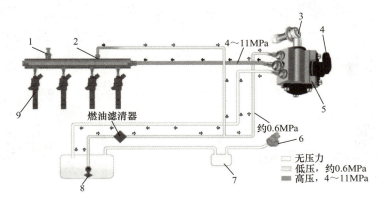

1—燃油高压传感器（G247）；2—过压阀；3—双凸阀；4—燃油计量阀（N290）；
5—高压燃油泵；6—活性炭罐电磁阀；7—活性炭罐；8—电动燃油泵（G6）；9—高压喷油器

图 3.68　燃油供给系统的组成

汽油缸内直喷燃油供给系统可分为低压燃油供给系统和高压燃油供给系统。 低压燃油系统是指电动燃油泵至高压燃油泵之间的油路系统。高压燃油系统是指高压燃油泵至高压喷油器之间的油路系统。

2. 燃油供给系统的工作过程

燃油供给系统的工作过程如图 3.69 所示。发动机控制单元（J220）根据系统各信号控制燃油泵控制单元（J538），J538 负责控制电动燃油泵（G6）工作，低压压力传感器（G410）监测低压系统压力，使低压油路内的油压达到 0.6MPa 左右，冷热状态起动发动机时，低压燃油系统内的油压达到 0.6MPa。燃油经燃油滤清器流向高压燃油泵，高压燃油泵由驱动凸轮驱动，燃油压力调节阀（N276）根据发动机的负荷和转速，适时调整油轨内所需的压力为 4~11MPa。燃油高压传感器（G247）监测高压系统压力，高压燃油通过燃油分配管输送到各缸的喷油器（N30~N33）内，高压油路内的限压阀在压力超过 12~15MPa 时开启，燃油流回油箱，以保护高压部件。燃油轨道起缓冲器的作用，用来吸收高压燃油管内的压力波动。

3. 高压燃油泵

（1）高压燃油泵的作用。**高压燃油泵将来自低压（0.6MPa）的燃油加压至 4~11MPa，以供入油轨。** 其平均供油量是喷油器平均供油量的 2 倍左右。高压燃油泵由凸轮轴以机械方式驱动。高压燃油泵的压力缓冲器可吸收高压系统内的压力波动。

汽车电器与电子控制技术

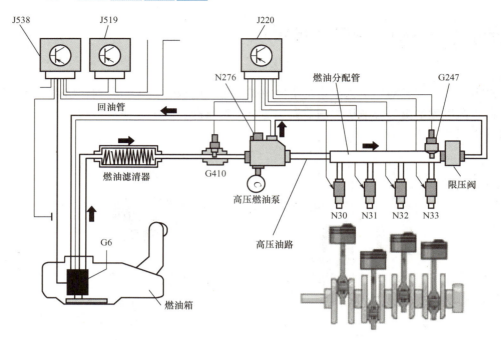

图 3.69　燃油供给系统的工作过程

（2）高压燃油泵的结构。

高压燃油泵采用活塞泵结构，由凸轮轴驱动。高压燃油泵由驱动凸轮、喷油器限压阀、燃油压力调节阀（N276）等组成，如图 3.70 所示。

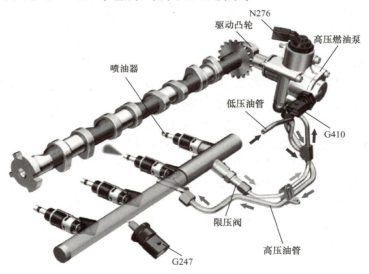

图 3.70　高压燃油泵的组成

（3）高压燃油泵的工作过程。

① 进油过程。当泵油活塞向下运动时，活塞上腔的容积不断增大，产生真空吸力，此时出油阀在弹簧力的作用下处于关闭状态，进油阀在低压油压的作用下打开，燃油经进

油阀进入泵腔,如图 3.71 所示。泵油活塞向下运动过程中,泵腔内的燃油压力近似于低压系统内的压力。

② **供油过程**。当泵油活塞向上运动时,活塞上腔的容积不断减小,燃油被压缩,泵腔内建立起油压,进油阀关闭,当泵腔内的油压高于油轨内的油压时,出油阀打开,此时燃油被泵入高压油轨内,如图 3.72 所示。

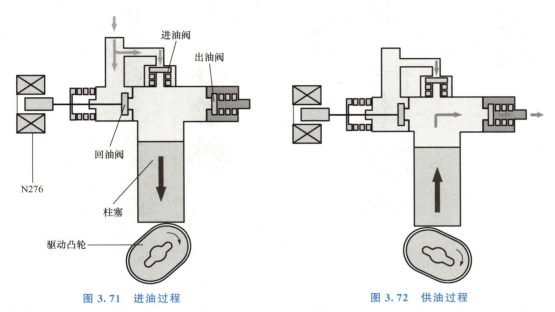

图 3.71　进油过程　　　　　　　　图 3.72　供油过程

③ **回油过程**。控制单元根据压力信号并给燃油压力调节阀(N276)发送指令来吸合针阀,并克服针阀弹簧的作用力向左运动;同时泵油活塞继续向上运动,泵腔内多余的燃油被压回低压系统,如图 3.73 所示。

4. 喷油器

缸内直喷发动机喷油器的结构与传统喷油器的相似。喷油器上 6 个精细的喷油孔可以喷射出圆锥形的雾状燃油。这种结构可在节气门全开或在预热催化转化器阶段的二次喷射过程中,避免油束覆盖整个活塞顶部,可大大减少碳氢化合物的排放。

喷油器的驱动电压约为 65V,发动机控制单元内集成有两个升压电容器,能将 12V 转换为 50~90V 以打开喷油器针阀。**喷油器针阀打开时需要高电压,随后继续保持打开状态时,只需要加载 12V 电压**。

(1) 喷油器的组成。

喷油器主要由电磁线圈、压力弹簧、喷嘴针阀、阀座、供电插头等组成,如图 3.74 所示。

(2) 喷油器的工作过程。

电磁线圈通电,产生的电磁力使铁芯克服弹簧力移动,与铁芯一起的针阀打开,燃油便从喷油口喷出,喷油器将汽油直接喷入燃烧室;电磁线圈断电,其电磁力消失,铁芯在弹簧力的作用下迅速回位,针阀关闭,喷油器立即停止喷油。

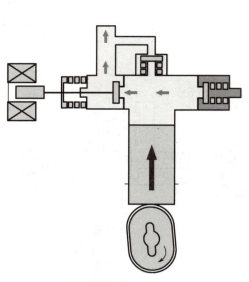

图 3.73 回油过程

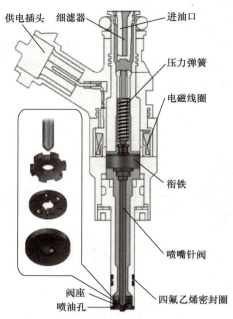

图 3.74 喷油器的组成

5. 燃油高压传感器（G247）

（1）组成。

燃油高压传感器（G247）监控燃油系统高压部分的压力，并且把信号传送给发动机控制单元。油轨内的压力保持恒定对减少排放、降低噪声和提高功率有重要影响。燃油压力在一个调节回路中进行调节，传感器的测量误差小于2%。传感器的核心是钢膜，在钢膜上有应变电阻，要测的压力经压力接口作用到钢膜的一侧，钢膜弯曲，从而引起应变电阻的阻值发生变化，分析电路将电信号放大后传递给发动机控制单元。燃油高压传感器（G247）的组成如图3.75所示。

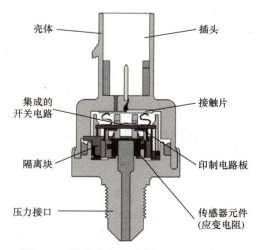

图 3.75 燃油高压传感器（G247）的组成

(2) 信号作用。

发动机控制单元根据燃油高压传感器（G247）信息调节燃油压力调节阀来控制油轨内的燃油压力。

(3) 失效影响。

燃油高压传感器（G247）失效后，燃油压力调节阀会在泵油行程中通电或断电，处于常开状态。此时整个系统压力降低至低压端的 0.6MPa，发动机的输出转矩和功率都会大幅下降。

6. 燃油压力调节阀（N276）

(1) 位置。

燃油压力调节阀（N276）安装在高压燃油泵的侧面，如图 3.76 所示。

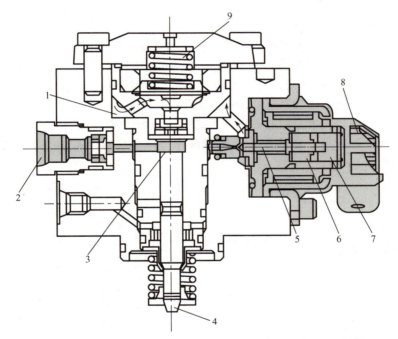

1—燃油入口；2—高压接口；3—泵腔；4—高压活塞；5—阀针；
6—线圈；7—衔铁；8—燃油压力调节阀（N276）；9—压力缓冲器

图 3.76　燃油压力调节阀（N276）的位置

(2) 作用。

燃油压力调节阀（N276）的作用是按需求控制进入油轨的油量。

(3) 失效影响。

出于安全考虑，奥迪 FSI 发动机燃油压力调节阀（N276）不通电状态下，阀门处于常开状态，高压燃油泵供应的燃油经打开的阀门全部泵回低压管路。

有些缸内直喷发动机燃油压力调节阀不通电时阀门关闭，也就是说，当这个阀失效时，燃油压力会一直上升，直到达到 12MPa 时限压阀打开。发动机控制单元根据高压的情况匹配喷油器打开时间，同时发动机转速限定在 3000r/min。

3.4 电控柴油喷射系统

3.4.1 共轨式喷油系统的结构与原理

柴油机共轨控制系统1

柴油机共轨控制系统2

共轨式喷油技术于 20 世纪 90 年代中期开始推向市场。它摒弃了以往使用的泵管嘴脉动供油的形式,而是用一个高压燃油泵在柴油发动机的驱动下,以一定的速率连续将高压燃油输送到共轨内,高压燃油再由共轨送入各喷油器。在这里,高压燃油泵并不直接控制喷油量,而仅向共轨供油以维持所需的共轨压力,并通过连续调节共轨压力来控制喷射压力。**利用压力-时间式燃油计量原理,用高速电磁阀控制喷射过程**。喷射压力、喷油量及喷油定时由电子控制单元灵活控制。

国外已经开发出许多共轨式喷油系统,其中比较典型的有美国 BKM 公司的 Servojet 系统、Caterpiller 公司的 HEUI 系统,日本丹索公司的 ECD-U2 系统和德国博世公司的高压共轨式喷油系统。下面讲解德国博世公司的高压共轨式喷油系统的结构与工作过程。

德国博世公司的高压共轨式喷油系统**主要由高压泵、齿轮泵、喷油器、燃油滤清器、燃油泵、高压传感器、限压阀等组成**,如图 3.77 和图 3.78 所示。

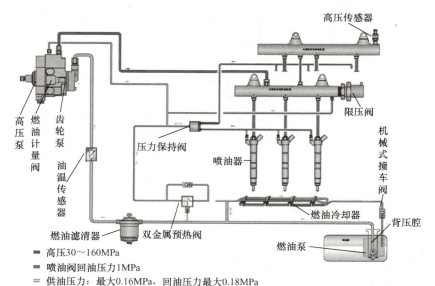

- 高压 30~160MPa
- 喷油阀回油压力 1MPa
- 供油压力:最大 0.16MPa,回油压力最大 0.18MPa

图 3.77 德国博世公司的高压共轨式喷油系统的组成

1. 高压泵

(1)结构。

高压泵的结构如图 3.79 所示。

高压泵采用双调节系统调节燃油压力。发动机处于冷却状态时,在怠速范围内燃油压力调节阀（N276）调节燃油压力。发动机处于加热状态时，通过燃油调节单元（N290）将燃油输送到燃油调节系统，防止燃油受到不必要的加热。

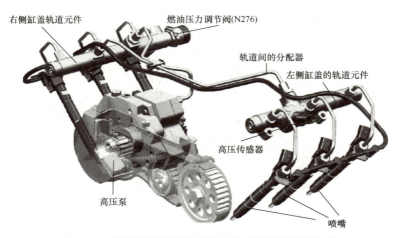

图 3.78　德国博世公司的高压共轨式喷油系统的结构

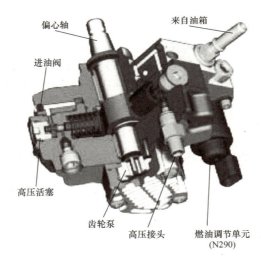

图 3.79　高压泵的结构

共轨内的燃油压力达到 20MPa 或更高，发动机控制单元触发喷油器开始喷油。只要共轨内燃油压力降到 13MPa 以下，发动机控制单元就中断喷油。

（2）工作过程。

如图 3.80 所示，初级燃油泵把柴油输送到二级燃油泵后，经二级燃油泵将压力提高至 0.7MPa 左右，再进入燃油压力调节阀处。发动机控制单元根据发动机运行工况，通过脉宽调制信号（占空比信号）调节燃油压力调节阀。当燃油压力调节阀内调节活塞向左移动时，二级燃油泵内的燃油通过燃油压力调节阀和进油阀进入泵腔，泵腔内的燃油受到压缩后顶开出油阀进入共轨，共轨内的压力主要取决于进入泵腔内的燃油量，进入泵腔内的燃油越多，进入共轨的燃油就越多，由于共轨体积不变，因此共轨内的压力随进入泵腔内的燃油量变化而变化。共轨内的压力变化范围为 15～180MPa。

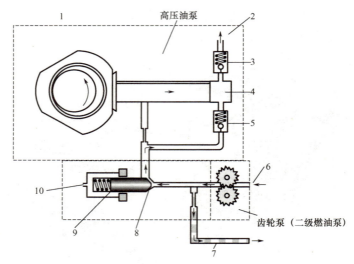

1—驱动轴；2—进油口；3—出油阀；4—泵腔；5—进油阀；6—进油口；7—回油口；
8—燃油压力调节阀（N276）；9—调节活塞；10—脉宽调制信号

图 3.80　高压泵的工作过程

2. 齿轮泵

齿轮泵由齿形传动带通过偏心轴驱动，作用是将燃油从燃油箱输送至高压泵。

齿轮泵的工作过程如图 3.81 所示，两齿轮按各自的方向旋转，此时进油腔的体积增大，起到吸油的作用；出油腔的体积减小，起到压油的作用。当油压大于一定压力时，顶开出油阀。

3. 喷油器

共轨柴油机上的喷油器主要有两种：**压电式喷油器和电磁阀式喷油器**。电磁阀式喷油器的结构如图 3.82 所示。

喷油器1

喷油器2

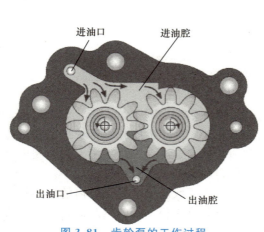

图 3.81　齿轮泵的工作过程

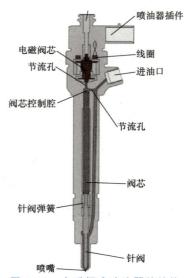

图 3.82　电磁阀式喷油器的结构

(1) 电磁阀式喷油器的特点。

优点：成本较低，技术趋于成熟，便于与柴油发动机匹配，应用广泛。

缺点：响应速度慢，不能实现多次预喷和后喷。

(2) 电磁阀式喷油器的工作过程。

① 如图 3.83 所示，当电磁线圈无电流通过时，高压燃油经进油口进入喷油器的控制腔和下端喷油嘴针阀处，此时上下两处的燃油压力相同，而由于阀门调节杆上方有效截面面积比针阀处有效截面面积大，因此阀门调节杆受到的合力方向向下，喷油器针阀紧压在针阀座上，喷油器停止喷油。

② 如图 3.84 所示，当发动机控制单元给电磁线圈供电时，衔铁上移，控制腔上端节流孔打开，控制腔压力减小，针阀控制杆受到的合力方向向上，针阀控制杆向上运动，喷油器针阀开启，高压燃油喷入气缸，完成燃油喷射过程。喷射时间根据发动机控制单元给电磁线圈的通电时间而定，通电时间越长，针阀打开的时间越长，喷入气缸内的燃油就越多。

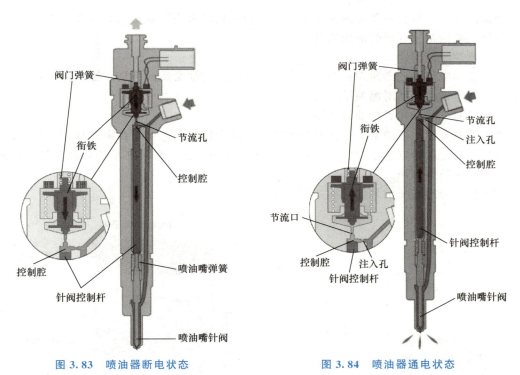

图 3.83　喷油器断电状态　　　　图 3.84　喷油器通电状态

3.4.2　泵管嘴喷油系统的结构与原理

1. 泵管嘴喷油系统的组成

下面以奥迪 2.5L、六缸、型号为 AFB 的发动机为例，介绍泵管嘴喷油系统的组成。如图 3.85 所示，泵管嘴喷油系统主要由油箱、带有背压腔的燃油泵、燃油滤清器、径向柱塞分配式喷油泵和喷油嘴等组成。

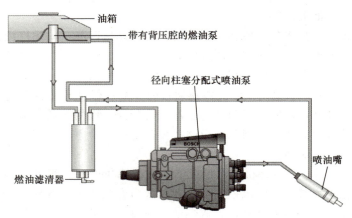

图 3.85　泵管嘴喷油系统的组成

（1）带有背压腔的燃油泵。

油箱内有一个带有背压腔的燃油泵，驱动两个抽吸泵将燃油送入背压腔，以保证径向柱塞分配式喷油泵抽到的燃油内无气泡。

（2）燃油滤清器。

由于燃油中很小的杂质颗粒会对径向柱塞分配式喷油泵造成损伤，因此在燃油进入喷油泵前，用燃油滤清器对燃油进行过滤。

（3）径向柱塞分配式喷油泵（图 3.86）。

径向柱塞分配式喷油泵有单独的控制单元，用于控制和监控喷油泵的执行元件。因此**在控制单元内存有特性曲线，特性曲线与喷油量精度匹配**。控制单元与喷油泵是一体的，出现故障时应整体更换。

径向柱塞分配式喷油泵的结构如图 3.87 所示。

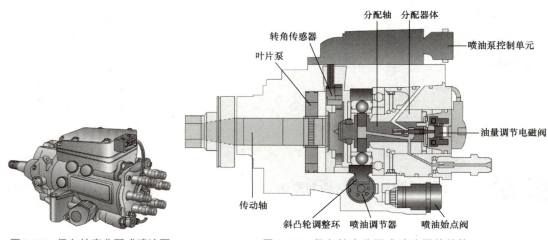

图 3.86　径向柱塞分配式喷油泵　　　图 3.87　径向柱塞分配式喷油泵的结构

在径向柱塞分配式喷油泵内有叶片泵，如图 3.88 所示。**叶片泵从油箱内抽取燃油并在径向柱塞分配式喷油泵内建立起压力**。叶片泵主要靠吸油腔和出油腔的体积变化实现泵油工作。

① 径向柱塞分配式喷油泵的工作原理。径向柱塞分配式喷油泵的吸油过程如图 3.89 和图 3.90 所示，当电磁阀打开时，径向柱塞分配式喷油泵内的压力会将燃油压入压缩室。

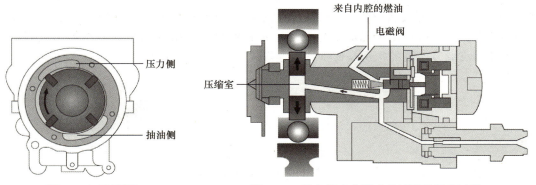

图 3.88　叶片泵　　　　　　图 3.89　径向柱塞分配式喷油泵的吸油过程

压缩过程如图 3.91 所示，燃油由两个活塞压缩，活塞通过滚子由斜凸轮调整环驱动，驱动力来自传动轴。传动轴转动时会使滚子作用到斜凸轮调整环的凸轮轴上，从而将活塞向内压，活塞中间的燃油被压缩。

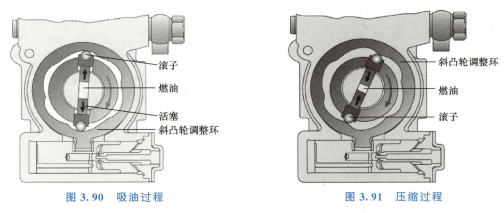

图 3.90　吸油过程　　　　　　图 3.91　压缩过程

分配过程如图 3.92 所示，电磁阀关闭时，燃油由分配轴和分配器体经回油节流阀和喷油嘴分配到各气缸。

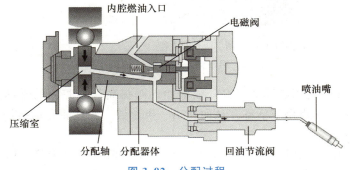

图 3.92　分配过程

分配器体上有通往各气缸的孔，分配轴与传动轴一同转动，使压缩室总是与分配器体上的某个孔相连，如图3.93所示。

② 喷油始点调节装置的工作原理。喷油始点控制简图如图3.94所示，针阀升程传感器（G80）、冷却液温度传感器（G62）、发动机转速传感器（G28）是用于确定喷油始点信号的传感器。发动机控制单元的信号被喷油泵控制单元转换为用于控制喷油始点阀的信号。**喷油始点调节装置的作用是使供油始点与发动机转速相匹配。**

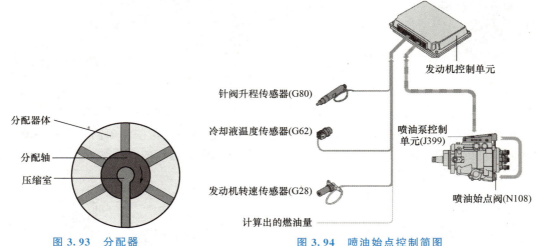

图3.93 分配器　　　　　　图3.94 喷油始点控制简图

喷油始点调节装置的工作原理如图3.95所示，**随着转速的升高，喷油始点应"提前"**。喷油始点调节装置的控制活塞通过弹簧力压在喷油始点调节活塞上，控制活塞的环形腔通过一个孔从喷油泵的内腔得到燃油压力，喷油始点阀控制活塞环形腔内的燃油压力。

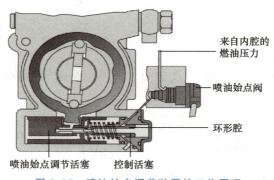

图3.95 喷油始点调节装置的工作原理

如图3.96所示，随着转速的升高，喷油始点阀提高环形腔内的燃油压力，控制活塞顶着弹簧力离开喷油始点调节活塞，从而让出一条通道，使燃油到达喷油始点调节活塞的后部，喷油始点推迟。

如图3.97所示，燃油压力向右推动喷油始点调节活塞，由于喷油始点调节活塞与斜凸轮调整环是连接在一起的，**因此喷油始点调节装置的水平运动使得斜凸轮调整环向"提前"方向转动**。

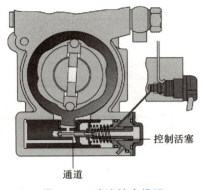
图 3.96 喷油始点推迟

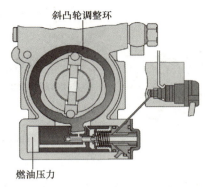
图 3.97 喷油始点提前

2. 泵管嘴喷油系统的控制方式

泵管嘴喷油系统的控制方式如图 3.98 所示，发动机控制单元接收来自关于发动机工况及辅助控制的传感器信号并进行分析，确定喷油量和供油始点，再将计算的数值发送给喷油泵控制单元。**喷油泵控制单元计算出供油量和喷油始点的数据**。喷油泵控制单元与发动机控制单元之间的信号通过 CAN 数据总线传递。发动机控制单元还有其他任务，如控制废气再循环和增压压力调节等。

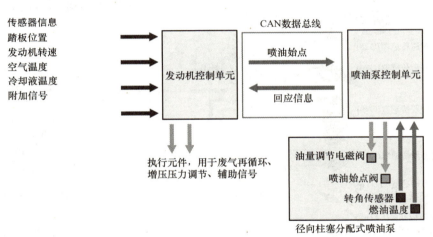
图 3.98 泵管嘴喷油系统的控制方式

3. 预热系统

预热系统的组成如图 3.99 所示。预热系统电路如图 3.100 所示，预热塞继电器由发动机控制单元控制。**在温度较低时，预热装置可使发动机容易起动**。当冷却液温度低于 9℃时，发动机控制单元接通预热装置。

加热过程分为以下两个阶段。

（1）预加热。打开点火开关后，若温度低于 9℃，则预热塞接通，同时预热时间指示灯亮起。加热过程结束后，预热时间指示灯熄灭，发动机可以起动。

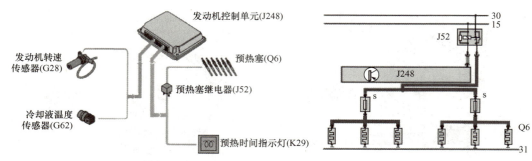

图 3.99　预热系统的组成　　　　　　图 3.100　预热系统电路

（2）再加热。每次起动发动机后，无论是否已预加热，发动机都会继续加热，以减小燃烧噪声、改善怠速状况并减少废气排放。再加热阶段最长可持续 4min，当发动机转速高于 4000r/min 时，再加热中断。

4. 发动机管理系统

发动机管理系统的组成如图 3.101 所示。

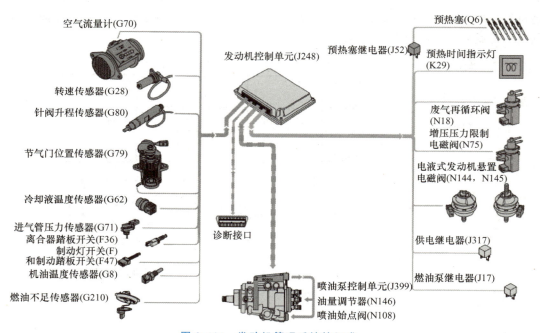

图 3.101　发动机管理系统的组成

3.4.3　泵喷嘴喷油系统的结构与原理

泵喷嘴结构如图 3.102 所示，其最大特点是把喷油泵和喷油器合二为一，安装在气缸盖上，也就是说，每个气缸单独配有一个泵喷嘴结构，所以气缸盖结构比较复杂。

泵喷嘴结构有如下特点：能产生比共轨系统大的压力（约为 200MPa）；无高压管路，可消除高压管路中压力波和燃油压力变化对喷油量的影响；喷油器驱动采用压电元件，而非电磁阀，喷射的控制精度较高。

1. 泵喷嘴喷油系统的组成

奥迪 V10 柴油发动机泵喷嘴喷油系统的组成如图 3.103 所示。该发动机由两个发动机控制单元控制，分别为发动机控制单元 1（J623）和发动机控制单元 2（J624），其中 J623 为主控单元，J623 和 J624 通过特有总线进行通信。**J623 接收加速踏板位置传感器信号、怠速开关信号、曲轴位置传感器信号、冷却液温度传感器信号等，计算出需要的喷油量，并控制 1～5 缸的压电式喷油器打开或关闭；同时与 J624 通信，使其控制 6～10 缸的压电式喷油器打开或关闭。**

图 3.102　泵喷嘴结构

2. 泵喷嘴的结构

泵喷嘴的结构如图 3.104 所示。

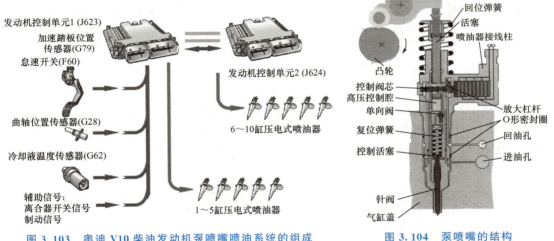

图 3.103　奥迪 V10 柴油发动机泵喷嘴喷油系统的组成

图 3.104　泵喷嘴的结构

3. 泵喷嘴的工作过程

（1）**吸油过程**。

泵喷嘴的吸油过程如图 3.105 所示，当凸轮轴上的凸轮转到摇臂另一侧时，喷油器中的活塞在复位弹簧的作用下向上运动，高压控制腔内体积增大，压力减小，燃油从进油口吸入高压控制腔。

（2）**压缩过程**。

泵喷嘴的压缩过程如图 3.106 所示，当凸轮旋转到上面时，摇臂以摇臂轴为中心顺时针转动，喷油器内柱塞向下运动，高压控制腔产生高压燃油。但此时喷油器针阀并不开启，原因是高压控制腔内的高压燃油通过控制阀芯流向针阀的下端和针阀顶座，针阀上下所承受压力的有效面积不同，针阀受到的合力向下。

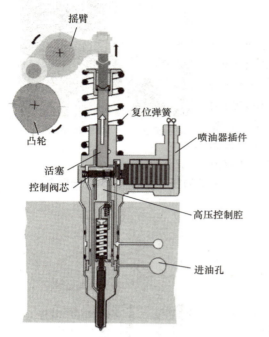

图 3.105　泵喷嘴的吸油过程

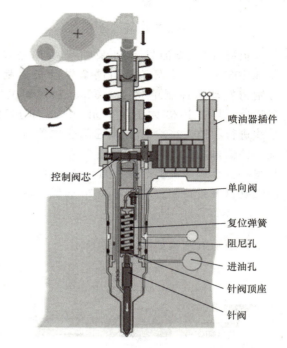

图 3.106　泵喷嘴的压缩过程

（3）喷射过程。

发动机控制单元采集当前的负荷、转速、冷却液温度等信号，计算出需要的喷油量，并控制喷油器动作，控制方式是给喷油器中的压电元件通电。当压电元件有电压作用时，受逆压电效应影响，压电元件会变形，变形量通过放大板作用到控制阀芯，如图 3.107 和图 3.108 所示。

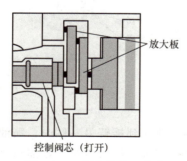

图 3.107　压电元件通电前

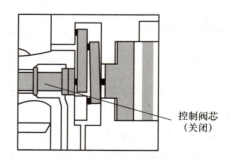

图 3.108　压电元件通电后

泵喷嘴的喷射过程如图 3.109 所示，控制阀芯向左运动，关闭高压控制腔通向针阀顶座的通道。但高压控制腔内的高压燃油仍与针阀下端相通，随着高压腔内压力的持续增大，针阀受到的合力方向向上，针阀开启，喷油器开始喷油。

（4）停油过程。

泵喷嘴的停油过程如图 3.110 所示，当发动机控制单元确认喷油量已经满足工况需求时，停止对喷油器中的压电元件供电。此时控制阀芯在复位弹簧的作用下向右移动，针阀上下端面受到相等的燃油压力，但作用面积不同，针阀受到的合力方向向下，喷油器停止喷油。

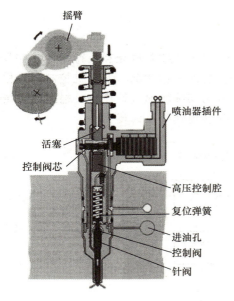

图 3.109 泵喷嘴的喷射过程

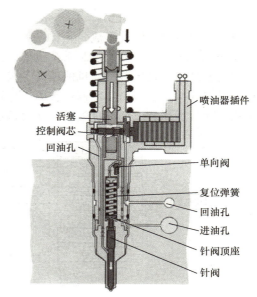

图 3.110 泵喷嘴的停油过程

3.5 发动机辅助控制系统

发动机辅助控制系统主要包括怠速控制系统、进气与增压控制系统、排放控制系统等；柴油发动机具有废气涡轮增压、废气再循环、微粒过滤器及预热装置等辅助控制装置。此外，汽油缸内直喷发动机具有符合稀薄燃烧要求的排放控制系统。

3.5.1　怠速控制系统

怠速是指节气门关闭，加速踏板完全松开，发动机对外无功率输出并保持最低转速稳定运转的工况。在汽车行驶过程中，发动机怠速运转的时间约占 30%，怠速转速直接影响燃油消耗和排放污染。怠速转速过高，燃油消耗增加；怠速转速过低，当电器负荷增大（如打开空调或车载音响）、自动变速器挂入挡位、动力转向开启时，由于负载增大，发动机运转不稳甚至熄火，也会增加排放污染。

怠速控制系统

在怠速工况下，驾驶人无法控制发动机进气量。发动机怠速控制的目的是在保证发动机排放要求且稳定运转的前提下，由发动机控制单元自动控制怠速工况下的空气供给量，维持发动机以稳定怠速运转，以减小燃油消耗量，即实现对热机怠速工况进气量和空燃比的闭环反馈控制。在怠速工况下，空气通过节气门缝隙或旁通怠速空气道进入发动机，并由空气流量传感器（或进气歧管绝对压力传感器）对进气量进行检测，发动机控制单元根据各传感器信号控制喷油器，保证发动机怠速运转。随着电控技术在汽车上的广泛应用，怠速控制已成为发动机集中控制系统的基本控制内容之一。

1. 怠速控制系统的组成与分类

(1) 怠速控制系统的组成。

如图 3.111 所示，怠速控制系统主要由传感器、发动机控制单元和执行元件三部分组成。传感器的功用是检测发动机的运行工况和负载设备的工作状况，发动机控制单元根据各种传感器的输入信号确定怠速运转的目标转速，并与实际转速进行比较，根据比较结果控制执行元件工作，以调节进气量，使发动机的怠速转速达到目标转速。

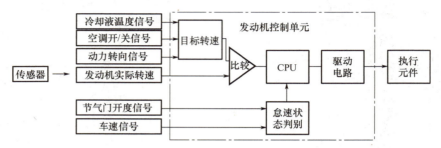

图 3.111　怠速控制系统的组成

在怠速以外的其他工况下，若系统对发动机实施怠速控制，则会与驾驶人通过加速踏板对进气量的调节发生干涉。因此，在怠速控制系统中，发动机控制单元需要**根据节气门位置信号和车速信号确认怠速工况**，只有在节气门全关闭、车速为零时，才进行怠速控制。

(2) 怠速控制系统的分类。

怠速控制的实质是对怠速工况下的进气量进行控制。怠速进气量有两种控制方式：**节气门直动式和旁通空气式**，如图 3.112 所示。节气门直动式控制系统通过执行元件改变节气门的开度来控制怠速进气量，结构简单、控制稳定性好，主要应用在大众、奥迪等汽车中。旁通空气式怠速控制系统中设有旁通怠速空气道，由执行元件控制流经怠速空气道的空气量，按执行元件不同分为步进电动机型、旋转电磁阀型、占空比控制电磁阀型等。

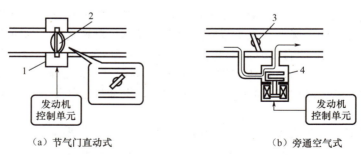

(a) 节气门直动式　　　　(b) 旁通空气式
1—节气门控制电动机；2，3—节气门；4—怠速空气控制阀

图 3.112　怠速进气量控制方式

2. 节气门直动式怠速控制系统

节气门直动式怠速控制系统实现怠速控制的执行机构较多，典型执行机构如图 3.113 所示。从图中可以看出，执行机构由直流电动机、减速齿轮、丝杠等组成。传动

轴与节气门操纵臂的全闭限制器接触。当发动机控制单元控制直流电动机通电时，直流电动机产生转矩，通过减速齿轮使转矩增大，然后通过丝杠将角位移转换为传动轴的直线运动。通过传动轴的旋入或旋出调节节气门处空气通路截面，实现怠速转速控制。

大众汽车发动机电控系统没有怠速控制阀，多采用组合式节气门体，是另一种节气门直动式怠速控制系统。桑塔纳 2000 GSI 型轿车 AJR 发动机采用的节气门控制组件（J338）如图 3.114 所示。它将**节气门电位计（G69）、节气门定位电位计（G88）、怠速直流电动机（V60）、怠速开关（F60）**及一套齿轮驱动机构合为一体。在节气门体上有一个双齿轮，由同轴的一个大齿轮和一个小齿轮组成。怠速直流电动机同轴的小齿轮与大齿轮啮合，扇形齿轮与节气门同轴并与双齿轮中的小齿轮啮合。

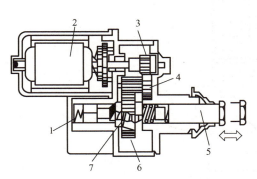

1—弹簧；2—直流电动机；3，4，6—减速齿轮；
5—传动轴；7—丝杠

图 3.113　典型节气门直动式怠速控制执行机构

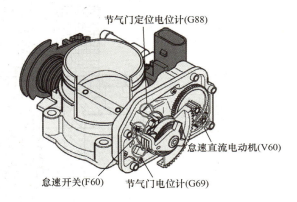

图 3.114　桑塔纳 2000 GSI 型轿车 AJR
发动机采用的节气门控制组件（J338）

当发动机怠速运转时，F60 的触点是闭合的，发动机控制单元通过此信号判断发动机处于怠速工况；G88 向发动机控制单元提供怠速范围内节气门的位置情况；V60 起控制怠速的作用。当发动机因冷却液温度低、空调运转、动力转向的加入等使负荷增大、实际转速低于标准转速时，V60 经一套齿轮机构（小齿轮、大齿轮和扇形齿轮）推动节气门打开一个微小的开度，增大发动机的进气量，提高发动机的转速。相反，当发动机在怠速下减载、实际转速高于标准转速时，电动机轴通过齿轮机构将节气门关闭一个微小的开度，减小发动机进气量，使发动机转速降低至接近标准转速，从而保证发动机在怠速工况下稳定运转。

由此可以看出，这种节气门控制组件是电子节气门控制系统的雏形，与电子节气门控制系统相比，只是将节气门开度的电子控制范围局限在发动机怠速工况，其他工况下节气门开度的控制还是通过节气门与加速踏板之间的直接机械连接进行的。

3．旁通空气式怠速控制系统

如前所述，旁通空气式怠速控制系统的执行机构主要有**步进电动机、旋转电磁阀、占空比控制电磁阀**等。

（1）步进电动机式怠速控制阀。

① 结构。步进电动机式怠速控制阀的结构、控制电路分别如图 3.115 和图 3.116 所

示。怠速控制阀安装在发动机进气管道上，发动机控制单元根据各传感器的信号，按照一定顺序使功率晶体管 $VT_1 \sim VT_4$ 适时导通，分别给步进电动机定子线圈供电，驱动步进电动机转子旋转，使前端的阀门移动，改变阀门与阀座之间的距离，调节旁通空气道的空气流量，使发动机怠速转速达到目标转速。**当步进电动机的 B 端（12V 电源端）通电时，发动机控制单元将晶体管 $VT_1 \sim VT_4$ 依次接地，步进电动机的转子顺时针转动，使阀芯缩短，进气量增大，怠速降低；当发动机控制单元将晶体管 $VT_4 \sim VT_1$ 依次接地时，步进电动机的转子逆时针转动，使阀芯增长，进气量减小，怠速升高。**

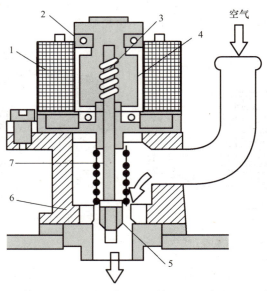

1—电磁线圈；2—轴承；3—进给丝杠；4—转子；5—阀芯；6—阀座；7—阀轴

图 3.115　步进电动机式怠速控制阀的结构

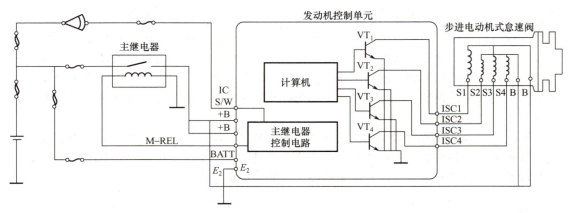

图 3.116　步进电动机式怠速控制阀的控制电路

② 控制原理。

a. **起动初始位置设定**。为了改善发动机的起动性能，关闭点火开关使发动机熄火后，发动机控制单元的 M-REL 端子向主继电器线圈供电延续约 2~3s。在这段时间，蓄电池继续给发动机控制单元和步进电动机供电,发动机控制单元使怠速控制阀回到起动初始(全开)位置。待步进电动机回到起动初始位置后,主继电器线圈断电,蓄电池停止给发动机控制单元和步进电动机供电,怠速控制阀保持全开不变,为下次起动做准备。

b. 起动控制。发动机起动时,由于怠速控制阀预先设定在起动初始位置,在起动期间经怠速空气道供给最大空气量,有利于发动机起动。但如果怠速控制阀始终保持在起动初始位置,则发动机起动后的怠速转速就会过高,在起动期间发动机控制单元根据冷却液温度控制步进电动机,调节控制阀的开度,使之达到起动后暖机控制的最佳位置,开度随冷却液温度的升高而减小,控制特性曲线(步进电动机的步数与冷却液温度的关系曲线)存储在发动机控制单元内。

c. 暖机控制。暖机控制又称快怠速控制,在暖机过程中,发动机控制单元根据冷却液温度信号按内存的控制特性控制怠速控制阀开度,随着温度的上升,怠速控制阀开度逐渐减小。当冷却液温度达到70℃时,暖机控制过程结束。

d. 怠速稳定控制。怠速稳定控制又称反馈控制。发动机控制单元内有一个预先编程的目标转速,它根据空调开关、空挡起动开关等信号的变化而变化。怠速控制过程就是将目标转速与实际转速进行比较,使实际转速逼近目标转速的过程。在发动机怠速运转时,发动机控制单元将接收到的转速信号与目标转速进行比较,其差值超过一定值(一般为20r/min)时,发动机控制单元将通过步进电动机控制怠速控制阀,调节怠速空气供给量,使发动机的实际转速与目标转速一致。

e. 负荷变化的预控制。发动机怠速运转时,变速器挡位、动力转向、空调工作状态的变化都将使发动机的负荷发生可以预见的变化。为了避免发动机怠速转速波动或熄火,在发动机负荷出现变化时,不等发动机转速变化,发动机控制单元就会根据各负载设备开关信号,通过步进电动机提前调节怠速控制阀的开度,增大进气量,提高发动机的怠速转速,保持发动机怠速运转的稳定性。而当这些负荷不再存在时,发动机控制单元又会减小怠速控制阀的开度,使发动机恢复加载前的转速。

f. 电器负载增大时的怠速控制。发动机怠速运转时,如使用的电器负载增大到一定程度,蓄电池电压就会降低。为了保证电控系统的正常供电电压,发动机控制单元根据蓄电池电压调节怠速控制阀的开度,提高发动机的怠速转速,以提高发电机的输出功率。

g. 学习控制。在发动机使用过程中,磨损等原因会导致怠速控制阀的性能发生改变,怠速控制阀的位置相同时,实际的怠速转速会与设定的目标转速略有不同。在此情况下,发动机控制单元在利用反馈控制使怠速转速回归到目标值的同时,还可将步进电动机转过的步数存储在只读存储器中,以便在此后的怠速控制过程中使用。

(2) 旋转滑阀式怠速控制阀。

旋转滑阀式怠速控制系统主要由电磁控制的旋转滑阀式怠速调整装置、传感器及发动机控制单元组成。发动机控制单元根据传感器的输出信号来判断发动机的怠速运行状况,进而控制怠速旋转滑阀的动作,使发动机保持在最佳怠速转速。

旋转滑阀式怠速调整装置的结构如图3.117所示,主要有永久磁铁、电枢、旋转滑阀、螺旋回转弹簧及电刷(图中未标出)等。旋转滑阀固装在电枢轴上,与电枢轴一起转动。永久磁铁固定在外壳上,其间形成磁场。电枢位于永久磁场中,电枢的铁芯上绕有两组反相的电磁线圈。电磁线圈L_1通电时,电磁电枢带动滑阀顺时针偏转;电磁线圈L_2通电时,电枢带动滑阀逆时针偏转。

旋转滑阀式怠速调整装置的控制原理如图 3.118 所示。**发动机控制单元根据各传感器的输入信号采用占空比控制方式控制电磁线圈 L_1 和 L_2 导通与截止，进而控制电枢轴（旋转滑阀）的偏转角，以改变旁通的空气量，调整发动机的怠速转速**。占空比的调整范围为 18％（旋转滑阀关闭）至 82％（旋转滑阀打开）。旋转滑阀的偏转角度限定在 90°内。

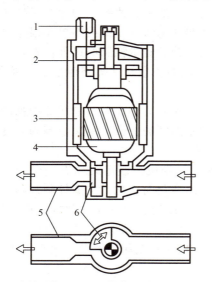

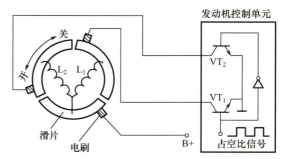

1—连接器插座；2—外壳；3—永久磁铁；
4—电枢；5—空气旁通道；6—旋转滑阀

图 3.117 旋转滑阀式怠速调整装置的结构

图 3.118 旋转滑阀式怠速调整装置的控制原理

图 3.119 所示为旋转滑阀式怠速控制电路，其控制内容主要包括**起动控制、暖机控制、怠速稳定控制、怠速预测控制和学习控制**，具体内容与步进电动机控制旁通空气式怠速控制系统相似。

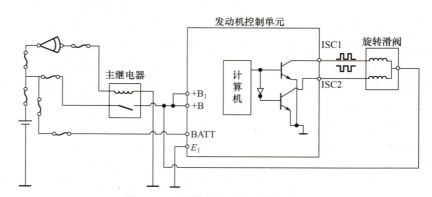

图 3.119 旋转滑阀式怠速控制电路

（3）占空比控制电磁阀式怠速控制阀。

占空比控制电磁阀式怠速控制阀的结构如图 3.120 所示，主要有控制阀、阀杆、电磁线圈和弹簧等。控制阀与阀杆制成一体，当电磁线圈通电时，电磁线圈产生的电磁力将阀杆吸起，使控制阀打开。控制阀的开度取决于电磁线圈产生的电磁力。与旋转阀型怠速控制阀相同，发动机控制单元也是通过控制输入线圈脉冲信号的占空比来控制磁场强度的，以调节控制阀的开度，从而实现对怠速空气量的控制。

占空比控制电磁阀式怠速控制阀的控制电路如图 3.121 所示，其控制内容同样包括起动控制、暖机控制、怠速稳定控制、怠速预测控制和学习控制等。

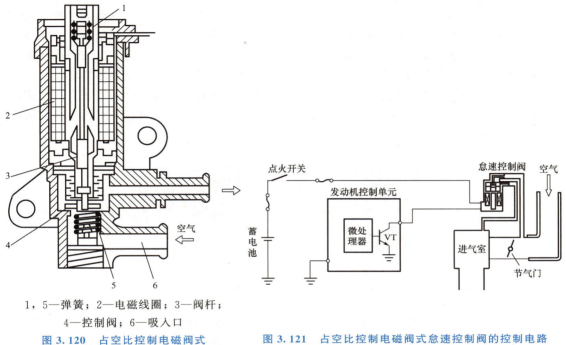

1，5—弹簧；2—电磁线圈；3—阀杆；
4—控制阀；6—吸入口
图 3.120　占空比控制电磁阀式
怠速控制阀的结构

图 3.121　占空比控制电磁阀式怠速控制阀的控制电路

3.5.2　进气与增压控制系统

在不改变发动机气缸容积的情况下，增大进入气缸的空气量及喷油量，可以增大可燃混合气的总量，提高发动机的输出转矩与功率。增大进入气缸空气量的进气控制系统主要包括进气谐波增压控制系统、废气涡轮增压控制系统、可变气门控制系统及电子控制节气门系统（这里不做介绍）等。

1. 进气谐波增压控制系统

进气谐波增压控制系统利用进气气流的惯性产生的压力来提高充气效率。当气体高速流向进气门时，如果进气门突然关闭，则进气门附近的气体流动突然停止。由于惯性作用，进气管中的气体仍然继续流动，使进气门附近的气体压缩，气体压力上升。气体惯性作用过后，被压缩的气体开始膨胀，向与进气气流相反的方向流动，气体压力下降。膨胀气体传到进气管口又被反射回来，形成压力波。如果使这种进气压力脉动波与进气门的配气相位配合，则进气管内的空气产生谐振，利用谐振效应在进气门打开时形成增压效果，有利于增大发动机的输出转矩和输出功率。

一般而言，进气管较长时，谐振压力波的波长也较长，有利于发动机在中、低转速时输出转矩增大；进气管较短时，谐振压力波的波长也较短，有利于提高发动机在高速范围内的输出功率。若发动机进气管的有效长度可以随转速改变，则能使发动机在整个转速范围内充分利用谐振效应，有效地提高发动机的动力性。

图 3.122 所示为帕萨特 AJR 发动机进气谐波增压装置的原理。虽然实际进气管的长度不能变化，但是由于在进气管中部增设了一个转换阀及其控制电磁阀，因此改变了谐振压力波传播的长度，可以同时兼顾发动机低速和高速的谐波增压效应。发动机控制单元通过控制电磁阀的通电、断电，调节转换阀控制机构一侧的真空度，从而控制转换阀转动动作。当发动机转速较低时，电磁阀断电，转换阀关闭，进气管内的脉动压力波传播长度为由空气滤清器至进气门的距离，该距离较长，按发动机中低速进气增压效果要求设计。当发动机转速较高时，电磁阀通电，通过进气歧管的真空度打开转换阀，从而使进气脉动压力波在转换阀与进气门之间传播，缩短了压力波传播距离，使发动机在高转速区域也能得到较好的谐振增压效果。

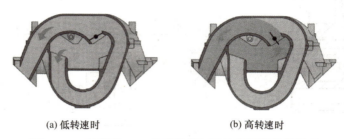

(a) 低转速时　　　　　　(b) 高转速时

图 3.122　帕萨特 AJR 发动机进气谐波增压装置的原理

图 3.123 所示为典型进气谐波增压控制系统的结构，在发动机其他结构不变的情况下，在进气管中部增加了一个谐振室及真空罐、真空电磁阀、真空电动机、转换阀等控制机构。真空罐与谐振室经单向阀相通，为系统提供真空源；真空电动机经真空电磁阀与真空罐相通，可带动转换阀打开与关闭。当发动机低速运转时，发动机控制单元使真空电磁阀断电，真空罐与真空电动机截止，从而使转换阀关闭。此时，进气脉动压力波在最长距离内传递，适合发动机在中低转速区域形成谐振增压效果。当发动机高速运转时，发动机控制单元使真空电磁阀通电，真空罐与真空电动机相通，从而使真空电动机在负压的作用下移动而打开转换阀。此时，谐振室的参与使脉动压力波在谐振室与进气门之间传播，缩短了传播距离，提高了高速时的谐振增压效果。

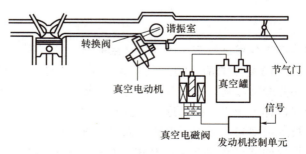

图 3.123　典型进气谐波增压控制系统的结构

2. 废气涡轮增压控制系统

发动机输出功率与充入气缸的空气质量有直接关系。在发动机压缩比及排量一定的情况下，提高进气密度是提高发动机输出功率的有效途径。增压可使进入气缸前的空气预先被压缩，再以高密度送入气缸，由于进气密度增大，因此发动机得到的新鲜空气更多，从而提高发动机的输出功率。废气涡轮增压和机械增压是提高进气密度的两种常用方法，由于废气涡轮增压消耗的功率由发动机排出的废气提供，不消耗发动机输出的有效功率，因此是一种经济有效的方法。

废气涡轮增压技术早期应用在大功率柴油发动机上。随着电子技术的发展，发动机控制单元可以方便地进行爆燃控制、增压压力控制等，摆脱了涡轮增压器与汽油发动机匹配困难的问题。研究证明，一台汽油发动机在装上废气涡轮增压控制系统后，最大转矩可以增大30%以上。例如，大众帕萨特1.8L发动机在装上废气涡轮增压控制系统后，动力可以达到2.4L自然吸气发动机的水平，同时百公里油耗减少很多，提高了发动机的动力性和经济性，而且减少了尾气排放。

（1）结构。

废气涡轮增压控制系统主要包括传感器、发动机控制单元、放气阀控制电磁阀、涡轮增压器及冷却器等。涡轮增压器主要由进气泵轮、废气涡轮、放气阀、放气阀真空膜片盒等组成，如图3.124所示。发动机排出的具有一定能量的尾气驱动废气涡轮高速转动，带动同轴的进气泵轮一起转动，对从空气滤清器进入的空气进行压缩，再送入气缸。由此，发动机可以吸入较多空气，显著提高进气效率，达到提高输出功率的目的。

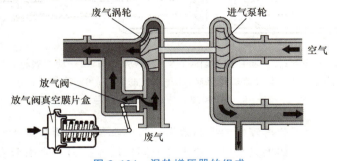

图3.124　涡轮增压器的组成

涡轮增压器工作时的最高转速可达 2×10^5 r/min，因此平衡与润滑非常重要。涡轮增压器一般采用浮动轴承，其与轴及轴承座之间都有间隙，从而形成双层油膜。涡轮增压器工作时，轴承在轴与轴承座中转动，来自发动机润滑系统主油道的机油润滑和冷却涡轮增压器的轴和轴承。涡轮增压器轴上装有油封，用来防止机油窜入进气泵轮或废气涡轮内。涡轮增压器工作时产生的轴向推力，由设置在进气泵轮一侧的整体式推力轴承承受。由于汽油机涡轮增压器的热负荷大，因此在涡轮增压器中间体的废气涡轮侧设置冷却水套，用水管与发动机的冷却系统相连。也有些涡轮增压器的中间体内不设置冷却水套，只靠机油及空气进行冷却。

（2）控制原理。

采用废气涡轮增压控制系统后，由于平均有效压力增大，因此发动机爆燃倾向增大，热负荷偏高。为了保证发动机在不同转速及工况下都能获得最佳增压值，以防止发动机爆燃及限制热负荷，必须对涡轮增压压力进行控制。废气旁通阀是调节增压压力最简单有效的方法，包括机械控制式与电子控制式两种形式。

电子控制式废气涡轮增压控制系统的结构如图 3.125 所示，与机械控制式的不同之处在于发动机控制单元可以通过控制增压压力电磁阀通断电来调节膜片式控制阀空气室的压力，改变废气旁通阀的开度，获得不同的涡轮增压效果。发动机控制单元的存储器中存储着发动机增压压力特性曲线的有关数据，增压压力理论值随着发动机的转速变化而变化。在发动机工作时，发动机控制单元根据增压压力传感器等输入的信息，可以确定当前的实际进气增压压力，再将实际进气压力与存储的理论值进行比较。若实际值与理论值不符，则发动机控制单元输出控制信号，对增压压力电磁阀进行控制，改变膜片式控制阀的空气室压力，使废气旁通阀动作。当实际进气压力低于理论值时，废气旁通阀阀门开度减小，进气压力增大；当实际进气压力高于理论值时，废气旁通阀阀门增大，进气压力降低，从而使实际进气压力与理论值保持一致。

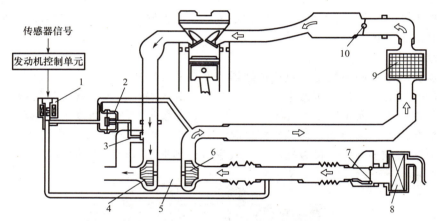

1—增压压力控制电磁阀；2—膜片式控制阀；3—废气旁通阀；4—动力涡轮；5—涡轮增压器；
6—增压涡轮；7—空气流量传感器；8—空气滤清器；9—冷却器；10—节气门

图 3.125　电子控制式废气涡轮增压控制系统的结构

在实际控制中，为了获得较好的控制效果，基本都是采用调节点火时刻和调节增压压力相结合的方法。因为，如果只是单一地提高或降低增压压力，会引起发动机运行性能下降。例如，当发动机控制单元根据传感器信号判断出发动机爆燃时，可使点火提前角推迟，同时平行地降低增压压力。在爆燃现象消失后，继续缓慢降低增压压力，通过点火时刻调节装置将点火提前角调节至最佳值。当点火提前角达到最佳值时，再慢慢地增大进气增压压力。有的系统还可按照预先编制好的程序，在发动机急加速时，允许增压压力在短时间内超出限定值，以提高发动机的加速性能。

3. 可变气门控制系统

传统的自然吸气式发动机配气机构的配气相位与气门升程是固定的，发动机的动力性、经济性及排放性能均未得到充分发挥。为了兼顾高、低速和大、小负荷各种工况，气门开启相位、气门开启持续角度及气门升程三个特

可变气门控制系统1

性参数应相应改变，为此可变气门控制技术迅速发展起来。

在现代汽车发动机中，较多地采用了可变气门控制技术。在发动机运行过程中，气门正时及气门升程规律不是始终固定的，而是根据发动机的工作需要改变的。由于各汽车生产厂家对可变气门的控制参数、方式及方法不统一，因此名称也不一致。例如，本田公司将可变气门控制装置称为可变气门电子控制系统，或直接称为可变气门正时与气门升程电子控制系统，用 VTEC 表示。有的发动机仅改变气门正时，一般称为可变气门正时控制系统，用 VVTC 表示。近年来，有的资料中显示其名称前面或后面加注一个小写英文字母"i"［表示智能（intelligent）］，如 i - VTEC。

可变气门控制系统2

在传统发动机运行过程中，气门正时和气门升程是固定不变的。在设计气门正时时，对某个定型的发动机来说，仅在某运转范围内最有利，发动机的性能较佳。而在其他运转状态下，发动机性能并没有得到充分发挥。在现代发动机中，当采用可变气门控制装置后，根据发动机的工作需要（主要指转速和负荷），可对气门正时和气门升程适时地进行改变，从而提高发动机的动力性，降低油耗及气体排放量。其原因是发动机工况不同，对气门正时和气门升程的要求不同，主要表现在以下几个方面。

首先，在发动机转速较高时，希望进气门提前开启、推迟关闭。一方面，能在进气过程中提供较多时间，较好地解决高转速时进气时间不足的问题，同时高速气体流动惯性得到充分利用，使新鲜气体继续流入气缸，从而有利于提高充气效率及发动机功率；另一方面，由于进、排气门叠开角增大，特别是在中等负荷时，有更多的废气进入进气管，与新鲜气体一起进入气缸，可提高废气再循环率，有利于降低 NO_x 的排放量及油耗。

其次，在发动机转速较低时，如果仍像高转速那样使进气门提前开启、推迟关闭，会造成进气门开启相位提前角和排气门关闭相位推迟角过大，不仅可能使大量废气冲入进气管，而且可能将已经吸入气缸的新鲜气体重新回到进气管中，导致发动机工作粗暴、怠速不稳定及发动机起动困难等。因此，在发动机转速较低时，进气门应相对推迟开启、提前关闭。这样不仅有利于发动机低速时的转矩、降低油耗及改善起动性能，而且由于气门叠开角减小，能减少进气、排气过程中的互相干扰，不但能提高怠速的稳定性，而且能减少新鲜混合气窜入排气管，有利于减少碳氢化合物的排放。

最后，气门升程也需要随发动机转速和负荷的变化而变化。一般是高转速、大负荷时气门升程增大，减少气门节流损失，以利于提高充气效率和燃油经济性；而在低转速、小负荷时气门升程减小，因为此时不必减小节气门开度便能减小进气量，从而减少进气管泵气损失，同时有利于增强进气涡流强度、加速燃烧、改善冷起动性能及降低油耗。

由以上可知，汽油发动机采用可变气门电子控制系统后，能根据发动机性能优化的要求，在发动机中、低转速与高速运转状态下，适时地改变气门正时和气门升程，有利于更好地发挥汽油发动机的性能。

下面以大众汽车可变气门正时系统为例加以介绍。

大众汽车可变气门正时系统大多采用正时链条控制，主要由正时调节电磁阀、活塞、传动链、凸轮轴调节器、进气凸轮轴、排气凸轮轴等构成，如图 3.126 所示。发动机控制单元根据发动机转速判定可变气门正时系统是否工作。当发动机控制单元判定系统工作时，正时调节电磁阀通电，从而改变凸轮轴调节器内机油的流向，使活塞上、下机油压力发生变化，从而改变活塞的位置。活塞上、下移动使链条调节器上、下移动，从而使链条上、下的长度发生变化。

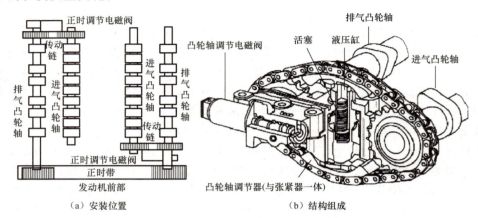

图 3.126 大众汽车可变气门正时系统

当发动机高速运转时，如图 3.127（a）所示，凸轮轴调节器向上推动活塞，链条下部变短、上部变长。因为排气凸轮轴被正时带固定不能转动，链条带动进气凸轮轴顺时针旋转一定角度，因此进气门开启时间提前，使发动机提前进气，提高了进气效率和发动机功率，也称功率调节。

当发动机中、低速运转时，如图 3.127（b）所示，凸轮轴调节器向下推动活塞，链条上部变短、下部变长。进气凸轮轴逆时针旋转一定角度，进气门打开时间和关闭时间推迟，此时可获得较大转矩输出，也称转矩调节。

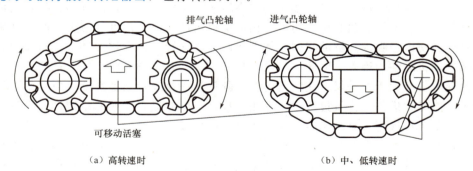

图 3.127 大众车系可变气门正时系统

3.5.3 排放控制系统

汽油发动机排入大气的有害成分主要是一氧化碳（CO）、碳氢化合物、氮氧化合物（NO_x）等。各国对汽车发动机排放的控制和净化进行了大量的研究，除了改进发动机本身之外，还采取了多种排放控制系统来减少汽车的排气污染，主要有燃油蒸发排放控制系统、废气再循环控制系统、三元催化转化控制系统及二次空气喷射控制系统等。

1. 燃油蒸发排放控制系统

燃油蒸发排放控制系统又称汽油蒸气控制回收系统，其功能是收集燃油箱内蒸发的燃油蒸气，并将燃油蒸气导入气缸参加燃烧，从而防止燃油蒸气直接排入大气而造成污染。

燃油蒸发排放控制系统的组成与结构随生产厂家和生产年代的不同而不同。早期的燃油蒸发排放控制系统多利用真空控制，而现在多采用发动机控制单元控制。之所以有这种变化，是因为必须对燃油蒸发进入发动机进气管的时机和进入量进行控制，以避免破坏发动机正常工作时的混合气成分，影响发动机正常工作，采用发动机控制单元控制能够更加精确地控制燃油蒸发进入发动机进气管的时机和进入量。

燃油蒸发排放控制系统的组成如图 3.128 所示。油箱中的燃油蒸气通过燃料单向阀进入碳罐上部，空气从碳罐下部进入清洗活性炭。发动机控制单元根据发动机转速、温度、空气流量等信号，控制碳罐电磁阀的动作来控制排放控制阀上部的真空度，从而控制排放控制阀的开闭动作。当排放控制阀打开时，燃油蒸气通过阀中的定量排放小孔吸入进气歧管，再进入气缸燃烧。在某些汽车上，为抑制发动机爆燃，当发动机控制单元判断发动机即将产生爆燃时，关闭碳罐电磁阀，切断真空，关闭排放控制阀，直至爆燃趋势消失且超过 150ms 后，使碳罐电磁阀恢复工作。

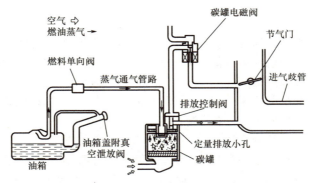

图 3.128　燃油蒸发排放控制系统的组成

大众帕萨特发动机采用的燃油蒸发排放控制系统的碳罐上不设置排放控制阀，而是将受发动机控制单元控制的碳罐电磁阀直接装在碳罐与进气歧管之间的管道中，如图 3.129 所示。在碳罐电磁阀内设有电磁线圈，发动机控制单元根据发动机的不同工况，改变输送给电磁线圈脉冲信号的占空比，从而改变碳罐电磁阀的开度。此外，碳罐电磁阀的开度还受电磁阀两端压力差的影响。当发动机工作时，发动机控制单元发出一定占空比的脉冲信号，使碳罐电磁阀周期性地开启和关闭。当碳罐电磁阀开启时，在发动机进气歧管与大气压力之间产生的负压作用下，储存在碳罐中的饱和燃油蒸气与新鲜空气形成再生气流，经过管道被吸入燃烧室燃烧，从而避免燃油蒸气排入大气而污染环境。

2. 废气再循环控制系统

废气再循环（Exhaust Gas Recirculation，EGR）是指在发动机工作时将一部分废气引入进气系统，与新鲜空气混合后吸入气缸再次燃烧的过程。**废气再循环是用于降低排气中 NO_x 含量的一种有效方法，通过降低燃烧室的燃烧温度和混合气中的氧含量来抑制 NO_x 的生成。**废气再循环程度用废气再循环率表示：

$$废气再循环率 = \frac{废气再循环流量}{吸入空气量 + 废气再循环流量}$$

废气再循环控制系统

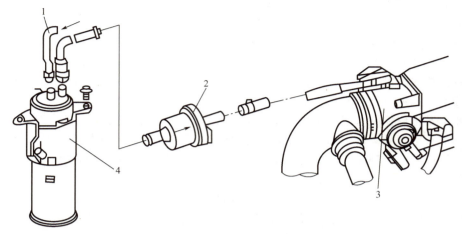

1—油箱通风管；2—碳罐电磁阀；3—节气门体；4—碳罐
图 3.129　帕萨特发动机碳罐及其电磁阀

有资料表明，当废气再循环率达到 15% 时，NO_x 的排放量减小 60%。但废气再循环率增大过多时，会使发动机动力性能下降，碳氢化合物含量上升。因此，**必须对废气再循环率进行适时控制，既能降低 NO_x 含量，又能保证发动机的动力性**。

废气再循环控制系统的主要功能是选择 NO_x 排放量大的发动机运行工况，进行适量（范围为 15%～20%）废气再循环率控制。

(1) 普通废气再循环控制系统。

图 3.130 所示为普通废气再循环控制系统的组成，主要有**废气再循环电磁阀、节气门、废气再循环控制阀、冷却液温度传感器、曲轴位置传感器、发动机控制单元**等。

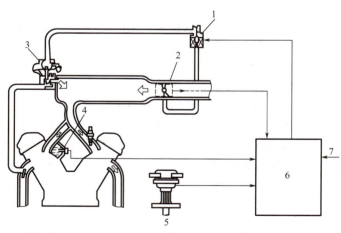

1—废气再循环电磁阀；2—节气门；3—废气再循环控制阀；4—冷却液温度传感器；
5—曲轴位置传感器；6—发动机控制单元；7—起动信号
图 3.130　普通废气再循环控制系统的组成

普通废气再循环控制系统的工作原理如下：**发动机工作时，发动机控制单元根据点火**

开关、曲轴位置、冷却液温度、节气门位置等传感器信号经处理后,确定发动机运行工况并发出指令,控制电磁阀电磁线圈的导通与截止,同时利用进气歧管真空度来控制废气再循环控制阀开启和关闭,使废气再循环进行或停止。其具体工作过程见表 3-1,在表中所列的各种工况下,当发动机控制单元向废气再循环电磁阀发出"接通"信号时,废气再循环电磁阀接通(ON),阀门关闭,切断了控制废气再循环控制阀膜片室的真空通道,使废气再循环系统不起作用;反之,当废气再循环电磁阀断开(OFF)时,阀门打开,通往控制废气再循环控制阀膜片室的真空通道打开,废气再循环系统再次起作用。

表 3-1 废气再循环控制系统的具体工作过程

工 况	废气再循环电磁阀	废气再循环控制系统
发动机起动	ON (电磁阀接通,阀门关闭)	不起作用
节气门位置传感器的怠速触点接通		
发动机温度低		
发动机转速低于 900r/min 或高于 3200r/min		
其他工况	OFF(电磁阀断开,阀门打开)	起作用

普通废气再循环控制系统的特点是废气再循环率是不可调节的。

(2) 可变废气再循环率废气再循环控制系统。

可变废气再循环率废气再循环控制系统的组成如图 3.131 所示,主要有**废气再循环控制阀、真空控制阀、发动机控制单元及各类传感器**等。

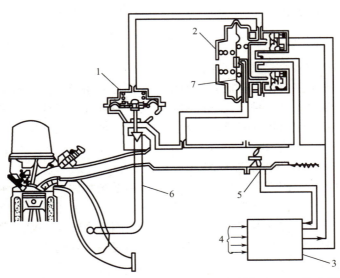

1—废气再循环控制阀;2—真空控制阀;3—发动机控制单元;4—传感器输入信号;
5—节气门位置传感器;6—废气再循环管路;7—定压室
图 3.131 可变废气再循环率废气再循环控制系统的组成

废气再循环控制阀内有一个膜片,膜片在弹簧及两侧压力差作用下上下移动,同时带动其下方的锥形阀移动,将阀门打开或关闭。阀门打开时,废气再循环控制阀将排气管和进气歧管连通，废气即可从排气管流入进气歧管。废气再循环控制阀的开启高度由真空控制阀控制。

真空控制阀的基本结构如图3.132所示，通过控制真空控制阀相对通电时间来控制废气再循环控制阀膜片室的真空度，进而改变废气再循环控制阀的开启度，以调节废气再循环率。占空比越大，电磁线圈通电时间越长，膜片室的真空度越小，废气再循环控制阀开度越小，进入气缸中的废气越少，废气再循环率越低。因此，发动机控制单元只要控制施加在真空控制阀电磁线圈上脉冲电压的占空比，即可实现对废气再循环率的控制。

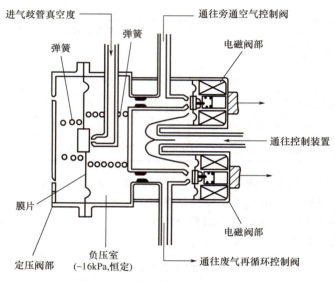

图3.132 真空控制阀的基本结构

（3）闭环反馈控制式废气再循环控制系统。

上述两种形式的废气再循环控制系统均属于开环控制系统，废气再循环率只能预先设定，不能检测并控制发动机各种工况下的实际废气再循环率。目前广泛采用闭环反馈控制式废气再循环控制系统，以废气再循环控制阀的开度或废气再循环率作为反馈信号进行闭环控制。

① 废气再循环控制阀开度反馈控制。

具有废气再循环控制阀开度反馈信号的闭环控制系统如图3.133所示。与普通废气再循环控制系统相比，它只在废气再循环控制阀上增加了一个用于检测开度的电位计式的废气再循环位置传感器，该传感器可将废气再循环控制阀开度转换为相应的电压信号反馈给发动机控制单元，发动机控制单元根据反馈信号控制真空电磁阀的动作，进而调节废气再循环控制阀膜片室的真空度，改变废气再循环率。

② 废气再循环率反馈控制。

日本三菱公司率先开发了可直接用废气再循环率作为反馈信号的闭环控制式废气再循环控制系统，如图3.134所示。

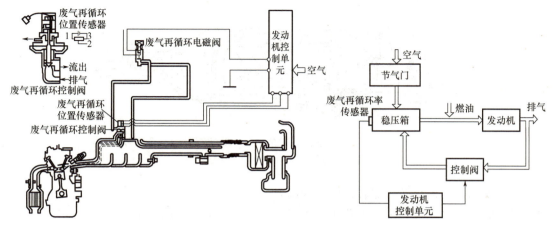

图 3.133　具有废气再循环控制阀开度反馈信号的闭环控制系统

图 3.134　可直接用废气再循环率作为反馈信号的闭环控制式废气再循环控制系统

废气再循环率传感器安装于稳压箱（进气总管）上，可利用测量混合气中的氧气浓度来检测混合气的废气再循环率，并将检测信号反馈给发动机控制单元，发动机控制单元依据此信号发出控制指令，调整废气再循环控制阀的开度，以控制混合气中的废气再循环率，使其始终保持在最佳状态，从而有效地减小 NO_x 的排放量。闭环反馈控制式废气再循环控制系统技术先进、效果较好，被广泛使用。

3. 三元催化转化控制系统

三元催化转化器（Three Way Catalyst，TWC）安装在排气管中部的消声器内，**其功能是使含有铂（Pt）、钯（Pd）、铑（Rh）等贵重金属的催化剂在 300～900℃ 下将发动机排出的废气中的 NO_x、HC、CO 有害气体转化为无害气体**，从而净化废气，其化学反应过程如图 3.135 所示。

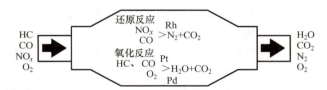

图 3.135　三元催化转化器的化学反应过程

（1）三元催化转化器的结构。

如图 3.136 所示，三元催化转化器一般由 金属外壳、隔热减振衬垫、催化剂载体、氧传感器等 组成。催化剂载体一般由陶瓷制造（也有金属的）而成，可分为颗粒形和蜂巢形两种类型，三元催化剂（铂或钯与铑的混合物）涂附在很薄的孔壁上。颗粒形催化剂载体的催化剂沉积在颗粒状氧化铝载体表面，蜂巢形催化剂载体的催化剂沉积在蜂巢状氧化铝载体表面。作为催化剂载体的氧化铝表面都是形状复杂的表面，以增大催化剂与废气的实际接触面积。废气通过时，三元催化转化器利用铂（或钯）做催化剂，使尾气中的 CO、HC 氧化，同时利用铑做催化剂，使尾气中的 NO_x 还原，生成 CO_2、H_2O、N_2 等无害气体。

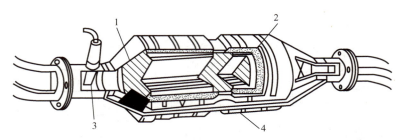

1—催化剂载体；2—隔热减振衬垫；3—氧传感器；4—金属外壳

图 3.136　三元催化转化器的结构

(2) 影响三元催化转化器转化效率的因素。

三元催化转化器将有害气体转化成无害气体的效率受诸多因素的影响，其中影响最大的是混合气浓度和排气温度。

催化剂的表面活性作用是利用排气本身的热量激发的，其使用温度范围以活化开始温度为下限，以过热引起催化转化器故障的极限温度为上限。一般排气中有害成分的开始转化温度需超过 250℃，发动机起动预热 5min 后，才能达到下限温度。一旦活化开始，催化床便因反应放热而自动地保持高温。保持催化转化器净化率高、使用寿命长的使用温度为 400～800℃，使用温度的上限为 1000℃。当发动机的排气温度超过 815℃ 时，三元催化转化器的转化效率将明显下降。为此，有些发动机装有排气温度报警装置，当报警装置发出报警信号时，应停机熄火，查明排气温度过高的原因，进行排除。在使用中，排气温度过高一般是由发动机长时间在大负荷工况下工作或由故障导致燃油燃烧不完全所致。

三元催化转化器的转化效率与混合气浓度的关系如图 3.137 所示，只有在理论空燃比 14.7∶1 附近很窄的范围内，对废气中三种有害气体（CO、HC、NO_x）的转化效率才比较高。超出这个范围，就会出现或者 CO 和 HC 排放量正常，而 NO_x 排放量大幅度上升；或者 NO_x 排放量正常，而 CO 和 HC 排放量大幅度上升的情况。为将实际空燃比精确控制在理论空燃比附近，装有三元催化转化器的汽车上，一般都安装用来检测废气中氧含量的氧传感器，氧传感器信号输送给发动机控制单元以对空燃比进行反馈控制，即电控汽油喷射系统的闭环控制。

电控汽油喷射系统的闭环控制原理如图 3.138 所示。在开环电控汽油喷射系统中，发动机控制单元只是根据转速信号、进气量信号、冷却液温度信号等确定喷油量，以控制空燃比，并不检测实际控制的空燃比是否精确。在闭环电控汽油喷射系统中，氧传感器安装在三元催化转化器与发动机之间的排气管上，将检测到的废气中的氧浓度信号输送给发动机控制单元，发动机控制单元根据此信号对喷油器的喷油量进行修正，使实际空燃比更接近理论空燃比。

在装有氧传感器的电控汽油喷射发动机上，电控汽油喷射系统并不是在所有工况下都进行闭环控制。在发动机起动工况、急速工况、暖机工况、加速工况、全负荷工况、减速断油工况下，发动机不可能以理论空燃比工作，仍采用开环控制方式。此外，氧传感器温度低于 300℃、氧传感器或其电路发生故障时，也只能采用开环控制方式。电控汽油喷射系统进行开环控制还是进行闭环控制，由发动机控制单元根据相关输入信号决定。

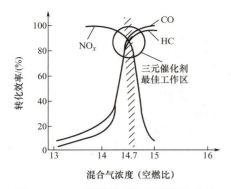

图 3.137 三元催化转化器的转化效率与混合气浓度的关系

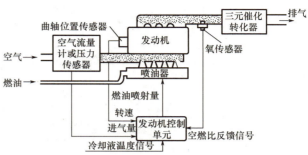

图 3.138 电控汽油喷射系统的闭环控制原理

4. 二次空气喷射控制系统

二次空气喷射控制系统是将一定量的新鲜空气经空气喷管喷入排气管或三元催化转化器中，使废气中的 CO 和 HC 进一步氧化或燃烧成 CO_2 和 H_2O，以减少 CO 和 HC 的排放。为了区别发动机的正常进气，把这种将新鲜空气喷入排气管的过程称为二次空气喷射。二次空气喷射是最早使用的减少污染物排放的方法，在采用三元催化转化器以后，该方法仍然采用。

二次空气喷射有两种方法：**一是利用空气泵系统**，即利用空气泵将压缩空气导入排气系统；**二是利用脉冲空气系统**，即利用排气压力将空气导入排气系统。

二次空气喷射控制系统

（1）空气泵系统。

图 3.139 所示为电子控制空气泵二次空气喷射系统的组成，主要有**空气泵、旁通阀、分流阀、空气分配管、空气喷管、单向阀**等。空气泵通常由发动机驱动，空气泵产生的低压空气称为二次空气。在分流阀与排气道之间及分流阀与三元催化转化器之间均装有单向阀，以防止废气进入二次空气喷射系统。分流线圈及旁通线圈由发动机控制单元控制，打开发动机点火开关之后，电源电压便施加到两个线圈的绕组上，发动机控制单元通过对每个绕组提供接地使线圈通电。

发动机起动之后，发动机控制单元不使旁通线圈和分流线圈断电，于是这两个线圈同时把通向旁通阀和分流阀的真空隔断，此时空气泵送出的空气经旁通阀进入大气，这种状态称为起动工作状态，其持续时间取决于发动机温度。如果发动机温度很低，则起动工作状态将持续较长时间。

发动机在预热期间，发动机控制单元同时使旁通线圈和分流线圈通电。**此时进气管真空度分别经旁通线圈和分流线圈传送到旁通阀和分流阀。空气泵送出的空气经旁通阀流入分流阀，再由分流阀流入空气分配管，最后由空气喷管喷入排气道。**

当发动机在正常的冷却液温度下工作时，发动机控制单元只使旁通线圈通电，而不使分流线圈通电，通向分流阀的真空度被分流线圈隔断，空气泵送出的空气经旁通阀进入分流阀，再经分流阀进入三元催化转化器。

（2）脉冲空气系统。

与空气泵系统相比，脉冲空气系统不需要动力源注入空气，而是**依靠大气压与废气真**

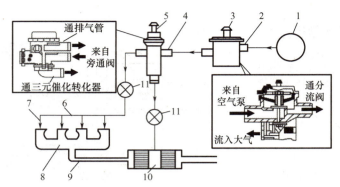

1—空气泵；2—旁通阀；3,5—真空管；4—分流阀；6—空气分配管；7—空气喷管；
8—排气歧管；9—排气管；10—三元催化转化器；11—单向阀

图 3.139　电子控制空气泵二次空气喷射系统的组成

空脉冲之间的压力差使空气进入排气歧管，因此降低了成本、减少了功率消耗。

脉冲空气系统的结构和工作原理分别如图 3.140 和图 3.141 所示。空气来自空气滤清器，发动机控制单元控制电磁阀的打开及关闭，电磁阀与单向阀相连。排气压力是正负交替的脉冲压力波。当发动机以较低转速运转时，发动机控制单元控制电磁阀打开，进气歧管真空吸起脉冲空气喷射阀的膜片，使阀开启，此时由于排气压力为负，因此空气由滤清器通过脉冲空气喷射阀进入排气口，与排出的 HC 进一步燃烧，可减小 HC 的排放量；当排气压力为正时，脉冲空气喷射阀内的单向阀关闭，空气不会反向流动而返回进气管。由此可见，脉冲式二次空气喷射系统在发动机转速较低时，减少 HC 排放的效果更好。

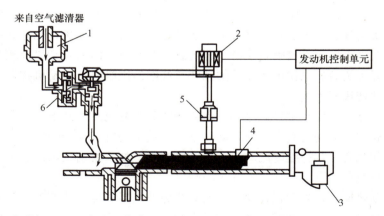

1—谐振室；2—电磁阀；3—空气流量传感器；4—节气门位置传感器；5—单向阀；6—脉冲空气喷射阀

图 3.140　脉冲空气系统的结构

3.5.4　汽油缸内直喷排放控制系统

汽油缸内直喷发动机分层燃烧运行时具有很大的节油潜力，是降低燃油消耗最有效的措施之一，同时具有良好的瞬态特性和全负荷性能。但是要充分挖掘节油潜力，在很大程度上还受到废气排放的制约。汽油缸内直喷发动机在稀混合气或分层充气模式下工作时，发动机燃烧温度较高，NO_x含量比传统发动机的大很多，而传统三元催化转化器无法对NO_x进行足够转化，因此汽油缸内直喷发动机的最重要的排气净化问题是减小 NO_x 排放量。

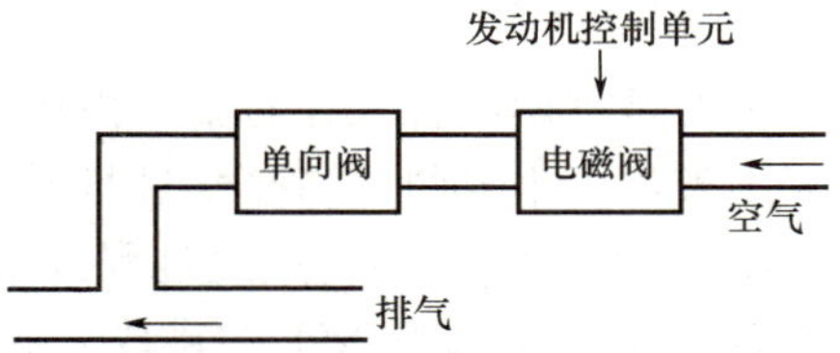

图 3.141 脉冲空气系统的工作原理

汽油缸内直喷发动机达到欧Ⅳ排放标准所要求的NO_x转化净化率必须大于95%，才能达到与进气道喷射的传统汽油机NO_x排放水平。汽油缸内直喷发动机NO_x的净化任务可分别由机内净化降低和机外排气后处理来分担。由于直喷式汽油机在分层稀薄燃烧时空气富余，因此机内净化为采用高废气再循环率减小NO_x排放量，可使原始排气中的NO_x含量减小50%～70%。但为了达到废气排放标准，还必须在排气管处安装一个NO_x后处理装置（机外处理）。

1. 汽油缸内直喷发动机排气系统的组成

汽油缸内直喷发动机排气系统主要由三元催化转化器、存储式NO_x催化净化器、氧传感器、废气温度传感器、NO_x传感器及控制单元等组成，如图 3.142 所示。

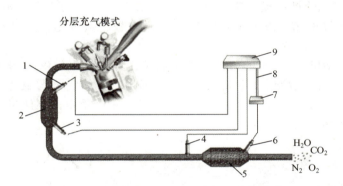

1,3—氧传感器；2—三元催化转化器；4—废气温度传感器；5—存储式NO_x催化净化器；6—NO_x传感器；7—NO_x传感器控制单元；8—CAN总线；9—发动机控制单元

图 3.142 汽油缸内直喷发动机排气系统的组成

2. 存储式NO_x催化净化器

根据图 3.137 可知，当空燃比增大时，三元催化转化器对 HC 和 CO 的转化效率很高，而对NO_x的转化效率很低，只有很少一部分NO_x转化为N_2和O_2。而直喷发动机在稀薄燃烧时又产生大量NO_x，需要采用专门的存储式NO_x催化净化器来转化NO_x。

存储式NO_x催化净化器与三元催化转化器的结构相似，均为细陶瓷蜂窝状结构。存储式NO_x催化净化器的细陶瓷表面具有氧化钡（BaO）薄涂层。当温度为250～500℃时，存储式NO_x催化净化器可将氧化钡转化为硝酸盐存储起来。如果存储空气占满了，则可通过NO_x传感器使发动机控制单元识别出这种情况，切换到还原模式。

3. NO_x 传感器

NO_x 是可燃混合气在高温、高压下燃烧的产物，是 NO 和 NO_2 的总称。NO_x 是在高温富氧的条件下生成的，当空气过量时，N_2 与 O_2 在电火花的作用下生成 NO，而 NO 被空气中的 O_2 氧化为 NO_2。燃烧过程排放的氮氧化物中，超过 95%（体积分数）是 NO，其余的是 NO_2。尾气中 NO_x 的排放量取决于燃烧温度、时间和空燃比等。

（1）NO_x 传感器的工作原理。

NO_x 传感器安装在存储式 NO_x 催化净化器的后部，以监测 NO_x 的存储量。 NO_x 传感器采用电池电动势原理检测 NO_x 的浓度，其结构如图 3.143 所示。

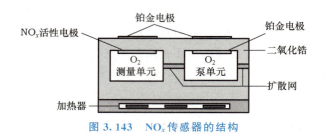

图 3.143　NO_x 传感器的结构

在 O_2 泵单元内，氧成分被调成恒定（空燃比为 14.7∶1），λ 通过泵工作电流量取，废气流经扩散网到 O_2 测量单元，该单元通过 NO_x 活性电极将氮氧化物分解成 N_2 和 O_2，通过氧-泵电流可确定 NO_x 的浓度。

① 存储过程。当发动机在 λ>1 的稀薄燃烧工况下工作时，废气中的 NO_x 与存储式 NO_x 催化净化器表面上的白色涂层发生氧化反应，生成 NO_2。**NO_2 再与氧化钡发生化学反应，生成硝酸盐 $Ba(NO_3)_2$，并存储在存储式 NO_x 催化净化器中**，存储过程一般需要 60～90s。NO_x 还原过程如图 3.144 所示。

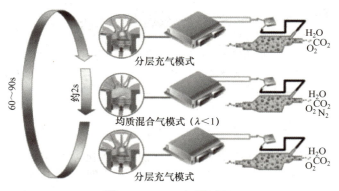

图 3.144　NO_x 还原过程

如果存储式 NO_x 催化净化器不能再存储 NO_x，则起动**再生模式（每 60～90s 进行一次），发动机将从稀薄的分层充气模式转换为均质混合气模式**。在均质混合气模式下，尾气中的 HC 和 CO 含量将会提高，在存储式 NO_x 催化净化器内，NO_x 的 O_2 与 HC、CO 反应生成 N_2 和 O_2。

② NO_x 的还原。当存储式 NO_x 催化净化器中的 NO_x 负载量已达到极限时，发动机控制单元使发动机短时间处于均质混合气模式（λ<1）。此时混合气变浓，排放的废气温度升高，

存储式 NO_x 催化净化器温度也升高，形成的硝酸盐变得不稳定，**利用废气中的 CO 与 Ba$(NO_3)_2$ 发生还原反应，使硝酸盐分解，生成 BaO 并释放出 CO_2 和 NO_x**。存储式 NO_x 催化净化器中的铑将 NO_x 转化为 N_2，CO 转化为 CO_2，还原过程一般需要 2s。

NO_x 传感器监测到 NO_x 的负载量已达到微小量时，发动机又进入 $\lambda>1$ 的稀薄燃烧模式。

③ 硫的还原。硫比 NO_x 的温度稳定性高，硫在 NO_x 的还原过程中是不会分解的。硫也会占据空间，导致在较短的间隔时间内存储式 NO_x 催化净化器饱和，无法再存储 NO_x。一旦超过规定值，发动机管理系统就会**从分层充气模式切换到均质混合气模式工作，两个气缸以浓混合气工作，两个气缸以稀薄混合气工作**，在排气管中，两种气体混合在一起并且发生燃烧现象。这种方法可以将存储式 NO_x 催化净化器的温度提高到 650℃ 以上，硫将转化为二氧化硫（SO_2），脱硫约需要 2min。硫的还原过程如图 3.145 所示。如果燃油中含硫较少，那么除去硫的时间间隔较长；如果燃油中含硫较多，那么经常进行这种还原反应。在大负荷、高转速行车时会自动去硫。

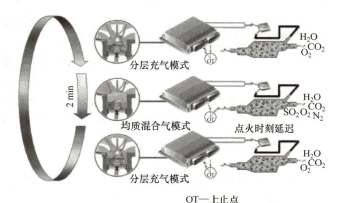

图 3.145 硫的还原过程

（2）NO_x 传感器的位置、功用与功能。

① NO_x 传感器控制单元。NO_x 传感器控制单元常安装于汽车底板外部，**在 NO_x 传感器附近对传感器信号进行预加工，再将该信息经 CAN 总线传送至发动机控制单元**。发动机控制单元通过该信息识别所存储的 NO_x 的饱和程度，以便执行还原过程。

② NO_x 传感器的功用。**NO_x 传感器被直接安装在存储式 NO_x 催化净化器的后面，确定废气中 NO_x 和 O_2 的残留量，并把此信号传送给 NO_x 传感器控制单元**。NO_x 传感器具体功能如下。

a. 识别和检查存储式 NO_x 催化净化器的功能是否正常。

b. 识别和检查存储式 NO_x 催化净化器前端宽域氧传感器调节点是否正常或是否需要修正。

c. 检测 NO_x 传感器产生的信号是否被传送至存储式 NO_x 控制单元。

d. NO_x 传感器检测到存储式 NO_x 催化净化器的存储空间饱和时，会起动一个 NO_x 再生周期，即向发动机控制单元传送信号，使发动机在短时间内产生更浓的混合气，使排气温度升高，转化器钡涂层便开始释放 NO_x，NO_x 随之转化为无害的 N_2。

e. 失灵时的影响：如果 NO_x 传感器信号发生故障，则发动机仅能在均质混合气模式下运行。

4. 废气温度传感器

(1) 作用。

废气温度传感器的作用是切换到分层充气模式，检测废气温度。存储式 NO_x 催化净化器只有在温度达到 250~500℃时才能存储 NO_x，温度超过 650℃时才能脱硫。

(2) 安装位置。

废气温度传感器安装在三元催化转化器与存储式 NO_x 催化净化器之间。它不仅总是处于高温和具有腐蚀性的排放气体中，而且反复承受从低温区怠速起动到满负荷高温条件下的极大温度变化，承受发动机与车身的振动，并要具有防水性以及对路面飞石的防护性等。

(3) 结构。

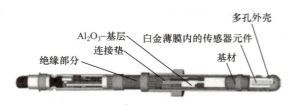

图 3.146　废气温度传感器的结构

废气温度传感器的结构如图 3.146 所示。这种传感器的测温部分装有热敏元件，当温度升高时，热敏电阻的电阻值上升；反之，电阻值下降。

(4) 检测。

当废气温度传感器发生断路或短路故障，三元催化转化器出现异常高温时，不能起动报警电路进行报警，从而导致三元催化转化器因高温而损坏，汽车的尾气排放严重超标。三元催化转化器损坏，排气管部分发生堵塞，排气不畅，还会使发动机工作不稳定。具体检测内容如下。

① 就车检测。

就车检测时，首先应使三元催化转化器处于暖机状态，温度为 400℃；然后使用万用表测量电阻值，正常时应大于 0.42kΩ，信号电压为 2V。

② 单件检测。

从车上拆下废气温度传感器，使传感器前端 40mm 处在火焰上加热，并于加热状态测定电阻值，正常应为 200~600kΩ。

3.5.5　柴油发动机辅助控制系统

1. 柴油发动机废气涡轮增压器

柴油发动机废气涡轮增压器如图 3.147 所示，通过压缩吸入空气达到增大发动机转矩、提高发动机功率的效果。由于吸入空气密度增大，每个进气行程进入燃烧室的空气量相应增大，因此氧含量增大，实现提高燃烧效率的目的。

(1) 旁通式废气涡轮增压器。

涡轮增压器有如下两个难题：在发动机转速很高时，涡轮转速也很高，压缩空气量超出需求；发动机转速低时，涡轮达不到所要求的转速，空气压缩不足，发动机功率也达不到要求（增压滞后）。

折中方法是在涡轮增压器上加一个旁通支路。发动机转速较高时，部分废气通过旁通支路而不通过增压器，从而保证不超过最佳压缩比，达到所要求的发动机功率。但该旁通支路在发动机转速低时不起作用，旁通支路的开闭由压力机械控制阀控制。

旁通式废气涡轮增压器的工作原理如图 3.148 所示，发动机控制单元根据发动机的负荷信号、转速信号等确定目标压力，如需要增大压力，那么发动机控制单元控制废气涡轮增压器上的增压电磁阀断电，真空通道断路，机械控制阀向上移动，废气侧的旁通支路截面面积减小，多数废气直接冲击废气侧叶轮，涡轮转速增大，增压压力增大；当发动机控制单元监测到增压压力偏大时，就会向增压控制电磁阀通电，机械控制阀向下移动，旁通空气道截面面积增大，大量废气从旁通支路排出，涡轮转速降低，增压压力减小。

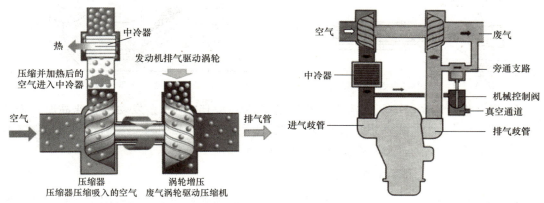

图 3.147　柴油发动机废气涡轮增压器　　图 3.148　旁通式废气涡轮增压器的工作原理

（2）可调叶片式废气涡轮增压器。

可调叶片式废气涡轮增压器如图 3.149 所示，其工作原理如图 3.150 所示。可调叶片式废气涡轮增压器与装有旁通支路的涡轮增压器不同，它在任何转速下均可产生所需压缩力。

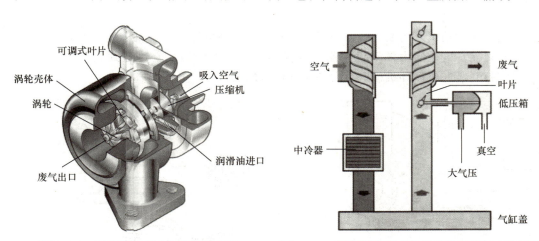

图 3.149　可调叶片式废气涡轮增压器　　图 3.150　可调叶片式废气涡轮增压器的工作原理

流速与截面的关系如图 3.151 所示，若两个管内的压力相等，则气体流过有颈缩的管要比流过无颈缩的管的速度快很多。

① 发动机转速低时的压力需求。增压过程如图 3.152 所示，发动机转速低时，需要较大的增压压力。由于废气流过截面面积减小的通道，因此流速增大，涡轮转速也随之增大。故在发动机转速很低时，涡轮转速仍很高，能产生足够的充气压力，废气背压也较高。

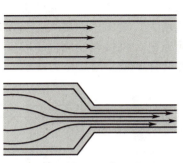

图 3.151 流速与截面的关系

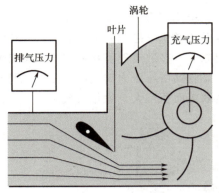

图 3.152 增压过程

② 发动机转速高时的压力需求。减压过程如图 3.153 所示,发动机转速高时,需要较小的增压压力。由于废气流过截面面积增大的通道,因此流速减小,涡轮转速也随之减小。故在发动机转速较高时,产生的充气压力并不大。

2. 柴油发动机废气再循环系统

柴油发动机的主要污染物是碳烟颗粒和 NO_x。碳烟颗粒的处理已应用于汽车,其主要措施是在排气管上安装碳烟过滤器,收集碳烟颗粒。当碳烟过滤器收集满碳烟颗粒时,柴油发动机控制单元会通过改变喷油时刻来提高排气管温度,碳烟颗粒达到燃点时燃烧,再进入下一个循环。若收集满之后不及时处理,将堵塞排气管。废气再循环装置的主要功能是减少 NO_x 的排放。

(1) 两阀控制。

早期柴油发动机采用废气再循环机械阀和废气再循环电磁阀控制 NO_x。如图 3.154 所示,废气再循环电磁阀由发动机控制单元控制,并有相应的真空传送到废气再循环机械阀。真空打开废气再循环机械阀,允许废气进入发动机。

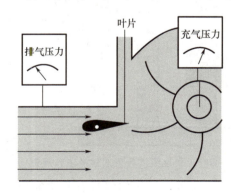

图 3.153 减压过程

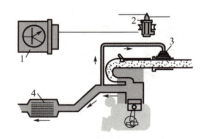

1—发动机控制单元;2—废气再循环电磁阀;
3—废气再循环机械阀;4—三元催化转化器

图 3.154 两阀控制

（2）单阀控制。

柴油发动机废气再循环系统使用单阀控制 NO_x。如图 3.155 所示，废气再循环量由废气再循环电磁阀控制，而废气再循环电磁阀由发动机控制单元直接控制。集成的废气再循环电位计把废气再循环电磁阀的实际开度信号传送给发动机控制单元，从而实现闭环控制。

3. 柴油微粒过滤系统

（1）系统功能。

大众汽车 2.0L TDI CR 发动机已采用减少碳烟颗粒排放的措施，而柴油微粒过滤器进一步减少了碳烟颗粒的排放。柴油微粒过滤器与三元催化转化器一起，位于一个壳体内，靠近发动机，能够很快地达到工作温度。柴油微粒过滤器的结构如图 3.156 所示，内部结构如图 3.157 所示，系统组成如图 3.158 所示。

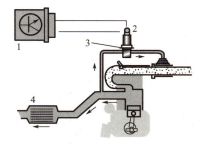

1—发动机控制单元；2—废气再循环电磁阀和废气再循环电位计；
3—通风口；4—三元催化转化器

图 3.155 单阀控制

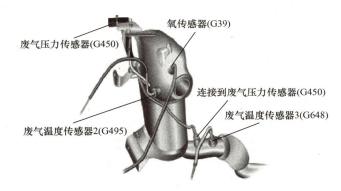

图 3.156 柴油微粒过滤器的结构

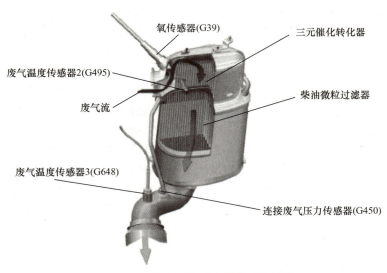

图 3.157 柴油微粒过滤器的内部结构

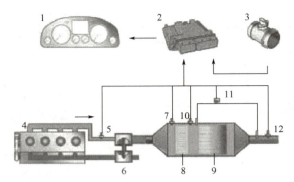

1—组合仪表中带显示单元的控制单元（J285）；2—发动机控制单元（J623）；3—空气质量流量计（G70）；
4—柴油发动机；5—废气温度传感器1（G235）；6—涡轮增压器；7—氧传感器（G39）；
8—三元催化转化器；9—柴油微粒过滤器；10—废气温度传感器2（G495）；
11—废气压力传感器（G450）；12—废气温度传感器3（G648）

图 3.158　柴油微粒过滤器的系统组成

柴油微粒过滤器和三元催化转化器为独立安装，各自单独装在一个壳体内，三元催化转化器位于柴油微粒过滤器的前端。结合共轨喷射系统，三元催化转化器安装在前端具有以下优点。

① 在柴油微粒过滤器之前先将废气温度升高，使得柴油微粒过滤器很快地达到工作温度。

② 增压模式下，避免了进气温度过低造成的柴油微粒过滤器过冷。这种情况下，三元催化转化器相当于一个储温器，加热废气流后将热量传给柴油微粒过滤器。

③ 再生过程中，与涂有催化剂的柴油微粒过滤器相比，可更精确地调节废气温度。废气温度传感器2（G495）在柴油微粒过滤器前立即测定出排气温度，可精确计算出用于再生过程中加热废气的二次喷射过程中的喷油量。

（2）三元催化转化器。

三元催化转化器的基本材料是金属，可很快达到起动温度。在这个金属体上有一个氧化铝基体。上面涂有金属铂，作为HC和CO的催化剂。三元催化转化器将大部分HC和CO转化为H_2O和CO_2。

（3）柴油微粒过滤器。

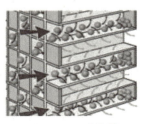

图 3.159　过滤墙

柴油微粒过滤器包含一个碳化硅材料的蜂窝陶瓷体。多孔的过滤网上涂有氧化铝和氧化铈基体层，基体上使用金属铂作为催化剂。含有炭颗粒的废气流经进气通道的过滤墙（图3.159），废气通过过滤墙，炭颗粒被留了下来。

由于柴油微粒过滤器的再生功能是防止被炭颗粒堵塞，因此必须能够正常再生。再生过程中，柴油微粒过滤器上收集的炭颗粒燃烧（氧化）。柴油微粒过滤器的再生步骤有被动再生、加热过程、主动再生、由驾驶人执行的再生驱动及维修再生等。

① 被动再生。被动再生时，发动机管理系统不干预，炭颗粒不断燃烧。该过程会在

发动机高负荷、废气温度为 350～500℃（如在快车道上行驶）时进行。这种情况下，炭颗粒通过与 NO_x 反应转化为 CO_2 和 N_2。

② 加热过程。为尽快加热冷态三元催化转化器和柴油微粒过滤器至工作温度，发动机管理系统在主喷油过程后启动二次喷油过程。二次喷油在缸内燃烧，提高了燃烧温度级别，释放出的热量通过废气流到达三元催化转化器和柴油微粒过滤器而加热。一旦达到三元催化转化器和柴油微粒过滤器的工作温度，一段时间后加热过程就结束。

③ 主动再生。大部分工况下废气温度太低，无法启动被动再生。此时炭颗粒无法被动消除，会在过滤器中累积起来。一旦柴油微粒过滤器中的炭颗粒含量到达一定程度，发动机管理系统介入主动再生，过程如图 3.160 所示。炭颗粒在废气温度为 550～650℃时燃烧，生成 CO_2。

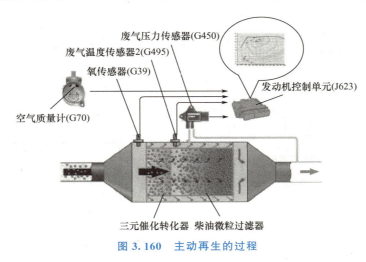

图 3.160　主动再生的过程

通过发动机控制单元内的两个预设模型计算出柴油微粒过滤器中的炭颗粒含量。一个炭颗粒含量模型基于驾驶人驾驶风格、废气温度传感器及氧传感器信号；另一个炭颗粒含量模型基于柴油微粒过滤器的流体阻力。通过废气压力传感器、废气温度传感器和空气质量计的信号进行计算。

为在主动再生过程中升高废气温度，发动机控制单元采取如下措施。

a. 进气由节气门控制单元调节。

b. 关闭废气再循环来提高燃烧温度和燃烧室中的氧含量。

c. 滞后的主喷射结束不久后，启动首次二次喷射来提高燃烧温度。其余二次喷射在主喷射完成一定时间后进行。这些燃油不会在气缸内燃烧，但会在燃烧室中汽化。燃油中含有的未燃碳氢化合物在三元催化转化器中被氧化。该过程中产生的热量通过空气流到达柴油微粒过滤器，在柴油微粒过滤器前端将废气温度升高到约 620℃。

柴油微粒过滤器前端的废气温度传感器 2（G495）的信号被发动机控制单元用于计算稍后二次喷射过程中的喷油量。再生过程中，调节增压空气压力以保证驾驶人感觉不到明显的转矩变化。

④ 由驾驶人执行的再生驱动。若汽车仅用于短途行驶，则废气温度达不到起动柴油微粒过滤器的温度。若柴油微粒过滤器中的受污染情况到达极限，则仪表板上会亮起柴油微粒过滤器警示灯，提醒驾驶人开启再生功能。如果汽车需要短时高速行驶，则能够达到足够高的废气温度，并且在该时间范围内成功再生的工作条件保持稳定。

⑤ 维修再生。若驾驶人再生失败,柴油微粒过滤器的受污染情况到达40g,则除柴油微粒过滤器警示灯亮起外,预热时间指示灯也会亮起。仪表板上显示"发动机故障-修理厂"字样。驾驶人需要寻找最近的修理厂进行检修。这种情况下,发动机控制单元不允许柴油微粒过滤器主动再生,以避免损坏。

4. 柴油发动机预热装置

大众汽车柴油发动机有一个预热装置控制系统。它能迅速起动发动机,与汽油发动机相同,几乎在所有的气候条件下都无须长时间预热。预热装置控制系统的结构如图3.161所示,预热装置为四个预热塞。

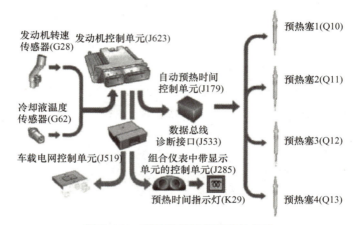

图3.161 预热装置控制系统的结构

预热装置控制系统的优点如下。
(1) 能够与汽油发动机一样在低至-24℃的温度下起动。
(2) 加热时间极短,预热塞2s内可达到高达1000℃的高温。
(3) 预热温度和起动后预热温度可控。
(4) 能进行故障自诊断。

钢制预热塞由发动机控制单元(J623)通过自动预热时间控制单元(J179),结合一个脉冲宽度调制信号顺序起动。此情况下,**单独预热塞的电压通过脉冲宽度调制的频率进行调节**。外界温度低于18℃时,快速起动需要加载11.5V的电压用于预热,可以确保预热塞在尽可能短的时间间隔(不超过2s)内加热至1000℃以上,由此缩短发动机的预热时间。不断降低脉冲宽度调制信号的控制频率,起动后预热塞的电压被调节至标定的4.4V。起动后的预热塞在发动机起动后最多可运作5min,直至冷却液温度达到18℃。**高预热温度能帮助降低暖机过程中碳氢化合物的排放和燃烧噪声**。预热塞采用错开起动来减少预热过程中车载电源的负担,前一个启动信号终了会引发下一个预热塞的启动。预热塞错开工作控制如图3.162所示。

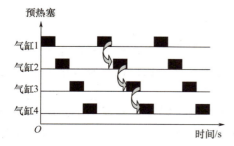

图3.162 预热塞错开工作控制

3.6 发动机管理系统故障检测诊断

发动机技术状况的检测诊断是通过检查、测量、分析、判断等一系列活动完成的，常用诊断方法有人工经验诊断法和仪器设备诊断法等。在实际检修过程中，通常综合利用人工经验诊断法和仪器设备诊断法。人工经验诊断法是指诊断人员凭借丰富的实践经验和一定的理论知识，在汽车不解体或局部解体的情况下，依靠直观的感觉，借助简单工具和仪表，采用眼观、耳听、手摸和鼻闻等手段，进行检查、试验、分析，确定汽车的技术状况，查明故障原因和故障部位的诊断方法。仪器设备诊断法是指在汽车不解体的情况下，利用测试仪器、检测设备等检测汽车总成或机构的参数、曲线和波形，为分析、判断汽车技术状况提供定量依据的诊断方法。仪器设备诊断法检测速度快、准确性高，能定量分析，是汽车故障诊断与检测技术发展的必然趋势。

3.6.1 发动机故障自诊断系统

发动机故障自诊断系统是集成在发动机控制单元内部的具有故障诊断功能的系统，属于车载诊断系统（On Board Diagnostics，OBD）。该系统重点监测发动机排放故障，保证发动机达到排放法规的要求。其基本功能如下：检测发动机管理系统的故障或与排放有关的故障，将故障信息以故障码的形式存储在发动机控制单元的随机存储器内；点亮仪表板上的故障指示灯，通知驾驶人及时维修汽车；提供故障码、数据流等诊断信息，以便快速查找故障等。车载诊断系统经历了 OBD Ⅰ、OBD Ⅱ 及 OBD Ⅲ 三个阶段。

车载诊断系统

OBD Ⅰ 最早在 1991 年由美国加利福尼亚州规定使用，用于控制排放系统失效，当时功能相对简单，仅监测氧传感器、排气再循环系统、燃油供给系统和发动机控制单元。OBD Ⅰ 的方向是正确的，但存在明显的缺陷。首先 OBD Ⅰ 缺乏统一的标准，不同的汽车制造厂商和不同的车型之间有不同的车载诊断系统，售后维修时要对不同的车型用不同的诊断插头，甚至对不同的系统用不同的专业解码器；其次是监测功能不强，如 OBD Ⅰ 无法监测三元催化转化器是否失效或是已被拆除，又如失火及燃油蒸发污染的排放问题；最后 OBD Ⅰ 系统仅监测部件的电路的连续性故障，不监测与排放有关的部件的渐进损坏情况。

OBD Ⅱ 在通信方面规定了标准化的 16 端子诊断插座，每个端子都有指定的功能，标准化的通信协议，标准化的故障码，增设了三元催化转化器中的催化剂的老化检测、失火检测及燃油蒸发物收集系统故障监测等。1994 年，美国汽车工程师学会（SAE）提出了 OBD Ⅱ 的一系列标准规范，认证通过后要求各汽车制造厂商依照 OBD Ⅱ 的标准提供统一的诊断模式、诊断插座及故障码，只用 1 台通用的诊断仪器即可对各种汽车进行诊断检测。OBD Ⅱ 于 1996 年在美国强制实施。

虽然 OBD Ⅱ 对监测汽车排放十分有效，但驾驶人是否接受警告全凭自觉。为此，经过修改，2004 年以后，比 OBD Ⅱ 更先进、更严格的 OBD Ⅲ 诞生了。OBD Ⅲ 将汽车的检测、维护和管理融为一体，以满足环境保护的要求。OBD Ⅲ 能够分别进入发动机、变速器、车身等系统的电子控制单元中读取故障码和其他相关数据，并利用小型车载通信系统，如 GPS 或无线蜂窝通信等方式将汽车的识别代码、故障码及所在位置等信息自动告知管理部门，管理部门根据该车排放问题的等级对其发出指令，包括维修地的建议、解决排放问题的时限等。此外，在法律允许的前提下，还可对超出时限的违规车辆发出禁行指令。

1. OBD Ⅱ的主要特点

与 OBD Ⅰ相比，OBD Ⅱ具有以下特点。

（1）排放监测功能强。

OBD Ⅱ监测更全面、更敏感，能监测到引起排放值超过汽车排放标准 1.5 倍的故障，并能在排放超标之前监测到系统的故障，点亮故障灯，提醒驾驶人及时维修，从而极大限度地减少排放污染。

（2）通用性好。

OBD Ⅱ采用了大量标准化的内容，具体如下。

① 采用标准的 OBD Ⅱ 16 端子诊断插座（图 3.163），符合 SAE J1962 标准要求，适用于所有汽车制造厂商，诊断仪不需要配备复杂的诊断插头，数据通信连接器识别更快。其端子功能见表 3-2。

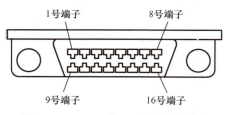

图 3.163　OBD Ⅱ 16 端子诊断插座

表 3-2　OBD Ⅱ 16 端子诊断插座端子功能

端子	功　　能	端子	功　　能
1	汽车生产厂商设定	9	汽车生产厂商设定
2	SAE J1850 总线（＋）	10	SAE J1850 总线（－）
3	汽车生产厂商设定	11	汽车生产厂商设定
4	底盘搭铁	12	汽车生产厂商设定
5	信号搭铁	13	汽车生产厂商设定
6	SAE J2284 CAN－C（＋）	14	SAE J2284 CAN－C（－）
7	ISO 1941－2 "K" 线	15	ISO 1941－2 "L" 线
8	汽车生产厂商设定	16	蓄电池 "＋" 极

OBD Ⅱ的 1、3、8、9、11、12 和 13 号端子没有分配，汽车制造厂商可以根据自身需要使用。

② 标准的通信协议、诊断模式和通用的诊断仪，使诊断仪使用很方便。OBD Ⅱ诊断仪能与所有 OBD Ⅱ标准的汽车通信，能自动识别汽车信息，不需要输入车牌、车型、年款及动力装置类型等信息。各汽车制造厂商通常使用三种通信线，每根通信线需要不同的软件界面。这些通信线采用不同的通信协议。给定的汽车只使用一种协议，但是设计通用的 16 端子诊断插座和诊断仪插头用于全部协议。两个协议最初由 SAE 开发，一个协议由国际标准化组织（ISO）开发。

③ 统一的故障码编制方法及含义，使得故障码的识别和分析更快速。OBD Ⅱ故障码编制方法如图 3.164 所示。

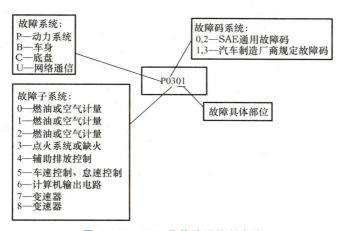

图 3.164　OBD Ⅱ 故障码编制方法

④ 统一的部件名称和缩写以及标准的诊断信息数据格式，使得各种信息不再混乱。

（3）信息量大。

可以提供故障码、数据流、冻结帧数据等大量的、深层次的信息，使维修工作更方便。

2. OBD Ⅱ 故障监测原理

（1）OBD Ⅱ 故障监测的基本原理。

发动机控制单元不断地监测传感器、执行器、相关电路、故障指示器及蓄电池电压等，并对传感器输出信号、执行器驱动信号和信号处理过程（如 λ 闭环控制、爆燃控制、怠速转速控制和蓄电池电压控制等）中产生的各种中间信息进行可信度监测，以确定是否存在故障。这种监测不是基于对要监测的物理量的直接测量，如不直接测量污染物的排放量，而是依据间接的算法来推算排放量。这种间接的算法需要以数值条件和相关量之间的依存关系作为先决条件，以保证与所要求的监测功能的正确关系。归纳起来，故障监测有如下几种途径。

① 某传感器信号电压的数值超出了可能的范围。汽车电子控制系统中，传感器的输出信号一般都是电压信号，因此电压型故障是汽车电子控制系统中最基本的故障。当传感器内部发生短路或断路，或者传感器与电子控制单元之间的接线发生搭铁或断路时，输入电子控制单元的信号电压将超出正常范围，从而引起故障。如图 3.165 所示，设定传感器的输出信号电压的正常范围为 $U_{min} \sim U_{max}$，如果实际输入电子控制单元的信号电压大于 U_{max} 或小于 U_{min}，则认为该信号不可信，传感器有故障。此外，传感器及其线路受到干扰

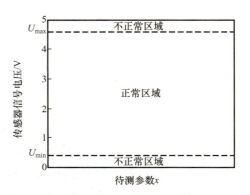

图 3.165　传感器电压信号范围与故障识别

（如电磁干扰）时，可能会产生瞬时大于 U_{max} 或小于 U_{min} 的信号，因此，在实际应用中，只有传感器信号持续超过限定值一定时间后，电子控制单元才将其判断为有故障。

例如，在正常工况下，发动机的冷却液温度设定在 30~139℃（各车型不同），冷却液温度传感器输出电压在 0.1~4.8V 内变化。当冷却液温度传感器向电子控制单元输入的信号电压为 0.1V 时，相当于发动机冷却液温度为 139℃；当冷却液温度传感器向电子控制单元输入的信号电压为 4.8V 时，相当于发动机冷却液温度为 -30℃。当冷却液温度传感器内部发生断路时，如图 3.166（a）所示，其输出信号电压为 5V，高于 4.8V；当冷却液温度传感器与电子控制单元的接线发生搭铁时，如图 3.166（b）所示，输入电子控制单元的信号电压为 0V，低于 0.1V。在这两种情形下，电子控制单元将判定冷却液温度传感器有故障。

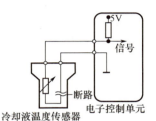 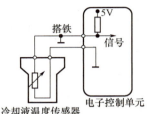

(a) 冷却液温度传感器内部出现断路　　(b) 冷却液温度传感器信号线与电子控制单元的接线发生搭铁

图 3.166　冷却液温度传感器信号与故障识别

② **传感器信号未超出可能的范围，但出现在不应当出现的工况，以致不符合逻辑，则可判定该信号不可信**。例如，在车速为 90km/h、发动机转速为 3000r/min、进气歧管绝对压力为 65kPa 的稳定工况下出现 2% 的节气门开度，显然该值过小，是不可信的。

③ **可同时根据多个传感器的信号计算出同一个物理量的场合，其计算结果与已被判定为无故障传感器的计算结果不一致时，该传感器信号可判为不可信**。例如，如果判定空气质量流量传感器无故障，由它提供的流量信号与根据进气歧管空气压力和温度传感器信号计算出的空气流量不一致，则可判定后者信号不可信。

④ **根据某传感器信号变动所经历的时间和幅度判断其是否传达了一种故障信息**。例如，若发动机起动时，冷却液温度传感器的信号对应于 10℃，运行一段时间后温度没有变化，则可判定该信号不可信。

⑤ **系统激活了某个闭环控制功能，却始终无法达到目标值，则可判定该系统存在相关故障**。例如，开通了燃油供给闭环控制后，始终无法达到 λ=1，则可判定燃油供给闭环控制系统的某个环节发生了故障。

⑥ **根据各零部件的特点专门制定的其他方法**，如根据转速波动确定缺火的发生等。

（2）故障状态分类。

故障按出现的频率可分为偶发故障（如由短暂的线束断路或者插接件接触不良造成的故障）和稳态故障。

如果一个被识别到的故障出现的持续时间第一次超过设定的稳定化时间，则电子控制单元判定它是一个稳定的故障，并将它存储为"稳态故障"。如果这个故障出现一次后就消失了，则将它存储为"偶发故障"和"不存在的"。如果这个故障消失后又被识别到，则将它存储为"偶发故障"和"存在的"。

（3）故障指示灯点亮和熄灭。

① 故障指示灯。装备了车载诊断系统的汽车都必须带有一个能迅速让驾驶人观察到的故障指示灯。在所有合理的照明条件下，故障指示灯必须清晰可见。某些故障信息应当

立即通过故障指示灯通知驾驶人。故障指示灯除了向驾车人通报已经进入应急模式（或跛行回家模式）外，不得用于任何其他目的。故障指示灯点亮时，必须显示一个符合 ISO 2575—2010 标准的符号。

故障指示灯设置在仪表板上，对具体位置没有强制性的规定，可由汽车制造厂商自行决定。但是不同法规对它的显示方式有不同的要求。OBD Ⅱ 规定必须设置故障指示灯，而且一般显示为"SERVICE ENGINE SOON"和"CHECK ENGINE"，也常使用"CHECK"字样，其形状与发动机轮廓的灯类似。

② 故障指示灯点亮。

正常情况下，点火开关在"ON"位置且发动机未起动的状态下，故障指示灯应该处于点亮状态。如果系统先前没有监测到故障，则故障指示灯应该在起动发动机后几秒（一般为 1～3s）内熄灭；如果起动之后故障指示灯没有熄灭，就表明系统中的一些重要部件（如电子控制单元、进气歧管绝对压力传感器、节气门位置传感器、冷却液温度传感器、爆燃传感器、氧传感器、相位传感器、喷油器、怠速执行器、炭罐控制阀、风扇继电器等）发生故障，相应的计算机故障位复位。该故障位复位之前，故障指示灯将保持点亮状态。

当车载诊断系统通过故障监测推算得到的排放量超过了车载诊断系统排放限值时，进入永久性的排放默认运行模式，同时点亮故障指示灯。所谓永久性的排放默认运行模式指的是发动机控制单元设定的一种运行模式，此时发动机控制单元采用默认的数据运行发动机，不再接收来自失效的零部件或系统的输入信号，因为这些信号已经不可信，将使汽车排放污染物增加到超过限值的水平，即处于跛行回家状态。

故障指示灯未进入点亮状态并不意味着没有故障。因为偶发故障和与排放无关的故障，或者虽然与排放有关，但还不至于使实际排放量超出规定的排放限值的故障，都不会使故障指示灯点亮。

③ 故障指示灯闪烁。一旦发动机缺火达到汽车制造厂商给出的、可能引起三元催化转化器损坏的水平，故障指示灯就会不断地闪烁。所以，如果故障指示灯不断地闪烁，则表明发动机存在相当严重的缺火故障，且缺火率会导致三元催化转化器温度过高而发生不可逆的损坏，绝不允许对此置之不理。如果缺火率在一段时间内维持在过高水平之后恢复到不再超过可能损坏三元催化转化器的门限值（由汽车制造厂商确定），或者由发动机的转速和负载改变导致缺火率降低到不至于损坏三元催化转化器的水平，则故障指示灯可以切换至先前监测到可能引起三元催化转化器损坏的缺火水平的第一个行驶循环时的点亮状态，并可以在后续的若干行驶循环内切换至正常的点亮模式。如果故障指示灯切换回先前的点亮状态，则相应的故障码和存储的冻结帧状态将被清除。

故障指示灯无论是持续点亮还是持续闪烁，都应该及时维修，否则不仅汽车的排放水平有可能超过标准，而且可能出现行驶性变差、油耗增加、零部件损坏等问题，从而增加维修成本。

④ 故障指示灯熄灭。当一个故障码存入故障信息存储器之后，电子控制单元将继续进行故障监测。如果故障排除之后发动机连续三次成功起动（转速超过了确定的起动界定转速）并完成暖机循环，在此过程中监测皆为合格，且没有检测出其他会单独点亮故障指示灯的故障，则电子控制单元将故障指示灯熄灭，但故障码依然留存于故障信息存储器中。

(4) 故障信息存储。

一旦通过上述的故障监测程序识别到一种故障信息，就必须将故障信息存储起来。这里所说的故障信息包括故障码和冻结帧等。

① 故障码存储。车载诊断系统一旦确认某个环节出现故障，或者某个信号不可信之后，只要当时的情况符合条件，便对此类故障信息赋予不同的故障码，并将其存入随机存储器的故障信息存储器中。当发现与某些零部件的电路连通状态有关的故障类型时，也应存储相应的故障码，这里所说的"某些零部件"指的是任何与排放有关且与电子控制单元相连的动力总成系统的零部件，包括所有能实现监测功能的相关传感器等。如果劣化、发生故障或切换至永久性的排放默认运行模式而引起故障指示灯激活等，则应存储相应的故障码，这些故障码应能标识故障的类型。

② 冻结帧的存储。一旦监测到任何部件或系统的首次故障，就必须将反映当时发动机状态的冻结帧存储在电子控制单元的存储器中。冻结帧数据记录了故障发生和故障码形成时发动机的一些状态参数，为维修人员提供了一个观察过去事件的窗口，提供了更深层次的故障信息。维修人员可以根据此数据查看故障发生时的状态，快速找到故障原因，还可以据此再现故障。如果随后发生了供油系统故障或缺火故障，则原存储的任何冻结帧都必须用随后发生的供油系统的状态或缺火故障的状态替代。冻结帧数据随故障码的存储而存储，随故障码的清除而清除。清除故障码后，故障码及其冻结帧数据一起被清除，故障监测器状态将被重新设置。

③ 故障频度计数器和故障信息清除。

a. 故障频度计数器。车载诊断系统中，为每个识别到的故障信息设置一个独立的频度计数器，其中存有频度计数器的数值 H_z。H_z 决定了被识别到的故障信息消失（故障排除）后该故障码在存储器中继续存储的时间。

第一次识别到一个故障信息时，H_z 被设置成初始值 40。如果故障状况没有改变，那么这个数值将一直保持下去。一旦识别到故障信息已经消失，而且保持了一定的时间，每逢发动机成功地起动（转速超过了确定的起动界定转速）并完成暖机循环一次，H_z 就减 1。此时，电子控制单元认为该故障信息已经消失，但是故障码依然存在。如果故障（如由接触不良引起的故障）信息频繁地出现和消失，H_z 就加 1，但不超过设定的上限值 100。如果 H_z 降到了 0，则电子控制单元将该故障存储器内的故障码完全清除。

b. 故障码自动清除。点火开关接通时，虽然已经出现但是未能保持到稳定化时间结束的故障信息将被自动清除。或者，当系统设置了故障码之后如上所述连续地完成 40 次暖机循环而无一次故障，H_z 降到 0 时，电子控制单元也会自动将故障码的历史记录及该故障出现时的行驶里程和冻结帧信息从故障信息存储器中清除。

c. 故障码的人工清除。经过维修排除了故障之后，可通过以下三种渠道人工清除存储器中的故障码：利用故障诊断仪，通过"故障存储器清零"指令清除故障码；拆下蓄电池电线，将外部随机存储器中的故障码清除；将电子控制单元的故障诊断专用端子接地两次，每次接地时间超过 2.5s。

如果有人在对汽车进行维修之前先清除故障码，那么即使此后电子控制单元中不再存有故障信息，表征车载诊断系统诊断状态的相应数据也会复位，借此表明车载诊断系统在清除故障码之后还没有来得及完成诊断，因此当前系统中无故障的结果是不可靠的。

(5) 故障应急控制策略。

在实际应用中，故障不会恰好发生在维修站附近，而且不允许随意停车，因此电子控制单元监测到故障之后，一方面存储故障信息，应用故障指示灯通知驾驶人；另一方面采取相应措施（如信号替代、信号设定和程序切换），尽量保证汽车继续行驶。

① 信号替代。当某传感器发生故障时，可用其他传感器的信号代替它。一个典型的例子就是当质量空气流量传感器发生故障时，通常用节气门位置传感器或进气歧管绝对压力传感器信号代替它，并结合怠速旁通执行器的状况和转速信号计算每次循环的吸气量。

② 信号设定。当传感器发生故障时，也可以将它的信号设定为某个数值。例如，进气温度传感器发生故障时，可将进气温度设定为20℃。

③ 程序切换。当因某传感器发生故障而无法实施某控制项目时，可放弃该控制项目而将控制过程转向另一个程序。例如，当氧传感器发生故障时，只能在本应实施λ闭环控制的工况放弃λ闭环控制；当爆燃传感器发生故障时，放弃爆燃闭环控制，但要减小点火提前角。

3. OBD Ⅱ的主要监测功能

OBD Ⅱ有连续监测和非连续监测两种方式，连续监测有失火监测器、燃油系统监测器和综合部件监测器；非连续监测有油箱蒸发排放控制系统监测器、三元催化转化器效率监测器、加热型氧传感器监测器、废气再循环系统监测器、二次空气喷射系统监测器、节温器监测器和曲轴箱通风系统监测器。

OBD Ⅱ需要一个驾驶循环开启各监测器，完成有关排放的监测。不同汽车制造厂商的驾驶循环略有不同，典型的 OBD Ⅱ 驾驶循环如图 3.167 所示，一般包括发动机冷起动、怠速热机，加速至中速，中速稳定行驶，减速至怠速，加速至高速，高速稳定行驶，减速至怠速。使用诊断仪可以查看监测器是否开启。一个行程是某个监测器开启的特定条件。一个暖机循环是指冷却液温度上升 4.4℃，至少达到 71.1℃。

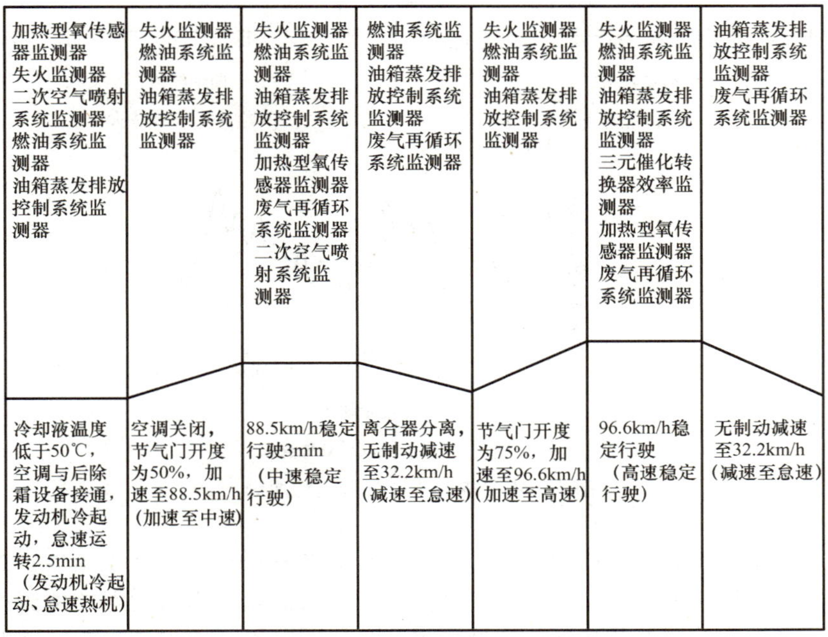

加热型氧传感器监测器 失火监测器 二次空气喷射系统监测器 燃油系统监测器 油箱蒸发排放控制系统监测器	失火监测器 燃油系统监测器 油箱蒸发排放控制系统监测器	失火监测器 燃油系统监测器 油箱蒸发排放控制系统监测器 加热型氧传感器监测器 废气再循环系统监测器 二次空气喷射系统监测器	燃油系统监测器 油箱蒸发排放控制系统监测器 废气再循环系统监测器	失火监测器 燃油系统监测器 油箱蒸发排放控制系统监测器	失火监测器 燃油系统监测器 油箱蒸发排放控制系统监测器 三元催化转换器效率监测器 加热型氧传感器监测器 废气再循环系统监测器	油箱蒸发排放控制系统监测器 废气再循环系统监测器
冷却液温度低于50℃，空调与后除霜设备接通，发动机冷起动，急速运转2.5min（发动机冷起动、怠速热机）	空调关闭，节气门开度为50%，加速至88.5km/h（加速至中速）	88.5km/h稳定行驶3min（中速稳定行驶）	离合器分离，无制动减速至32.2km/h（减速至怠速）	节气门开度为75%，加速至96.6km/h（加速至高速）	96.6km/h稳定行驶（高速稳定行驶）	无制动减速至32.2km/h（减速至怠速）

图 3.167　典型的 OBD Ⅱ 驾驶循环

当第一次监测到故障时，与该故障有关的故障码作为未定故障码存储，在下一个行程或驾驶循环相似的条件下，如果该故障没有发生，则清除未定故障码；如果该故障再次发生，则作为确定故障码存储，并点亮故障指示灯。一般如果该故障在三个连续 OBD Ⅱ 行程中没有再次发生，则熄灭故障指示灯，但不会自动清除故障码。如果在故障指示灯熄灭后的 40 个连续暖机循环中该故障都没有再次发生，则故障码被自动清除，失火故障需要经过 80 个连续暖机循环。

故障监测器的状态可以通过故障诊断仪读取，读取故障码之前要读取故障监测器的状态，观察监测器是否开启。

（1）失火监测。

对于 OBD Ⅱ 监测而言，发动机失火是指失火次数占总点火次数的百分比（由汽车制造厂商申报），达到或超过该百分比将导致发动机排放量超过 OBD Ⅱ 限值，或者导致一个或多个三元催化转化器过热，从而造成不可逆的损坏。失火监测的主要功能是**判断是否失火、确定失火的危害程度及失火的气缸，并关闭相应喷油器**。

① 失火监测原理。失火监测方法主要有**缸内压力监测法、氧传感器监测法、离子电流监测法和曲轴转速分析法**等，普遍**采用曲轴转速分析法**。曲轴转速分析法是利用曲轴飞轮信号来分析曲轴转速波动的，再根据波动情况监测失火情况。曲轴转速分析法的原理如图 3.168 所示。

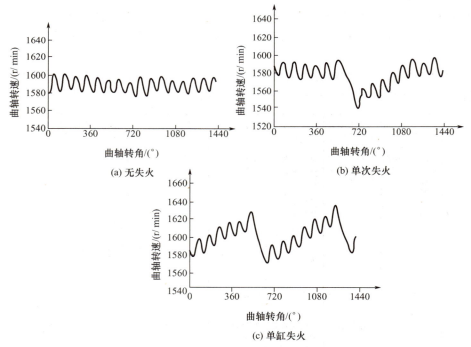

图 3.168 曲轴转速分析法的原理

失火将引起发动机输出转矩突然降低，从而导致曲轴角加速度产生负值。通过监测每个气缸做功时发动机转速的变化，判断某个缸是否失火。当失火监测器监测到发动机转速有所下降时，根据曲轴位置信号和凸轮轴位置信号识别是否处于做功行程，并判断是否失火及失火缸。

由于在道路颠簸、急加速和急减速等情况下，发动机转速和输出转矩会发生不同程度的波动，增大了判断发动机失火的难度，因此需要**根据车速传感器信号、节气门位置传感器信号、曲轴位置传感器信号等进行综合考虑以增大失火判断的准确度**。

② 失火影响程度分类。根据失火的影响程度，失火分为以下三种类型。

A型失火，是指能够引起三元催化转化器直接损坏的失火，失火监测器将存储故障码和冻结帧数据，控制故障指示灯闪烁，同时判断失火缸，关闭失火缸喷油器。系统进入燃油开环控制，防止喷射过多的燃油，由于对三元催化转化器的危害降低，因此故障指示灯点亮而不闪烁。如果不能关闭喷油器，则故障指示灯继续闪烁。

B型失火，是指能够引起排放值超过汽车排放标准1.5倍的失火，失火监测器将存储故障码，控制故障指示灯点亮。

C型失火，是指能够引起汽车不能通过排放监测的失火，失火监测器将存储故障码，控制故障指示灯点亮。

(2) 燃油系统监测。

当发动机进入燃油闭环控制时，燃油系统监测器连续监测短时燃油修正值（STFT）和长时燃油修正值（LTFT）的变化。如果短时燃油修正值和长时燃油修正值达到修正极限，则存储故障码和冻结帧数据，点亮故障指示灯，说明混合气空燃比偏离理论控制值（14.7∶1），混合气过浓或过稀，将引起排放超标，发动机性能下降。因为短时燃油修正值和长时燃油修正值与很多因素有关，又是监测发动机排放的重要参数，所以电子控制单元在任何一个故障码存储的冻结帧数据中都有短时燃油修正值和长时燃油修正值，它们是维修人员分析判断发动机工况和诊断故障的重要信息。

在修理发动机后，必须用故障诊断仪对长时燃油修正值进行重新设定，清除原有记忆。如果没有设定，则当发动机进入燃油闭环控制时，按照原来的长时燃油修正值进行修正，使得混合气过浓或过稀，导致维修后性能下降，一直到行驶一段时间后长时燃油修正值自行重新学习设置后才能恢复正常。

(3) 综合部件监测。

综合部件监测为电子控制单元提供输入和输出控制的元件及电路，当故障发生时存储故障码，点亮故障指示灯。一般在发动机起动4s后综合部件监测器开始运行，一直到点火开关置于"OFF"。综合部件监测器可以执行正常状态监测、合理性监测和功能监测。**正常状态监测就是连续监测输入信号的变化是否在规定的范围内，判断输入信号电路是否有断路、短路或搭铁故障；合理性监测就是通过比较相关信号之间的关系监测输入信号的合理性，判断输入信号电路是否有性能下降的故障；功能监测就是监测执行器驱动电路的电压变化，判断输出控制的执行器或电路是否有故障**。例如，电子控制单元根据其他传感器信号（如进气温度为30℃），对特定运行时间（如发动机起动运行30min后）的冷却液温度变化进行估计（假如估计值为90℃），将估计值与冷却液温度传感器检测值（假设为0℃）进行比较，偏差过大，说明信号不合理，即使在规定范围内，也将设置故障码。

(4) 油箱蒸发排放控制系统监测。

OBD Ⅱ 对油箱蒸发排放控制系统的要求如下：**三天的蒸发排放量最大为2g，能够监测直径为0.5mm的泄漏，能够监测碳罐清污流量**。油箱蒸发排放控制系统监测器通过安装在油箱上的压力传感器监测泄漏，通过清污流量传感器信号、急速的变化、氧传感器信号的变化等监测清污流量。例如，油箱盖关闭不严，将设置故障码并点亮故障指示灯。

要求在燃油蒸气量低和燃油箱压力稳定的情况下监测油箱蒸发排放控制系统，燃油箱中燃油的过度波动会导致监测错误。油箱蒸发排放控制系统监测器开启的条件如下：环境温度为 4.4～37.8℃；发动机熄火 6～8h；燃油箱燃油量为 15%～85%；汽车在 64～105km/h 稳定行驶的前 30min 内；油箱蒸发回收电磁阀开度为 75% 的开启位置；废气再循环系统监测器通过，氧传感器监测器通过；空燃比处于闭环控制；无传感器故障码。

（5）三元催化转化器效率监测。

三元催化转化器劣化主要是由储氧能力下降造成的。**堵塞或贵金属的脱落造成三元催化转化器转化能力削弱后，将会对汽车尾气排放造成非常恶劣的负面影响。** OBD Ⅱ 对三元催化转化器的效率监测仅要求监测尾气中 HC 排放是否超标，当三元催化转化器的劣化造成 HC 排放超过规定限值时，必须点亮故障灯和记录故障码。对于正常行驶的汽车，很难直接监测三元催化转化器对 HC 的转化能力，需要找到与三元催化转化器 HC 转化能力相关的某个指标来诊断三元催化转化器的劣化程度。

随着三元催化转化器的劣化，HC 转化率和三元催化转化器的储氧能力都会下降，两者之间存在一定的对应关系。因此，在三元催化转化器劣化诊断的设计上，通常把三元催化转化器的储氧能力作为判断三元催化转化器劣化的技术指标。在电控汽油喷射系统的基础上，**在三元催化转化器下游安装一个后氧传感器，与三元催化转化器上游的前氧传感器组成双氧传感器，通过监测三元催化转化器的储氧能力诊断三元催化转化器劣化程度**。如果三元催化转化器具有良好的转化性能，则催化器前氧传感器产生的电压波动信号将通过三元催化转化器储氧和释放氧的过程使得后氧传感器产生的电压波动信号变得平整。如果三元催化转化器老化、中毒或失火导致转化效率变低，则三元催化转化器上游氧传感器的电压波动信号也将在三元催化转化器下游氧传感器存在。因为氧传感器的成本低、结构简单且技术成熟，所以在三元催化转化器的劣化诊断中应用广泛。

三元催化转化器在线监测都是**基于双氧传感器对三元催化转化器储氧能力的监测**。OBD Ⅱ 通过监测前置、后置两个氧传感器信号间的差异来判断三元催化转化器的劣化程度，三元催化转化器前置、后置氧传感器布置如图 3.169 所示，在三元催化转化器前、后安装的两个氧传感器分别称为上游（前置）氧传感器和下游（后置）氧传感器。新的和劣化的三元催化转化器前置、后置氧传感器输出波形对比如图 3.170 所示。

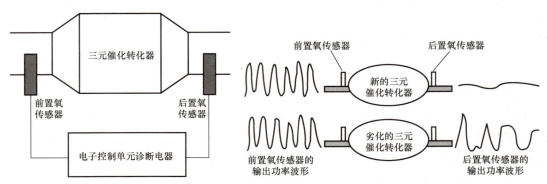

图 3.169　前置、后置氧传感器布置　　　图 3.170　前置、后置氧传感器输出波形对比

三元催化转化器效率监测器**通过比较两个氧传感器的转换次数，判断三元催化转化器

的效率。如果达到极限值,则存储故障码,点亮故障指示灯。氧传感器的转换次数就是氧传感器的信号电压升至高于 0.45V 或降至低于 0.45V 的次数,即混合气从浓到稀或从稀到浓的变化次数。后置氧传感器的转换次数与前置氧传感器的转换次数之比称为转换次数比,比值越小,三元催化转化器效率越高。

三元催化转化器效率监测器开启的条件如下:发动机运行至少 330s;燃油控制进入混合气空燃比闭环控制至少 30s;冷却液温度为 76.7～110℃;汽车在节气门部分开启,发动机负荷为 10% 的条件下,以 8～112km/h 的速度稳定行驶;进气温度为 -6.7～82℃,进气质量流量为 0.45～2.3kg/min。

(6) 加热型氧传感器监测。

氧传感器在发动机空燃比的闭环控制中起反馈作用。它的信号失真将会导致混合气空燃比失控,从而导致排放量增大。氧传感器信号失真分为氧传感器电路故障和氧传感器信号故障两类。**氧传感器故障诊断算法分为氧传感器电路故障诊断算法和氧传感器信号故障诊断算法。**

氧传感器电路故障诊断算法包括氧传感器输出电压低、输出电压高、信号电路断路、信号电路短路故障诊断算法和氧传感器加热器故障诊断算法。氧传感器电路故障诊断算法是在一定计数周期内判断氧传感器信号电压处在某区间的次数,根据氧传感器信号电压所处区间,分别判断氧传感器的各种电路故障。氧传感器电路故障诊断算法实现起来较容易,诊断结果也比较准确。

氧传感器信号故障诊断算法包括氧传感器信号冻结于某电压值故障诊断算法和氧传感器响应特性故障诊断算法。氧传感器信号冻结于某电压值故障诊断算法与氧传感器断路故障诊断算法类似;氧传感器响应特性故障诊断算法较复杂,是氧传感器劣化监测研究的重点。如图 3.171 所示,氧传感器响应特性故障诊断是**以氧传感器信号在非浓非稀间的平均时间及在一定时间内浓稀转换次数作为判断依据。**对氧传感器输出信号波形进行观测,统计氧传感器的输出信号在 300～600mV 内跳变的平均时间及一定时间内氧传感器输出在浓稀之间的转换次数。根据标定数据,如果上述平均时间过长或转换次数过少,则可判定该氧传感器已经劣化,存储故障码和冻结帧数据,点亮故障指示灯。

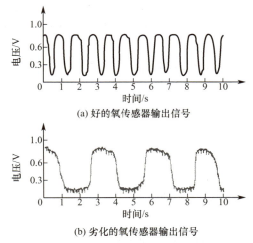

图 3.171 好的与劣化的氧传感器输出信号对比

加热型氧传感器监测器开启的条件如下：进气温度低于60℃；发动机冷却液温度为65.5～115.5℃；发动机负荷为20%～50%；车速为48.3～104.6km/h，发动机转速为1000～2200r/min；发动机在混合气空燃比闭环控制状态下运行至少10s等。

（7）废气再循环系统监测。

废气再循环系统监测器通过进气压力传感器、安装在废气循环管道上的温度传感器、氧传感器监测废气循环是否开启和循环量是否与电子控制单元的命令一致，判断废气再循环系统是否正常。

废气再循环系统检测器开启的条件如下：节气门位置符合要求；进气歧管压力和发动机负荷符合要求；发动机转速为1900～2700r/min；发动机冷却液温度高于76.7℃；车速高于4.42km/h；大气压力高于76.2kPa；短时燃油修正值为－4.4%～4.4%；发动机暖机后经历的时间超过3min等。

（8）二次空气喷射系统监测。

二次空气喷射系统的作用是将新鲜的进气送入排气管，补充O_2，与未燃烧的CO和HC反应，进一步降低排放量，同时使三元催化转化器快速升温至工作温度，为三元催化转化器提供O_2，提高催化转化效率。因为二次空气喷射系统故障必然使发动机排放量增大，所以OBD Ⅱ要求采用二次空气喷射系统监测器。二次空气喷射系统监测器一般通过监测向排气系统喷射空气时前置、后置氧传感器信号的变化判断系统的性能。

（9）节温器监测。

节温器的性能影响发动机冷却液温度的变化，而冷却液温度又是发动机控制中很重要的催化参数，如冷却液温度影响燃油控制能否进入闭环及监测器能否开启，所以OBD Ⅱ要求采用节温器监测器。节温器监测器通过检测发动机冷却液温度的变化监测节温器的工作性能。

（10）曲轴箱强制通风系统监测。

曲轴箱强制通风（Positive Crankcase Ventilation，PCV）系统的作用是将漏入曲轴箱的有害气体有控制地送入进气歧管，与进气混合，进入气缸燃烧，同时减少水蒸气和腐蚀气体在曲轴箱内的累积，保持机油的清洁性。因为曲轴箱强制通风系统故障必然导致发动机排放量增大，所以OBD Ⅱ要求采用曲轴箱强制通风系统监测器。当曲轴箱强制通风系统管路断开时，混合气过稀，引起氧传感器信号偏低，曲轴箱强制通风系统监测器通过检测氧传感器信号的变化监测曲轴箱强制通风系统。

虽然OBD Ⅱ已经很先进，但在诊断发动机控制系统故障时，应当时刻铭记车载诊断系统也有局限性。首先，并不是所有的故障都能点亮故障指示灯或存储故障码，所以发动机可能有故障症状而无故障码；其次，故障码仅指示故障区域，不能确定具体的故障位置和故障原因；最后，电子控制单元提供的诊断信息很多、很复杂。这就需要维修人员根据发动机故障症状，分析诊断信息，找到故障原因，确定故障部位。

4．OBD Ⅱ故障诊断仪的诊断模式

OBD Ⅱ故障诊断仪一般有以下9种诊断模式。

（1）读取数据流。

在该模式下，可以读取大量发动机运行数据，如传感器输入信号、执行器工作位置和系统状态等，这些数据称为串行数据流。将测试数据与规定数值比较，并分析相关数据的变化可以确定故障原因。

(2) 读取冻结帧数据。

冻结帧数据能再现故障码出现时的工作条件，通过分析再现的发动机转速、汽车速度、发动机负荷等数据，有助于判断故障原因。通过检查冻结帧数据确认动力系统控制模块可读取的内容。冻结帧数据是一个串行数据的单帧快照，指出设定故障码瞬间发动机的精确运转工况。存储的数据一般包括：①燃油系统状态开环或闭环；②发动机转速；③冷却液温度传感器信号；④进气温度传感器信号；⑤车速传感器信号；⑥失火数据（可能指示特定的故障失火）；⑦进气压力传感器信号；⑧计算发动机负荷（按百分比）；⑨燃油压力（如果动力系统控制模块可以调节）；⑩短期燃油调节和长期燃油调节；⑪前置和后置氧传感器电压；⑫捕捉冻结帧数据的触发故障码；⑬存储的全部故障码号。

特定的汽车制造厂商可能从冻结帧数据中选择更多的数据。有时可以在标准型 OBD Ⅱ 诊断模式下观察到其他数据。然而，有时必须在 OEM 诊断模式下观察这些数据。

冻结帧数据显示是很有价值的诊断工具，因为它允许维修人员比较容易地捕捉数据，观测可能与故障码定义的准确故障有关。这样更容易识别故障诊断的准确步骤，在诊断和修理步骤中可以节省很多时间。此外，更容易发现间歇性故障的准确原因。在路试驾驶环节，检验汽车是否修好期间，冻结帧数据的组合对类似的工况也是有用的参考。当符合起动标准，而且诊断仪数据流显示冻结帧捕捉到的类似读数时，如果故障没有解决，则动力系统控制模块会再次设定同一故障码。

(3) 读取故障码。

在该模式下，可以读取所有存储在电子控制单元内的故障码，故障码直接显示了故障区域，是故障诊断最重要也是最基本的信息。触发故障码可能有多种方法，在故障码定义表中，可以看出故障码之间有一些区别，但是当执行常规诊断步骤时，才会显示故障码的设定理由。

(4) 清除故障码。

在该模式下，可以清除所有的故障码、冻结帧数据、氧传感器的监测结果、所有被监测系统的状态、当前测试值和历史记录，并重新设置。记住故障码、备用状态指示灯和冻结帧数据是从动力系统控制模块获得 OBD Ⅱ 发现的故障的唯一细节，而且它们提供全部有价值的诊断线索。在清除故障码时，会同时清除冻结帧数据，而且重新设定一些备用状态监测。一旦设定，就需要至少经过一个或多个驾驶循环才能重新建立已经运行完的监测。

用户能从故障码、冻结帧数据、备用状态监测以及数据流中搜集到哪些数据是重要的。在考虑清除故障码之前，必须仔细评估并使用这些数据找到引起故障的精确工况，只有确定解决了发现的所有故障源时，才能清除故障码。

(5) 读取氧传感器监测结果。

该模式显示氧传感器的监测结果，如图 3.172 所示。由此可以判断氧传感器性能和各系统的工作情况。

(6) 查看非连续监测结果。

该模式可以查看非连续监测结果，是通过测试还是没有通过测试而失败。对于除失火、燃油系统及综合元件监测外的监测，当符合它们的个别起动标准时，只运行非连续监测，动力控制模块将不监测任何可能导致测试结果不精确的工况和故障。

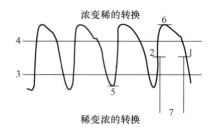

1—混合气由浓变稀的阈值电压；2—混合气由稀变浓的阈值电压；3—氧传感器信号电压转换点低电压；
4—氧传感器信号电压转换点高电压；5—监测过程中检测到的氧传感器最低电压；
6—监测过程中检测到的氧传感器最高电压；7—氧传感器信号转换的时间间隔

图 3.172　氧传感器的监测结果

（7）**查看连续监测结果**。

该模式可以查看连续监测结果存储的故障码及含义。OBD Ⅱ 完成的最重要的工作是避免三元催化转化器损坏，使其连续有效率地工作。三元催化转化器失效的两个主要原因是喷油太多和点火失火。因此，连续进行的是失火、燃油系统及综合元件监测。

（8）**主动测试**。

该模式可以使维修人员通过故障诊断仪向动力控制模块发送指令，以测试一些系统或控制执行器产生动作，维修人员通过查看、听等直观方法检查执行器是否正常。测试程序存储在电子控制单元中，测试方法和测试顺序由电子控制单元确定。例如，喷油器的测试、怠速阀的测试、点火线圈点火测试、废气再循环阀的测试、活性炭罐电磁阀的测试等。

（9）**读取汽车信息**。

该模式提供汽车识别码和校准确认信息，校准信息必须与汽车制造厂商的规定一致。

3.6.2　典型故障案例分析

案例一：一辆帕萨特轿车 OBD 警告灯点亮，发动机加速无力。

（1）**故障现象**。

一辆帕萨特领驭轿车装备 2.0L 发动机，行驶里程为 5 万多千米。行车过程中 OBD 警告灯点亮，同时发动机加速无力。

（2）**故障诊断与排除**。

OBD 是监控废气排放的车载诊断系统，其监控的排放故障如下：①发动机失火引起废气排放值超标，但 OBD 警告灯不亮；②存在影响发动机排放的故障，会生成故障码，从而点亮 OBD 警告灯；③发动机失火故障可能导致三元催化转化器损坏，OBD 警告灯会闪烁。行车过程中 OBD 警告灯点亮，符合报警条件②，因此这辆汽车存在影响发动机排放的故障。

利用 VAS 5052 故障诊断仪进入发动机控制单元，调取故障码为 16804（催化剂系统，气缸列 1，效率低于临界值，间歇式）。读取数据流，前置氧传感器在急加速时电压频繁在 $0 \sim 5V$ 之间变化，后置氧传感器在怠速时电压长时间显示 0.12V，随后变为 0.5V，基本在 $0.12 \sim 0.5V$ 之间变化。

查阅维修资料，该车监控的排放系统包括前置氧传感器、后置氧传感器和三元催化转化器。前置氧传感器采用宽域型，怠速时电压为 1.52V；急加速时，可在 $0 \sim 5V$ 之间变化；若电压小于 1.52V 则表示混合气浓，若电压大于 1.52V 则表示混合气稀。后置氧传感器采用普通型，电压在 0～1V 之间变化，若电压小于 0.45V 则表示混合气稀，若电压大于 0.45V 则表示混合气浓。发动机控制单元监控三元催化转化器是否正常的方法是根据前置、后置氧传感器的显示值变化决定，如果它们的变化范围和频率不在正常范围内，就会存储故障码。

结合调取的故障码和数据流分析，故障原因应该是三元催化转化器转化效率低。之后询问驾驶人得知，这辆汽车从来没有清洗、保养过进气道、节气门、喷油器、三元催化转化器。因为这辆汽车较新，此前 OBD 警告灯未报过警，所以认为三元催化转化器损坏可能性较小，应该是三元催化转换器堵塞或气门、活塞顶面有积炭。

拆开进气管，发现节气门比较脏。拆下前置氧传感器，用内窥镜观察三元催化转化器表面有些脏。拆下火花塞，用内窥镜观察气门和活塞顶面有许多积炭。这些积炭对发动机影响很大，积炭是多孔结构，具有一定的吸附汽油的作用，对发动机起动、暖机、急加速都有影响。再加上汽油中含硫量大，会造成汽油不充分燃烧，大量化学物质堵塞三元催化转化器。这些都会直接或间接造成前置、后置氧传感器示值超差的错误，从而存储故障码 16804。

免拆清洗喷油器、进气道、三元催化转化器。清洗完成后，用 VAS 5052 故障诊断仪测试，前置氧传感器电压显示值与之前相同，怠速时后置氧传感器电压显示值在 0.12～0.7V 之间变化，说明后置氧传感器已经基本恢复正常。清除故障码，OBD 警告灯熄灭。

（3）故障总结。

大众汽车 OBD 警告灯用于监控排气系统工作情况，至少要监控氧传感器信号，三元催化转化器转化效率，失火次数，对排放有影响的传感器信号，对排放有影响的执行器（节气门、活性炭罐、二次空气喷射、废气再循环阀等）。当汽车行驶中发生导致排气质量恶化的故障，或因发动机缺火损坏三元催化转化器，OBD 警告灯点亮或闪亮时，驾驶人应立即降低车速，谨慎驾驶到特约经销商服务站进行修理。维修技师利用车载诊断系统的故障码和数据流迅速诊断，对症修理，降低维修成本。以上故障很常见，解决方法是"二清"：免拆清洗燃油系统、燃烧室与三元催化转化器；手工清洗节气门与进气道。

案例二：一辆大众速腾轿车的发动机熄火 10～20min 后起动困难。

（1）故障现象。

一辆大众速腾轿车发动机起动困难。车主介绍该车最近两天出现故障，熄火后立即起动能顺利着车；熄火 10～20min 后不能着车，并且无着车征兆；将加速踏板踩到底，起动 2～3 次能够着车；熄火 3～4h 后能够着车；晚上把车放到车库，第二天多起动几次也能着车。

（2）故障诊断与排除。

利用 VAS 5052 故障诊断仪读取故障码，仪器显示没有故障码。根据试车结果和车主叙述的症状分析，发动机冷车起动正常，并且熄火后短时（热车）再次起动也很顺利，可以判断点火系统正常；约 15min 后，发动机仍处于热车状态，故障应为热起动困难（由于"熄火后立即起动能顺利着车"，因此不能十分肯定，有待进一步确认）。

造成发动机热起动困难的主要原因是混合气过浓，可能是该车燃油压力过高、喷油器渗漏或雾化不良、空气流量计或冷却液温度传感器信号失常等。因不能起动，故不便读取发动机动态数据流。该车发动机无故障码，车主反映除不好起动外，发动机运行无明显异常，因而判断发动机电控系统出现故障的概率极小，油路出现故障的概率很大。

通过分析确定先检测发动机供油系统。取下发动机防尘罩，松开油轨处的进油管卡箍，脱开油管；安装燃油压力表；起动发动机，检测燃油压力。大众速腾轿车燃油压力调节器的调节油压为 0.38～0.42MPa。该车燃油压力稍高于 0.42MPa，正常。发动机熄火，油压瞬间降至 0.37MPa 左右。等待 10min，检查系统保持油压，应不低于 0.3MPa。10min 后，燃油压力表显示值为 0.28MPa，低于正常值。显然，供油系统出现泄漏。检查供油管路接头，无泄漏现象。外部供油管路及燃油调节器回油管的轻微泄漏对发动机起动无实质性影响，发动机热起动困难的原因应为喷油器渗漏。

检查喷油器的密封性。拆卸二次空气泵及其支架，拆卸进气歧管；拆下带喷油器的燃油分配管，检查喷油器喷嘴，其周围有明显积炭；检查进气道，2 缸、3 缸进气道有轻微濡湿现象。将带喷油器的燃油分配管接入进油管路，用起动机带动发动机运转，建立油压。因熄火后燃油压力降低，在 1min 内，喷油器没有明显滴漏，但 2 缸和 3 缸喷油器有严重濡湿现象。从燃油分配管上拆下喷油器，更换新喷油器，并装复发动机各零部件，故障排除。

(3) **故障总结**。

喷油器有轻微泄漏，混合气加浓不是过于严重，对发动机冷起动影响不是太大，所以熄火 3～4h 后能够着车。熄火后立即起动，由于时间极短，喷油器没有泄漏量，混合气没有变浓，所以熄火后立即起动能顺利着车。熄火一定时间后，喷油器渗漏出一定量的燃油；由于熄火时间不长，发动机处于热车状态，渗漏燃油使混合气变浓，造成发动机热起动困难，所以熄火 10～20min 后不能着车。

案例三：一辆大众捷达轿车发动机油耗过多、运行无力。

(1) **故障现象**。

一辆大众捷达轿车装备 BJG 发动机，行驶里程近 7 万千米。客户反映发动机怠速抖动；油耗多；提速慢且抖；换挡时有"挫车"感觉；发动机故障灯不亮。

(2) **故障诊断与排除**。

发动机怠速抖动、加速无力、油耗过多是汽车的常见故障，有时故障症状单独出现，有时同时出现。汽车运行到一定的行驶里程后，发动机各系统工作性能下降时就会产生综合故障，即怠速抖动、加速无力、油耗过多等多种症状同时出现。根据车主的介绍，该车车况较差，各系统工作性能明显下降，故障可能是点火系统、供给系统性能下降所致。

利用 VAS 5052 故障诊断仪读取故障码，仪器显示无故障码。

读取数据流，输入组号"03"，显示区 1：发动机转速（怠速）为 730～800r/min，规定值为 800r/min，怠速有波动；显示区 2：进气压力为 39.7kPa，规定值为 33～35kPa，偏大；显示区 3：节气门开度（电位计）为 3.5%，规定值为 2.2%，偏大；显示区 4：点火提前角为 0.8°～6.2°，规定值为 0.5°～6.6°，基本正常。输入组号"04"，显示区 1：发动机转速（怠速）为 730～800r/min，规定值为 800r/min，怠速有波动；显示区 2：发动机控制单元供电电压为 13.9V，规定值为 13.5～14.2V，正常；显示区 3：冷却液温度为 96℃，规定值为 97℃，正常；显示区 4：进气温度为 52.5℃，规定值为 -20～70℃，正常。输入组号"14"，显示区 1：发动机转速（怠速）为 730～800r/min，规定值为 800r/min，怠速有波动；显示区 2：发动机负荷为 20%～26%，规定值为 19%～25%，基本正常；显示区 3：1～4 缸失火次数为 0，正常；显示区 4：激活。数据显示，进气压力和节气门开度偏大。进气压力大是由节气门开度偏大造成的。结合该车的运行状况及保养、维修情况，判定故障可能是由节气门积炭所致。

拆检清洗节气门体。检查进气管路，无漏气现象；拆下节气门体，发现节气门体脏污严重；清洗节气门体；安装节气门体及进气软管等。利用 VAS 5052 故障诊断仪的匹配功能，输入显示组号"60"进行基本设置，完成节气门体与发动机控制单元的匹配。

起动发动机并使其怠速运转，发动机怠速仍有抖动现象。重新读取数据流，输入组号"03"，显示区 1：发动机转速（怠速）为 760~800r/min，规定值为 800r/min，怠速波动变小；显示区 2：进气压力为 37.7kPa，规定值为 33~35kPa，接近正常；显示区 3：节气门开度（电位计）为 2.0%，规定值为 2.2%，接近正常；显示区 4：点火提前角为 0.8°~6.2°，规定值为 0.5°~6.6°，基本正常。数据显示，清洗节气门后，节气门开度和进气压力接近正常值，但怠速仍有波动，需检查发动机的点火和供油情况。

检查高压火花。拆检 1 缸火花塞，火花塞电极烧蚀严重，间隙过大；将火花塞插入 1 缸缸线，火花塞侧电极搭铁，起动发动机试火，火花发红，点火能量较弱；拆检其他缸火花塞，并用火花塞试火。检查结果表明，1 缸和 3 缸火花塞烧损严重，火花较弱；2 缸和 4 缸火花塞无明显异常（目测）。更换全部火花塞，故障排除。

（3）故障总结。

本案例从表面看是由零部件性能下降导致的故障，而实际上是由人为因素所致。车主在使用汽车过程中忽略了许多应该正常保养和维修的项目，导致汽车及发动机运行处于恶性循环状态，不仅故障频繁出现，动力性和经济性下降，而且严重影响了其使用寿命。按规定正常保养，不仅可以保障汽车的良好工作性能，提高汽车的动力性和经济性，而且可以减小故障发生的概率，延长其使用寿命。

案例四：一辆大众宝来轿车怠速不稳、加速无力且换挡不顺畅。

（1）故障现象。

一辆大众宝来轿车装备 1.6L BFQ 发动机，起动时间较长，不易起动；怠速运转时发动机抖动；行驶中换挡有不顺畅的感觉；加速无力。

（2）故障诊断与排除。

综合故障现象进行分析，认为此车存在燃烧不良导致发动机动力下降引起的故障，可能的原因如下：点火系统，重点检查火花塞是否积炭或烧蚀严重；进气系统，检查是否有滤芯堵塞、节气门运转不平顺及排气不畅现象；燃油供给系统，重点检查油压是否偏低、汽油滤芯是否脏堵及喷油器是否堵塞。

读取故障码，发现有如下两个故障码：①P1444，废气再循环阀电位计 G212 不可靠信号；②P0403，废气再循环电路。读取数据流，利用 VAS 5052 故障诊断仪输入 01-08-074，观察 074 组数据，第一区参数 0.980V 为零位电压，第二区参数 3.720V 为最大停止位电压，第三区参数 1.520V 为当前电压。此时发动机工作在怠速工况，废气再循环阀应该处于关闭位置。也就是说，第三区当前电压应该等于第一区数值，而此时第一区和第三区数值不相等，可能由废气再循环阀卡滞或电位计发生故障所致。

利用 VAS 5052 故障诊断仪进入 01-03 最终控制诊断，执行诊断能顺利进行，说明废气再循环阀电磁线圈激励功能正常，且无卡滞。利用 VAS 5052 故障诊断仪进入 01-04-74 运行废气再循环阀基本设定，发现基本设定失败，怀疑故障在废气再循环阀电位计。拆下废气再循环阀，检查发现阀体部分积炭严重，虽用手触动阀门能动作但不顺畅，且回位后关闭不严。利用万用表检测废气再循环阀线圈电阻，结果为 8Ω，正常。利用万用表检测废气再循环阀 2 号端子与 4 号端子间电阻为 2.93kΩ，4 号端子与 6 号端子间电阻为 1.27kΩ，2 号端子与 6 号端子间电阻为 3.07kΩ，与标准值对比后发现异常，再次确认故障在废气再循环阀电位计。

更换废气再循环阀，清除故障码，接通点火开关，用 VAS 5052 故障诊断仪进入 01 - 04 - 74 运行废气再循环阀基本设定，匹配正常。第一区参数 0.940V 为零位电压；第二区参数 3.700V 为最大停止位电压；第三区参数 0.940V 为当前电压；第四区为运行状态或匹配结果。

（3）故障总结。

长时间使用废气再循环阀后阀体积炭是常见故障，导致封闭不严，废气在不该循环的工况下发生了循环，致使起动、急速及加速等受到影响。

案例五：一辆帕萨特轿车发动机怠速运转不稳。

（1）故障现象。

一辆帕萨特 B5 轿车，行驶里程为 7 万千米左右，发动机怠速运转明显抖动，提高转速后抖动有所减轻。

（2）故障诊断与排除。

用 VAG 1552 故障诊断仪进入发动机电控单元，查询故障存储器，无故障代码；拆下怠速控制阀，用欧姆表测量其电阻值为 50Ω，符合要求；检查怠速阀内部，发现有油泥和积炭，但用化油器清洗剂将其洗净后试车，故障仍然存在；起动发动机逐缸进行断火试验，各缸均有明显变化，说明点火系统工作正常；用 VAG 1552 故障诊断仪阅读发动机控制单元的数据块，进入 08 - 07 数据块，第二区显示 0.1V，怀疑是仅氧传感器故障。向进气管内喷入化油器清洗剂发现氧传感器信号电压有变化，说明氧传感器性能正常，电压偏低是由混合气偏稀所致。阅读 08 - 02 数据块，第四区显示 1.8g/s，正常应为 2.0～4.0g/s，更换空气流量计，故障仍未排除，说明混合气过稀可能是由进气管路漏气，部分空气没经过空气流量计进入气缸造成的。经检查，进气歧管处没有漏气；当检查燃油蒸发排放控制系统时，发现活性炭罐电磁阀在系统不工作时也不能关闭。更换活性炭罐电磁阀后，故障排除。

（3）故障总结。

为了防止燃油蒸气污染空气，由活性炭罐中的活性炭收集、吸附从汽油箱排放的燃油蒸气，再送到发动机缸内燃烧。活性炭罐通过一根软管与进气歧管连接，管路上安装一个电磁阀，由发动机控制单元控制开闭。当发动机加速和转速较高时，活性炭罐电磁阀打开，通过进气歧管的真空将活性炭收集的燃油蒸气吸入进气道。当发动机转速较低或怠速时，活性炭罐电磁阀关闭，从而切断燃油蒸气的通路。当活性炭罐电磁阀损坏后，电磁阀处于常开状态而不受发动机控制单元控制，多余的空气不通过空气流量计，而直接通过活性炭罐进入进气歧管，从而导致混合气过稀，致使发动机功率不足，怠速时抖动。

案例六：一辆帕萨特轿车发动机无法起动。

（1）故障现象。

一辆帕萨特 B5 轿车装备 ANQ 发动机，行驶里程为 1 万多千米。该车因交通事故大修后，发动机不能起动。

（2）故障诊断与排除。

发动机不能起动主要有以下几个方面原因：①无火或无油；②发动机控制单元不工作；③正时记号不正确、缸压不在规定范围内；④缺少曲轴位置信号等。

本着先易后难的原则，首先拔下1缸点火模块，插上一个火花塞进行跳火试验，火花正常，排除了点火问题、发动机控制单元问题及曲轴位置传感器问题，因为曲轴位置传感器出现故障的症状是发动机不点火和不喷油。然后用VAS 5052故障诊断仪读取故障代码，显示"00512：霍尔传感器参考标记错误"。由于霍尔传感器损坏一般不会影响发动机的起动，因此用VAS 5052故障诊断仪测试执行元件，喷油器能够正常触发，同时在油压调节器处能够听到"嘶嘶"的回油声，说明油泵工作正常。用万用表测量霍尔传感器到发动机控制单元之间的线路正常，传感器供电和接地正常。初步怀疑是传感器本体损坏，利用示波器检测霍尔传感器信号波形，在起动机运转时，霍尔传感器能发出正常的矩形波。

还有哪些原因会使发动机控制单元显示霍尔传感器故障呢？霍尔传感器提供1缸压缩上止点信号，再与曲轴位置传感器信号进行比较，如果两个信号不一致则会显示霍尔传感器故障。该发动机带可变气门正时控制系统。装配时，须注意两凸轮轴之间的链节距上下一致。如不按要求安装，则可能出现配气相位错乱，从而出现难起动现象；当曲轴和凸轮轴的上止点信号不一致时，发动机控制单元会认为是霍尔传感器问题，于是显示"霍尔传感器信号不可靠"故障码。

（3）故障总结。

该故障的排除"走了些弯路"，特别是知道该车刚大修过，同时报"霍尔传感器信号不可靠"时，应该考虑到是不是由可变配气相位问题引起的。

习　题

1. 简述汽油相对压力调节器的作用与原理。
2. 简述宽域氧传感器产生输出信号的机理。
3. 在哪些情况下电控汽油喷射系统空燃比控制处于开环控制状态？
4. 电控汽油发动机起动后的汽油喷射量修正主要包括哪些内容？
5. 什么是点火提前角？点火过迟、点火过早对发动机各有什么影响？
6. 简述基本点火提前角的确定依据及修正点火提前角的主要内容。
7. 简述汽油缸内直喷发动机的三种进气工作模式及其特点。
8. 简述汽油缸内直喷发动机燃油供给系统的基本组成与工作过程。
9. 绘制简图说明汽油缸内直喷发动机高压燃油泵的工作过程。
10. 简述电控柴油发动机的三种喷油系统形式及其特点。
11. 简述电控柴油发动机共轨式燃油供给系统的组成与原理。
12. 绘制简图说明共轨式燃油供给系统高压油泵的工作原理。
13. 简述电控柴油发动机泵管嘴式喷油系统的组成与原理。
14. 简述电控柴油发动机泵喷嘴式喷油系统的组成与原理。
15. 简述发动机怠速控制系统的作用、分类及主要控制内容。
16. 简述汽油发动机废气涡轮增压系统的组成、原理及作用。

17. 简述汽油发动机废气再循环控制系统的组成、原理及作用。
18. 简述汽油缸内直喷发动机排放控制系统的基本组成。
19. 简述汽油缸内直喷发动机 NO_x 传感器的结构、原理及作用。
20. 简述可调叶片式废气涡轮增压器的结构与原理。
21. 简述柴油微粒过滤器的结构与原理。
22. 简述 OBDⅡ 的主要检测功能与诊断模式。

第 4 章 底盘控制系统

知识结构

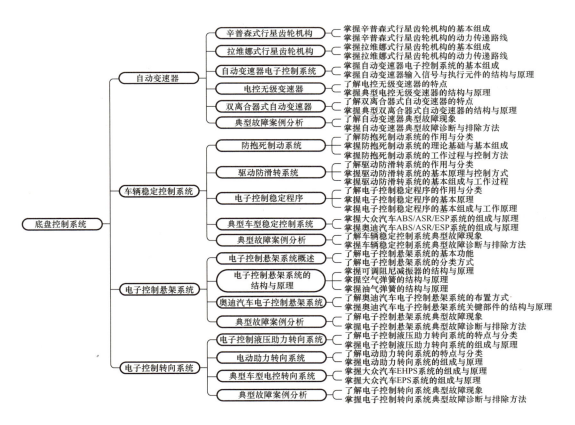

汽车电器与电子控制技术

汽车底盘是汽车的重要组成部分之一，主要由传动系统、行驶系统、转向系统和制动系统四个子系统组成。汽车底盘控制系统充分利用电子技术、计算机技术及现代控制理论的优势，最大限度地优化汽车底盘及其各个子系统的工作状况，进而提高汽车主动安全性、乘坐舒适性及操纵稳定性等性能。汽车底盘控制系统主要针对单个底盘子系统进行电子控制技术改进，如传动系统中的自动变速器、行驶系统中的电子控制悬架系统、转向系统中的电子控制转向系统及制动系统中的防抱死制动系统等。基于高速网络将各种底盘控制子系统连成一个整体的汽车底盘集成控制技术是当前底盘控制技术的研究热点和发展方向。本章将以自动变速器、车辆稳定控制系统、电子控制悬架系统及电子控制转向系统为学习对象。

4.1 自动变速器

自动变速器主要由液力变矩器、齿轮变速机构、液压控制系统及电子控制系统等组成，按传动机构的类型不同，可分为双离合器式、平行轴式、行星齿轮式及钢带传动式四种。本章将以行星齿轮式自动变速器为重点，同时兼顾钢带传动式无级自动变速器和双离合器式自动变速器。行星齿轮式自动变速器按齿轮结构的不同可分为辛普森式和拉维娜式，典型代表分别为丰田 A341E 型自动变速器和大众 01M 型自动变速器。

4.1.1 辛普森式行星齿轮机构

下面以丰田 A341E 型自动变速器为例，讲解辛普森式行星齿轮机构的组成和动力传动路线。

1. 丰田 A341E 型自动变速器齿轮机构的组成

丰田 A341E 型自动变速器齿轮机构的组成如图 4.1 所示。丰田 A341E 型自动变速器由一前、二后的三组行星齿轮机构（前为单排的超速行星齿轮机构，后为双排的前、后行星齿轮机构，前后行星排共用太阳轮），三个多片离合器（C0 为超速离合器，C1 为倒挡及高速挡离合器，C2 为前进离合器），四个多片制动器（B0 为超速制动器，B1、B2、B3 分别为 2 挡制动器、低速挡及倒挡制动器、2 挡强制制动器）和三个单向离合器（F0 为超速单向离合器，F1 和 F2 分别为低速挡单向离合器和 2 挡单向离合器）等组成，如图 4.2 所示。

A341E 型自动变速器各挡执行元件工作情况见表 4-1。

表 4-1 A341E 型自动变速器各挡执行元件工作情况

变速杆位置	挡位	1号换挡电磁阀	2号换挡电磁阀	C0	C1	C2	B0	B1	B2	B3	F0	F1	F2
P	驻车挡	通电	断电	○							○		
R	倒挡	通电	断电	●	●				●		●		
N	空挡	通电	断电	○							○		

续表

变速杆位置	挡位	1号换挡电磁阀	2号换挡电磁阀	C0	C1	C2	B0	B1	B2	B3	F0	F1	F2
D	1挡	通电	断电	●		●					●	●	
D	2挡	通电	通电	●		●		●			●		●
D	3挡	断电	通电	●	●	●		○			●		
D	4挡	断电	断电		●	●	●	○					
2	1挡	通电	通电	●		●					●	●	
2	2挡	通电	通电	●		●		●		●	●		
2	3挡	断电	通电	●	●	●		○			●		
L	1挡	通电	通电			●			●		●	●	
L	2挡	通电	通电	●		●		●		●	●		●

注：●—接合传力；○—接合，但不传力。

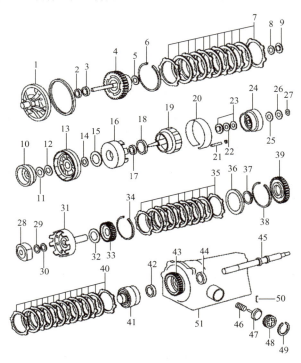

1—油泵；2、5、9、11、14、23、26、29—止推垫片；3、8、12、17、22、25、30、42、44—推力轴承；4—超速排行星架和直接挡离合器组件；6、27、34、38、49—卡环；7—超速挡制动器钢片和摩擦片；10—超速排齿圈；13—超速挡制动器毂；15、18、32、37—尼龙止推垫圈；16—倒挡及高速挡离合器组件；19—前进挡离合器组件；20—2挡强制制动带；21—制动带销轴；24—前齿圈；28—前行星架；31—后太阳轮组件；33—2挡单向超越离合器；35—2挡制动器摩擦片和钢片；36—活塞衬套；39—2挡制动器毂；40—低速挡及倒挡制动器摩擦片和钢片；41—后行星架和行星轮组件；43—后齿圈；45—输出轴；46—弹簧；47—2挡强制制动器活塞；48—2挡强制制动器液压缸缸盖；50—超速挡制动鼓进油孔油封；51—变速器壳体

图4.1 丰田A341E型自动变速器齿轮机构的组成

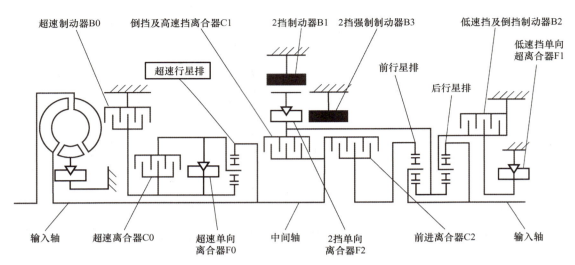

图 4.2 丰田 A341E 型自动变速器行星齿轮结构

2. 丰田 A341E 型自动变速器各挡位动力传递路线分析

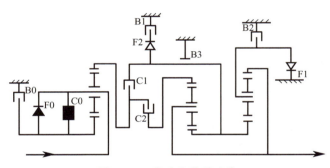

图 4.3 P 位动力传递路线

(1) P 位。

由于 P 位只有 C0 接合,因此没有挡位输出。 P 位 C0 接合的意义在于为下一步汽车前行或后退提前做好准备,如图 4.3 所示。

(2) D 位 1 挡。

D 位 1 挡工作的执行元件有 C0、F0、C2、F1。**C0、F0 将超速行星排连为一体,C2 使超速行星排输出的动力传入前齿圈,F1 将后行星架固定**。D 位 1 挡动力传递路线如图 4.4 所示。动力是由前后两排共同传输的。

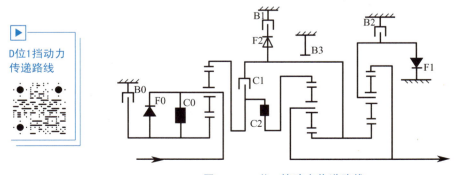

图 4.4 D 位 1 挡动力传递路线

D 位 1 挡动力传递过程如下:汽车刚起步时车速为零,即前行星架和后齿圈是静止的。前齿圈受超速排齿圈驱动顺时针转动，带动前排行星齿轮顺时针自转，从而带动两个太阳轮逆时针转动。后太阳轮逆时针转动时，欲使后行星架逆转，但后行星架逆转趋势被F1抑制（后行星架逆转时，F1接合，后行星架便被F1固定），后太阳轮没能驱动后行星架，只能强行驱动后齿圈顺时针转动，完成动力输出。

（3）D位2挡。

D位2挡工作的执行元件有C0、F0、C2、B1、F2。**C0、F0将超速行星排连为一体，C2使超速行星排输出的动力传入前齿圈，B1、F2将太阳轮固定，前行星架输出。**前行星排已满足动力传输条件，2挡动力是经前行星排单独完成传输的。D位2挡动力传递路线如图4.5所示。

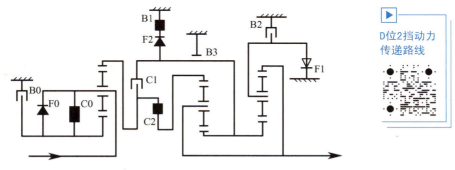

图4.5　D位2挡动力传递路线

（4）D位3挡。

D位3挡工作的执行元件有C0、F0、C1、C2、B1。**C0、F0将超速行星排连为一体，C2使动力传入前齿圈，C1使动力传入前太阳轮，此时前、后行星排已连为一个整体。**3挡传动比显然为1。D位3挡动力传递路线如图4.6所示。

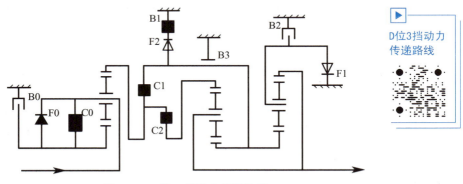

图4.6　D位3挡动力传递路线

虽然B1在3挡时接合工作，但因没有F2的配合（F2在太阳轮顺时针转动时超越），单独工作不能完成对太阳轮的固定，因此B1只接合，不传力。

（5）D位4挡。

D位4挡工作的执行元件有B0、C1、C2、B1。**B0将超速排太阳轮制动，C1、C2将前、后行星排连为一个整体，超速行星排超速输出。B1只接合，不传力。**D位4挡动力传递路线如图4.7所示。

D位4挡动力传递路线

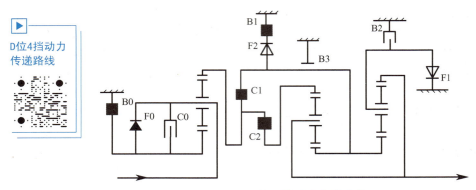

图4.7　D位4挡动力传递路线

(6) R位（倒挡）。

R位工作的执行元件有C0、F0、C1、B2。**C0、F0将超速行星排连为一体，C1使动力传入太阳轮，B2将后行星架固定**。后行星排已满足动力传输条件，R位动力是由后行星排单独完成传输的。R位动力传递路线如图4.8所示。

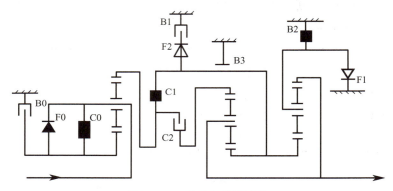

图4.8　R位动力传递路线

(7) 2位1挡。

根据在该挡工作的换挡执行元件，2位1挡的动力传递路线与D位1挡的是完全一致的。

(8) 2位2挡。

根据在该挡工作的换挡执行元件，2位2挡比D位2挡增加了B3。B3接合，将太阳轮固定。B3接合工作后实现的2挡，克服了B1、F2固定太阳轮实现的2挡单向传力的弱点，**具备限速功能，汽车下坡时发动机有制动**。2位2挡动力传递路线如图4.9所示。

(9) 2位3挡。

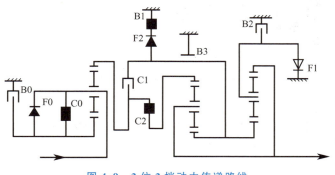

图4.9　2位2挡动力传递路线

根据在该挡工作的换挡执行元件，2位3挡的动力传递路线与D位3挡的是完全一致的。当汽车在D位4挡运行时，如果将变速杆由D位移至2位，则自动变速器将无条件减为 3 挡，起到了限制升至 4 挡的作用。

（10）L 位 1 挡。

根据在该挡工作的换挡执行元件，L 位 1 挡比 D 位 1 挡增加了 B2，使得低速挡及倒挡制动器 B2 能将后行星架固定，克服了 F1 固定后行星架实现的 1 挡单向传力的弱点，**具备限速功能，汽车下坡时发动机有制动**。L 位 1 挡动力传递路线如图 4.10 所示。

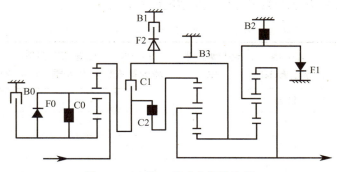

图 4.10　L 位 1 挡动力传递路线

（11）L 位 2 挡。

根据在该挡工作的换挡执行元件，L 位 2 挡与 2 位 2 挡的动力传递路线完全一致。当汽车在 D 位或 2 位高挡运行时，如果将变速杆由 D 位移至 L 位，则自动变速器将无条件减为 2 挡，起到了限制升至 3 挡的作用。

4.1.2　拉维娜式行星齿轮机构

下面以大众宝来配备的 01M 型自动变速器为例，讲解拉维娜式行星齿轮机构的组成和动力传递路线。

1. 01M 型自动变速器齿轮机构的组成

01M 型自动变速器齿轮机构的组成如图 4.11 所示，**主要由 1 个行星齿轮组、3 个离**

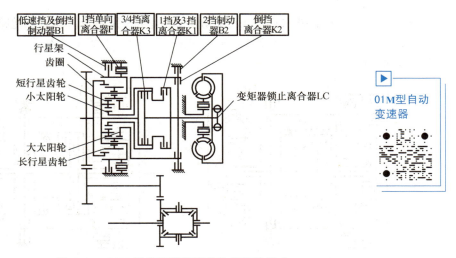

图 4.11　01M 型自动变速器齿轮机构的组成

合器、2个制动器及1个单向离合器组成。其中行星齿轮组由1个小太阳轮、1个大太阳轮、3个短行星齿轮、3个长行星齿轮、行星架及齿圈组成。变速器工作时，阀体通过油压控制离合器、制动器的接合，完成液力变矩器和行星齿轮组之间的动力传输。**离合器K1 驱动小太阳轮，离合器 K2 驱动大太阳轮，离合器 K3 驱动行星齿轮架，制动器 B1 制动行星架，动力通过齿圈输出，制动器 B1 制动大太阳轮**。

01M 型自动变速器各挡执行元件工作情况见表 4-2。

表 4-2 01M 型自动变速器各挡执行元件工作情况

变速杆位置	挡位	1/3 挡离合器 K1	倒挡离合器 K2	3/4 挡离合器 K3	低速挡及倒挡制动器 B1	2 挡制动器 B2	1 挡单向离合器 F
D	1	接合					锁止
	2	接合				制动	
	3	接合		接合			
	4			接合		制动	
2	1	接合					锁止
	2	接合				制动	
1	1	接合			制动		
R	倒		接合		制动		
P、N		所有离合器、制动器均不起作用					

2. 01M 型自动变速器各挡位动力传递路线分析

（1）液压 1 挡。

液压 1 挡下，离合器 K1 接合，单向离合器 F 工作。动力传递路线如下：**泵轮→涡轮→涡轮轴→离合器 K1→小太阳轮→短行星齿轮→长行星齿轮驱动齿圈**，如图 4.12 所示。

（2）液压 2 挡。

液压 2 挡下，离合器 K1 接合，制动器 B2 制动大太阳轮。动力传递路线如下：**泵轮→涡轮→涡轮轴→离合器 K1→小太阳轮→短行星齿轮→长行星齿轮围绕大太阳轮传动并驱动齿圈**，如图 4.13 所示。

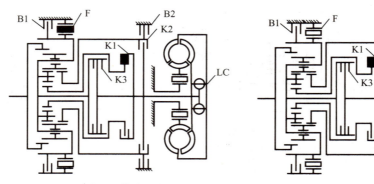

图 4.12 液压 1 挡动力传递路线　　　图 4.13 液压 2 挡动力传递路线

(3) 液压 3 挡。

液压 3 挡下，离合器 K1 和 K3 接合，驱动小太阳轮和行星架，使行星齿轮机构锁止并一同转动。动力传递路线如下：泵轮→涡轮→涡轮轴→离合器 K1 和 K3→整个行星齿轮转动，如图 4.14 所示。

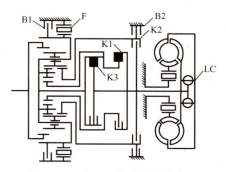

图 4.14　液压 3 挡动力传递路线

(4) 机械 3 挡。

机械 3 挡下，变矩器锁止离合器 LC 接合，离合器 K1 和 K3 接合，行星齿轮机构锁止，形成一个整体进行工作。动力传递路线如下：泵轮→变矩器锁止离合器 LC→离合器 K1 和 K3→整个行星齿轮机构转动，如图 4.15 所示。

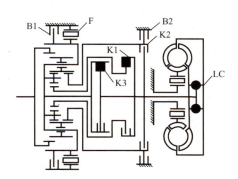

图 4.15　机械 3 挡动力传递路线

(5) 液压 4 挡。

液压 4 挡下，离合器 K3 接合，制动器 B2 工作，使行星架工作，并制动大太阳轮。动力传递路线如下：泵轮→涡轮→涡轮轴→离合器 K3→行星架→长行星齿轮围绕大太阳轮转动并驱动齿圈，如图 4.16 所示。

(6) 机械 4 挡。

机械 4 挡下，变矩器锁止离合器 LC 接合，离合器 K3 接合，制动器 B2 工作，使行星架工作并制动大太阳轮。动力传递路线如下：泵轮→变矩器锁止离合器 LC→离合器 K3→行星架→长行星齿轮围绕大太阳轮转动并驱动齿圈，如图 4.17 所示。

(7) R 位（倒挡）。

变速杆在 R 位时，离合器 K2 接合，驱动大太阳轮，制动器 B1 工作，使行星架制动。动力传递路线如下：泵轮→涡轮→涡轮轴→离合器 K2→大太阳轮→长行星齿轮反向驱动齿圈，如图 4.18 所示。

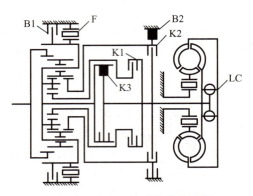

图 4.16 液压 4 挡动力传递路线

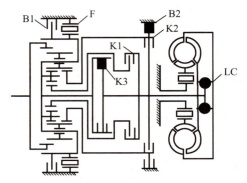

图 4.17 机械 4 挡动力传递路线

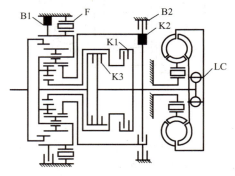

图 4.18 R 位动力传递路线

4.1.3 自动变速器电子控制系统

自动变速器电子控制系统由传感器及各类开关信号、执行器和电子控制单元三部分组成，其基本结构如图 4.19 所示。

1. 传感器及各类开关

自动变速器电子控制系统中的常用传感器及各类开关有节气门位置传感器、车速传感器、变速器转速传感器、变速器油温传感器、发动机转速传感器及各种控制开关等。

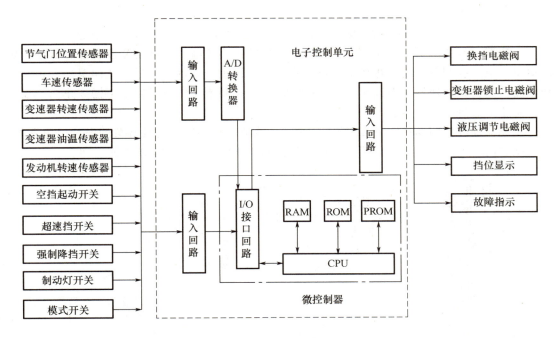

图 4.19　自动变速器电子控制系统的基本结构

（1）节气门位置传感器。

节气门位置传感器（TPS）的作用是获取节气门开度大小的信号及向发动机和自动变速器控制单元提供发动机负荷信号，用于控制怠速、喷油量、点火、自动换挡等。通常情况下，节气门位置传感器信号先供给发动机控制单元，发动机控制单元再通过信号线或 CAN 总线传递给自动变速器控制单元。一些汽车的两个控制单元合为一体。

（2）车速传感器。

车速传感器安装在自动变速器输出轴附近或主减速器处，用于检测自动变速器输出轴的转速。计算机根据车速传感器的电信号计算出车速，作为换挡控制的主要依据。

常见的车速传感器是一种电磁感应式车速传感器，它由永久磁铁和电磁感应线圈组成，如图 4.20 所示。当输出轴转动时，信号盘的凸齿不断地靠近或离开车速传感器，使电磁感应线圈的磁通量发生变化，从而产生交流感应电压。车速越高，感应电压的脉冲频率越大。计算机根据感应电压脉冲频率计算出车速。

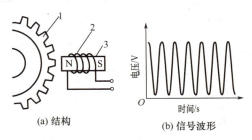

(a) 结构　　(b) 信号波形

1—信号盘；2—电磁感应线圈；3—永久磁铁

图 4.20　电磁感应式车速传感器

(3) 变速器油温传感器。

变速器油温传感器安装在自动变速器油底壳内的阀板上,用于检测自动变速器油的温度。 变速器油温传感器信号主要用于自动变速器的锁止控制。当自动变速器油温低于一定限值时,电子控制单元将不再使变矩器锁止离合器锁止,其目的是尽快使油温达到正常工作温度。当自动变速器油温高于一定限值时,电子控制单元将强行使变矩器锁止离合器锁止,防止油温进一步上升。

变速器油温传感器如图 4.21 所示,是一个热敏电阻元件,它具有负的温度电阻系数,即温度越高,电阻值越低,计算机根据其阻值的变化就可计算出自动变速器油温。

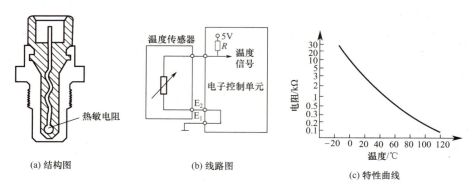

图 4.21 变速器油温传感器

(4) 控制开关。

电子控制系统中的控制开关有**空挡起动开关、超速挡开关、强制降挡开关、制动灯开关、模式开关**等。

① 空挡起动开关(挡位开关)。**空挡起动开关位于自动变速器手动阀摇臂轴上,用于检测变速杆的位置。** 同时,该开关也起安全开关的作用,只有在 P 位或 N 位时,起动控制才有效。如果变速杆在其他位置,即使点火开关处于起动挡,起动机也不运转。

丰田 A341E 型自动变速器空挡起动开关如图 4.22 所示。它共有 9 个端子,分别与开关内部的 9 个静触点相连。开关内部还有两个动触点与空挡起动开关外部的摇臂相连,而摇臂又通过绳索与变速杆相连。当移动变速杆时,空挡起动开关的两个动触点随之同步移动。变速杆有 P、R、N、D、2、L 六个位置,空挡起动开关对应也有六个位置。

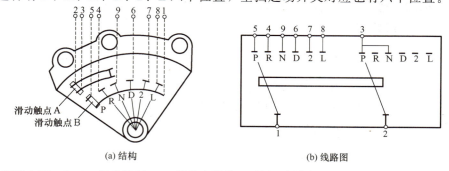

1—12V 电源;2,3—起动控制;4—接仪表挡位显示屏、倒车灯;5,6—接仪表挡位显示屏;
7,8,9—接仪表挡位显示屏、电子控制单元

图 4.22 丰田 A341E 型自动变速器空挡起动开关

丰田 A341E 型自动变速器空挡起动开关有以下功能。

a. 为仪表提供挡位指示信号。

b. 为电子控制单元提供挡位信号，以便电子控制单元对挡位进行控制。

c. 在 P、N 位时将起动线路接通（在 P、N 位时 2 号端子和 3 号端子被接通）。

d. 在 R 位时接通倒车灯电路。

② 超速挡开关。超速挡开关用来控制自动变速器的超速挡。当超速挡开关闭合后，超速挡控制电路接通，此时若变速杆位于 D 位，则随着车速的提高，自动变速器最高可升至 4 挡。当超速挡开关断开后，自动变速器最高可升至 3 挡。丰田汽车的超速挡开关如图 4.23 所示。

③ 强制降挡开关。强制降挡开关如图 4.24 所示，它的作用是检测加速踏板是否达到了节气门全开位置。当加速踏板达到节气门全开位置时，强制降挡开关接通，向自动变速器控制单元输送信号。此时控制单元按预设的程序控制换挡，并使变速器自动降一个挡位，从而提高汽车的加速性能。大众 01M 型自动变速器的此开关闭合时，可自动降低一个挡位或切断空调 8s。

1—变速杆；2—挡位显示；3—超速挡开关；4—锁止按钮

图 4.23　丰田汽车的超速挡开关

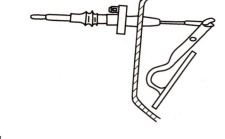

图 4.24　强制降挡开关

④ 制动灯开关。制动灯开关如图 4.25 所示，安装在制动踏板支架上。自动变速器控制单元通过制动灯开关信号，判断汽车是否处于制动状态。

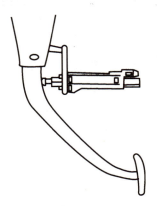

图 4.25　制动灯开关

制动灯开关的作用如下：汽车静止时，只有踩下制动踏板，自动变速器控制单元接收到制动灯开关闭合信号，变速杆才能自 P 位或 N 位移出。如果制动灯开关信号中断，则将失去变速杆锁止功能。

⑤ 模式开关。大部分电子控制自动变速器都有一个模式开关，用来选择自动变速器的换挡控制模式，从而满足不同的使用要求。所谓换挡控制模式，主要是指自动变速器的换挡规律。大众 01M 型自动变速器的模式开关如图 4.26 所示。

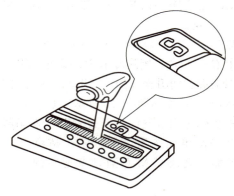

图 4.26　大众 01M 型自动变速器的模式开关

常见的自动变速器控制模式有以下几种。

a. 经济模式（Economic）：经济模式是以汽车获得最佳的燃油经济性为目标来设计换挡规律的。当自动变速器在此模式状态下工作时，其换挡规律应能使发动机转速经常处于经济转速范围内，换挡时刻适当提前，"升挡早"为经济模式的主要特征。

b. 运动模式（Sport）：运动模式是以汽车获得较大的动力为目标来确定换挡时机的，换挡点推迟，以保持足够的动力性。在运动模式下，自动变速器的换挡规律能使发动机经常处在大功率范围内运转，从而提高了汽车的动力性能和爬坡能力。

c. 标准模式（Standard）：标准模式是指换挡规律介于经济模式与运动模式之间的一种换挡模式，它兼顾了动力性和经济性，使汽车既具有一定的动力性能，又有较佳的燃油经济性。

d. 雪地模式（Snow）：雪地模式适用于在雪地上行驶的工况。当一些汽车变速杆位于 D 位起步时，以 3 挡起步，以限制牵引力，防止车轮打滑。而有的高档轿车有高、低速两个倒挡，正常行驶时启用低速倒挡，雪地模式下启用高速倒挡，传动比降低。

上述控制模式并不是每种电子控制自动变速器都必备的，通常自动变速器只具备几种，有些甚至没有单独的模式开关。

2. 自动变速器电子控制单元

电子控制单元是电子控制系统的中枢。在一些汽车上自动变速器与发动机共用一块控制单元（称为动力模块），而有些汽车自动变速器有自己的控制单元（如变速器控制模块）。电子控制单元的作用主要有以下几个。

（1）数据采集和存储：采集并存储各种传感器的信号，包括如前所述的传感器信号及各类开关信号。这些信号是电子控制单元对挡值和变矩器锁止控制的依据。

（2）数据分析和计算：根据设定的程序，对各种传感器的信号进行分析和处理，从而确定最佳换挡时间和变矩器锁止时间。

（3）指令控制：向各执行元件发出工作指令。主要执行元件包括换挡电磁阀、油压调节电磁阀、变矩器锁止电磁阀等。电磁阀控制油路走向，最终控制接合工作的执行元件。

（4）**故障监测**：实时监测整个电控系统的工作状况，一旦发现异常，如某传感器的信号超出正常范围，则以故障码的形式记录故障。当故障被存储时，故障指示灯将点亮。当故障比较严重时，将启用备用程序，即进入故障保护模式。

（5）**通信功能**：包括与故障诊断仪通信和与其他系统的控制单元通信。维修人员将故障诊断仪连接到诊断插座上，既可以调取控制单元中存储的故障码，也可以在行驶过程中读取运行中的动态数据流，对检测间歇性故障十分有帮助。变速器控制单元还不断与发动机、ABS等控制单元通信，获得其他控制系统的状态参数，以实现信息共享。当前许多汽车采用CAN总线通信，节约了资源，提高了数据传输效率。

3. 电磁阀

电磁阀是自动变速器电子控制系统的执行器，主要用于**换挡控制、主油压调节和变矩器锁止控制**等。电磁阀主要有开关式、脉冲式、滑阀式三种。

（1）开关式电磁阀。

开关式电磁阀只有通电和断电两种状态。这种电磁阀通电时通电电流为定值，断电时通电电流为零。其按工作特性可分为通电供油和断电泄油两种。图4.27所示为大众01M型自动变速器换挡电磁阀的结构。

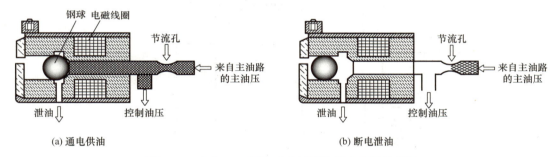

图4.27 大众01M型自动变速器换挡电磁阀的结构

断电时，钢球受压力油液推动左移，使得泄油口被打开，节流孔之后的油路中油液经泄油口排空，电磁阀输出的控制油压近乎为零。通电时，电磁线圈产生磁场，钢球受到向右的电磁力作用，钢球将右侧油口封闭，节流孔之后的油路油压（控制油压）建立。

（2）脉冲式电磁阀。

脉冲式电磁阀与开关式电磁阀的结构是相似的，也是由电磁线圈、骨架和阀芯等组成的。与开关式电磁阀的不同之处在于，脉冲式电磁阀控制端的电压信号为脉冲信号。**当改变脉冲信号的占空比时，电磁阀供油和泄油的时间比率就会随之改变，电磁阀输出的控制油压也会随之改变**。当占空比信号线性增大（或减小）时，电磁阀输出油压便会线性增大（或减小）。线性增大的油压能够改善离合器和制动器的工作特性，使之接合平稳。

图4.28所示为大众01M型自动变速器的脉冲式电磁阀，用于控制主油压和变矩器锁止油压。

通电时电磁线圈产生电磁力，阀芯在电磁力的作用下右移，关闭右侧泄油通道，此时主油路油液经节流孔为控制油路供油，输出油压上升。断电时，阀芯右端面受到油压作用，阀芯左移，泄油通道被打开，输出油压下降。**当占空比一定时，电磁阀输出油压就确定了。每个占空比值对应一个输出油压值，输出油压与占空比成比例变化**。

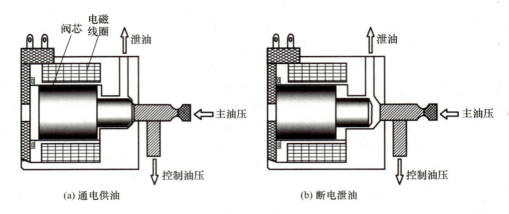

图 4.28 大众 01M 型自动变速器的脉冲式电磁阀

图 4.29 所示为大众 01M 型自动变速器变矩器锁止电磁阀（N91）的接线图与 47 号端子控制信号波形图。

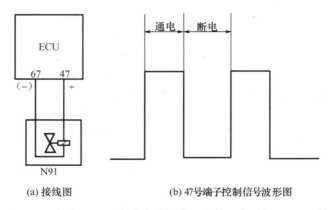

图 4.29 大众 01M 型自动变速器变矩器锁止电磁阀（N91）的
接线图与 47 号端子控制信号波形图

（3）滑阀式油压调节电磁阀。

图 4.30 所示为大众 09G 型自动变速器用于换挡控制的滑阀式油压调节电磁阀，它由滑阀和电磁线圈组成。电磁线圈端子 A 为恒压端，端子 B 为控制端，控制信号是占空比信号。

当占空比信号变化时，端子 B 的平均电压随之变化，A 与 B 之间电压、电磁线圈通电电流也随之变化。由于通电电流与线圈产生的电磁力成正比，因此可以通过控制端子 B 信号的占空比，控制电磁线圈产生的电磁力。

当电磁线圈通电时，滑阀下移，如图 4.30（b）所示。滑阀中间的切槽接通了供油通道。经节流孔输出的油液，分出一路进入滑阀下方的弹簧室，使滑阀成为一个油压调节阀。滑阀除了受到方向向下的电磁力作用外，还受到弹簧和输出油压的向上推力。随着供油通道的打通，输出油压会逐渐上升。当输出油压达到一定值时，滑阀受到的向上的推力大于向下的电磁力，滑阀重新上移，关闭进油口，此时输出油压不再进一步增大。由于弹

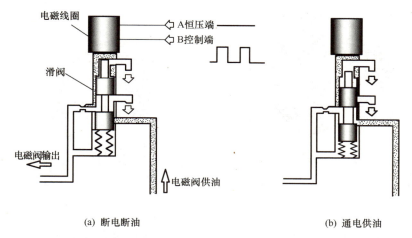

(a) 断电断油　　　　　　　　　(b) 通电供油

图 4.30　大众 09G 型自动变速器用于换挡控制的滑阀式油压调节电磁阀

簧力是一定的，因此输出油压与电磁力成正比，即与电磁线圈的通电电流成正比。因为电磁线圈的通电电流受控于端子 B 信号的占空比，所以通过改变端子 B 信号的占空比，就可以改变电磁阀的输出油压。

输出油压与通电电流成正比的电磁阀称为正比例油压调节电磁阀，输出油压与通电电流成反比的电磁阀称为反比例油压调节电磁阀。

滑阀式电磁阀与脉冲式电磁阀都受占空比信号控制，都能够调制出渐变的油压，但调节机理是不同的。滑阀式油压调节电磁阀能够调制出较精确的渐变油压，但结构较复杂。

4.1.4　电控无级变速器

无级变速器（Continuously Variable Transmission，CVT）的种类很多，其中已经在汽车上应用的有带传动式与牵引传动式，它们都以摩擦力传递动力；流体式和电动式由于传递效率低，只少量应用于特种汽车。下面以奥迪 01J 型无级变速器为例，介绍无级变速器的结构与工作原理及速比系统。

1. 无级变速器的结构与工作原理

奥迪 01J 型无级变速器主要由减振器缓冲装置、动力装置、速比调节变换器、液压控制单元及电控单元等组成。

（1）飞轮减振装置。

在往复式内燃机中，不均匀的燃烧会引起曲轴扭转振动，扭转振动传递到变速器中会引起共振，同时会产生噪声并容易使变速器部件过载，飞轮减振装置和双质量飞轮可减缓发动机与变速器之间因动力连接产生的扭转振动，并保证发动机无噪声运转。奥迪 V6 2.8L 发动机转矩通过飞轮减振装置（图 4.31）传递到变速器。因为四缸发动机比六缸发动机具有更大的不均匀性，所以在四缸发动机上使用了双质量飞轮。图 4.32 所示为奥迪 A4 1.8L 四缸发动机使用的双质量飞轮，在急速区发动机产生振动，通过刚性连接变速器吸收振动。

双质量飞轮1

双质量飞轮2

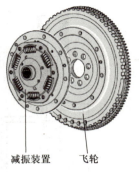

图 4.31　飞轮减振装置

图 4.32　奥迪 A4 1.8L 四缸发动机使用的双质量飞轮

（2）行星轮系结构。

在奥迪 01J 型无级变速器中，行星轮装置为反向齿轮装置，如图 4.33 所示，其功能是倒挡时改变变速器输出轴的旋转方向。

前进挡时行星轮系的传动比为 1∶1，作为输入元件的太阳轮与输入轴和前进挡离合器钢片相连，作为输出元件的行星架与辅助减速挡齿轮组的主动齿轮和前进挡离合器摩擦片相连，齿圈与倒挡制动器摩擦片相连，倒挡制动器钢片与变速器壳体相连，如图 4.34 所示。

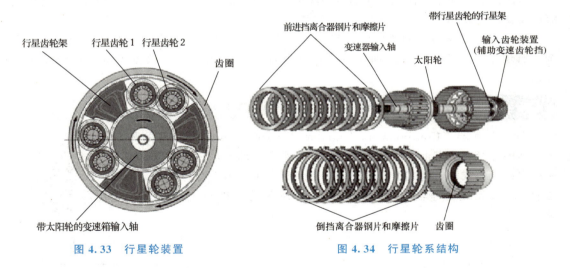

图 4.33　行星轮装置　　　　　图 4.34　行星轮系结构

（3）前进挡离合器/倒挡制动器。

奥迪 01J 型无级变速器的起动装置是前进挡离合器和倒挡制动器，如图 4.35 所示，并配合使用反向行星架机构来实现前进和倒车，它们只用作起动装置，并不改变速比，而在液压或电控有级式自动变速器里它们的功能是实现各挡传动比。其特点如下：质量轻，安装空间小，起动特性适应驾驶状态，爬行转矩适应驾驶状态，在过载或非正常使用情况下具有保护功能。

离合器压力与发动机转矩成正比，与系统压力无关。液压控制阀体中的输导压力阀（VSTV）始终为压力调节电磁阀（N215）提供常压。根据变速器控制单元计算的控制电流值，N215 会调节出一个控制压力，决定离合器控制阀（KSV）的位置。

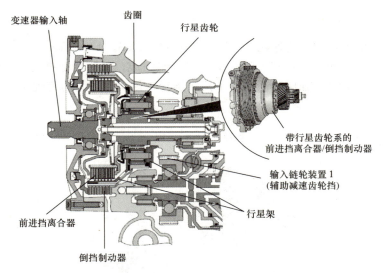

图 4.35 前进挡离合器和倒挡制动器

KSV 控制离合器的压力，同时调整待传递的发动机转矩。KSV 的压力由系统压力提供，KSV 根据 N215 的触发信号（电流）产生离合器的控制压力，高控制压力产生高离合器压力。离合器压力通过安全阀（SIV）传递到手动换挡阀（HS），HS 的位置改变会将转矩传递到前进挡离合器（D 位）或倒挡制动器（R 位）。当变速杆位于 P 位和 N 位时，HS 切断供油，前进挡离合器和倒挡制动器的油路都与油底壳相连。离合器的液压控制如图 4.36 所示。

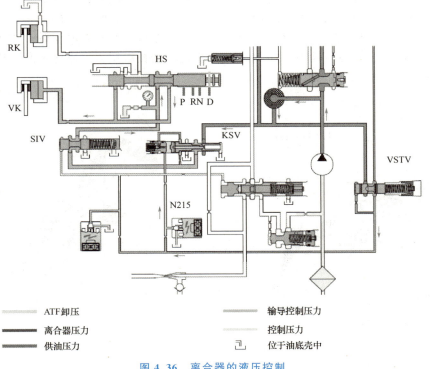

图 4.36 离合器的液压控制

2. 速比系统

无级变速器的关键部件是速比变换器（变速器），如图 4.37 所示。奥迪 01J 型无级变速器由两组链轮装置和作用在其中间的 V 形传动链组成，其中每组链轮装置中有一个可沿轴向移动的链轮，链轮的轴向移动改变了接触链轮与传动链之间的跨度半径，实现传动比的变化。

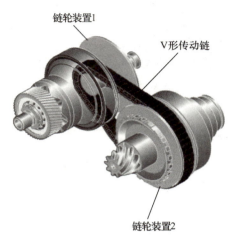

图 4.37 速比变换器（变速器）

速比变换器由两个带锥面的链轮盘（即主动链轮装置、从动链轮装置及其中间的 V 形槽内的专用传动链装置）组成。主动链轮由发动机通过辅助减速挡齿轮驱动，发动机转矩传动链传递到从动链轮装置，并由此传给主减速器。每组链轮装置中的一个链轮可沿轴向移动，调整传动链的跨度尺寸和改变传动比，只有两组链轮装置同时运转，才能保证传动链始终处于张紧状态，并有足够的传动链与链轮之间的接触压力。速比变换原理如图 4.38 所示。

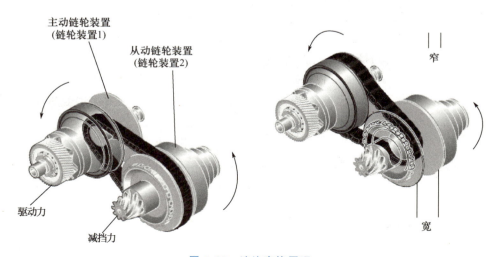

图 4.38 速比变换原理

3. 无级变速器动力传递路线分析

奥迪 01J 型无级变速器行星轮系前进挡和倒挡的工作状态如图 4.39 所示。

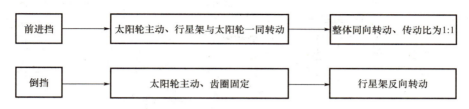

图 4.39　奥迪 01J 型无级变速器行星轮系前进挡和倒挡的工作状态

(1) P/N 位行星轮系动力传递路线。

P/N 位行星轮系动力传递路线如图 4.40 所示，发动机的转矩通过与输入轴相连的太阳轮传递到行星轮系并驱动行星齿轮 1，行星齿轮 1 再驱动行星齿轮 2，行星齿轮 2 与齿圈相啮合。汽车尚未行驶时作为辅助减速挡输入部分的行星架（行星轮系的输出部分）是静止的，齿圈以发动机转速一半的速度怠速运转，旋转方向与发动机的相同。

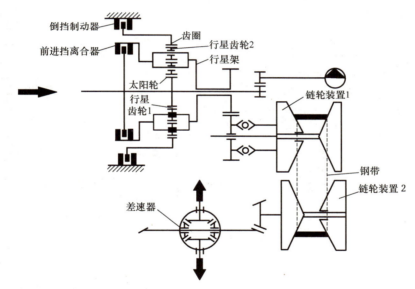

图 4.40　P/N 位行星轮系动力传动路线

(2) 前进挡动力传递路线。

前进挡动力传递路线如图 4.41 所示，前进挡离合器钢片与太阳轮相连，摩擦片与行星架相连。当前进挡离合器工作时，太阳轮（变速器输入轴）与行星架（输出）相连，行星轮系锁死，并与发动机运转方向相同，传动比为 1∶1。

(3) 倒挡动力传递路线。

倒挡动力传递路线如图 4.42 所示，倒挡制动器摩擦片与齿圈相连，钢片与变速器壳体相连。当倒挡制动器工作时，齿圈固定，太阳轮（输入轴）为主动元件，转矩传递到行星架，由于是双行星齿轮（其中一个为惰轮），因此行星架会以与发动机旋转方向相反的方向运转，汽车向后行驶。

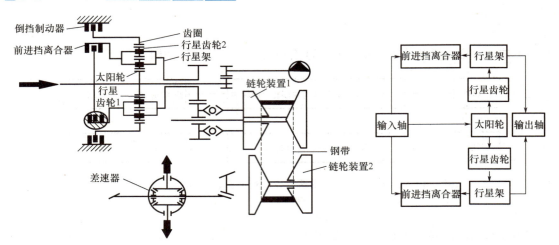

图 4.41 前进挡动力传递路线

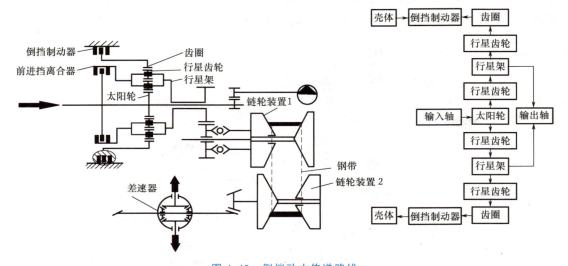

图 4.42 倒挡动力传递路线

受空间限制，转矩通过辅助减速挡齿轮组，如图 4.43 所示，传递到变速器。辅助减速挡齿轮组有不同齿数的传动比以适应发动机到变速器的变化，从而使变速器在最佳转矩范围内工作。

4.1.5 双离合器式自动变速器

双离合器式自动变速器1

传统的手动变速器使用一台离合器，驾驶人换挡时须踩下离合器踏板，令不同挡的齿轮做出啮合动作，而动力在换挡期间间断，令输出断断续续。奥迪公司针对此问题开发出直接换挡变速器（Direct Shift Gearbox，DSG），即双离合器式自动变速器。双离合器式自动变速器可以想象为将两台手动变速器的功能合二为一，并建立在单一的系统内。大众公司旗下的很多汽车都采用了先进的双离合器式自动变速器技术，如奥迪 Q5、速腾、奥迪 A3 等。

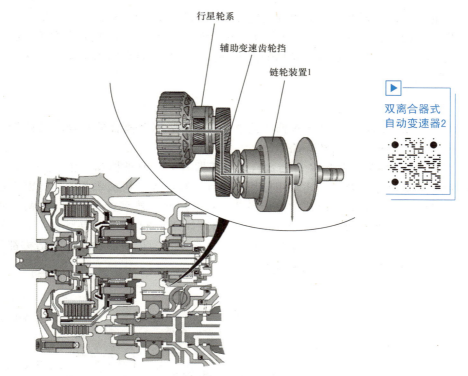

图 4.43　辅助减速挡齿轮组

新一代双离合器式自动变速器采用了 2 个离合器和 6 个或 7 个前进挡传统齿轮变速器作为动力的传递部件，其特点如下。

（1）没有变矩器，也没有离合器踏板。由液压控制的湿式双离合器系统代替了液力变矩器，其中的离合器 K1 负责控制奇数齿轮，离合器 K2 负责控制偶数齿轮和倒挡齿轮，实际上可以说这是由两个平行的变速器配合组成的变速器。

（2）传递过程中的能耗损失非常有限，大大提高了汽车的燃油经济性。

（3）反应非常灵敏，具有很好的驾驶乐趣。

（4）汽车在加速过程中不会有动力中断的感觉，使汽车的加速更加强劲。0～100km/h 的加速时间比传统手动变速器的短。

（5）动力传递部件是一台三轴的传统齿轮变速器，增加了速比的分配，双离合器式自动变速器的多片湿式双离合器是由电子液压控制系统操控的。

（6）双离合器可以使变速器同时有两个挡位啮合，使换挡操作更加快捷。双离合器式自动变速器也有手动和自动两种控制模式，除了变速杆可以控制外，转向盘上还配备有手动控制的换挡按钮，在行驶过程中，两种控制模式可以随时切换。

（7）选用手动模式时，如果不做升挡操作，即使将节气门踩到底，双离合器式自动变速器也不会升挡。

（8）可以根据驾驶人的意愿进行换挡控制，在手动控制模式下可以跳跃降挡。

（9）有一个由两组离合器片组合而成的双离合器装置，同时有一个由实心轴及其外部套筒组合而成的双传动轴机构，并由电子装置及液压装置同时控制两组离合器及齿轮组的动作。在某挡位时，离合器 K1 接合，一组齿轮啮合输出动力，在接近换挡时，下一组挡段的齿轮已被预选，而与之相连的离合器 K2 仍处于分离状态；在换入下一挡时，处于工作状态的离合器 K1 分离，使使用中的齿轮脱离动力，同时离合器 K2 啮合已被预选的齿轮，进入下一挡。在整个换挡期间能确保有一组齿轮在输出动力，从而不会出现动力间断的状况。

1. 双离合器式自动变速器的结构与工作原理

以大众高尔夫、速腾等汽车配置的 OAM 7 挡双离合器自动式变速器为例，介绍其结构与工作原理、动力传动路线。

大众 OAM 7 挡双离合器式自动变速器有 7 个前进挡和 1 个倒挡，首次采用了干式双离合器。除此之外，它还采用模块化设计（离合器、机械单元等），拥有独立循环双油路、电子驱动油泵，并且取消了热交换器，只采用 4 个拨叉杆。大众 OAM 7 挡双离合器式自动变速器的结构如图 4.44 所示，工作原理如图 4.45 所示，双离合器式自动变速器主要由两个相互独立的变速器传动部分组成。每个变速器传动部分的功能结构都与手动变速器的相同，并且都有 1 个干式离合器。

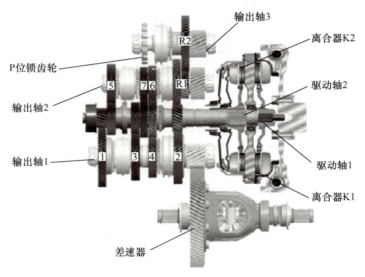

1～7—1～7 挡齿轮；R1—倒挡中间齿轮；R2—倒挡齿轮

图 4.44 大众 OAM 7 挡双离合器式自动变速器的基本结构

离合器由机械电子单元根据待挂挡位控制接合和分离。通过离合器 K1、变速器传动部分 1 和输出轴 1 换到 1、3、5、7 挡。2、4、6 挡和倒挡由离合器 K2、变速器传动部分 2 和输出轴 2、3 控制。原则上始终有一个变速器传动部分传递动力，而另一个变速器传动部分能够换到下一挡，因为该挡的离合器仍处于分离状态。每个挡位都有一个常规的手动变速器同步和换挡单元。

（1）干式双离合器。

发动机转矩通过发动机曲轴、双质量飞轮和干式双离合器（图 4.46）传递。为完成动力传递，双质量飞轮装配有内齿，与双离合器外壳上装配的外齿相啮合，实现发动机转矩到双离合器的传递。离合器外壳上的外齿通过连接环与离合器驱动盘相连，与飞轮上的内齿相啮合，如图 4.47 所示。

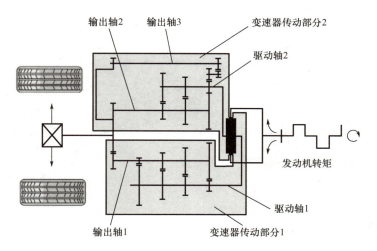

图 4.45　大众 OAM 7 挡双离合器式自动变速器的工作原理

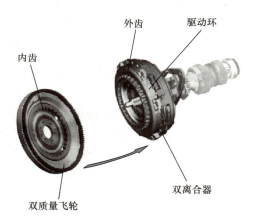

图 4.46　双质量飞轮和干式双离合器

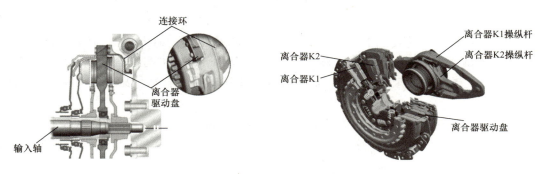

图 4.47　连接环与离合器驱动盘的连接

干式双离合器的工作原理如下：液压触动—压缩运动—拉近运动—压紧接合，如图 4.48 所示。双离合器中有两个独立的干式离合器，分别将转矩传递给一个变速器传动部分。

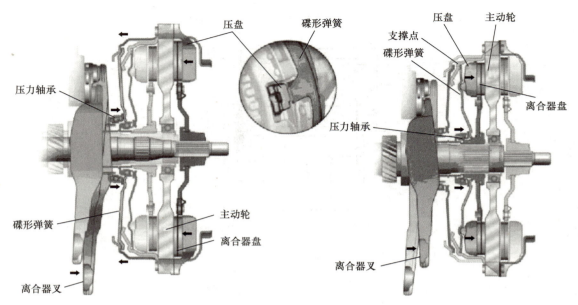

图 4.48　干式双离合器的工作原理

离合器可以处于两个位置：**发动机停机和怠速运转时，两个离合器分离；行驶状态时，两个离合器中始终只有一个接合。**

① **离合器 K1**。将 1、3、5、7 挡的转矩传递给输入轴 1。离合器 K1 操纵接合杆时，接合杆将接合轴承压向碟形弹簧。这种压力运动在多个转向点处转换为拉力运动。因此将离合器压碟拉向离合器从动碟及主动轮，转矩传递给输入轴。

② **离合器 K2**。将 2、4、6 挡和倒挡的转矩传递给输入轴 2。离合器 K2 操纵接合杆时，接合轴承压向离合器压盘的碟形弹簧。由于碟形弹簧支撑在离合器壳体上，因此离合器压盘压向主动轮，转矩传递给输入轴 2。

（2）输入轴。

输入轴 1 的结构如图 4.49 所示。输入轴 1 为实心的，通过花键与离合器 K1 相连，用于驱动 1 挡、3 挡、5 挡和 7 挡齿轮。为了监测自动变速器的输入转速，输入轴 1 上有自动变速器输入转速传感器 1（G632）的磁性脉冲靶轮。输入轴 2 的结构如图 4.50 所示。输入轴 2 为空心的，安装在输入轴 1 的外侧，通过花键与离合器 K2 相连，用于驱动 2 挡、4 挡、6 挡和倒挡齿轮，轴上有自动变速器输入转速传感器 2（G612）的齿形靶轮。

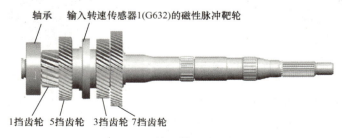

图 4.49　输入轴 1 的结构

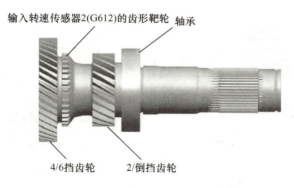

图 4.50　输入轴 2 的结构

（3）输出轴。

输出轴的结构如图 4.51 所示。输出轴 1 ［图 4.51（a）］上装有 1～4 挡齿轮和输出齿轮，以及 1/3 挡同步器和 2/4 挡同步器。输出轴 2 ［图 4.51（b）］上装有 5～7 挡齿轮、倒挡中间齿轮 1、倒挡中间齿轮 2 和输出齿轮，以及 6/倒挡同步器和 5/7 挡同步器。输出轴 3 ［图 4.51（c）］上装有倒挡齿轮、输出齿轮、P 位锁止机构齿轮和同步器齿套（未标）。1～3 挡采用三件式同步器，4 挡采用两件式同步器，5～7 挡和倒挡采用单件式同步器。同步器的结构如图 4.52 所示。

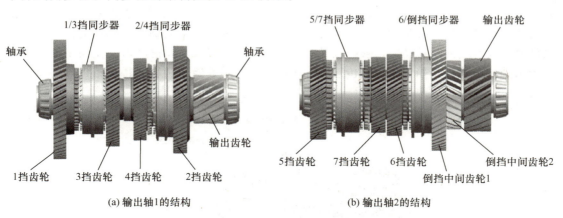

(a) 输出轴1的结构　　　　　　　　　(b) 输出轴2的结构

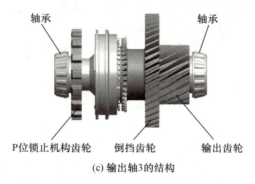

(c) 输出轴3的结构

图 4.51　输出轴的结构

图 4.52　同步器的结构

（4）换挡拨叉。

如图 4.53 所示，**双离合器式自动变速器有 4 个换挡拨叉，分别为 1/3 挡换挡拨叉、2/4 挡换挡拨叉、5/7 挡换挡拨叉和 6/倒挡换挡拨叉**。换挡拨叉的结构如图 4.54 所示，换挡机构的活塞与换挡拨叉相连。为实现挡位的变换，油压被供应到换挡机构的活塞上，推动活塞移动；当活塞移动时，换挡拨叉和滑动齿套也随之移动，滑动齿套使同步器齿毂接合形成挡位。通过换挡机构位移传感器，滑阀箱控制单元能精确地获得换挡机构的新位置信息。

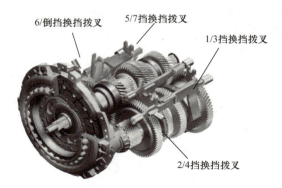

图 4.53　换挡拨叉

（5）电-液控制单元。

电-液控制单元如图 4.55 所示，油泵单元安装在电-液控制单元上，由 1 个油泵和 1 个油泵电动机（V401）组成。油泵电动机是直流电动机，由电-液控制单元的电子控制单元根据压力要求按需驱动，通过连接器驱动齿轮式油泵，如图 4.56 所示，向系统提供约 7MPa 的压力油。如果油泵电动机不能工作，则油液压力下降，离合器在压力盘弹簧的作用下断开，中断发动机转矩的传递。

底盘控制系统 第4章

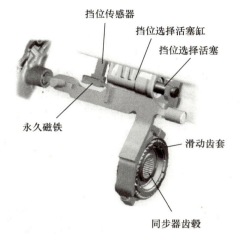

图 4.54 换挡拨叉的结构

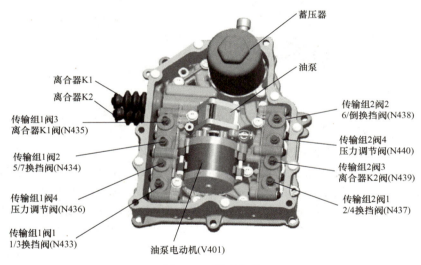

图 4.55 控制单元

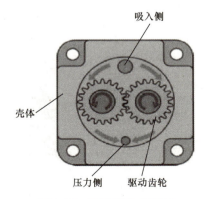

图 4.56 驱动齿轮式油泵

（6）控制系统。

电子控制单元采集变速器输入转速传感器（G182）、输入轴1转速传感器（G632）、输入轴2转速传感器（G612）、离合器K1位置传感器（G617）、离合器K2位置传感器（G618）、2/4挡挡位选择传感器（487）、1/3挡挡位选择传感器（G488）、5/7挡挡位选择传感器（G489）、6/倒挡挡位选择传感器（G490）、变速器系统压力传感器（G270）、电子控制单元温度传感器（G510）等的信息（各传感器的安装位置如图4.57所示），控制油泵电动机（V401）、离合器K1阀（N435）、离合器K2阀（N439）、压力控制阀（N436和N440）、1/3挡换挡阀（N433）、2/4挡换挡阀（N437）、5/7挡换挡阀（N434）、6/倒挡换挡阀（N438）实现7个前进挡和1个倒挡。

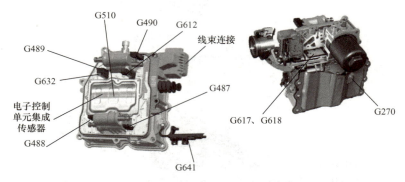

图4.57 各传感器的安装位置

（7）变速杆总成。

变速杆位置传感器、变速杆锁止电磁阀及P挡锁止开关（F319）等集成在变速杆总成上，如图4.58所示。变速杆位置传感器采用霍尔式传感器结构，将变速杆位置信息通过CAN总线传输给电子控制单元。电子控制单元基于此信号获知变速杆位置，执行驾驶人的前进挡、倒车挡及运动挡等变速杆操作指令，同时控制释放起动机。如果电子控制单元检测不到变速杆位置信息，则所有离合器断开。变速杆锁止电磁阀用于将变速杆锁定在P挡或N挡位置上。P挡锁止开关（F319）用于将变速杆处于P挡位置的信息传递给电子控制单元。

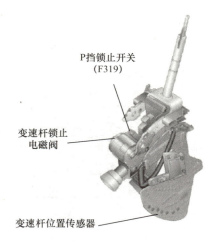

图4.58 变速杆总成

2. 双离合器式自动变速器的传动路线分析

大众 OAM 7 挡双离合器式自动变速器的动力传递路线如下。

（1）倒挡和 1 挡动力传递路线如图 4.59 所示。

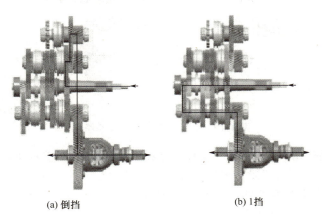

(a) 倒挡　　　　　　(b) 1挡

图 4.59　倒挡和 1 挡动力传递路线

倒挡动力传递路线如下：发动机→双质量飞轮→离合器 K2→输入轴 2（倒挡主动齿轮）→输出轴 3（输出齿轮）→差速器主减速齿轮。

1 挡动力传递路线如下：发动机→双质量飞轮→离合器 K1→输入轴 1（1 挡主动齿轮）→输出轴 1（1 挡齿轮）→差速器主减速齿轮。

（2）2 挡和 3 挡动力传递路线如图 4.60 所示。

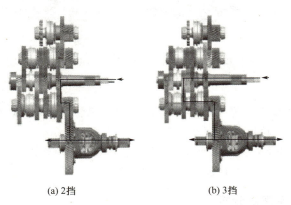

(a) 2挡　　　　　　(b) 3挡

图 4.60　2 挡和 3 挡动力传递路线

2 挡动力传递路线如下：发动机→双质量飞轮→离合器 K2→输入轴 2（2 挡主动齿轮）→输出轴 1（2 挡齿轮）→差速器主减速齿轮。

3 挡动力传递路线如下：发动机→双质量飞轮→离合器 K1→输入轴 1（3 挡主动齿轮）→输出轴 1（3 挡齿轮）→差速器主减速齿轮。

（3）4 挡和 5 挡动力传递路线如图 4.61 所示。

4 挡动力传递路线如下：发动机→双质量飞轮→离合器 K2→输入轴 2（4/6 挡主动齿轮）→输出轴 1（4 挡齿轮）→差速器主减速齿轮。

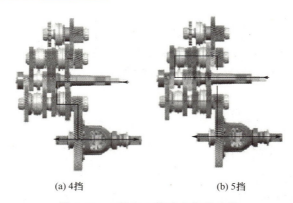

(a) 4挡　　　　　　　　(b) 5挡

图 4.61　4 挡和 5 挡动力传递路线

5 挡动力传递路线如下：发动机→双质量飞轮→离合器 K1→输入轴 1（5 挡主动齿轮）→输出轴 2（5 挡齿轮）→差速器主减速齿轮。

（4）6 挡和 7 挡动力传递路线如图 4.62 所示。

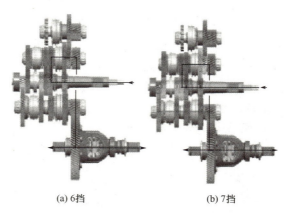

(a) 6挡　　　　　　　　(b) 7挡

图 4.62　6 挡和 7 挡动力传递路线

6 挡动力传递路线如下：发动机→双质量飞轮→离合器 K2→输入轴 2（4/6 挡主动齿轮）→输出轴 2（6 挡齿轮）→差速器主减速齿轮。

7 挡动力传递路线如下：发动机→双质量飞轮→离合器 K→输入轴 1（7 挡主动齿轮）→输出轴 2（7 挡齿轮）→差速器主减速齿轮。

4.1.6　典型故障案例分析

1. 案例一：一辆奥迪 A8 汽车行驶在 3、4 挡时冲击明显，变速器有异常响声

（1）故障现象。

一辆奥迪 A8 汽车，变速器型号为 09E，行驶里程为 86500km。挡位灯有时亮；低速行驶时变速器内有"嗡嗡"异响，高速行驶正常；行驶在 3、4 挡时冲击明显。

（2）故障诊断与排除。

奥迪 A8 汽车搭载电液控制的 6 挡行星齿轮式的自动变速器，在两三个月前，该车 3、4 挡行驶有冲击和变速器有异常响声，挡位灯会闪亮甚至挂挡不走车。

由于这款自动变速器结构复杂,因此在对其解体之前先进行初步的分析,现将诊断思路整理如下。

① 举升汽车,仔细检查发动机与自动变速器的连接情况,发现正常,可以排除装配不当引起的故障。

② 由于带有锁止离合器的液力变矩器如果出现异响,汽车会在高速时出现异响,但该车仅在低速行驶时变速器出现"嗡嗡"异响,此时锁止离合器未接合,说明该故障与液力变矩器无关。

③ 由于油泵工作是随压力变化而变化的,因此可以排除油泵故障。

④ 检查变速箱油后发现液位偏低,油质发黑且有焦味,没有金属粉末等杂质,说明该故障与行星齿轮机构故障或主减速器故障无关。

⑤ 借助计算机检测发现有故障码存储:a. P0730,含义为挡位/传动比监控传动比错误;b. P2700,含义为离合器"A"不可靠信号,偶发;c. P2703,含义为离合器"D"不可靠信号,偶发。

综上所述,可以判定该故障为自动变速器油(Automatic Transmission Fluid,ATF)液位过低引起的自动变速器油温度过高,致使离合器或制动片过度磨损或烧蚀引起的换挡机构故障。

拆解自动变速器后仔细检查自动变速器油泵、液力变矩器、主减速器均正常,没有磨损,进一步拆解检查发现 3~5 挡离合器和制动器片有烧蚀,更换 3~5 挡离合器和制动器片,并调整自动变速器油液位,试车故障排除。

(3) **故障总结。**

对于复杂结构的自动变速器,需在了解其组成结构和工作原理的基础上,结合诊断数据进行拆解检查,分析并排除故障。

2. **案例二:一辆奥迪 A6 汽车行驶中出现打滑、抖动现象**

(1) **故障现象。**

一辆奥迪 A6 汽车,变速器型号为 09E,行驶里程为 32 万千米。汽车低速行驶正常,踩节气门发动机空转,且有严重的打滑、抖动现象,此故障经常发生。

(2) **故障诊断与排除。**

① 先检查变速器油,发现变速器油液位、品质均正常,排除变速器油引起的打滑或抖动冲击故障。

② 借助故障诊断仪检测,发现踩节气门时,液压系统油压在正常范围内,排除变速器内部泄漏引起的打滑或抖动冲击现象。

③ 耸车现象只发生在慢提速时,加速比较快时正常;速度一旦超过 30km/h,就会出现抖动,但无失火现象,将防抱死制动系统插头脱开后试车,故障依然没有消失,而且变速器数据说明抖动不是出现在升降挡时,故将问题锁定在机械部件过度磨损。由于抖动现象不是出现在升降挡,因此怀疑液力变矩器打滑引起耸车。

④ 经过反复试车,将故障原因锁定在变速箱区域,为了保证汽车换挡行驶的舒适性和在提速的瞬间减少冲击,液力变矩器会在转速差较大时有短暂的打滑现象。当汽车达到一定速度后加速时,转速差较小,液力变矩器锁止离合器起作用。

但该车出现耸车时,发现发动机转速与变速箱输入转速差较大,即发动机空转,车速没有变化，怀疑液力变矩器打滑（此时锁止离合器应锁止）。更换液力变矩器，试车故障排除。

（3）故障总结。

液力变矩器上的锁止离合器将泵轮和涡轮通过机械方式连接起来，传递发动机动力。液力变矩器以接近 1∶1 的比例将发动机输入转矩传递至变速器，但由于泵轮与涡轮之间有 4%～5% 的转速差，因此有一定的能量损失。液力变矩器动力流如图 4.63 所示。

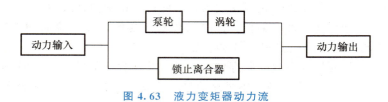

图 4.63　液力变矩器动力流

3．案例三：一辆奥迪 A3 汽车行驶异响，伴有冲击抖动

（1）故障现象。

一辆奥迪 A3 汽车，变速器型号为 7 挡 OAM 双离合器式自动变速器，行驶里程为 8948km。汽车高、低速行驶均正常，在汽车降挡停车（似停非停）时，变速器换挡冲击明显且发出"吱吱"异响。

（2）故障诊断与排除。

① 借助故障诊断仪的检测，发现电子控制单元中未存储故障码，并查阅相关奥迪技术产品信息，未发现相关信息，所以排除电-液控制单元的故障。

② 根据故障诊断原则，先举升汽车，仔细检查，发现发动机与自动变速器的连接情况良好，可排除装配不当引起的故障。

③ 由于变速器的油泵随着压力的变化而变化，因此可以排除机油系统故障；且故障出现在降挡过程中，可判断故障与差速器无关。

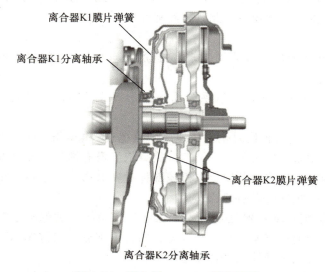

图 4.64　离合器 K1、K2 间隙位置

④ 汽车只有在似停非停时会出现冲击抖动现象，并能听到"吱吱"异响，说明该故障可能出现在双离合器上，而不是齿轮变速机构上，因为齿轮变速机构故障一般会出现齿轮敲击声，而非"吱吱"异响，所以可能为双离合器故障。

拆解双离合器，有针对性地进行排查，发现双离合器本身间隙过大。离合器 K1、K2 间隙位置如图 4.64 所示。更换双离合器总成，并参照奥迪汽车服务站专用维修资料，调整间隙，排除故障。

（3）故障总结。

该故障是由离合器脱挡不彻底或离合器本身间隙过大造成的，根据奥迪汽车服务站专用维修资料的维修步骤，更换双离合器总成，并适当调整离合器 K1、K2 的间隙，试车匹配后排除故障。

4.2　车辆稳定控制系统

车辆稳定控制系统是指在提升汽车操控表现的同时，有效防止汽车达到其动态极限时失控的系统或程序的通称。车辆稳定控制系统广义上包括防抱死制动系统（Anti-lock Brake System，ABS）、驱动防滑转系统（Acceleration Slip Regulation，ASR）、电子稳定程序（Electronic Stability Program，ESP）等，其中 ASR 是在 ABS 的基础上发展起来的，ESP 是 ABS 与 ASR 的一种功能性延伸。ABS 用于防止车轮在制动时抱死，ASR 用于防止车轮在驱动时滑转，两者可在纵向上稳定汽车；ESP 通过单独对每个车轮制动干预，在横向上稳定汽车。

4.2.1　防抱死制动系统

防抱死制动系统是在汽车制动时，防止车轮抱死的一种主动安全装置，可以提高汽车制动过程中的方向稳定性、转向控制能力和缩短制动距离，使汽车制动更加安全有效。

防抱死制动系统1

防抱死制动系统2

1. ABS 的基本原理

汽车在制动过程中，当制动器制动力大于轮胎-道路附着力时，车轮就会抱死滑移。只有汽车具有足够的制动器制动力，同时地面能提供较大的附着力时，汽车才能获得较好的制动效果。在汽车制动时，除车轮旋转平面的纵向附着力外，还有垂直于车轮旋转平面的横（侧）向附着力。在汽车制动过程中，纵向附着力决定汽车的纵向运动，影响汽车的制动距离；横向附着力决定汽车的侧向运动，影响汽车的方向稳定性和转向控制能力。

当汽车匀速行驶时，实际车速 v（车轮中心的纵向速度）与车轮速度 v_w（车轮滚动的圆周速度）相等，车轮在路面上的运动为纯滚动。然而，在汽车实际运行过程中，当驾驶人踩下制动踏板后，在制动器摩擦力矩的作用下，车轮的角速度减小，实际车速与车轮速度之间就会产生速度差，轮胎与地面之间就会产生相对滑移。轮胎滑移的程度一般用滑移率 S 来表示，其表达式为

$$S=\frac{v-v_w}{v}\times 100\%$$

可见，当 $v=v_w$ 时，滑移率 $S=0$，车轮纯滚动；当 $v_w=0$ 时，滑移率 $S=100\%$，车轮完全抱死滑移；当 $v>v_w$ 时，滑移率 $0<S<100\%$，车轮既滚动又滑移，而且滑移率越大，车轮滑移程度越大。

试验证明，汽车纵向附着系数、横向附着系数与滑移率有关，如图 4.65 所示。附着系数取决于路面性质，一般干燥路面附着系数大，潮湿路面附着系数小，冰雪路面附着系

数更小。在各种路面上，附着系数都随滑移率的变化而变化；一般当滑移率为10%～30%时，纵向附着系数最大。

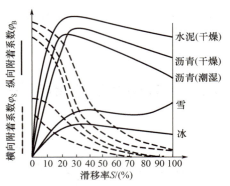

图 4.65 附着系数与滑移率的关系

纵向附着系数最大时的滑移率，称为理想滑移率或最佳滑移率。当滑移率超过理想滑移率时，纵向附着系数减小，产生的地面制动力随之减小，制动距离增大。滑移率大于理想滑移率后的区域，称为非稳定制动区域或非稳定区，如图 4.66 所示。

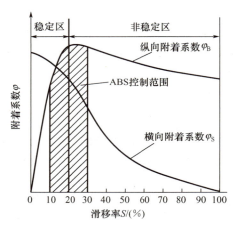

图 4.66 水泥（干燥）路面附着系数与滑移率的关系

横向附着系数是研究汽车行驶稳定性的重要指标之一。**横向附着系数越大，汽车制动时的方向稳定性和保持转向控制的能力越强**。当滑移率为零时，横向附着系数最大；随着滑移率的增大，横向附着系数逐渐减小。当车轮抱死时，横向附着系数接近零，汽车将失去方向稳定性和转向控制能力，危害极大。如果前轮抱死，虽然汽车能沿直线向前行驶，但是将失去转向控制能力。由于前轮维持转弯运动能力的横向附着力丧失，因此汽车仍将按原行驶方向滑行，从而可能冲入其他车道与汽车相撞，或冲出路面与障碍物相撞而发生恶性交通事故。如果后轮抱死，汽车的制动稳定性就会变差，抵抗横向外力的能力很弱，后轮稍有外力（如侧向风力或地面障碍物阻力）作用就会发生侧滑甚至甩尾等危险现象。因此，**为了获得最佳制动性能，应将滑移率控制在10%～30%，此时具有最大的纵向附着系数与较大的横向附着系数**。

ABS通过在制动过程中主动调节车轮制动力，将车轮的滑移率控制在20%左右，其具有以下优点：缩短制动距离，提高制动效能；保持汽车制动时的方向稳定性；保持汽车制动时的转向控制能力；降低汽车制动时轮胎的磨损程度；降低驾驶人的疲劳强度（特别是紧张情绪）等。

2. ABS 的分类

在 ABS 中，能够独立调节制动压力的制动管路称为控制通道。如果某个车轮的制动压力占用一个控制通道并可以单独调节，则称为独立控制或单轮控制。如果两个车轮的制动压力是一同调节的（共同占用一个控制通道），则称为同时控制或一同控制。如果同时控制的两个车轮在同一轴上，则称为同轴控制或轴控制。对于一同控制的两个车轮，如果以保证附着系数较小的车轮不发生抱死为原则来调节制动压力，则称为低选原则；如果以保证附着系数较大的车轮不发生抱死为原则来调节制动压力，则称为高选原则。

实际使用中，ABS 按照控制通道和轮速传感器的数目可分为以下几种。

（1）单通道一传感器式：适用于制动管路为前、后轮独立布置形式且采用后轮驱动的汽车，通过装在差速器上的轮速传感器和控制通道，只对两个后轮进行低选控制。此类 ABS 不对前轮进行制动控制，其制动效能和制动时的操纵性均较差，应用较少。

（2）单通道两传感器式：两个传感器装在两个后轮，由两个后轮一起控制；或装在两个前轮，由两个前轮一起控制。

（3）双通道两传感器式：两个传感器可以装在两个前轮，各自独立作用；或装在两个后轮，由两个后轮各自独立控制；也有一个装在前轮，另一个装在后轮，两个前轮共同作用，两个后轮也共同作用。

（4）双通道三传感器式：三个传感器装在两个前轮及后轴差速器，两个前轮一起控制作用，两个后轮也一起控制。

（5）双通道四传感器式：四个车轮各装一个传感器，两个前轮一起控制作用，两个后轮也一起控制。

（6）三通道三传感器式：三个传感器有两个分别装在两个前轮，另一个安装在后轴差速器上。两前轮各自独立控制，而两个后轮一起控制。

（7）三通道四传感器式：四个车轮各有一个传感器，两个前轮独立控制，两个后轮则一起控制。

（8）四通道四传感器式：有四个轮速传感器，在通往四个车轮制动分缸的管路中，各设一个制动压力调节器，进行独立控制，构成四通道控制形式。由于四通道 ABS 是根据各车轮轮速传感器输入信号，分别对各车轮进行独立控制，因此附着系数利用率高，制动时可以最大限度地利用每个车轮的附着力。

（9）六通道六传感器式：主要用于大型客车、货车上，采用独立控制方式。

3. ABS 的结构组成

通常情况下，ABS 是在传统制动系统的基础上加装 ABS 控制系统构成的，其中 ABS 控制系统包括传感器、电子控制单元及执行元件。典型 ABS 的结构组成如图 4.67 所示，主要有车轮转速传感器、电子控制单元、制动压力调节器、电动液压泵及 ABS 报警灯等组成。

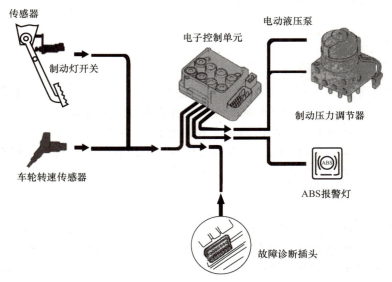

图 4.67 典型 ABS 的结构组成

（1）车轮转速传感器。

ABS 的控制需要一系列计算参数，其中最主要的是车轮转速、车轮加速度、参考车速及滑移率等。车轮转速传感器，简称轮速传感器，其输出信号是这些计算参数的基础。电子控制单元识别车轮转速传感器信号，再按照一定计算方法计算出车轮转速、车轮加速度、参考车速及滑移率。车轮转速传感器主要有电磁感应式与霍尔效应式两种。

电磁感应式车轮转速传感器如图 4.68 所示，主要由齿圈和电磁感应触头两部分构成，电磁感应触头又包括永久磁铁、电磁线圈及磁极等。当齿圈的齿隙与磁极相对时，磁极与齿圈之间的空气隙最大，电磁线圈周围的磁场较弱；当齿圈的齿顶与磁极相对时，磁极与齿圈之间的空气隙最小，电磁线圈周围的磁场较强。当齿圈随车轮旋转时，齿圈的齿顶和齿隙交替地与磁极相对，传感器电磁线圈周围的磁场随之发生强弱交替变化，使得电磁线圈产生一个交变电压，并且该交变电压的频率与车轮的转速成正比。

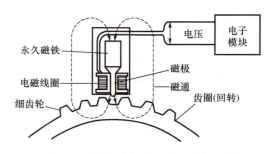

图 4.68 电磁感应式车轮转速传感器

霍尔效应式车轮转速传感器如图 4.69 所示，由传感触头和齿圈组成，其中传感触头由永久磁铁、霍尔元件及电子电路等组成。永久磁铁的磁力线穿过霍尔元件通向齿圈，齿圈相当于一个集磁器。当齿圈位于图 4.69（a）所示位置时，穿过霍尔元件的磁力线发散，磁场较弱；当齿圈位于图 4.69（b）所示位置时，穿过霍尔元件的磁力线集中，磁场较强。随着齿圈的转动，通过霍尔元件的磁力线密度发生变化，从而引起霍尔电压变化，经过电子电路处理后，霍尔元件将输出脉冲电压信号。

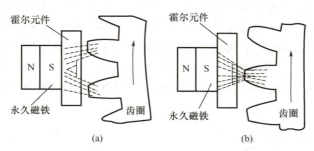

图 4.69　霍尔效应式车轮转速传感器

（2）减速度传感器。

减速度传感器，也称 G 传感器，用于测量汽车制动时的减速度，进而识别路面的附着系数。ABS 中使用的减速度传感器主要有水银开关式、光电式及差动变压器式等形式。水银开关式减速度传感器如图 4.70 所示。汽车处于水平位置时，开关处于"开"状态。汽车在低附着系数路面上制动时，减速度较小，开关内的水银移动量小，开关仍处于"开"状态；汽车在高附着系数路面上制动时，减速度较大，水银移动量大，开关处于"关"状态。由此可以识别出路面的附着系数信息。

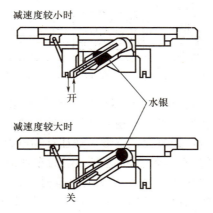

图 4.70　水银开关式减速度传感器

（3）车速传感器。

ABS 中的车速传感器用于检测汽车车身相对于路面的移动速度，电子控制单元可根据此信号及车轮转速传感器信号准确地计算出车轮的滑移率。在汽车紧急制动的情况下，车轮与地面之间存在滑移，用车轮转速传感器信号无法得到准确的绝对车速。采用多普勒雷达可获得准确的绝对车速，但到目前为止，配备多普勒车速传感器的 ABS 还很少见。

（4）制动灯开关。

制动灯开关位于制动踏板处，用于向 ABS 电子控制单元提供汽车制动信号。当驾驶人踩下制动踏板时，制动灯开关在接通制动灯电路的同时，向 ABS 电子控制单元输出电压信号，电子控制单元根据此信号判断汽车处于制动状态，并根据相关传感器输入的信号进行防抱死制动控制。

(5) 电子控制单元。

电子控制单元接收车轮转速传感器信号及其他输入信号，经过计算分析，按照特定的控制逻辑控制各电路、压力调节装置及其他装置，达到 ABS 的预定目标。同时电子控制单元随时检测整个制动系统工作是否正常，以免由于系统故障发生失去控制的情况。**ABS 的控制目标为制动距离、转向操纵能力和方向稳定性，同时可以获得最大的路面附着系数**。ABS 的控制对象为制动器制动压力。典型 ABS 电子控制单元的内部电路框图如图 4.71 所示。

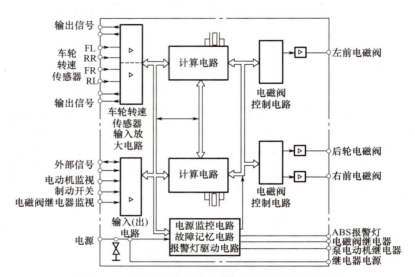

图 4.71　典型 ABS 电子控制单元的内部电路框图

电子控制单元的硬件由车轮转速传感器的输入整形电路、CPU 单片机电路、输出电路、检测电路等构成。车轮转速传感器的输入整形电路接收安装在各车轮上的车轮转速传感器发出的轮速输出交流信号，经放大、整形后送往计算电路。ABS 在接通电源（点火开关处于"ON"的位置）或者汽车开始行驶达到一定的车速时，电子控制单元将对部件进行检测，正常行驶时也有监视功能。当系统发生故障时，首先 ABS 停止工作，恢复常规的制动状态，并使仪表板上的 ABS 报警灯亮，提示整个系统处于故障状态。ABS 的控制软件一般由防抱死控制和安全检查保证两部分组成，主循环是相隔一定时间就循环一次，其功能主要是初始化各模块和子程序，重新设置控制标志，确认地址和参数。软件的工作是计算车轮转速、车轮减速度、参考车速、滑移率、路面附着系数，然后对制动系统进行合理的控制。

(6) 制动压力调节器。

制动压力调节器由电磁阀、储液器及电动液压泵等组成，其作用是按照 ABS 电子控制单元输出的控制信号动作，准确、迅速地调节制动器制动压力，以使车轮处于理想的滑移率状态。制动压力调节器与制动主缸的结构关系有整体式和分离式两种，调压的方式有循环流动式和变容积式两种。常见的制动压力调节器的电磁阀有三位三通与二位二通两种，用于控制连接制动主缸、制动轮缸及储液器三条管路的通断，以实现对制动轮缸压力的控制；储液器用于暂时储存制动轮缸压力减小过程流出的制动液；电动液压泵的作用是在压力降低时将储液器中的制动液压回制动主缸，因此也称回油泵。

(7) ABS 报警灯。

ABS 报警灯位于仪表板上，用于指示 ABS 的工作情况。在点火开关接通时，ABS 报警灯点亮 1～2s，自检结束后，若无故障则熄灭。若电子控制单元检测到 ABS 存在故障，则会点亮 ABS 报警灯提醒驾驶人注意。

3. ABS 的工作原理

下面以循环流动式制动压力调节器为例。循环流动式制动压力调节器串联在普通制动管路中，工作时制动液在制动主缸、制动轮缸和储液器之间循环流动。

(1) 三位三通电磁阀式。

三位三通电磁阀式 ABS 的工作原理如图 4.72 所示。三位三通电磁阀有三个工作位置，对应线圈的三种通电状态（断电、半通电和全通电）；三个液压通道分别连接制动主缸、制动轮缸和储液器。

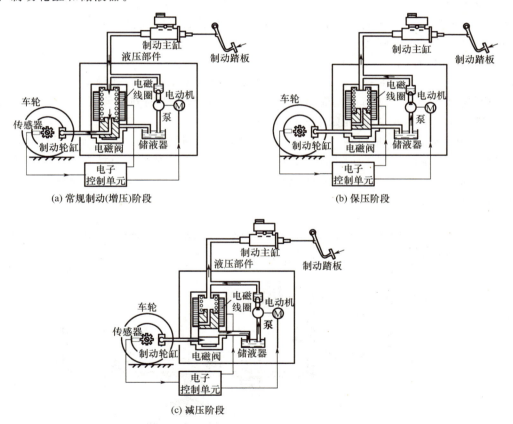

图 4.72　三位三通电磁阀式 ABS 的工作原理

ABS 的工作过程一般可分为四个工作阶段，分别为常规制动、保压阶段、减压阶段及增压阶段。

① 常规制动阶段。在通常的减速制动或停车慢速制动时，由于车轮不会抱死，因此 ABS 不介入工作，制动压力调节器电磁阀的电磁线圈不通电，电磁阀柱塞在弹簧力的作用下位于最下面位置。此时，制动主缸与制动轮缸直通，制动轮缸的压力直接由驾驶人通过

制动踏板控制。

② 保压阶段。当需要保持制动压力时，电子控制单元输出保压信号，向电磁阀的电磁线圈提供较小的电流，电磁阀柱塞在电磁线圈吸力和弹簧力的共同作用下，位于中间位置。此时，制动主缸、制动轮缸与储液器互不相通，制动轮缸的压力保持不变。

③ 减压阶段。当需要减小制动压力时，电子控制单元输出减压信号，向电磁阀的线圈提供较大的电流，电磁阀柱塞在电磁线圈吸力的作用下，克服弹簧力，移动至最上面位置。此时，连接制动主缸的通道封闭，制动轮缸与储液器相通，制动压力降低。同时，电动回油泵工作，将从轮缸流入储液器的制动液泵回制动主缸。

④ 增压阶段。当需要增大制动压力时，电子控制单元输出增压信号，使电磁阀的电磁线圈断电，电磁阀柱塞在弹簧力的作用下回至最下面位置。此时，制动主缸与制动轮缸相通，制动主缸的高压制动液进入轮缸，使得制动轮缸压力及制动压力增大。

电子控制单元通过**控制电磁阀全通电（减压）、半通电（保压）及断电（增压）来调节制动器制动压力，使车轮处于最佳的滑移率状态**。当 ABS 失效时，电子控制单元使电磁阀保持断电状态，制动主缸与制动轮缸相通，可保证普通制动器正常起作用。

（2）二位二通电磁阀式。

二位二通电磁阀式 ABS 的一个控制通道中**设有两个二位二通电磁阀，一个为常开电磁阀，另一个为常闭电磁阀**。每个二位二通电磁阀有两个工作位置和两个液压通道。常开电磁阀断电时将制动主缸与制动轮缸相通，常闭电磁阀通电时将制动轮缸与回油管路接通。二位二通电磁阀式 ABS 的四个工作阶段如下。

① 常规制动阶段。制动时，通过总泵/助力器建立制动压力，常开电磁阀打开，常闭电磁阀关闭，制动液流向车轮制动器的制动轮缸，制动器的制动压力增大，车轮转速迅速降低，直到电子控制单元通过车轮转速传感器信号识别出车轮有抱死的倾向时为止，如图 4.73 所示。

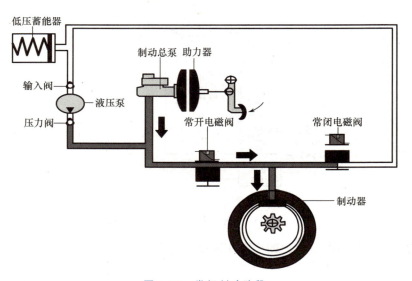

图 4.73 常规制动阶段

② 保压阶段。电子控制单元通过车轮转速传感器得到的信号识别出车轮有抱死倾向

时，ABS 电子控制单元控制常开电磁阀关闭，常闭电磁阀仍关闭，此时制动轮缸内的压力保持不变，如图 4.74 所示。

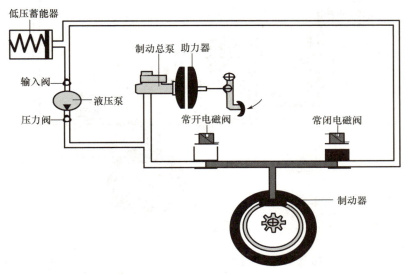

图 4.74　保压阶段

③ 减压阶段。如果在上述保压阶段，车轮抱死倾向进一步增大，则进入减压阶段。此时，ABS 电子控制单元控制常闭电磁阀打开，常开电磁阀仍关闭，液压泵开始工作，制动液经低压蓄能器送回制动总泵。制动压力降低，制动踏板出现抖动，车轮抱死程度降低，车轮转速增大，如图 4.75 所示。

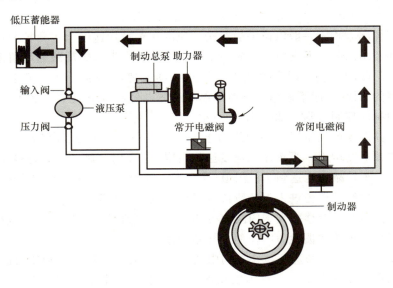

图 4.75　减压阶段

④ 增压阶段。为达到最佳制动效果，当车轮达到预定转速后，ABS 电子控制单元控制常开电磁阀打开，常闭电磁阀关闭，制动主缸与制动轮缸再次相通，制动轮缸中的制动压力增大，如图 4.76 所示。

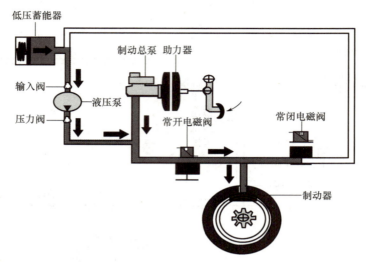

图 4.76 增压阶段

电子控制单元通过控制两个电磁阀均断电（压力上升）、只有常开电磁阀通电（压力保持）和两个电磁阀均通电（压力下降），实现制动压力的自动控制，将车轮的滑移率控制在适当的范围内。当 ABS 失效时，两个电磁阀均断电，制动主缸与制动轮缸直通，可保证普通制动器正常起作用。

4. ABS 的控制过程

ABS 的控制方法主要有逻辑门限值控制方法、最优化控制方法、模糊神经网络控制方法及滑动模态变结构控制方法等。ABS 大多采用车轮减速度、车轮加速度和滑移率为控制参数的门限值控制方式，一般以设定的车轮减速度和车轮加速度为主要控制门限，以参考滑移率为辅助控制门限。通常以车轮转速信号和设定一个汽车制动减速度值来计算得到参考滑移率，而门限减速度、门限加速度及汽车制动减速度均通过试验确定，因此不同车型、不同类型的 ABS 一般不通用。下面以典型的博世公司 ABS 为例，说明 ABS 在高附着系数路面上的制动控制过程，如图 4.77 所示。

第 1 阶段：制动初始阶段，制动压力上升。此阶段车轮速度 v_R 随制动压力的增大而下降，车轮的减速度增大。当车轮减速度达到门限值 $-a$ 时，制动压力将停止增大。

第 2 阶段：车轮减速度达到了门限值 $-a$，但计算得到的参考滑移率还未达门限值 S_1，因此，控制系统使制动压力进入保持阶段，以使车轮充分制动。

第 3 阶段：当参考滑移率大于门限值 S_1 时，控制系统使制动压力进入减小阶段。随着制动压力的减小，车轮在惯性力的作用下开始加速。

第 4 阶段：当车轮的减速度减小至门限值 $-a$ 时，控制系统使制动压力进入保持阶段。此阶段由于汽车惯性的作用，车轮仍然在加速。当车轮加速度达到加速度门限值 $+a$ 时，仍然保持制动压力，直到车轮加速度超过第二门限值 $+A$ 为止。

第 5 阶段：第二门限值 $+A$ 为适应附着系数突然增大而设，当车轮加速度超过第二门限值 $+A$ 时，控制系统再使制动压力增大，以适应附着系数的增大。此时，随着制动压力的增大，车轮加速度下降。

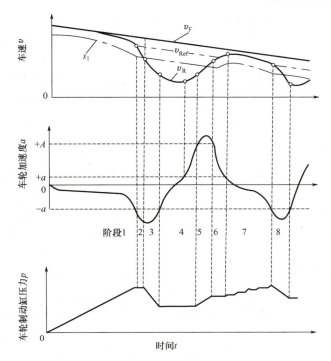

图 4.77 ABS 在高附着路面上的控制过程

第 6 阶段：当车轮加速度又低于 $+A$ 时，控制系统又使制动压力进入保持阶段，直到车轮加速度回落至 $+a$ 以下。

第 7 阶段：车轮加速度在 $+a$ 以下时，对制动压力的控制为增压、保持的快速转换，以使车轮滑移率在理想滑移率附近波动。此阶段制动压力有较小的阶梯增大，车轮加速度继续回落。

第 8 阶段：当车轮减速度再次超过 $-a$ 时，又开始进入制动压力减小阶段，此时制动压力减小，不再考虑参考滑移率门限值，进入下一个控制循环过程。

4.2.2 驱动防滑转系统

ABS 用于防止汽车制动过程中车轮抱死，将车轮滑移率控制在理想滑移率附近，以缩短制动距离，提高汽车制动时的方向稳定性、转向控制能力等。随着对汽车性能的要求不断提高，不仅要求在制动过程中防止车轮抱死，而且要求在驱动过程（尤其是起步、加速过程）中防止驱动车轮滑转，以保持汽车驱动过程中的方向稳定性、转向控制能力和加速性能，因此采用了 ASR。由于 ASR 通过调节驱动车轮的牵引力实现对驱动车轮滑转的控制，因此也称牵引力（驱动力）控制系统（Taction Control System，TCS）。ASR 是 ABS 功能的补充和完善，ASR 可独立设立，但大多与 ABS 一起使用，常用 ABS/ASR 表示，统称为汽车防滑控制系统。

驱动防滑转系统1

1. ASR 的基本原理

汽车在起步、行驶过程中，驱动车轮转动，但汽车未移动或移动速度低于驱动车轮轮缘速度，车胎与地面之间就产生了相对滑动。这种由驱动车轮转动的轮缘速度高于汽车相对于地面移动速度所产生的车轮滑动称为车轮滑转。当汽车匀速行驶时，实际车速 v（车轮中心的纵向速度）与车轮速度 v_w（车轮滚动的圆周速度）相等，车轮在路面上的运动为纯滚动。然而，在车轮产生滑转现象时，实际车速与车轮速度之间就会产生一个速度差，轮胎与地面之间就会产生相对滑动。车轮滑转的程度一般用滑转率 S_d 来表示，其表达式为

$$S_d = \frac{v_w - v}{v_w} \times 100\%$$

驱动防滑转系统2

可见，当 $v_w = v$ 时，滑转率 $S_d = 0$，车轮纯滚动；当 $v = 0$ 时，滑转率 $S_d = 100\%$，车轮完全处于滑转状态；当 $v_w > v$ 时，滑转率 $0 < S_d < 100\%$，车轮既滚动又滑动，而且滑转率越大，车轮滑转程度越大。

各种路面的附着系数均随车轮滑转率的变化而变化，试验研究表明，与 ABS 滑移率相似，车轮滑转率 S_d 为 10%~30% 时，纵向附着系数达到最大值，横向附着系数也较大。此后，随着车轮滑转程度的增大，地面附着力下降。当车轮滑转率为 100% 时，地面纵向附着系数较小，地面所能产生的最大牵引力降低；地面横向附着系数接近零，使汽车操纵稳定性变差。

ASR 在汽车起步、加速或滑溜路面行驶时起作用，通过控制发动机的输出功率和/或对驱动轮实施制动等，将车轮滑转率 S_d 控制在 10%~30%，使轮胎与地面保持较大的附着力，以提高汽车的牵引力和操控性。

ASR 具有以下优点。

（1）在汽车起步、行驶过程中提供最佳驱动力，从而提高了汽车的动力性，特别是在附着系数较小的路面上，起步、加速性能和爬坡能力良好，改善了汽车的行驶与超速性能。

（2）能够保持汽车的方向稳定性和前轮驱动汽车的转向控制能力。

（3）能够减少轮胎磨损和降低发动机油耗。

在装有 ASR 的汽车上，当 ASR 工作时，仪表板上的 ASR 指示灯亮或蜂鸣器鸣响，可以提醒驾驶人注意此时汽车正行驶于易滑路面。

2. ASR 的控制方式

ASR 控制驱动轮滑转率主要包括驱动轮制动力矩控制、发动机输出转矩控制、差速器锁止控制、离合器控制和变速器控制五种方式。

（1）驱动轮制动力矩控制。

驱动轮制动力矩控制就是在驱动时，一侧车轮速度超过滑转率门限控制值时给打滑的驱动轮施加制动力矩，使轮速降至最佳的滑转率范围内。这种方式的防滑控制迅速，在驱动轮加速、滑转率增大并超过限值时，施加制动力使驱动轮速下降。对于低附着系数路面两个驱动车轮都滑转的情况，直接实施制动一般可以使驱动轮转速降到最佳滑转率内，防止驱动轮滑转。但是当车速较高或长时间行驶时，制动器很容易发热，所以这种方式一般用于汽车速度较低的工况，且多数与节气门开度调节配合使用。在两侧附着系数不同的路面上行驶的汽车，对低附着系数路面一侧的滑转驱动车轮施加制动力矩，可以使在高附着系数路面一侧的驱动轮提高驱动力。

（2）发动机输出转矩控制。

发动机输出转矩控制经常使用的方法有调节节气门的开度、调整发动机的点火时刻或燃

油供给参数。一般来说，调节节气门开度的反应时间长一些，但加速圆滑，燃烧完全，有利于排放。调整点火时刻反应要快，但容易燃烧不充分，造成排气污染，增加排气净化装置的负担。燃油供给调节通常采用双循环燃油中断喷射法。在两个工作循环内，四缸机有八个气缸参加工作，各缸都不喷射燃油，为发动机制动。分别对 1 缸、2 缸、3 缸等喷射燃油，可以使发动机得到 8 级转矩输出，但是对一缸或多缸断油，容易造成发动机工作不正常，从而引起不平衡，产生振动。供油中断法与点火延迟控制组合使用，可以得到更好的效果。

（3）差速器锁止控制。

电子控制的差速器<u>可以在不锁止到完全锁止（0～100%）的范围内，通过对锁止离合器施加不同的液压控制</u>。当一侧驱动轮出现滑转或两侧驱动轮有不同程度的滑转时，电子控制单元输出控制信号，通过液压控制装置调节差速器的锁止程度，以提高汽车的驱动力和行驶稳定性。

（4）离合器控制。

离合器控制是在驱动轮发生过度打滑时，减小离合器的接合程度，使离合器主、从动盘出现部分相对滑转，从而减小传递到轮轴的驱动转矩。

（5）变速器控制。

变速器控制是指通过改变传动比来改变驱动转矩。

在上述 ASR 控制方式中，<u>驱动轮制动力矩控制和发动机输出转矩控制</u>应用较多，目前汽车上采用的 ASR 往往是这两种控制方式的组合。

3. ASR 的结构

ASR 是在 ABS 的基础上发展起来的。由于 ASR 与 ABS 之间存在许多共同之处，如都需对车轮制动力矩进行控制、都需车轮转速传感器信号等，因此通常将二者组合在一起，构成具有防抱死制动和驱动防滑转功能的防滑控制系统（ABS/ASR）。典型 ABS/ASR 的结构组成如图 4.78 所示。

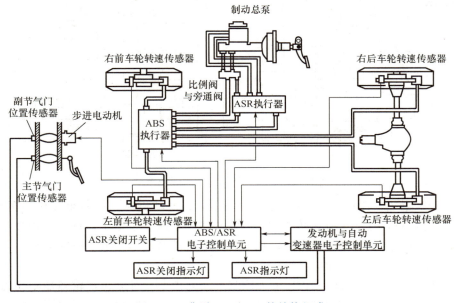

图 4.78　典型 ABS/ASR 的结构组成

ABS/ASR 的组成部件主要有车轮转速传感器、节气门位置传感器、ASR 选择开关、电子控制单元、ASR 制动压力调节器及辅助节气门驱动装置等。

（1）车轮转速传感器。

车轮转速传感器是 ASR 的最主要的传感器，ASR 电子控制单元根据各驱动轮和非驱动轮转速传感器的信号计算每个驱动车轮的滑转率。ASR 与 ABS 共用车轮转速传感器。

（2）节气门位置传感器。

节气门位置传感器用于向 ASR 电子控制单元提供主、辅助节气门的开度信息，其参考主、辅助节气门位置传感器的信号进行最佳的驱动轮防滑转控制。ASR 与发动机电子控制系统共用节气门位置传感器，或由发动机电子控制单元提供节气门开度的相关信息。

（3）ASR 选择开关。

ASR 选择开关用于关闭 ASR 功能，在需要时可使 ASR 不起作用。比如，在需要将汽车驱动车轮悬空转动来检查汽车传动系统或其他系统故障时，ASR 就可能对驱动车轮施以制动，影响故障检查。此时，就需要通过 ASR 选择开关来终止 ASR 的工作。

（4）ASR 电子控制单元。

ASR 电子控制单元是驱动防滑转控制的核心，由微处理器、输入电路、输出电路、监测电路及驱动电路等组成。典型 ASR 电子控制单元框图如图 4.79 所示。

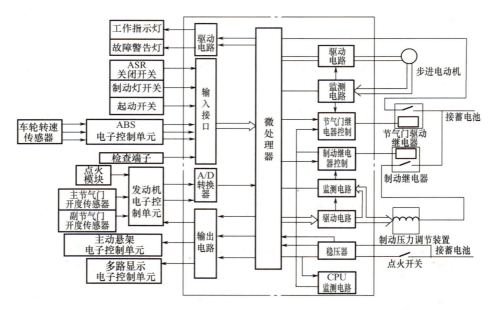

图 4.79　典型 ASR 电子控制单元框图

一些 ASR 电子控制单元从 ABS 电子控制单元、发动机电子控制单元得到车轮转速、节气门开度等信息，这样可省去传感器信号处理电路，减小了电子器件的应用数量，使结构紧凑。有的汽车则是将 ASR 和 ABS 两个控制系统组合成一个电子控制单元。

（5）ASR 制动压力调节器。

ASR 制动压力调节器执行 ASR 电子控制单元的指令，对滑转车轮施加制动力并控制其值，以使驱动轮的滑动率处于目标范围内。蓄压器是 ASR 的制动压力源，而经过制动压力调节电磁阀可以调节驱动轮制动压力。ASR 制动压力调节器有独立式和组合式两种结构形式。

① **独立式 ASR 制动压力调节器**。独立式 ASR 制动压力调节器如图 4.80 所示，ASR 与 ABS 制动压力调节器彼此独立，通过液压管路互相连接，比较适合将 ASR 作为选装系统的汽车。这种方式布置较灵活，但结构不紧凑，连接点较多，易泄漏。

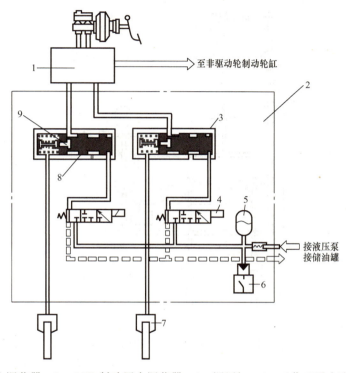

1—ABS 制动压力调节器；2—ASR 制动压力调节器；3—调压缸；4—三位三通电磁阀；5—蓄压器；
6—压力开关；7—驱动车轮制动器；8—调压缸活塞；9—活塞通液孔

图 4.80 独立式 ASR 制动压力调节器

在 ASR 不起作用时，电磁阀不通电，阀在左位，使调压缸的右腔与储液器相通而压力低，调压缸活塞被回位弹簧推至调压缸的右端。此时，调压缸活塞左端中央的通液孔将 ABS 制动压力调节器与车轮制动轮缸相通，使 ABS 制动压力调节器在汽车制动时可对制动车轮进行防抱死控制。

当驱动车轮出现滑转而需要对驱动车轮实施制动时，ASR 电子控制单元输出驱动轮制动信号，使电磁阀通电而移至右位。此时，调压缸右腔与蓄压器接通，其压力升高，推动调压缸的活塞左移，ABS 制动压力调节器与制动轮缸的通道被封闭，调压缸左腔的压力随活塞的左移而增大，驱动车轮制动轮缸的制动压力上升。当需要保持驱动车轮的制动压力时，ASR 电子控制单元使电磁阀半通电，阀处于中位，使调压缸与储液器和蓄压器都隔断，此时调压缸活塞保持不动，使驱动车轮制动轮缸的制动压力不变。当需要减小驱动车轮的制动压力时，ASR 电子控制单元使电磁阀断电，阀在其回位弹簧力的作用下回到左位，使调压缸右腔与蓄压器隔断而与储液器接通。于是，调压缸右腔压力下降，其活塞右移，使驱动车轮制动轮缸的制动压力下降。

在驱动车轮出现滑转时，ASR 电子控制单元通过对电磁阀的通电、半通电和断电控制，实现对驱动车轮制动和制动力的控制，将车轮的滑转率控制在目标范围之内。

② **组合式 ASR 制动压力调节器**。组合式 ASR 制动压力调节器是指 ASR 制动压力调节器与 ABS 制动压力调节器组合为一个整体。采用三位三通电磁阀、循环流动式的 ASR 制动压力调节器如图 4.81 所示。

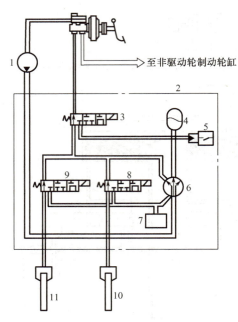

1—液压泵；2—ASR 制动压力调节器；3—ASR 电磁阀；4—蓄压器；5—压力开关；
6—循环泵；7—储液器；8，9—压力调节电磁阀；10，11—驱动车轮制动器

图 4.81　组合式 ASR 制动压力调节器

在 ASR 不起作用时，ASR 电磁阀不通电而处于左位，制动主缸与两个压力调节电磁阀接通。此时，如果汽车制动出现驱动车轮抱死情况，ABS 电子控制单元可通过控制两个压力调节电磁阀分别对两个驱动轮进行制动压力调节，以实现防抱死制动控制。

当驱动车轮出现滑转而需要 ASR 起作用时，ASR 电子控制单元使 ASR 电磁阀通电而移至右位，将蓄压器与两个压力调节电磁阀接通。此时，**ASR 电子控制单元可通过两个压力调节电磁阀分别对两个驱动轮进行制动压力调节，以实现驱动轮防滑转控制**。如果需要对左右驱动车轮的制动压力实施不同的控制，则 ASR 电子控制单元只需分别对两个压力调节电磁阀输出不同的控制信号即可。

(6) 辅助节气门驱动装置。

ASR 以辅助节气门控制发动机的输出功率应用较普遍。当 ASR 不起作用时，辅助节气门处于全开位置。**控制辅助节气门开度，改变发动机进气量，便可实现对发动机输出功率的调节**。辅助节气门驱动器一般由步进电动机和传动机构组成，安装在节气门体上的位置，如图 4.82 所示。步进电动机根据 ASR 电子控制单元输出的控制脉冲使辅助节气门转动目标角度。

辅助节气门与主节气门在节气门体的进气通道中前后布置。当 ASR 不起作用时，辅

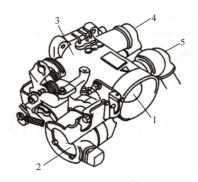

1—辅助节气门；2—步进电动机；3—节气门体；4—主节气门位置传感器；5—辅助节气门位置传感器

图 4.82　安装辅助节气门的节气门体总成

助节气门处于全开位置，驾驶人通过操纵主节气门的开度来调节进气量，以控制发动机的功率。当驱动轮滑转而需要减小发动机输出功率时，ASR 电子控制单元输出控制信号，辅助节气门驱动电动机随之转动，通过传动机构带动辅助节气门转动相应的角度，以改变发动机进气量，从而达到控制发动机的输出功率、抑制驱动轮滑转的目的。

4.2.3　电子控制稳定程序

　　博世公司的电子控制稳定程序系统（Electronic Stability Program，ESP）广泛应用于大众、奥迪、奔驰等公司的汽车中。与此功能相似的系统，在其他汽车上的名称有所不同，如丰田的车辆稳定性控制（Vehicle Stability Control，VSC）系统、宝马的动态稳定控制（Dynamic Stability Control，DSC）系统、沃尔沃的动态稳定循迹控制（Dynamic Stability Tracing Control，DSTC）系统和三菱的主动稳定控制（Active Stability Control，ASC）系统等。**ESP 属于汽车主动安全系统，用于实时监控汽车的行驶状态，在紧急躲避障碍物或转弯时出现不足转向或过度转向时，使汽车避免偏离理想轨迹，驾驶人能轻松控制汽车，并减少交通事故。**ESP 能自动地向一个或多个车轮施加制动力，在某些情况下每秒可进行 150 次制动，以确保汽车行驶在选定的车道内。ESP 基本为四通道，即能自动地向四个车轮独立施加制动力。

电子控制稳定程序1

电子控制稳定程序2

1. ESP 的作用

　　汽车操纵失控是非常危险的，因为汽车操纵失控时，汽车不能按照驾驶人的驾驶意图行驶，很容易导致交通事故的发生。当汽车在弯路上高速行驶时，或者虽然车速不高但路面较滑时，或者为躲避障碍物而急转弯时，离心力的作用会使汽车侧滑。

　　假如汽车只有前轮侧滑，后轮没有侧滑，或者虽然前、后轮都侧滑，但前轮的侧滑程度大于后轮的侧滑程度，就会使汽车绕其垂直轴转动，转动方向与汽车转弯的方向相反，从而导致汽车不能按照驾驶人的意图行驶，即不能沿驾驶人给定的转向轮偏转路线行驶，汽车将驶出转弯路面的外侧，如图 4.83（a）所示，**这种情况会造成不足转向。**

　　如果汽车只有后轮侧滑，前轮没有侧滑，或者虽然前、后轮都侧滑，但后轮的侧滑程度大于前轮的侧滑程度，则使汽车绕其垂直轴转动，但转动方向与汽车转弯的方向相同，同样

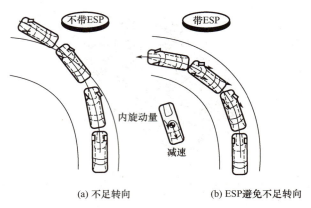

图 4.83　避免不足转向的原理

会导致汽车不能按照驾驶人的意图行驶，汽车将驶出转弯路面的内侧，如图 4.84（a）所示，这种情况会造成过度转向。

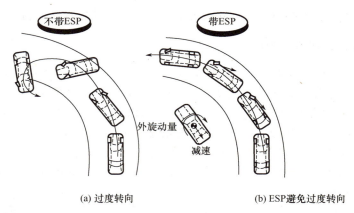

图 4.84　避免过度转向的原理

无论是不足转向还是过度转向，都可能使汽车操纵失控，导致严重的交通事故。ESP 的功能就是当监测到汽车没有按照驾驶人的意图行驶时，通过有选择地制动或者干预发动机的工作来稳定汽车，使汽车按照驾驶人的意图行驶，改善汽车的操纵稳定性，提高汽车的行驶安全性。

2. ESP 的基本原理

ESP 是与 ABS 和 ASR 组合在一起的系统，可以认为 ESP 是 ABS 和 ASR 功能的延伸。ESP 由传感器、电子控制单元和执行器组成，但 ESP 大部分元器件与 ABS 和 ASR 共用。传感器在原来 ABS 和 ASR 的基础上增加了转向盘转角传感器、横摆角速度传感器、侧向加速度传感器等；电子控制单元增加了 ESP 的控制功能；执行器则在原来 ABS 和 ASR 执行器的基础上了改进功能，使 ASR 制动供能装置可以对每个车轮进行单独制动（ASR 只能对驱动轮进行制动）。ESP 工作时，首先通过转向盘转角传感器和车轮转速传感器信号识别转弯方向、角度、速度，从而判断驾驶人的意图；与此同时，ESP 通过横摆角速度传感器和侧向加速度传感器识别汽车绕其垂直轴转动的方向、角速度及旋转角度等，从而确定汽车的实际运动方向。

电子控制单元将汽车实际运动方向与驾驶人的意图进行比较，如果汽车实际绕其垂直轴转动的角度小于由转向盘转角和车轮转速确定的汽车应该绕其垂直轴的转角，则判断为不足转向。电子控制单元立即指令执行器使汽车内侧后轮制动，地面制动力将对汽车产生一个与转向方向相同的力矩，纠正不足转向，使汽车回到正常的路线，按照驾驶人的意图行驶，如图 4.83（b）所示。反之，如果汽车实际绕其垂直轴转动的角度大于由转向盘转角和车轮转速确定的汽车应该绕其垂直轴的转角，则判断为过度转向。电子控制单元立即指令执行器使汽车外侧前轮制动，地面制动力将对汽车产生一个与转向方向相反的力矩，纠正过度转向，使汽车回到正常的路线，按照驾驶人的意图行驶，如图 4.84（b）所示。

ESP 起作用时，可以单独制动某车轮不足以稳定汽车，还可以根据情况同时对两个或多个车轮制动，对各车轮的制动力也可以不同。此外，还可以根据情况干预发动机的工作，降低发动机的输出转矩，达到迅速有效使汽车稳定的目的。

3. ESP 的结构组成

ESP 是 ABS 和 ASR 的功能延伸，同时是 ABS 和 ASR 的集成，因此有很多部件是相同的。ESP 一般包括**转向盘转角传感器（转向角传感器）、横摆角速度传感器（偏转比率传感器）、横（侧）向加速器传感器、制动压力传感器、制动助力系统、液压单元、车轮速度传感器、电子控制单元**等，如图 4.85 所示。与 ABS 和 ASR 相比，主要增加了转向盘转角传感器、横摆角速度传感器、侧向加速度传感器和制动管路压力传感器。

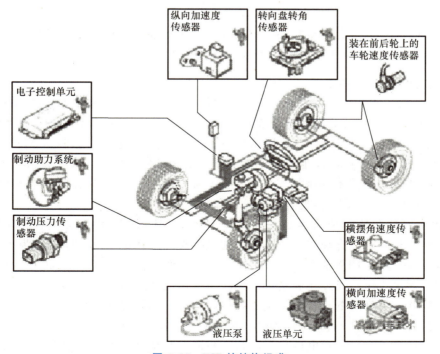

图 4.85　ESP 的结构组成

(1) 转向盘转角传感器。

转向盘转角传感器的作用是检测转向盘的转动方向、转动角速度和转动角度，以便电子控制单元根据转向盘转角和转角变化速率来识别驾驶人的意图，确定汽车的预期行驶方向。 常见的转向盘转角传感器有电位器式、光电式、电磁式、霍尔式、磁阻式等。

各向异性磁阻式转向盘转角传感器的结构如图 4.86 所示。转向轴带动传动齿轮 1 转动，传动齿轮 1 驱动两个齿数不同（差一个齿）的测量齿轮 2 转动，两个驱动齿轮中有磁铁 3，磁铁 3 上方有各向异性磁阻传感器 5 及集成电路 4。当转向盘转动时，带动测量齿轮 2 中的磁铁 3 转动，各向异性磁阻传感器 5 中的磁场发生变化，从而电阻发生变化，电阻的变化反映了测量齿轮 2 的位置，也就反映了转向盘的旋转角度。**由于两个测量齿轮的齿数不同，其转速不同，因此产生信号的相位不同，可以判断转向盘的转动信息。**

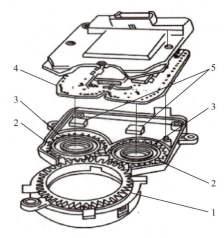

1—传动齿轮；2—测量齿轮；3—磁铁；4—集成电路；5—各向异性磁阻传感器
图 4.86 各向异性磁阻式转向盘转角传感器的结构

(2) 横摆角速度传感器。

横摆角速度传感器也称横摆率传感器、偏航率传感器、陀螺仪等，其作用是检测汽车绕其垂直轴转动的角速度，以便电子控制单元根据横摆角速度信号和侧向加速度信号等判断汽车的实际行驶方向。 图 4.87 所示的 MM2 型横摆角速度传感器为 MEMS（Micro Electron Mechanical System，微电子机械系统）的微机械陀螺仪，采用 MEMS 技术制造。MEMS 是使用微电子技术和微加工技术相结合的制造技术，可以制造出各种性能优异、价格低、微型化的传感器、执行器、驱动器和微系统。

MM2 型横摆角速度传感器是在硅晶体上运用 MEMS 技术制成一个带有梳齿的转子，转子在中心由挠性支轴支撑，转子上的梳齿与固定在基座上的固定梳齿形成梳状结构。在转子与基座之间置有检测电容 C_{Det}。MM2 型横摆角速度传感器采用静电驱动、电容检测的方式工作。通过在固定梳齿与转子梳齿之间施加交变驱动电压信号，产生静电力，在静电力的驱动下，转子将绕支轴扭转振动。如果此时有横摆角速度作用于传感器，转子就会产生科里奥利（Coriolis）加速度，在科里奥利力 F_C 的作用下，转子做俯仰运动，其频率与交变驱动电压信号的频率相同，其幅值与横摆角速度成正比。转子的俯仰运动将引起转子与基座之间的间隙变化，从而引起检测电容值的变化。测量电容值

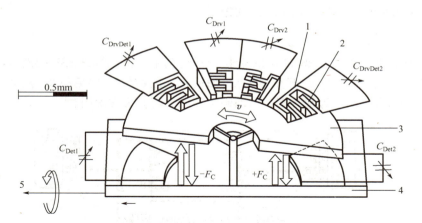

1—固定梳齿；2—转子梳齿；3—转子；4—基座；5—基准方向

图 4.87　MM2 型横摆角速度传感器

的变化，即可检测出横摆角速度。横摆角速度传感器通常安装在变速杆旁、后座椅下方、转向柱下方偏右侧等。横摆角速度传感器有单独制造的，也有与侧向加速度传感器组合在一起的。

（3）横向加速度传感器。

横向加速度传感器的作用是检测汽车行驶时的横向加速度，以便电子控制单元根据横向加速度信号和横摆角速度信号判断汽车的实际行驶方向。

霍尔式加速度传感器的组成如图 4.88 所示，片状弹簧 3 的一端固定，另一端连接永久磁铁 2，永久磁铁 2 同时作为振动质量，与片状弹簧 3 组成弹簧-质量系统。永久磁铁 2 的上方是带有信号处理集成电路的霍尔传感器 1，永久磁铁 2 的下方是一块铜阻尼板 4。

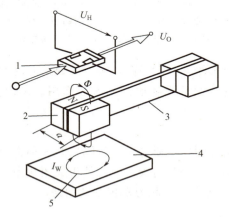

1—霍尔传感器；2—永久磁铁；3—片状弹簧；4—铜阻尼板；5—感应涡流

图 4.88　霍尔式加速度传感器的组成

如果传感器受到侧向加速度的作用，传感器的弹簧-质量系统将离开静止位置而偏移，偏移程度与加速度有关。运动的磁铁在霍尔元件中产生霍尔电压 U_H，经信号处理电路处理后输出能够反映加速度的信号电压。铜阻尼板 4 的作用是产生感应涡流 I_W，其磁场与永久磁铁磁场相互作用衰减片状弹簧3的振动。

4. ESP的工作原理

ESP的执行器通常与ABS和ASR的执行器组合在一起。典型ESP的液压调节器总成如图4.89所示,有**液压泵2、蓄能器3、进油阀6、出油阀7、隔离阀8、起动阀9**等。其中,进油阀6和隔离阀8为常开阀,出油阀7和起动阀9为常闭阀。

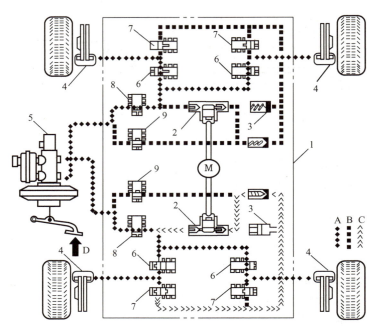

1—液压调节单元总成;2—液压泵;3—蓄能器;4—制动钳;5—制动主缸;6—进油阀;7—出油阀;
8—隔离阀;9—起动阀;A—常规的制动液压力流;B—停止的制动液压力流(电磁阀闭合);
C—回油泵产生的制动液压力流;D—制动踏板(踩下);M—电动机

图4.89 典型ESP的液压调节器总成

为了能够独立控制每个车轮的制动回路,采用四通道制动回路,由液压泵供能可以单独制动每个车轮。下面分别介绍常规制动、ABS起作用、ASR起作用、ESP起作用时液压调节器的工作情况。

(1) 常规制动。

液压调节器中的所有电磁阀均不通电,由于隔离阀8和进油阀6是常开阀,因此处于打开状态;起动阀9和出油阀7是常闭阀,因此处于关闭状态。**来自制动主缸5的制动液流经隔离阀8→进油阀6→制动钳4**,此为常规制动油路。

(2) ABS起作用。

如果制动过程中ABS起作用,则需要对某车轮(如左后轮)保压,电子控制单元使左后轮进油阀6通电关闭,左后轮出油阀7为常闭阀,处于关闭状态,因此左后轮制动钳4中的制动液被密封,压力保持不变;如果左后轮需要减压,则电子控制单元使左后轮出油阀7通电打开,进油阀6通电关闭,同时使液压泵2工作,**左后轮制动钳4中的制动液经出油阀7→液压泵2→后侧隔离阀8回到制动主缸5**,制动压力降低;如果左后轮需要增压，则电子控制单元使左后轮进油阀6断电打开，出油阀7断电关闭，油路与常规制动的相同。

（3）ASR起作用。

ASR起作用时可以通过减小发动机输出转矩和对滑转的驱动车轮制动两种措施防止车轮滑转。如果只需要对某驱动轮（如左后轮）制动，电子控制单元使液压泵2工作，后侧隔离阀8通电关闭，后侧起动阀9通电打开，右后轮进油阀6通电关闭，液压泵2将制动主缸5中的制动液经后起动阀9→液压泵2→左后轮进油阀6到达左后轮制动钳4，由于右后轮进油阀6关闭，制动液不能进入右后轮制动钳，因此只对左后驱动轮制动。

如果ASR起作用时需要对两个后驱动轮都制动，则电子控制单元只需在上述控制过程中不给右后轮进油阀6通电，即可实现对两个后驱动轮同时制动。如果ASR起作用时需要保压，则相应的进油阀6和出油阀7都关闭；如果需要减压，则进油阀6关闭，出油阀7打开，制动钳4内的制动液经后侧起动阀9回到制动主缸5。

（4）ESP起作用。

ESP起作用的情况与ASR起作用时的相似，只是ASR起作用时只对一个或两个后驱动轮制动，而ESP起作用时还可以通过控制前侧的隔离阀8、起动阀9及前轮进油阀、出油阀使前轮制动，这样就可以单独对汽车的任何一个车轮或同时对多个车轮制动。制动时的液压回路与ASR起作用时的相同。

4.2.4 典型车型稳定控制系统

1. 大众汽车 ABS/ASR/ESP

大众汽车稳定控制系统由液压控制单元、车轮转速传感器、转向盘转角传感器、横向加速度传感器、横摆率传感器等组成，通过分析这些传感器传来的汽车行驶状态信息，向ABS、ASR、ESP发出纠偏指令，帮助汽车维持动态平衡。它可以使汽车在各种状况下保持最佳稳定性，尤其在转向过度或转向不足的情形下效果更加明显。

（1）ESP的结构组成。

① 液压控制单元（图4.90）。液压控制单元通过控制制动分泵的入口阀和出口阀建立三个工作状态，即增压、保压及减压。当电磁阀功能出现不可靠故障时，整个系统关闭。

图4.90　液压控制单元

② 车轮转速传感器（图4.91）。ESP系统共有4个车轮转速传感器，即右前车轮转速传感器、左前车轮转速传感器、右后车轮转速传感器、左后车轮转速传感器。车轮转速传

感器将车轮速度信息传递给 ESP，供 ESP 计算车轮的附着条件。

图 4.91　车轮转速传感器

③ 转向盘转角传感器（图 4.92）。转向盘转角传感器位于转向灯开关与转向盘之间，是 ESP 独有的元器件。转向盘转角传感器**通过高速网络将转向盘转动方向、旋转速度和旋转角度信息传递给 ESP 电子控制单元，供 ESP 电子控制单元计算转向盘的旋转方向**。当转向盘转角传感器信号中断时，汽车无法确定行驶方向，ESP 功能失效。

图 4.92　转向盘转角传感器

④ 传感器组合单元 G419（图 4.93）。传感器组合单元 G419 安装在前排乘客座椅下的车身底板处，组合单元包括**横向加速度传感器 G200、横摆率传感器 G202**，如果是四轮驱动的汽车，还包括**纵向加速度传感器 G251**。将两个（三个）传感器放到一起，不仅可以减小安装尺寸，而且可以精确配合数值。横向加速度传感器的作用是**确定汽车是否沿垂直轴线发生转动，并提供转动速率**。当没有横摆率测量值时，电子控制单元无法确定汽车是否发生转向，ESP 功能失效。纵向加速度传感器的作用是**确定汽车是否受到使其发生滑移作用的侧向力及其值**。当该信号中断时，电子控制单元无法计算出汽车的实际行驶状态，ESP 功能失效。

图 4.93　传感器组合单元 G419

(2) ESP 的作用与原理。

当汽车处在非常极端的操控状态（如高速躲闪障碍物或在多变的路面上高速行驶）下时，ESP 会在极短的时间内搜集包括 ABS、ASR 和电子差速锁系统的庞大数据，并接收转向盘转向角度、车速、横向加速度及车轮滚动信息，在与计算机记忆体中的基准值进行比较后，指示 ABS、ASR 等有关系统做出适当的应变动作，使汽车遵从驾驶人的意愿方向行驶。此时即使驾驶人不断改变行驶路径，计算机也能持续运算，并以对个别车轮增大或减小制动力的方式维持车身动态平衡。

为了给主动控制系统的悬架更好的稳定性，需要新的系统和传感器密切配合。ABS、ASR 和 ESP 共用的传感器为车轮转速传感器。ASR 和 ESP 共用所有横向加速度传感器，ESP 本身固有的横摆率传感器用来监测汽车后部因侧滑发生的甩尾。一般转向盘转角传感器与安全气囊的线圈在一起，用来探测驾驶人欲操控汽车的方位。还有一种就是横向加速度传感器，用来测量将汽车推向偏移方向的力，该传感器出现故障时，一般 ASR 和 ESP 故障指示灯会一起点亮。

ESP 系统根据转向盘转角、横向力和轮速差异等信号来判别汽车失去控制的时刻，无论驾驶人如何操作，都可通过对单个车轮施加制动和控制发动机的输出功率来保持汽车的稳定性。ABS 和 ASR 同时起作用，一起准确地控制车轮的滑移率，使车身前部和后部都能保持稳定。转向角度传感器可使汽车保持相对于垂直轴线的稳定性。ASR 系统减少轮胎无谓的磨损和功率消耗，ESP 使汽车即使在湿滑的路面上也能保持稳定的驾驶性能。ESP 系统控制流程如图 4.94 所示。

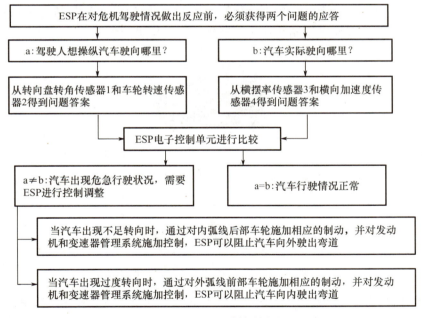

图 4.94　ESP 系统控制流程

2. 奥迪汽车 ABS/ASR/ESP 系统

（1）ESP 的结构组成。

① ESP 电子控制单元。奥迪 A5 除了安装标准型的 ESP 电子控制单元外，还安装了一个具有一系列扩展功能的 ESP 电子控制单元，全驱与前驱车型安装的 ESP 电子控制单元略有区别。博世 ESP 8.1 系统在奥迪 A5 上的安装位置如图 4.95 所示。

图 4.95　博世 ESP 8.1 系统在奥迪 A5 上的安装位置

ESP 8.1 系统电子控制单元如图 4.96 所示。控制阀闭合时的紧密度已经过优化处理，ESP 8.1 系统电子控制单元具有连续运行能力，可通过 CAN 总线保持持续激活状态。因此，在维修时严禁将 ESP 8.1 系统电子控制单元与液压单元断开。

图 4.96　ESP 8.1 系统电子控制单元

② 车轮转速传感器。奥迪 A5 的车轮转速传感器采用主动式传感器，如图 4.97 所示。

图 4.97　奥迪 A5 的车轮转速传感器

③ ESP 传感单元 G419。奥迪 A5 的 ESP 传感单元 G419（图 4.98）通过传感器的 CAN 总线来接收和发送数据。

图 4.98　奥迪 A5 的 ESP 传感单元 G419

④ 制动灯开关。制动踏板上装有电子制动灯开关,如图 4.99 所示。踩下制动踏板,便能推动传感器里的推杆(附带永久磁铁),磁场强度可以用霍尔传感器测量。分析电子系统为制动灯和制动测试开关提供两种相反的信号。奥迪 A5 上只有制动灯信号,该信号属于输入信号,可以通过测量制动压力来判断是否失真。而制动压力由 ESP 液压单元的压力传感器 G201 测量。通过旋转止挡片将传感器拧紧在踏板支架座上,永久磁铁会随着止挡片的旋转而旋转。推杆位于外壳内,而且位置始终保持不变。按推杆相反方向旋转永久磁铁,这两个组件便互锁在一起。旋转止挡片将永久磁铁固定在推杆上,这样便安装完成制动踏板传感器。

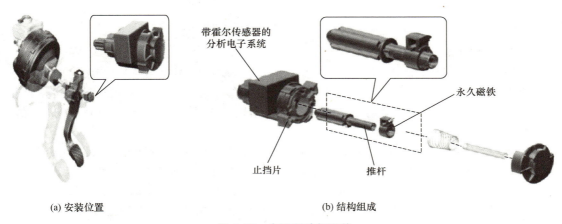

(a) 安装位置　　　　　　　　　　　　(b) 结构组成

图 4.99　电子制动灯开关

制动灯信号**首先由发动机电子控制单元 J220 读取,然后传输至 CAN 总线,最后由 ESP 电子控制单元 J104 二次读取**,如图 4.100 所示。

图 4.100　制动灯信号的传输过程

⑤ 转向盘转角传感器。转向盘转角传感器 G85 与转向柱电子控制单元一起,集成安装于开关模块内。如图 4.101 所示,奥迪 A5 的开关模块通过安装键固定在转向柱的套筒上,这样可以尽量减小安装空隙。**奥迪 A5 转向盘转角传感器上的码盘可以直接由转向盘驱动**。之前,转向盘转动力会先传送到转向柱套筒,再传送到码盘上。直接驱动可以保证测量的精确度。

图 4.101 转向盘转角传感器 G85

（2）ESP 的系统功能。

ESP 8.1 系统具有 ESP（电子稳定程序）、ABS（防抱死制动系统）、EBD（电子制动力分配装置）、TCS（牵引力控制系统）、EDL（电子差速锁）、EBC（发动机阻力矩控制系统）、HBA（液压制动辅助系统）、FBS（衰减制动辅助系统）、紧急制动信号及制动盘清洗等。

① 牵引力稳定系统。车身晃动主要是由汽车垂直轴线上的摆动转矩（即往复转矩）引起的。ESP 8.0 系统通过同时对四个车轮制动，将车速降低到非临界等级；ESP 8.1 系统轮流对左前轮和右前轮制动。对相应的前轮进行特殊制动，可以抵消车身垂直轴线上产生的往复转矩。这种全新控制方式的优点是无须过度减速就可以稳定牵引平衡，如图 4.102 所示。

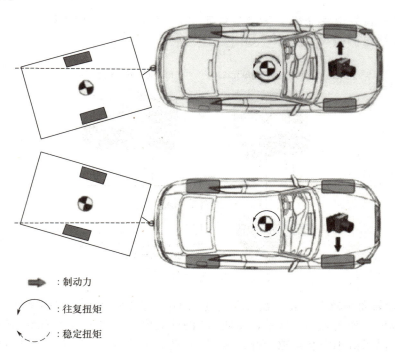

图 4.102 牵引力稳定控制

② 坡道起步辅助功能。奥迪 A5 上首次采用了坡道起步辅助功能，当汽车停在斜道上时，保持车身稳定。这样，ESP 系统需要主动同时制动所有车轮（产生制动力）。如果汽车停在坡道上的时间过长，则 ESP 的电磁阀会发热。当电磁阀的温度超过 200℃时，电子驻车制动器就会代替 ESP 继续保持汽车稳定。这样设计的目的是保护电磁阀线圈。坡道起步辅助功能由发动机转矩、倾斜角度（由控制单元的倾斜传感器决定）、所选挡位、离合器踏板状态（离合器位置传感器）或所用的变流器决定制动力的释放。

4.2.5 典型故障案例分析

1. 案例一：一辆大众桑塔纳轿车行驶过程中 ABS 指示灯常亮。

（1）故障现象。

一辆大众桑塔纳轿车行驶过程中 ABS 指示灯常亮。

（2）故障诊断与排除。

首先用故障诊断仪对 ABS 进行检测，读取故障码，显示"00290"，为左后车轮转速传感器 G46 故障。

在一般情况下，导致 ABS 出现上述故障的原因如下：①当车速超过 10km/h 时，没有转速信号传递给 ABS 电子控制单元；②当车速大于 40km/h 时，转速信号超出公差值；③传感器存在可识别的断路或对正极、接地短路故障。

根据上述情况，应该重点检查以下项目：①车轮转速传感器与 ABS 电子控制单元的线路连接情况；②车轮转速传感器与齿圈的安装间隙、安装位置及受灰尘或杂质污染的情况；③车轮轴承间隙是否过大，以及传感器本身故障。使发动机在怠速下运转，选择阅读数据块功能，进入 001 显示组，用举升机举升汽车，观察各显示数据。车轮静止时，各显示区均显示 0km/h。用手转动左、右后轮，第 3 区显示 9km/h。转动其他车轮，观察相应的显示区，发现显示结果基本一致。放下汽车，用故障诊断仪清除故障码。ABS 指示灯随之熄灭，路试一切正常。

用故障诊断仪读取测量数据块功能，进入显示组 002，观察第 3 区左后车轮转速。无论在加速、减速、制动、低速还是高速时，其数值都与其他三个车轮转速基本一致。ABS 指示灯没有亮起，制动时也能感觉到 ABS 在起作用，故障没有出现。但在汽车静止不动而发动机起动怠速运转的片刻，ABS 指示灯亮了，调出故障码，发现又产生左后轮的偶发性故障码。根据检查状况，估计是左后车轮转速传感器与 ABS 电子控制单元之间产生瞬间短路或断路。根据电路图检查时，发现 ABS 电子控制单元的 25 针插头第 10 针有腐蚀。据了解，原来在清洗该车时，经常用高压水冲洗发动机舱，因而高压水溅入 ABS 电子控制单元的连接点，25 针插头第 10 针被腐蚀，发生瞬间断路现象。

清理并修复插头之后，清除故障码，排除故障。在后来的使用过程中，该车再也没有出现上述故障。

（3）故障总结。

检查线路时可以用双线把车轮转速传感器与电子控制单元相连，外侧的线是保护屏和搭铁线，中心线用于传递转速信号。车轮转速传感器与布线间的连接是通过插接器进行的，而且插接器靠近车轮转速传感器。检查过程中对汽车停放位置的要求是应使汽车的四个轮子都离开地面，而且每个车轮转速传感器都易接近。

2. 案例二：一辆大众朗逸轿车 ABS 指示灯、ASR 指示灯常亮，车速表不走。

(1) **故障现象**。

一辆大众朗逸 1.6L 手动挡轿车，行驶里程为 6000km，ABS 指示灯、ASR 指示灯常亮，行驶时车速表不动。

(2) **故障诊断与排除**。

首先检查仪表，除了 ABS 指示灯与 ASR 指示灯常亮外，EPC 灯与 OBD 灯同时报警，踩下节气门，发动机转速可以提升到 3000r/min 以上，基本行驶性能无异常；未踩制动踏板，制动灯处于常亮状态。连接 VAS 5052 故障诊断仪，进入自诊断功能的网关列表，界面显示制动器电子装置无法达到，进入发动机电子控制单元 J220 查询故障信息，有以下 6 个故障码：①49441U0121008，与 ABS 电子控制单元失去通信，静态；②01281P0501004，车速传感器"A"范围/性能，静态；③01393P0571008，定速/制动开关电路故障，静态；④50197U0415008，四轮驱动离合器控制单元与 ABS 电子控制单元不兼容，静态；⑤49493U0155008，与仪表 IPC 控制单元失去通信，间歇式；⑥49153U0001008，高速 CAN 总线故障，间歇式。

读取数据总线控制单元 J533 的测量值，以网关的视点观察与各控制单元的通信状态，125 组显示 ABS 为 0。读取发动机数据流 66 组的测量值，未踩制动踏板时，2 区 8 位二进制数码制动信号的右起两位应为 10，这就是制动灯常亮的原因。

根据制动器电子装置无法达到的提示，需要检查 ABS/ASR 电子控制单元 J104 的基本工作条件，由 ABS/ASR 电子控制单元与制动开关电路（图 4.103）可知，为 J104 供电的有两路熔丝，一路是 30 号线常电→熔丝 SA4（40A，在蓄电池上方）→J104 的 T26a/1 端子；另一路是点火开关 15 号线→熔丝 SC23（5A）→J104 的 T26a/20 端子。SC23 下游的用电器除了 J104 外，还有制动灯开关 F 与胎压复位开关 E226。检查 SA4、SC23 并未熔断，脱开 J104 的 T26a 插接器，打开点火开关，用 12V 试灯检查 J104 的基本工作条件。试灯接地线连接蓄电池负极桩，试灯火线接触 J104 的 T26a 插接器的 T26a/1 与 T26a/20 端子，试灯点亮，表明供电正常；试灯接地线连接 T26a/26 接地端子，试灯火线接触 T26a/1 与 T26a/20 端子，试灯均没有点亮，表明 J104 的接地线有问题，需要检查接地点 671。

在蓄电池侧左前纵梁上找到 J104 的接地点 671，见接地点存在腐蚀物，拧开螺母，清洁接地线后安装复位，打开点火开关，仪表上 ABS/ASR 指示灯自检后熄灭，制动灯也不再常亮，起动发动机，EPC 灯与 OBD 灯熄灭。清除各控制单元内的故障记忆，故障排除。

(3) **故障总结**。

由于接地点 671 存在接触电阻，ABS/ASR 电子控制单元不满足正常工作条件而失去通信，导致 ABS/ASR 指示灯点亮，车速信号便不能经 ABS/ASR 电子控制单元通过 CAN 总线传输给仪表，导致车速表不动和 OBD 灯亮起。与此同时，接触电阻使制动灯开关 F 和制动踏板开关 F47 失去工作条件，BTS 信号出错（正常条件下未踩制动踏板时，BTS 应为高电位，失电后 BTS 信号无法输出高电位，与踩下制动踏板时的信号相当），令制动灯常亮，J220 校验出制动灯开关 F 与制动踏板开关 F47 信号不可靠，导致 EPC 灯报警。

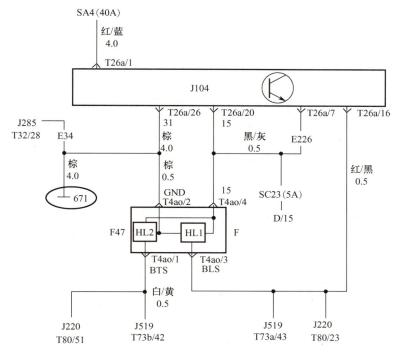

图 4.103　ABS/ASR 控制单元与制动开关电路

4.3　电子控制悬架系统

悬架是车架（或车身）与车桥（车轮）之间所有传力装置的总称。传统悬架的功能是把作用于车轮上的垂直反力、纵向反力、侧向反力及这些反力产生的力矩都传到车架上，在保证汽车正常稳定行驶的同时，改善汽车行驶的平顺性。被动悬架由于其结构特点，很难保证汽车的乘坐舒适性和操纵稳定性同时最佳。为了解决该问题，出现了根据道路路面情况保证汽车的性能达到最佳的电子控制悬架。电子控制悬架系统是相对于传统悬架系统而言的。它是**以电子控制模块为控制核心，对汽车悬架参数（如弹簧刚度、减振器阻尼系数、倾斜刚度和车身高度等）进行实时控制**，从而提高汽车的乘坐舒适性和操纵稳定性的悬架系统。

电控悬架系统1

4.3.1　电子控制悬架系统概述

1. 电子控制悬架系统的功能

（1）**调节车身高度**。汽车载荷发生变化时，电子控制悬架系统能够自动维持车身高度不变，汽车即使行驶在较差路面也能够保证车身平稳。

（2）**提高汽车的行驶平顺性和操纵稳定性，抑制汽车姿态变化**。当汽车急速起步或加速行驶时，在惯性力及驱动力的作用下，汽车会产生"后仰"现

电控悬架系统2

象。电子控制悬架能够及时改变悬架的俯仰角度。当汽车在高速行驶中紧急制动时，在惯性力和制动力的作用下，汽车会产生"点头"现象。电子控制悬架能够及时调整前后悬架系统的刚度和阻尼，及时抑制"点头"现象。当汽车急转弯时，由于离心力的作用，汽车车身向一侧倾斜，电子控制悬架在这种工况下能够减小车身倾斜程度，抑制车身横向摇动。因此，电子控制悬架在一定程度上能使悬架适应负荷状况、路面不平度和操纵情况的变化。

（3）增大汽车轮胎与地面的附着力。汽车制动时由于产生"点头"现象，前、后轴载荷发生变化，因此后轮与地面的附着条件变差，影响了制动效果。电子控制悬架系统能够抑制"点头"现象，使车轮始终与地面保持良好接触。

2. 电子控制悬架系统的调节内容

电子控制悬架系统的作用是通过控制调节悬架的刚度和阻尼，突破传统被动悬架的局限性，使汽车的悬架特性与道路状况和行驶状态相适应，从而保证汽车的行驶平顺性和操纵稳定性。其调整内容有车身高度、减振器阻尼力控制、弹簧刚度。

3. 电子控制悬架系统的分类

（1）按有源和无源分类。

按悬架的工作原理不同，从控制力的角度来看，电子控制悬架系统可分为被动悬架系统、半主动悬架系统及主动悬架系统。图 4.104 所示是被动悬架系统动力学原理简图。由于被动悬架系统的阻尼和刚度是根据一定的速度工况和道路条件设计的，一旦确定被动悬架系统的参数，汽车在行驶过程中就很难根据路面激励和自身运行状态达到调整的目的，因此该类悬架难以使汽车具有良好的行驶平顺性和操纵稳定性。

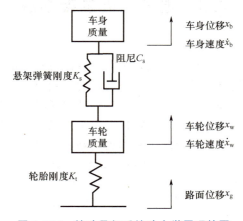

图 4.104　被动悬架系统动力学原理简图

图 4.105 所示是主动悬架系统动力学原理简图。作动器相当于一个力发生器，根据车身质量的速度响应等反馈信号，按照一定的控制规律产生作用力。主动悬架系统的优点是适应性强，可很好地满足不同工况的要求。主动悬架系统的控制目标是在任何行驶工况下都能实现最佳隔振效果；但主动悬架系统的功率消耗较大，系统成本高，对传感器、控制单元等硬件要求也较高，因而限制了其发展及推广。

由于悬架刚度直接影响汽车的承载性能，因此半主动悬架系统一般以改变阻尼为主。图 4.106 所示是半主动悬架系统动力学原理简图。

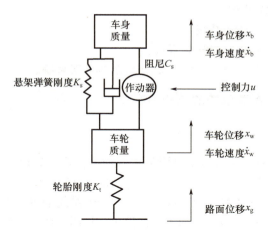

图 4.105　主动悬架系统动力学原理简图

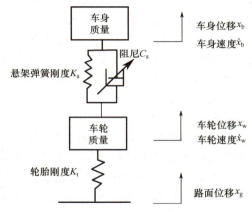

图 4.106　半主动悬架系统动力学原理简图

半主动悬架系统中的阻尼可调减振器主要有以下两种：一种是通过改变节流孔面积调节阻尼；另一种是通过改变减振液的黏性调节阻尼。节流孔的面积一般通过电磁阀或步进电动机进行有级或无级调节。减振液的黏性一般通过磁流变或电流变原理实现。由于半主动悬架结构简单，工作时几乎不消耗汽车动力，而且能获得与主动悬架相近的性能，因此具有良好的应用前景。

(2) 按悬架介质分类。

① 空气式电子控制悬架系统。空气式电子控制悬架系统采用空气弹簧，通过改变空气弹簧气室中的气室压力控制悬架刚度，并通过对气室充气或排气控制车身高度。

② 油气式电子控制悬架系统。系统以油为介质压缩气室中的氮气，实现刚度调节。

(3) 按悬架调节方式分类。

① 分级调整式电子控制悬架系统。由驾驶人手动选择或电子控制单元根据各传感器的信号自动选择，分级调整悬架的阻尼、刚度。

② 无级调整式电子控制悬架系统。这种悬架的阻尼和刚度可连续调整。

（4）按悬架系统功能分类。
① 电子控制空气弹簧悬架系统。
② 电子控制可调阻尼减振器悬架系统。
③ 电子控制变刚度空气弹簧与可调阻尼减振器悬架系统。

4.3.2 电子控制悬架系统的结构与原理

1. 可调阻尼减振器的结构与原理

根据国内外研究资料，实现减振器阻尼可调的方式主要有以下几种。

① **改变活塞上、下腔之间油液的流通面积**。阻尼力的产生主要依靠活塞上不同形式的节流孔对液压油的节流作用，增加可以改变节流面积的结构装置，即可改变阻尼，如在活塞杆或活塞上增加可调节流孔。该方式加工工艺简单、控制方便，但阻尼可调范围不大。

② **改变活塞上节流阀片的数量或结构**。单筒减振器只有一个活塞阀系，活塞上的阀片对阻尼力的影响至关重要，若改变阀系中阀片的数量或结构，则因受力形成的流通缝隙会产生相应的变化，活塞上、下腔的流通面积随之变化，即可达到改变阻尼力的目的。

③ **实现阻尼的外部可调**。通过在外部增加一个节流装置来调节活塞上、下腔间的流通面积，可较方便地实现阻尼可调。但这种装置加工复杂、安装麻烦，而且在外部增加了液力装置后，液力系统本身固有的时滞问题更加明显，因此需要配备响应迅速的高性能节流控制阀，从而导致制作成本增加。

（1）阻尼分级可调式减振器。

图 4.107 所示为采取第 1 种阻尼调节方式，实现阻尼三挡可调。调节杆一端通过过盈配合与调节阀芯连接，两者共同嵌套在活塞杆内；另一端与电动机的输出轴相连。活塞杆末端与活塞组件连接，将内管的液压腔分割为复原腔和压缩腔。调节阀芯与活塞杆相应位置开有节流孔，调节杆带动调节阀芯转动，从而改变调节阀芯与活塞杆上重合节流孔的数目，以达到改变减振支柱液压阻尼的目的。

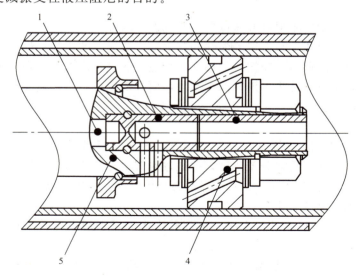

1—调节杆；2—调节阀芯；3—衬套；4—活塞组件；5—活塞杆
图 4.107　阻尼调节机构

为实现减振支柱阻尼的三挡可调,在活塞杆和调节阀芯的相应位置都开有不同数量的节流孔。阻尼调节机构的不同状态如图 4.108 所示。活塞杆上 A 组有 2 个中心线在同一轴线方向的节流孔,并且节流面积相等。调节阀芯上 B 组也有 2 个与 A 组相应的节流孔,C 组有 2 个节流面积相等的节流孔且与 B1 在同一横截面上呈 180°分布,且各自与 B1 呈 90°夹角。

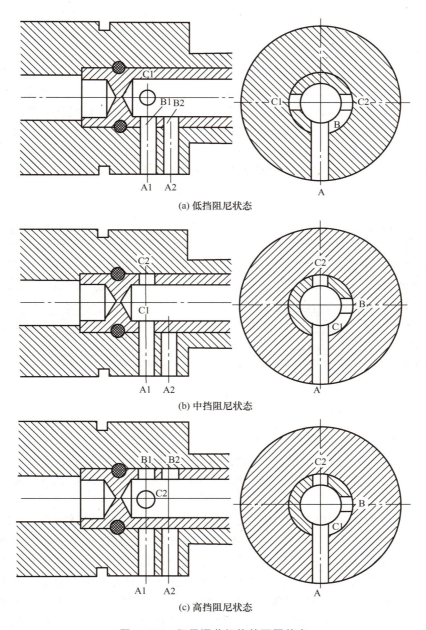

图 4.108 阻尼调节机构的不同状态

假设以低挡阻尼状态为初始状态,此时活塞杆上 A 组的 2 个节流孔与调节阀芯上 B 组的 2 个节流孔均重合,其他节流孔错开,即有 2 个节流孔打开;从低挡阻尼状态切换到中挡阻尼状态时，电动机通过调节杆带动调节阀芯顺时针旋转 90°，此时活塞杆上的节流孔 A1 与调节阀芯上的节流孔 C1 重合，其他节流孔错开，即有 1 个节流孔打开；从中挡阻尼状态切换到高挡阻尼状态时，电动机通过调节杆继续带动调节阀芯顺时针旋转 90°，此时活塞杆与调节阀芯没有节流孔重合，即所有节流孔均关闭。下面分别就这三种阻尼状态分析减振支柱阻尼调节的工作原理。

① 低挡阻尼状态。当汽车行驶工况要求减振支柱处于低档阻尼状态时，电子控制单元给电动机相应的控制信号，保证活塞杆上的 A 组节流孔与调节阀芯上的 B 组节流孔重合，如图 4.108（a）所示。

减振支柱处于复原行程时，复原腔的一部分油液依次通过活塞杆上的 A 组节流孔、调节阀芯上的 B 组节流孔及调节阀芯与衬套的中空通道进入压缩腔；另一部分油液经过活塞上的复原阀和常通孔流入压缩腔，浮动活塞上移以补偿活塞杆造成的体积差。减振支柱处于压缩行程时，压缩腔的一部分油液依次通过调节阀芯与衬套的中空通道、调节阀芯上的 B 组节流孔及活塞杆上的 A 组节流孔进入复原腔；另一部分油液经过活塞上的压缩阀和常通孔进入复原腔，浮动活塞下移以补偿活塞杆造成的体积差。低挡阻尼状态油液流向示意如图 4.109 所示。

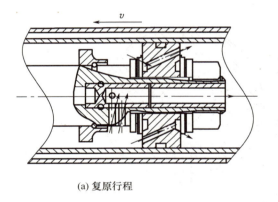
(a) 复原行程

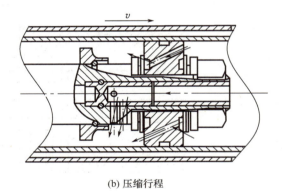
(b) 压缩行程

v—运动方向

图 4.109　低挡阻尼状态油液流向示意

② 中挡阻尼状态。当汽车行驶工况要求减振支柱处于中挡阻尼状态时，电子控制单元给电动机相应的控制信号，保证活塞杆上的节流孔 A1 与调节阀芯上的节流孔 C1 重合，如图 4.108（b）所示。

减振支柱处于复原行程时，复原腔的一部分油液依次通过活塞杆上的节流孔 A1、调节阀芯上的节流孔 C1 及调节阀芯与衬套的中空通道进入压缩腔；另一部分油液经过活塞上的复原阀和常通孔流入压缩腔，浮动活塞上移以补偿活塞杆造成的体积差。减振支柱处于压缩行程时，压缩腔的一部分油液依次通过调节阀芯与衬套的中空通道、调节阀芯上的节流孔 B1 及活塞杆上的节流孔 A1 进入复原腔；另一部分油液经过活塞上的压缩阀和常通孔进入复原腔，浮动活塞下移以补偿活塞杆造成的体积差。中挡阻尼状态油液流向示意如图 4.110 所示。

③ 高挡阻尼状态。当汽车行驶工况要求减振支柱处于高挡阻尼状态时，电子控制单元给电动机相应的控制信号，保证活塞杆上的节流孔与调节阀芯上的节流孔全部错开，如

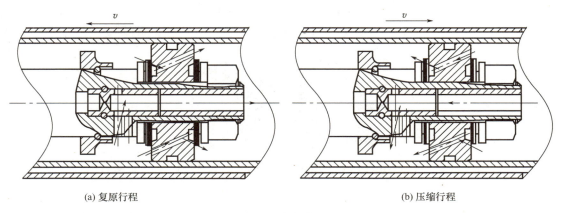

(a) 复原行程　　　　　　　　　(b) 压缩行程

v—运动方向

图 4.110　中挡阻尼状态油液流向示意

图 4.108（c）所示。此时，无论减振支柱处于复原行程还是压缩行程，油液都只能通过活塞组件上的阀及常通孔流通。高挡阻尼状态油液流向示意如图 4.111 所示。

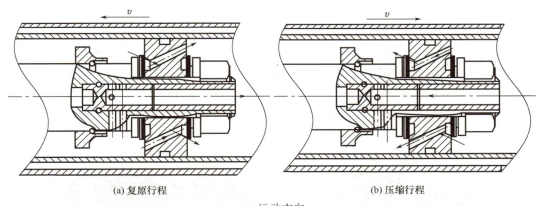

(a) 复原行程　　　　　　　　　(b) 压缩行程

v—运动方向

图 4.111　高挡阻尼状态油液流向示意

（2）阻尼连续可调式减振器。

图 4.112 所示为大众辉腾阻尼连续可调减振器支柱总成，可通过集成在活塞上的电控阀门进行大范围减振力调节。通过改变流经电磁阀的电流，流经活塞阀的油流和减振力，可以在几毫秒内适应瞬间的减振需求。阻尼连续可调减振器内部结构如图 4.113 所示。

图 4.112　大众辉腾阻尼连续可调减振器支柱总成

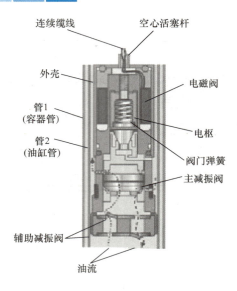

图 4.113 阻尼连续可调减振器内部结构

2. 空气弹簧的结构与原理

空气弹簧是以橡胶气囊内部压缩空气的反力作为弹性恢复力的一种弹性元件，因为只能承受垂直载荷，所以空气弹簧悬架需要一套导向机构来承受切向力和侧向力。但是空气弹簧对高频振动有较好的隔振性能，对路面引起的车身振动有较好的衰减作用。根据橡胶气囊工作时的变形方式，空气弹簧主要分为囊式空气弹簧（图 4.114）和膜式空气弹簧（图 4.115）。

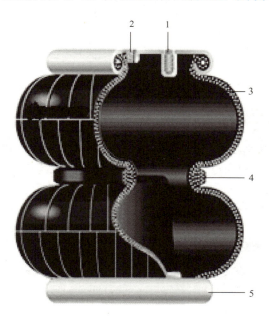

1—暗螺母；2—进气口；3—橡胶气囊；
4—环箍；5—缘板

图 4.114 囊式空气弹簧

1—螺柱；2—组合螺柱；3—缘板；4—橡胶气囊；
5—缓冲块；6—活塞螺钉；7—活塞

图 4.115 膜式空气弹簧

囊式空气弹簧根据橡胶气囊曲数分为单曲囊式空气弹簧、双曲囊式空气弹簧和多曲囊式空气弹簧。气囊各段之间镶有金属轮缘，以承受内压张力。对囊式空气弹簧来说，选择适当的弹簧有效面积变化率和辅助气室容积，可得到较低的振动频率。增加气囊曲数时，由于气囊的变形可由各个曲部平均分担，因此曲数越多，有效直径变化率就越小，因此增加气囊曲数可以降低囊式空气弹簧的刚度和振动频率。

膜式空气弹簧的盖板和底座之间有一个圆柱形橡胶气囊。膜式空气弹簧工作时，橡胶气囊沿活塞外壁发生变形，通过气囊的挠曲变形实现整体伸缩。膜式空气弹簧具有尺寸小、弹性特性曲线理想、刚度小等特点，常用于大客车及轿车上。

空气弹簧有如下优点。

（1）刚度非线性。

空气弹簧具有非线性刚度的特点。空气作为空气弹簧的弹性介质，有着近乎理想的弹簧特性，其固有频率可根据需求适当改变。因而可根据实际需要设计空气弹簧特性曲线，使其形状成为最理想的反"S"形，即在曲线的中间区段（额定载荷附近）具有较低的刚度，而在拉伸和压缩行程的边缘区段刚度逐渐增大，如图 4.116 所示。当路况良好时，悬架刚度较小，从而保证了汽车行驶的平顺性；当路况较差时，悬架刚度迅速增大，从而提高了汽车的行驶稳定性。

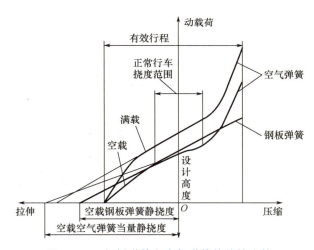

图 4.116　钢板弹簧和空气弹簧的特性比较

（2）具有可调性。

空气弹簧的调节包括车身高度调节和刚度调节两方面，通过调节空气弹簧的内部压力实现，两者相互关联。当汽车载荷变化时，高度调节阀向空气弹簧充气或放气，从而提高或降低空气弹簧的内部压力。与此同时，空气弹簧的刚度相应增大或减小，使车身高度保持不变。由于汽车的刚度随载荷变化，因此汽车空载或者满载时悬架的固有频率基本保持不变。车身高度不变还能方便乘客上下车，并且当汽车行驶工况不同时，可以调整空气悬架的刚度达到相应水平，以适应汽车行驶。

（3）隔振性好。

根据隔振原理可知，当隔振系统的固有频率 f_n 与振源激振频率 f 满足 $f_n \leqslant \sqrt{2}f/2$ 时，隔振效果较好，并且 f_n 越低于 f，隔振效果就越好。当 $f_n < 3 \text{Hz}$ 时，对一般振源而言，

如果隔振系统采用空气弹簧作为隔振元件，就能隔离大多数振动的干扰。要通过金属弹性元件实现这么低的隔振系统固有频率，尤其是在大载荷下，是很困难的，而空气弹簧能满足要求。因为空气弹簧的工作介质是压缩空气，空气与橡胶的内摩擦都非常小，高频振动很难传递。另外，空气和橡胶均不易传递声音，因而具有良好的隔音性能。

（4）使用寿命长。

作为空气弹簧介质的空气本身不存在疲劳损耗问题，故空气弹簧的使用寿命仅取决于橡胶气囊的使用寿命，而国内橡胶气囊疲劳试验寿命远远超过了钢板弹簧。

空气弹簧有以下缺点。

空气弹簧气密性要求高，制造工艺复杂，成本高，密封困难，尺寸大，布置困难，尤其在非独立悬架上，无法保证两侧空气弹簧有足够的中心距，从而导致悬架侧向刚度较小，必须安装横向稳定器。另外，因为空气弹簧只能承受垂直载荷，所以空气弹簧悬架需要设置相应的导向机构来承受切向力、侧向力和力矩。

3. 油气弹簧的结构与原理

主动控制悬架系统有以高压液体作为能量的液压悬架和油气悬架，也有以高压气体作为能量的空气悬架。主动控制悬架系根据车速、转向、制动、位移等传感信号，经电子控制单元处理后，控制电磁式或步进电动机式执行器，通过改变悬架的刚度，适应复杂的行驶工况。

图 4.117 所示为压力控制型油气悬架（简称电控油气悬架）系统工作示意。压力控制型油气悬架由一个压力控制阀、液控油缸和一个油气弹簧构成。压力控制阀实际上由一个电控液压比例阀和一个机械式压力伺服滑阀组成；油气弹簧是一个具有弹性元件（气体弹簧）和阻尼元件的特殊液压缸。该系统工作时，对于低频（小于 2Hz）干扰，可以通过电子控制单元对控制阀的电磁线圈加电流以控制针阀开口，在控制阀的出口处产生一个与之成比例的输出油压，控制油气悬架内的油压，以控制车体的振动；对于中频（2～7Hz）干扰，主要由滑阀的机械反馈功能对油气悬架内的油压进行伺服控制，从而进行车体减振；对于高频（大于 7Hz）干扰，利用油气悬架内的气体弹簧吸收振动能量来达到减振的目的。

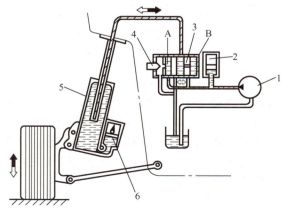

1—液压泵；2—蓄能器；3—机械式压力伺服滑阀；4—电控液压比例阀；5—液控油缸；6—油气弹簧

图 4.117 压力控制型油气悬架系统工作示意

压力控制型油气悬架根据电子控制单元的指令信号调节电磁线圈的电流，改变电控液压比例阀的位置，使悬架液压缸获得与电流成比例的油压。通常在行驶状态下，伺服滑阀两侧 A 室的系统油压与 B 室的反馈油压平衡，伺服滑阀处于主油路与液压缸相通的位置，控制车体的振动。当路面凸起而使汽车发生跳动时，悬架液压缸压力上升，伺服滑阀 B 室反馈压力超过 A 室的，推动伺服滑阀向左侧移动，液压缸与回油通道接通，排出油液，维持压力不变，车轮振动被吸收而衰减。在悬架拉伸行程，液压缸内的压力下降，伺服滑阀 A 室压力大于 B 室的，伺服滑阀右移，主油路与液压缸接通，来自系统的压力油又进入液压缸，以保持液压缸内的压力不变。

主动控制悬架系统能够根据汽车行驶状态和外界激振的变化自动调节空气弹簧的刚度、减振器的阻尼及车身高度，在高速、低速、制动、转向等工况下，在各种道路上行驶时自适应地改变参数以缓和路面传来的冲击和振动，提高汽车的行驶平顺性和操纵稳定性。

4.3.3　奥迪汽车电子控制悬架系统

奥迪 A6 轿车电子控制悬架系统在汽车上的布置方式如图 4.118 所示，其中 PDC 表示气动减振控制。

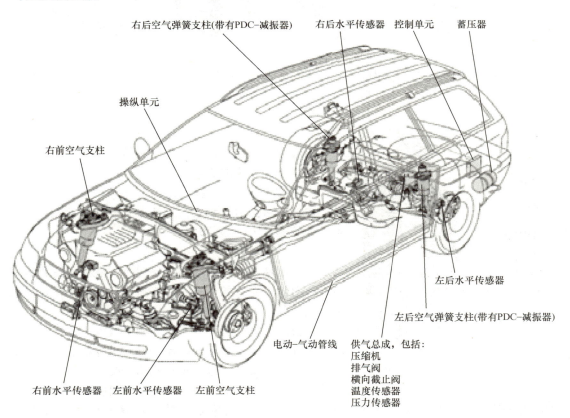

图 4.118　奥迪 A6 轿车电子控制悬架系统在汽车上的布置方式

奥迪 A6 轿车电子控制悬架系统主要由以下部件构成（图 4.119）。

315

（1）**弹性元件**：使用带有管状气囊的空气弹簧。
（2）**减振器**：使用 PDC-减振器。
（3）**压缩机**：提供高压压缩空气。
（4）**控制阀**：控制压缩机或蓄压器至空气弹簧的管路。
（5）**控制单元**：接收汽车运行的各种数据，处理后控制空气弹簧工作。
（6）**水平传感器**：接收汽车水平信息。

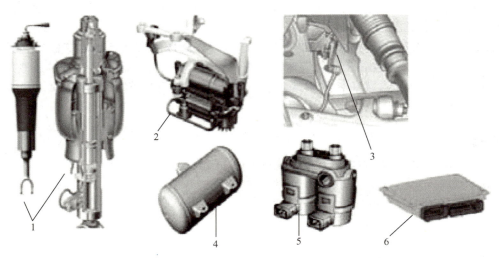

1—空气弹簧；2—压缩机；3—水平传感器；4—蓄压器；5—控制阀；6—控制单元

图 4.119 空气悬架系统组成部件

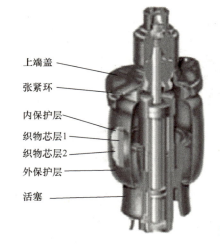

图 4.120 空气弹簧的结构

1. 空气弹簧

空气弹簧的结构如图 4.120 所示。

（1）空气弹簧的工作原理。

① **弹簧弹力、弹簧刚度。**

空气弹簧弹力（承载力）F 由有效作用面积 A_w 和空气弹簧的压力 P_i 来决定：

$$F = P_i \times A_w$$

对于刚性结构（如气缸和活塞），有效直径是活塞直径；对于带有管状气囊的空气弹簧，有效直径是褶皱最低点直径。

从公式可以看出，空气弹簧的承载力与其压力和有效作用面积有直接关系。因此，可以很容易地通过改变空气弹簧压力来静态地（车身不动）改变承载力。由于载荷不同，压力也就不同，因此会有相应的弹簧特性曲线或弹簧刚度。弹簧刚度的变化率与车身质量的变化率是一致的，这样就可以保证与行驶性能相关的车身固有频率保持不变。空气悬架是按照 1.1 倍车身固有频率进行匹配的。

② 空气弹簧特性曲线。

空气弹簧的原理决定着它的特性曲线是逐级上升的，如图 4.121 所示。空气弹簧特性曲线的走向由弹簧容积决定。**容积大，其特性曲线就平坦（软弹簧）；容积小，其特性曲线就较陡（硬弹簧）**。可以通过改变活塞的截面面积来影响弹簧特性曲线的走向。改变活塞的截面面积就可以改变活塞的有效作用直径，从而也就改变了弹簧承载力。

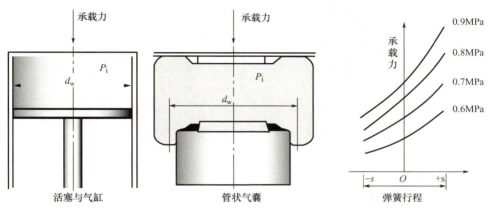

图 4.121　空气弹簧特性曲线

（2）PDC-减振器。

PDC-减振器结构如图 4.122 所示，阻尼力的变化是通过一个单独的 PDC-阀来实现的，该阀集成在减振器内，通过一根软管与空气弹簧相连。**空气弹簧压力（与载荷成比例）作为可调参数控制 PDC-阀上的可变节流口，影响流动阻力，从而影响回弹和压缩时的阻尼力**。为了使空气弹簧中不出现动态压力变化（压缩和回弹），PDC-阀的空气接口上还装有一个节流阀。

① 结构和功能。PDC-阀会影响活塞杆一侧工作腔（工作腔 1）的液压油流动阻力。工作腔 1 通过一个孔与 PDC-阀相连。当空气弹簧压力较小（空载或载荷很小）时，PDC-阀形成的液压油流

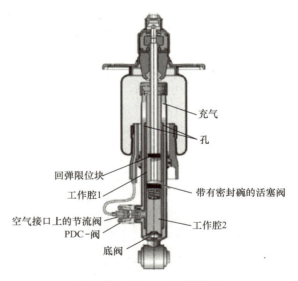

图 4.122　PDC-减振器结构

动阻力也较小，一部分减振液压油会流过阻尼阀，阻尼力就减小了。**PDC-阀的流动阻力与控制压力（空气弹簧压力）有固定的对应关系**。阻尼力由相应的阻尼阀（压缩/回弹）和 PDC-阀形成的流动阻力决定。

② 工作过程。

a. **空气弹簧压力较小时的拉伸过程**如图 4.123 所示。活塞被拉着向上运动，一部分机油流过活塞阀，另一部分机油通过工作腔 1 内的孔流向 PDC-阀。由于控制压力（空气弹簧压力）及液体流过 PDC-阀的阻力变小，因此减振力（阻尼力）也将减小。

b. **空气弹簧压力较大时的拉伸过程**如图 4.124 所示。由于控制压力（空气弹簧压力）及液体流过 PDC-阀的阻力增大，大部分液体（取决于控制压力）必须流过活塞阀，因此减振力（阻尼力）也将增大。

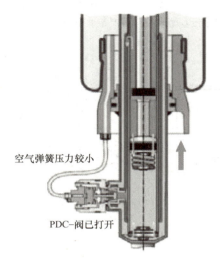

图 4.123　空气弹簧压力较小时的拉伸过程

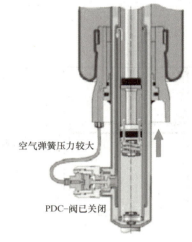

图 4.124　空气弹簧压力较大时的拉伸过程

c. **空气弹簧压力较大时的压缩过程**如图 4.125 所示。由于控制压力（空气弹簧压力）及液体流过 PDC-阀的阻力增大，大部分液体（取决于控制压力）必须流过底阀，因此减振力（阻尼力）也将增大。

d. **空气弹簧压力较小时的压缩过程**如图 4.126 所示。活塞被向下压，阻尼力由底阀和液体流过该阀的阻力决定。活塞杆压出的一部分机油经底阀流入储油腔，另一部分机油经工作腔 1 内的孔流向 PDC-阀。由于控制压力（空气弹簧压力）及液体流过 PDC-阀的阻力变小，因此减振力（阻尼力）也将减小。

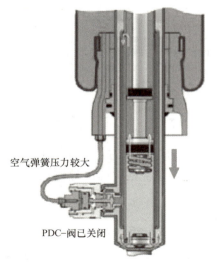

图 4.125　空气弹簧压力较大时的压缩过程

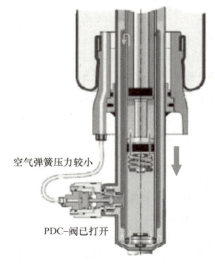

图 4.126　空气弹簧压力较小时的压缩过程

2. 空气供给总成

空气供给总成部件装在其内部的金属盒中,如图4.127所示。

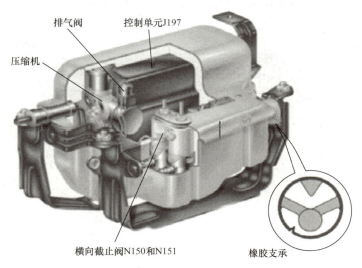

图 4.127 空气供给总成

空气供给总成的主要工作元件有**空气压缩机(集成有空气干燥器和排气阀 N111)、横向截止阀 N150 和 N151、控制单元 J197、压缩机继电器 J403** 等。空气供给总成的气动原理如图4.128所示。

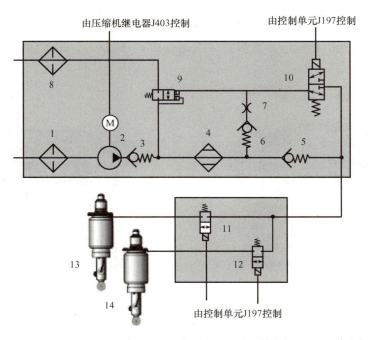

1—进气过滤器;2—压缩机;3—单向阀1;4—空气干燥器;5—单向阀2;6—单向阀3;7—节流阀;
8—排气过滤器;9—气动排气阀;10—排气阀 N111;11—横向截止阀 N150;12—横向截止阀 N151

图 4.128 空气供给总成的气动原理

(1) 空气压缩机。

空气压缩机产生高压空气,是电控悬架系统的动力源,其内部结构如图4.129所示。

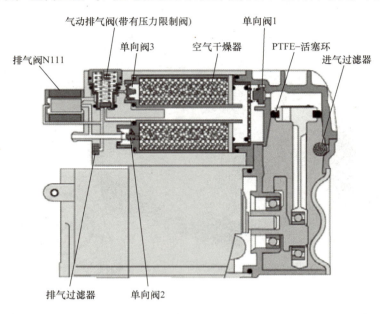

图 4.129　空气压缩机的内部结构

① 吸气/压缩过程（图4.130）。当活塞向上运动时,空气经过过滤器被吸入曲轴箱。活塞上部的空气被压缩,经单向阀1进入空气干燥器。压缩并干燥后的空气经单向阀2流向压力接口,此接口通往横向截止阀N150和N151。

② 溢流过程（图4.131）。当活塞向下运动时,已经吸入曲轴的空气经隔膜阀进入气缸。

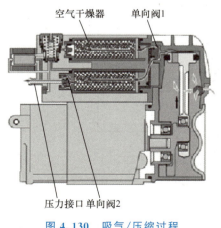

图 4.130　吸气/压缩过程

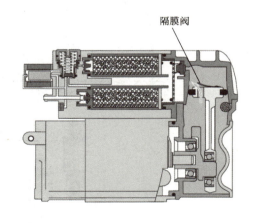

图 4.131　溢流过程

③ 充气过程（汽车举升）（图4.130）。若充气（举升）汽车,则控制单元须同时起动压缩机继电器和空气弹簧阀。

④ 排气过程（汽车下降）（图4.132）。在排气过程中,横向截止阀N150、N151及排

气阀 N111 同时打开。空气弹簧压力传至气动排气阀，经空气干燥器和压力限制阀进入大气。排气过程气动原理如图 4.133 所示。

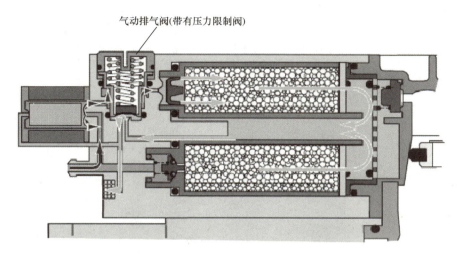

图 4.132 排气过程

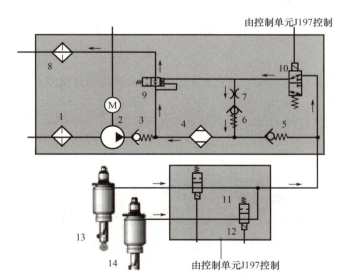

图 4.133 排气过程气动原理（序号说明见图 4.128）

（2）排气阀 N111。

排气阀 N111（图 4.134）有一个三通两位阀（有三个接口和两个切换位置），在不通电时是关闭的。排气阀 N111 用于排气（汽车下沉）。控制单元 J197 同时启动 N111、N150 和 N151 来实现排气。

（3）气动排气阀。

气动排气阀如图 4.135 所示。气动排气阀有两个作用：保持剩余压力和限压。为了避免损坏空气弹簧（管状气囊），要求最

图 4.134 排气阀 N111

小压力不得小于 0.35MPa。保持剩余压力就是要在卸压时保证空气悬架系统内的压力不会降到 0.35MPa 以下（除非气动排气阀前部漏气）。当空气弹簧内的压力大于 0.35MPa 时，阀体就会克服节流阀及限压阀的弹簧力而升起并打开阀座 1 和阀座 2，于是高压空气经过节流阀和单向阀 3 到达空气干燥器。空气流过空气干燥器后，经限压阀的阀座和排气过滤器进入周围空气中。空气经节流阀后压力下降很大，空气相对湿度降低，"排出气体"的吸湿能力变强。

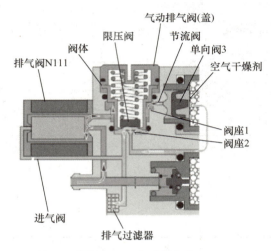

图 4.135　气动排气阀

限压功能可防止系统内的压力过高，如由于继电器接触故障或控制单元有故障压缩机没有关闭。在此情况下，若压力高于 1.35MPa，则限压阀打开，压力经排气过滤器卸掉。限压阀工作过程如图 4.136 所示。限压阀气动原理如图 4.137 所示。

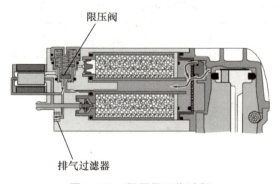

图 4.136　限压阀工作过程

（4）横向截止阀 N150 和 N151。

横向截止阀 N150 和 N151 如图 4.138 所示，装在一个壳体内。这两个横向截止阀是两通两位阀（有两个接口和两个切换位置），用于给空气弹簧充气和排气。在未通电时，这两个阀关闭，以防止左、右空气弹簧出现不必要的压力平衡。因而在汽车转弯时可防止外侧车轮的空气弹簧压力（压力较高）泄漏到内侧车轮的空气弹簧（压力较低）中，否则会出现短时车身倾斜。

底盘控制系统 第4章

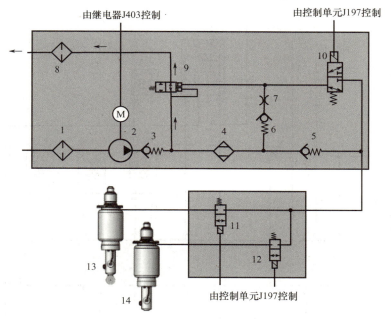

图 4.137 限压阀气动原理（序号说明见图 4.128）

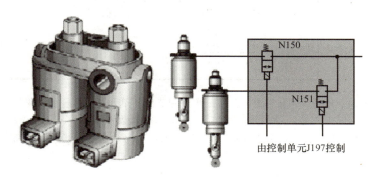

图 4.138 横向截止阀 N150 和 N151

在车身升起和下降过程中，横向截止阀 N150 和 N151 总是同时控制的，因为只能在同一轴上进行调节。在汽车行驶过程（v＞10km/h）中，完成调节后，这两个横向截止阀每隔约 12s 打开三次，打开持续时间约为 3s，主要使左、右空气弹簧的压力保持平衡。

3. 水平高度调节系统控制单元 J197

水平高度调节系统控制单元 J197 是电控空气悬架系统的主要控制单元。控制单元 J197 由 KL30 和 KL15 提供 12V 电压，另外有两个端子接地，如图 4.139 所示。接线柱 50 号线信号的作用是提供发动机起动信号，当点火钥匙拨到起动挡时，蓄电池将所有电能集中给起动机，并限制其他系统工作，以保证发动机能够顺利起动。

信号输出：控制单元 J197 通过计算采集到的信号，控制各减振器支柱阀、悬架故障指示灯 K134、空气压缩机 V66 等执行元件的动作。

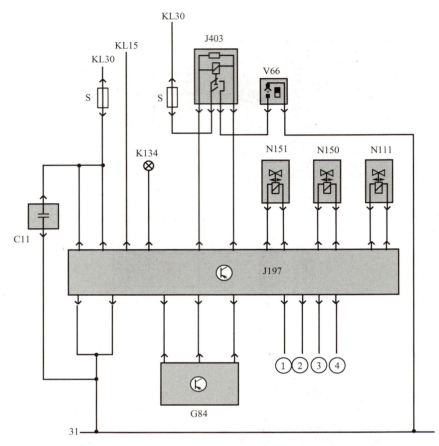

C11—电容器；G84—水平调节传感器；J197—水平调节控制单元；J403—水平调节压缩机继电器；
K134—水平调节指示灯；N111—排气阀；N150、N151—横向截止阀；S—熔丝；V66—压缩机马达；
①—诊断接口；②—车速信号；③—车门接触信号；④—接线柱50的信号

图4.139　水平高度调节系统控制单元J197

4.3.4　典型故障案例分析

1. 案例一：一辆奥迪轿车停放一晚后前空气悬架降到低位

（1）**故障现象**。

一辆奥迪A6L轿车，配置4.2L BAT发动机，行驶里程为13万多千米。驾驶人反映汽车经常停放一晚后，前空气悬架落到最低位，但只要一起动发动机，空气悬架就可以升到正常工作位置。

（2）**故障诊断与排除**。

用原厂VAS 6150B故障诊断仪检查相关系统，发现无故障存储记录，分析可能原因是分配阀、空气弹簧或者管路存在漏气。

目测观察电子控制悬架系统主要部件（如压缩机、空气弹簧和分配阀）后，发现主要总成件外观良好，未发现异常。利用VAS 6150B故障诊断仪对车身高度进行控制元件控制，如

图 4.140 所示,发现压缩机工作良好,车身高度能够按照故障诊断仪执行情况相应下降。故障部位应该在管路或者空气弹簧上,于是对 4 个空气弹簧进行充气加压测试。先拆下空气悬架上的空气压力管道,把车间用压缩机的输气管接头接入空气悬架,用压缩空气对空气弹簧进行压力充注,气压力大约是 1000kPa(空气弹簧最大承受压力为 1600kPa)。此时在前部空气悬架处检查时,听到"吱吱"的漏气声,仔细听确认是右前空气悬架处发出的漏气声,更换一个新的右前空气悬架总成(空气弹簧和减振器)后,没有再次出现故障,故障排除。

图 4.140　车身高度调节测试

(3) 故障总结。

右前空气弹簧漏气导致两个前空气悬架停放一晚后降到低位,因空气弹簧是由橡胶制成的,故橡胶弹簧在长期的压缩、拉伸过程中极易出现漏气现象,特别是在一些里程数较大的车型中极易发生。查找此类故障时主要是仔细观察系统漏气点,确定了漏气点位置就确定了故障部位。

2. 案例二:一辆奥迪轿车停放一晚后右前空气悬架降到最低位

(1) 故障现象。

一辆奥迪 A6L 轿车,发动机排量为 4.2L,行驶里程为 21 万多千米。车主反映仪表中水平调节指示灯 K134 常亮,同时右前轮降低到最低位。

(2) 故障诊断与排除。

水平调节指示灯 K134 亮,说明水平调节高度系统控制单元 J197 监测到系统存在故障。用奥迪专用 VAS 5052 故障诊断仪进入控制单元读取故障码:01395 水平高度调节系统压缩机马达。初步怀疑压缩机或压缩机继电器存在问题。但是,为什么其他三个悬架正常呢?用故障诊断仪进入"作动器诊断"发现其他三个悬架可以触发,悬架可以根据故障诊断仪指令自行上升或下降。只有右前悬架不动作,但压缩机是一直工作的。也可以听见右前减振器支柱阀 N149 动作的声音。有压缩空气产生,管路也畅通。难道是管路漏气?经仔细检查发现管路连接良好,没有泄漏。细听空气弹簧处有"嘶嘶"的声音,初步诊断是空气弹簧中压缩空气包损坏泄漏所致。

进入故障诊断仪主界面,选择"引导型功能"→"2004 年奥迪 A6L"→"BDW 发动机"→"34 自适应悬架控制单元"→"启用顶升模式"。拆下该减振器支撑臂,根据空气弹簧零件号订购零件。安装后进入故障诊断仪主界面,选择"引导型功能"→"2004 年奥迪 A6L"→"BDW 发动机"→"34 自适应悬架控制单元"→"J197 系统排气或充气"→"J197 重新匹配默认位置"→"停用顶升模式"。试车后故障排除。

(3) 故障总结。

为什么空气弹簧泄漏而控制单元 J197 会报关于压缩机马达的故障码呢？原因就在于压缩机马达有过热保护功能。为了防止压缩机过热，在温度过高时应关闭压缩机。控制单元内集成有温度模块，用于监控温度，由此可计算出压缩机的温度。根据压缩机的工作时间和冷却时间来计算出压缩机的温度。当压缩机通往空气弹簧的管路出现泄漏时，空气弹簧不能按照控制单元要求升降，但车身高度传感器时刻监控，当达不到要求时继续让压缩机运转，时间一长，压缩机必然进行过热保护。如压缩机经常出现过热保护现象，则说明系统存在问题，同时水平调节指示灯 K134 点亮。

3. 案例三：一辆奥迪轿车空气悬挂无法调节

(1) 故障现象。

一辆奥迪 A6L 轿车，发动机排量为 4.2L，行驶里程为 12 万多千米。车主反映空气悬架系统无法调节。

(2) 故障诊断与排除。

用原厂 VAS 6150B 故障诊断仪诊断地址码 34 模块，即"自适应悬架控制单元"，读取到的故障码为 01770，压缩机温度传感器 G290 对地短路故障。

压缩机温度传感器 G290 主要用于采集压缩机工作温度。利用 VAS 6150B 故障诊断仪进入"自适应悬架控制单元"，读取相应数据流，操作数据流通道为 006 组，读取的数据流见表 4-3。

表 4-3 自适应悬挂控制单元 006 组数据流

数据项目	数值	参考数值
计算模式压缩机温度	95℃	-50~205℃
测得压缩机温度	205℃	-50~205℃
可能来自存储器的调节	是	是/否
压缩机继电器	断开	继电器接通/断开

通过数据流可知，自适应悬架控制单元采集到的压缩机实际温度为 205℃，达到参考数值上限，远远高出正常工作温度。故障可能原因为压缩机温度传感器 G290 损坏、线路故障、控制单元 J197 故障。

经查奥迪 A6L 空气悬架系统 G290 电路图（图 4.141）可知，压缩机温度传感器 G290 集成在压缩机内部，通过 2 根信号线与控制单元 J197 相连。把汽车举升后找到压缩机的插接件"C"，利用万用表"电阻挡"测量导线 G290/C1—J197/E5 与 G290/C2—J197/E6 的阻值，均显示在正常范围内。测量压缩机内压缩机温度传感器 G290 电阻，读数为 12Ω，阻值太小。因为压缩机温度传感器 G290 具有负温度系数特性，未工作时温度较低，传感器阻值应该偏大（约为 1kΩ）。结果判断为压缩机温度传感器 G290 内部短路导致数据采集异常，控制单元 J197 采集到压缩机温度传感器 G290 温度太高，于是报"01770"故障码，同时系统为了保护压缩机，控制单元 J197 停止了压缩机工作。

底盘控制系统 第4章

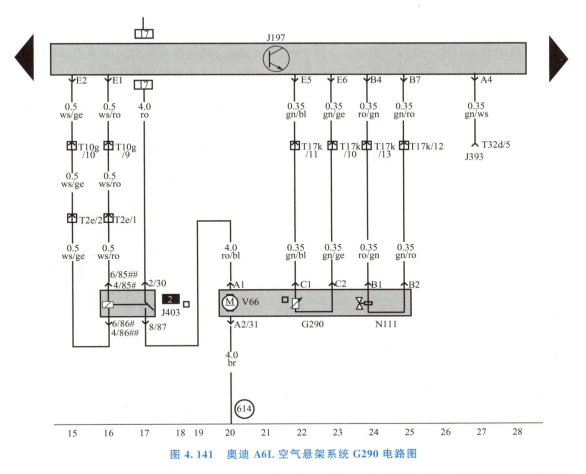

图 4.141　奥迪 A6L 空气悬架系统 G290 电路图

由于压缩机温度传感器 G290 集成在空气压缩机内部，无法单独更换，因此只能更换空气压缩机总成。更换空气压缩机和空气压缩机继电器后，空气悬架可以正常升降，至此故障排除。

（3）故障总结。

此故障主要因为压缩机温度传感器 G290 损坏，控制单元 J197 不能识别压缩机正常工作温度，同时为了避免压缩机因过热损坏，控制单元 J197 停止压缩机工作，导致该车车身高度不能调节故障。在此类故障诊断中，根据故障码提示和数据流分析，可对故障部位判断起到指引作用。

4.4　电子控制转向系统

汽车动力转向是利用液压泵产生的液压驱动力或由电动机产生的电驱动力提供转向助力，以减轻驾驶人操控转向盘的劳动强度。转向助力装置相当于一个驾驶人转向盘操纵力放大器，它不仅可使转向操纵灵活、轻便，增强了在汽车设计时对转向器结构形式选择的灵活性，而且能吸收路面对前轮产生的冲击。因此，动力转向系统在各种类型汽车上得到广泛使用。

汽车在不同的行驶速度下，转向阻力是不同的。在车速低时，形成的转向阻力大，需要对转向车轮施以较大的转向驱动力。随着车速的提高，转向阻力减小，所需的转向驱动力相应减小。因此，转向助力装置的转向驱动力应随汽车行驶速度的提高而适当减小。对电子控制动力转向系统的具体要求如下。

（1）汽车低速行驶时，控制转向助力机构有较大的放大倍率，以减小转向操纵力，使转向轻便、灵活。

（2）汽车高速行驶时，自动减小动力转向放大倍率，以保持良好的转向盘操纵手感，提高汽车高速行驶的操纵稳定性。

（3）可以设置不同的转向放大特性来满足不同驾驶人的需要。

电子控制转向系统的作用是根据车速及转向情况控制转向助力，使动力转向系统在不同的行驶速度下都有最佳的转向助力。电子控制转向系统使转向助力装置具有良好的转向动力特性，已逐渐成为现代汽车提高操纵轻便性、行驶安全性及舒适性的必选装备。电子控制转向系统主要由机械转向机构、转向助力装置和电子控制系统三大部分组成。汽车上使用的电子控制转向系统有多种结构形式，按转向助力装置动力源的不同，分为电子控制液压助力转向系统（Electronic Hydraulic Power Steering，EHPS）和电动助力转向系统（Electric Power Steering，EPS）两大类。

4.4.1 电子控制液压助力转向系统

电子控制液压助力转向系统（EHPS）是在液压动力转向系统的基础上，增设控制液体流量的电磁阀、车速传感器和电子控制单元等的转向系统。电子控制单元根据检测到的车速信号，控制电磁阀使转向动力放大倍数连续可调，从而满足汽车高、低速时的转向助力要求。EHPS 根据控制方式不同，可分为流量控制式 EHPS、反作用力控制式 EHPS 和阀灵敏度控制式 EHPS。

电控液压助力转向系统

1. 流量控制式 EHPS

流量控制式 EHPS 电子控制单元通过控制电磁阀的开度来调节转向助力装置内部动力缸的液体流量，以实现对转向助力的控制。流量控制式 EHPS 主要由车速传感器、电子控制单元、电磁阀、动力转向控制阀及动力转向油泵等组成，如图 4.142 所示。

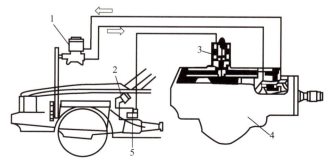

1—动力转向油泵；2—车速传感器；3—电磁阀；4—动力转向控制阀；5—电子控制单元

图 4.142　流量控制式 EHPS 的组成

用来控制液压油流量的电磁阀安装在通向转向动力缸活塞两侧油室的油道之间。当电磁阀完全开启时，两油道就被电磁阀旁路。电子控制单元通过输出占空比可变的控制脉冲来控制电磁阀的开度。在车速很低时，电子控制单元输出占空比很小的控制脉冲，此时通过电磁阀线圈的平均电流很小，电磁阀的开度也很小，旁路液压油流量就小，使得液压助力作用大，从而确保转向盘操纵轻便。当车速提高时，电子控制单元输出占空比较大的控制脉冲，使电磁阀线圈的平均电流增大，电磁阀的开启程度增大，此时电磁阀旁路液压油流量增大，使得液压助力作用减小，以确保转向时有良好的路感。

2. 反作用力控制式 EHPS

反作用力控制式 EHPS 电子控制单元通过控制电磁阀开度来调节转向助力装置内部控制阀柱塞的背压，以实现对转向助力的控制。反作用力控制式 EHPS 主要由车速传感器、电子控制单元、转向控制阀、分流阀、电磁阀、转向动力缸、转向油泵和储油箱等组成，如图 4.143 所示。

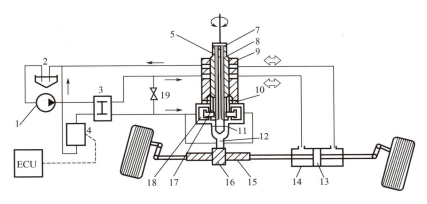

1—转向油泵；2—储油箱；3—分流阀；4—电磁阀；5—扭力杆；6—转向盘；7, 10, 11—销子；
8—控制阀阀杆；9—控制阀阀体；12—小齿轮轴；13—活塞；14—转向动力缸；15—齿条；
16—小齿轮；17—柱塞；18—油压反力室；19—固定小孔

图 4.143 反作用力控制式 EHPS 的组成

转向控制阀由传统的整体转阀式动力转向控制阀与油压反力室构成。扭力杆 5 的上、下端分别通过销子与控制阀阀杆 8 和小齿轮轴 12 连接，而小齿轮轴 12 的上端通过销子与控制阀阀体 9 相连。在转向时，转向盘上的转向力通过扭力杆 5 传递给小齿轮轴。当扭力杆 5 发生扭转变形时，上端的转阀阀杆随其一起转动，使控制阀阀体和控制阀阀杆之间有相对转动，改变阀体与阀杆之间油道的通、断关系和工作油液的流动方向，并通过转向动力缸达到转向助力的作用。

分流阀 3 将来自转向油泵 1 的液压油向控制阀一侧和电磁阀一侧分流。按照车速和转向要求，改变控制阀一侧与电磁阀一侧的液压，确保电磁阀一侧具有稳定的液压油流量。固定小孔 19 的作用是把供给转向控制阀的一部分流量分配到油压反力室 18 一侧。

电磁阀开度变化可改变油压反力室的液压，而反力室液压通过柱塞 17 作用于控制阀阀杆。当汽车速度较低或停驶时，电子控制单元使电磁阀电磁线圈的通电电流增大，电磁阀开度增大，经分流阀分流的液压油通过电磁阀流回储油箱中，使液压反力室压力（作用于柱塞的背压）降低，柱塞对控制阀阀杆的作用力较小，此时只需要较小的转向力即可使扭力杆扭转变形，使阀体与阀杆发生相对转动而实现转向助力作用。当汽车在高速行驶过程中转向时，电子控制单元使电磁阀线圈的通电电流减小，电磁阀开度减小，而使液压反力室的液压升高，柱塞作用于控制阀阀杆的力增大，此时需要较大的转向力才能使阀体与阀杆发生相对转动而实现转向助力作用，使驾驶人可获得良好的转向手感和转向特性。

3. 阀灵敏度控制式 EHPS

阀灵敏度控制式 EHPS 电子控制单元通过控制电磁阀的开度来改变动力转向控制阀的油压增益（灵敏度），以实现对转向助力的控制。阀灵敏度控制式 EHPS 主要由转向控制阀、电磁阀、转向动力缸、转向液压泵、储油箱、车速传感器及电子控制单元等组成，如图 4.144 所示。

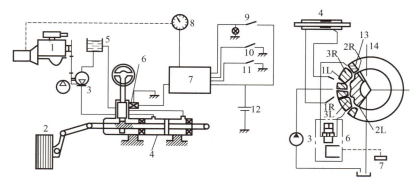

1—发动机；2—前轮；3—转向液压泵；4—转向动力缸；5—储油箱；6—电磁阀；
7—电子控制单元；8—车速传感器；9—车灯开关；10，11—空挡开关；12—蓄电池；
13—转向控制阀外体；14—转向控制阀内体

图 4.144 阀灵敏度控制式 EHPS 的组成

由外体和内体构成的转向控制阀有通孔截面可变的低速专用小孔（1R、1L、2R、2L）和高速专用小孔（3R、3L），在高速专用小孔的下方设有旁通电磁阀回路。转向控制阀的等效液压回路如图 4.145 所示。

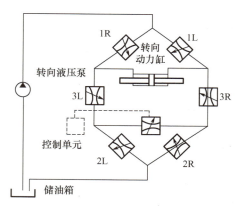

图 4.145 转向控制阀的等效液压回路

在汽车停驶或低速行驶时，电子控制单元使电磁阀完全关闭。如果此时转向（设向右转动转向盘），较小的转向力即可使低速专用小孔 1R、2R 关闭，转向液压泵的液压油经低速专用小孔 1L 流向转向动力缸右液压腔，其左液压腔的液压经 3L、2L 流回储油箱，转向动力缸活塞在左、右液压腔压力差的作用下移动，使转向器获得转向动力。此时阀灵敏度高，具有轻便的转向特性。

当汽车行驶速度提高时，电子控制单元输出的控制信号使电磁阀的开度增大。如果此时转向（设向右转动转向盘），转向液压泵的液压油经开启的小孔 1L、3R，旁通电磁阀及 2L 流回储油箱。经旁通电磁阀旁路的液流不仅降低了转向动力缸右腔的液压，而且通过小孔 2L 的节流作用使转向动力缸左腔的液压上升，使得转向动力缸左、右液压腔压差减小，转向器获得的转向动力相应减小。车速高时，电磁阀的开度大，旁路流量大，动力转向控制阀的灵敏度低，转向器获得的助力作用小，其转向特性可使驾驶人操纵转向盘时有良好的路感。

4.4.2 电动助力转向系统

电动助力转向系统（EPS）是在机械式转向系统的基础上，利用直流电动机作为动力源，电子控制单元根据转向参数和车速等信息，控制电动机转矩的大小和转动方向。电动机转矩由电磁离合器通过减速机构减速增矩后，加在汽车的转向机构上，使之得到一个与工况相适应的转向作用力。EPS 按照转向助力机构结构与位置的不同，可分为转向轴助力式 EPS、齿轮助力式 EPS 及齿条助力式 EPS。

电动助力转向系统1

电动助力转向系统2

1. 转向轴助力式 EPS

转向轴助力式 EPS 的组成如图 4.146 所示，电动机固定在转向轴一侧，通过电磁离合器与转向轴连接，直接驱动转向轴而实现转向助力。汽车转向时，安装在转向轴上的转矩传感器不断检测转向轴输入转矩，并与车速信号一同输入电子控制单元，电子控制单元根据这些信号计算出助力转矩的大小和方向，以确定电动机输入电流的大小和方向。电动机的转矩由电磁离合器通过减速机构增大后，作用在转向轴上，使转向助力与汽车行驶工况相适应。

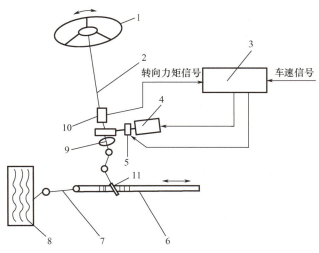

1—转向盘；2—转向轴；3—电子控制单元；4—电动机；5—电磁离合器；6—转向齿条；7—横拉杆；8—转向轮；9—输出轴；10—转矩传感器；11—转向小齿轮

图 4.146 转向轴助力式 EPS 的组成

转向轴助力式EPS主要由**转矩传感器、车速传感器、电子控制单元、电动机、电磁离合器及减速机构**等组成,转矩传感器、电动机、电磁离合器及减速机构制成一体,安装在转向柱上,如图4.147所示。其中,减速机构一般采用蜗轮蜗杆机构。

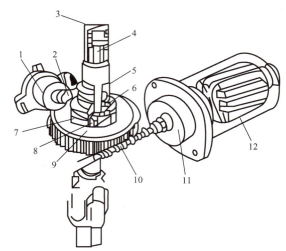

1—转矩传感器；2—控制臂；3—传感器轴；4—扭杆；5—滑块；6—球槽；7—连接环；8—钢球；9—蜗轮；10—蜗杆；11—电磁离合器；12—电动机

图4.147 转向轴助力式EPS的组成

2. 齿轮助力式EPS

齿轮助力式EPS的组成如图4.148所示,**电动机通过电磁离合器与转向小齿轮相连,直接驱动转向小齿轮实现转向助力**。电子控制单元根据车速和转向盘上的操纵力,控制转向助力机构内的电动机,实现转向助力控制。与转向轴助力式EPS相比,齿轮助力式EPS可以提供较大的转向力；但其缺点是助力特性的控制难度较大。

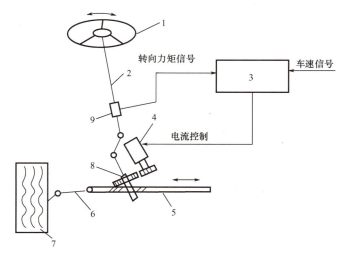

1—转向盘；2—转向轴；3—电子控制单元；4—电动机；5—齿条；6—横拉杆；7—转向轮；8—转向小齿轮；9—转矩传感器

图4.148 齿轮助力式EPS的组成

3. 齿条助力式 EPS

齿条助力式 EPS 的组成如图 4.149 所示。**转向助力机构安装在转向齿条处，电动机通过减速传动机构直接驱动转向齿条**。与齿轮助力式 EPS 相比，齿条助力式 EPS 可以提供更大的转向助力，更适用于大型汽车。这种助力方式需要对原有的转向传动机构做较大改变。齿条助力式 EPS 减速机构可为蜗杆螺母机构、行星齿轮机构等。

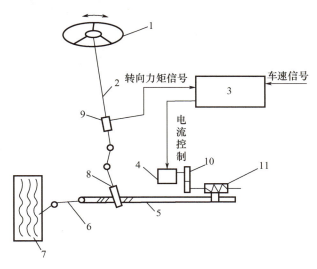

1—转向盘；2—转向轴；3—电子控制单元；4—电动机；5—转向齿条；6—横拉杆；
7—转向轮；8—转向小齿轮；9—转矩传感器；10—斜齿轮；11—蜗杆螺母

图 4.149 齿条助力式 EPS 的组成

EPS 按电动转向助力工作范围不同，可分为**低速助力型 EPS 和全速助力型 EPS** 两种。

(1) 低速助力型 EPS。

低速助力型 EPS 只有在低速时才提供助力。当车速超过某预定值时，EPS 停止工作，转为手动转向。低速助力型 EPS 的优点是控制程序的算法比较简单，对控制系统的硬件要求较低；缺点是不能改善汽车的高速操纵稳定性，而且当车速在切换点附近时，转向盘力矩会发生突变。

(2) 全速助力型 EPS。

全速助力型 EPS 在任何车速下都提供助力。全速助力型 EPS 的优点是能改善汽车高速操纵稳定性；缺点是控制程序的算法相对复杂，对控制系统的硬件要求也较高。

4.4.3 典型车型电控转向系统

1. 大众 Polo 轿车 EHPS

大众 Polo 轿车装配的 EHPS 是天合汽车集团的产品，由电气装置和机械装置两部分组成。**电气装置由转向角速度传感器 G250、轮速传感器 G22、电子控制单元总成 G500、转向故障报警灯 K92 等组成；机械装置包括传统的齿轮齿条转向传动装置、限压阀、止回阀、液压管路及齿轮泵等**，如图 4.150 所示。

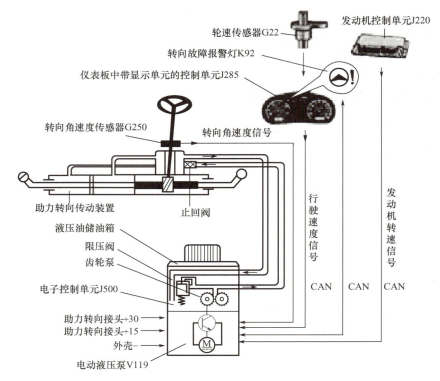

图 4.150　电子控制液压助力转向系统

（1）转向角速度传感器 G250。

转向角速度传感器 G250 安装于液压转向机总成输入轴上，用来测量转向盘旋转角速度，即驾驶人以多大的角速度转动转向盘。在其他条件不变的情况下，EHPS 电子控制单元接收的信号表明转向盘旋转的角速度越大，对应液压泵转速越高，转向助力越大；反之，转向盘旋转角速度越小，转向助力越小。天合汽车集团的转向角速度传感器如图 4.151 所示。

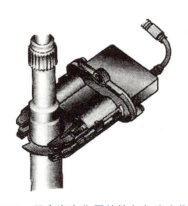

图 4.151　天合汽车集团的转向角速度传感器

天合汽车集团采用可变电容式转向角速度传感器，其剖面结构及工作原理如图 4.152 所示，由与转向盘柱一体并可随之转动的翼状金属挡片和相对固定的 9 个平板电容器及放大电路组成。当挡片夹在电容器的两极板中间时,电容器的容量增大;当挡片离开时,电容器的容量减小。放大电路通过接收 9 个电容器的容量变化速度及趋势来判断转向盘的转向角度及角速度,并转换成电信号,输入电子控制单元 J500。

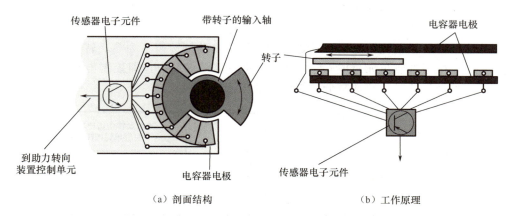

(a) 剖面结构　　　　　　　(b) 工作原理

图 4.152　可变电容式转向角速度传感器的剖面结构及工作原理

(2) 电子控制单元总成 G500。

电子控制单元 (J500) 与电动液压泵 (V119) 集成为一个总成,即电子控制单元总成 G500 (图 4.153)。**电子控制单元根据转向角速度、汽车行驶速度 (由车速传感器至仪表控制单元通过 CAN 总线传输)、发动机转速 (由发动机控制单元通过 CAN 总线传输) 等信息控制液压泵电动机转速,同时提供温度保护、故障恢复 (故障后再接通保护) 和自诊断及故障码存储功能。**电动液压泵是一个电动机驱动的齿轮泵。电子控制单元总成 G500 为一个整体,属于不可拆卸和维修部件,只可更换总成。

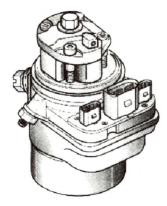

图 4.153　电子控制单元总成 G500

(3) 故障报警灯。

故障报警灯安装在仪表总成内,由 EHPS 电子控制单元通过 CAN 总线传送控制信息至仪表控制单元,通过仪表控制单元控制该灯点亮或熄灭。接通点火开关后,故障报警灯亮,EHPS 进行内部检测。在发动机发动及系统测试结束后,故障报警灯熄灭,如果依然亮着,则指示系统可能有故障。

电控转向系统的机械部分与一般的液压助力转向系统相同,主要由扭杆、旋转分流阀、控制套筒、工作缸、活塞等组成。

(4) EHPS 的工作原理。

在汽车直线行驶时,转向盘不转动,电动液压泵以很低的速度运转,大部分工作油经过转向阀流回储油箱,少部分经液控阀流回储油箱。**当驾驶人开始转动转向盘时,电子控制单元根据检测到的转角及角速度、车速、发动机转速及电动机转速的反馈信号等,判断汽车的行驶状态、转向状态,决定应提供的助力,同时向驱动单元发出控制指令,使电动机产生相应的转速以驱动油泵,进而输出相应流量和压力的高压油。高压油经转向控制阀进入齿条上的动力缸,推动活塞产生适当的助力,以协助驾驶人进行转向操作,从而获得**

理想的转向效果。当转向角速度传感器发生故障或系统出现其他异常情况时，EHPS系统即进入程序设定的紧急运行状态，机械转向的功能仍然可以实现，但是由于无助力，因此转向比较沉重。

EHPS的工作原理如图4.154所示。EHPS由3路输入信号作为主控信号，分别是转向角速度传感器G250、来自仪表控制单元J285的车速信号和来自发动机控制单元J220的发动机转速信号。当输入信号同时满足以下条件：发动机转速不为零；转向盘转动，不在中间位置时，电子控制单元总成G500根据车速确定提供助力，即控制电动液压泵的转速来提供相应的液压流量。车速越低，提供的液压流量越大。

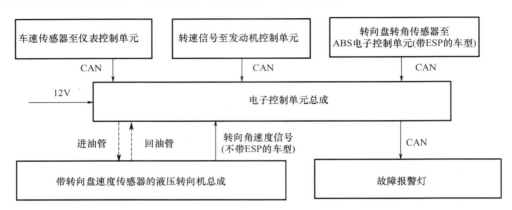

图4.154　EHPS系统的工作原理

另外，系统还具有在电动机温度过高或电流过大的情况下，停止电动机工作的自我保护功能，以及系统在受到干扰、故障或撞车后的再接通保护功能。温度过高保护是为了使电动液压泵总成过热之后得到冷却，必须停止工作，等待约15min。这段时间过后，只要重新断开，再接通点火开关，EHPS就可以自动解除此次保护。再接通保护是在发生撞车的情况下，电子控制单元内存储相应的故障码，需要用专用的故障诊断仪清除，如果无法清除，则说明在车载网络中可能有故障或电动液压泵总成可能损坏，必须进行自诊断并且可能要更换电动液压泵总成。

2. 大众速腾轿车EPS

大众速腾轿车采用双齿轮式EPS。双齿轮式EPS由两个能够向转向拉杆提供足够转向力的齿轮（转向小齿轮和驱动小齿轮）组成。EPS能根据驾驶人的转向要求，由电子控制单元控制电动机工作，进而起到转向助力的作用。系统通过"主动回正"功能将转向轮置于中心位置，使汽车在各种情况下都能获得良好的平衡性及精确的直线行驶稳定性。直线行驶稳定功能可以帮助驾驶人在汽车受到侧向风作用或上下颠簸的路面上行驶时，更容易控制汽车保持直线行驶。

（1）结构与原理。

大众速腾轿车EPS的部件有转向盘、转向柱、转向盘转角传感器G85、转向力矩传感器G269、转向小齿轮、转向助力电动机V187及转向助力控制单元J500等，如图4.155所示。

当驾驶人旋转转向盘时，EPS开始工作。如图4.156所示，安装于转向柱上的转向盘

底盘控制系统 第4章

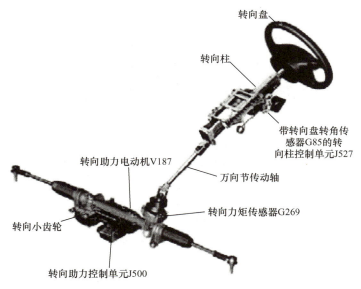

图 4.155　大众速腾轿车 EPS 的部件

转角传感器 G85 将检测到的转向盘旋转角度和旋转角速度以电信号的方式送至转向助力电子控制单元 J500。与此同时，作用在转向盘上的力矩经过传递驱动转向小齿轮旋转，转向力矩传感器 G269 检测到旋转力矩并将其传给电子控制单元，**电子控制单元根据转向力矩、发动机转速、车速、转向盘转角、转向盘角速度及存储在电子控制单元中的特性曲线图，计算出必要的助力力矩并控制电动机开始工作。**

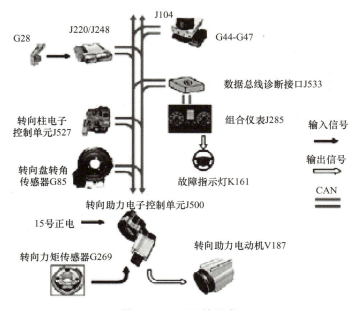

图 4.156　EPS 的组成

电动机驱动的第二个小齿轮（驱动小齿轮）提供转向助力，从而驱动转向齿条，如图 4.157 所示。

337

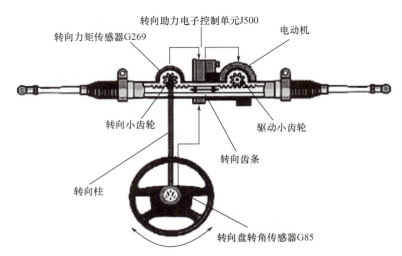

图 4.157　电动助力转向机构内部结构

转向盘转角传感器 G85 为光电式传感器，安装在转向柱上，位于转向开关与转向盘之间，与安全气囊时钟弹簧集成一体，通过 CAN 总线将转向盘的转角信号传递给转向柱控制单元 J527，再由 J527 分析转角信号。转向盘转角传感器 G85 的工作原理如图 4.158 所示。

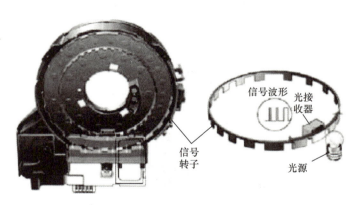

图 4.158　转向盘转角传感器 G85 的工作原理

当驾驶人转动转向盘时，转向柱带动转向盘转角传感器 G85 的转子随转向盘一起转动，光源就会通过转子的缝隙照在传感器的感光元件上，从而产生信号电压。由于转子缝隙的间隔不同，因此产生的信号电压也不同。转向盘转角传感器 G85 信号转子最多可以旋转 1044°，转向小齿轮最多可以旋转 2.76 圈。当转向盘转角传感器 G85 信号失效时，转向柱控制单元 J527 将起动应急运转模式，由系统设定值代替，此时电动助力转向依然起作用，但故障指示灯 K161 会点亮。

转向力矩传感器 G269 为磁阻式传感器，其磁性转子与转向柱连接块为一体，磁阻传感元件与转向小齿轮连接块为一体。当转动转向盘时，转向柱连接块和转向小齿轮连接块反向运动，即磁性转子和磁阻传感元件反向运动，因此转向力矩可以被测量出来并传递给电子控制单元。转向力矩传感器 G269 的工作原理如图 4.159 所示。

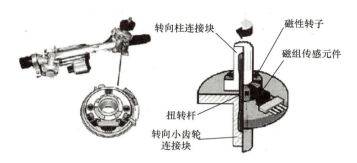

图 4.159　转向力矩传感器 G269 的工作原理

根据不同工作状况的需要，驾驶人作用于转向盘上的力矩不同，由该力矩产生的驱动小齿轮旋转的力矩也不同。**转向力矩传感器 G269 根据小齿轮杆的旋转情况，检测出转向力矩并输送至电子控制单元。同时，转向盘转角传感器 G269 将检测到的驾驶人转动转向盘的角度输送给电子控制单元，转向盘转角传感器 G85 将转向盘的转动速度输送给电子控制单元，电子控制单元计算出合适的力矩，控制电动机工作。**当转向力矩传感器 G269 信号失效时，ESP 将关闭，但并不是立即关闭，而是柔和地逐步关闭。在此过程中，助力转向力由电子控制单元通过电动机转子角度和转向盘转角等信号计算出来的值代替，同时故障警报灯 K161 点亮。

（2）系统工作过程。

转向助力是通过存储在电子控制单元中不变的特性图程序控制的，在电子控制单元中最多可以存储 16 种特性图。特性图是在生产厂商根据不同的整车装备（如整车质量）分别设置的，根据汽车的载荷不同，又分为轻、重两部分特性曲线。每种特性图由五种速度的特性曲线组成，例如 0km/h、15km/h、50km/h、100km/h、250km/h。特性曲线表明：**电动机给予的助力转向力矩的总量是由输入的转向力矩和车速来决定的。**

① 停车时的转向。转向系统应保证在汽车静止时，驾驶人可以轻松地转动转向盘。在汽车静止时，驾驶人作用在转向盘上的力使位于转向小齿轮上的转动杆旋转，转向力矩传感器 G269 察觉到旋转，并将计算出的转向力传给电子控制单元 J500，指示出一个"大"的转向力施加在转向盘上。转向盘转角传感器 G85 将"大"的转向盘转动角度传给转向助力控制单元 J500，同时转向盘转角传感器 G85 将当前转向盘转动速度传给转向助力控制单元 J500。根据大的转向力、大的转向盘转角、车速为 0km/h、发动机转速、转向盘转动速度及存储在转向助力控制单元 J500 中的 $v=0$km/h 的特性曲线，转向助力控制单元 J500 计算出需要一个"大"的助力力矩，并控制电动机开始工作。这样，**在汽车静止状态下，由电动机驱动的第二个小齿轮（驱动小齿轮）提供能量，产生大的转向助力驱动转向齿条。**施加在转向盘上的力矩和大的助力转向力矩的总和，是汽车在静止工况下最终驱动转向齿条的有效力矩。

② 城市工况下的转向。汽车在城市工况下行驶时，驾驶人作用在转向盘上的力使位于转向小齿轮上的转动杆旋转，转向力矩传感器 G269 察觉到旋转，并将计算出的转向力传给转向助力控制单元 J500，指示出一个"中等"的转向力施加在转向盘上。转向盘转角传感器 G85 将"中等"的转向盘转动角度传给转向助力控制单元 J500，同时转向盘转角传感器 G85 将当前的转向盘转动速度传给转向助力控制单元 J500。根据中等的转向力、

中等的转向盘转角、车速为50km/h、发动机转速、转向盘转动速度及存储在电子控制单元中的 $v=50$km/h 的特性曲线,电子控制单元计算出需要一个"中等"的助力力矩,并控制电动机开始工作。这样,在此种工况下,由电动机驱动的第二个小齿轮（驱动小齿轮）提供能量,产生中等的转向助力驱动转向齿条。施加在转向盘上的力矩和中等的助力转向力矩的总和,是汽车在城市工况下最终驱动转向齿条的有效力矩。

③ 高速公路工况下的转向。在高速公路上变换车道时,驾驶人对转向盘施加一个轻微的力,作用在转向盘上的力使位于转向小齿轮上的转动杆旋转,转向力矩传感器G269识别到旋转动作,并将计算出的转向力传给转向助力控制单元J500,指示出一个"小"的转向力施加在转向盘上。转向盘转角传感器G85将"小"的转向盘转动角度传给转向助力控制单元J500,同时转向盘转角传感器G85将当前的转向盘转动速度传给转向助力控制单元J500。根据小的转向力、小的转向盘转角、车速为100km/h、发动机转速、转向盘转动速度及存储在电子控制单元中的 $v=100$km/h 的特性曲线,控制单元计算出需要一个"小"的助力力矩,并控制电动机开始工作。这样,在高速公路上为实现变换车道,由电动机驱动的第二个小齿轮（驱动小齿轮）提供能量,产生小的转向助力驱动转向齿条,或者根本就不助力。施加在转向盘上的力矩和小的助力转向力矩的总和,是在高速公路上变换车道时最终驱动转向齿条的有效力矩。

④ 主动回正功能。如果驾驶人在转弯的过程中减小了施加在转向盘上的力矩,则旋转杆上的扭矩也相应减小,于是在转向力减小的同时,转向角度和角速度都相应地减小,回转速度也相应被精确地检测到。控制单元根据转向力、车速、发动机转速、转向角度、转向速度和存储在电子控制单元中的特性曲线,计算出电动机需要提供的必要的回正力,并控制电动机工作,促使车轮回到直线行驶的方向,即中心位置。

⑤ 直线行驶功能。直线行驶功能是主动回正功能的扩展。当没有力矩作用在转向盘上时,系统将产生助力,使车轮恢复到中心位置。为了实现直线行驶功能,又分为长时间法则和短时间法则两种情况。长时间法则是指当长时间发生背离中心位置的任何一侧时,系统将起平衡的作用,如将夏季使用的轮胎换到冬季使用。短时间法则是指当短时间发生背离中心位置的任何一侧时,系统将起平衡的作用,如受到侧向风时。当汽车受到持续的侧向力时,驾驶人将给转向盘一个力矩,使汽车保持直线行驶状态。此时,控制单元根据转向力、车速、发动机转速、转向角度、转向速度和存储在电子控制单元中的特性曲线,计算出要保持直线行驶状态电动机需要提供的必要的力矩,并控制电动机工作,使汽车回到直线行驶状态,从而减轻驾驶人的工作强度。

4.4.4 典型故障案例分析

1. 案例一：一辆大众迈腾轿车 EPS 故障报警灯忽然点亮,转向沉重

（1）故障现象。

一辆迈腾1.8TSI轿车在行驶过程中,电控助力转向系统故障报警灯忽然点亮,转向沉重。

（2）故障诊断与排除。

利用 VAS 5052A 故障诊断仪,选择 02-44-004-01,进入动力转向的自诊断功能,检查故障码存储器,读得故障码"00573,转向力矩传感器G269不可靠信号"。此故障码不能用仪器清除，是汽车的实时故障码。

将汽车举升以后，观察转向器，其外观并没有任何碰损痕迹，ESP 的辅助控制单元与驱动电动机外壳接合，装在转向器上部，转向力矩传感器与电子控制单元之间只有不到 20cm 长的外露线束，而且线束外表完好，暂时可排除线路导致的故障，需要对转向力矩传感器进行检测。

识别电动助力转向系统线路图，显示电子控制单元与转向力矩传感器 G269 之间是四条直通的导线，拔出转向力矩传感器 G269 的"T5Z"插头，测量传感器线束端子与电子控制单元间线路导通正常，故障可能出在传感器内部元件。拆开转向器后发现，转向力矩传感器所在部位有被水浸过发霉现象，转向柱连接元件已经生锈，检查其防尘防水的密封套和密封胶圈发现没有损坏现象，但其转向柱密封口张紧力不大，汽车涉水行驶时，有水从密封套上部的转向柱密封口部位浸入，导致转向力矩传感器的电子元件损坏。

更换一个新的转向力矩传感器，装回转向器，并清除故障码，因为拆过转向器，所以必须利用 VAS 5052A 故障诊断仪，进入引导型故障查询的基本设置功能，对转向盘转角传感器 G85 进行基本设置，完成后试车，确认故障排除。

（3）**故障总结**。

大众汽车电控助力转向系统故障多发生在电控系统传感器、电动机等硬件部分，而且很多是因为车主和维修人员不了解汽车采用的 EPS 的特点，在使用和维修过程中导致发生人为故障。

2. **案例二：一辆大众 Polo 轿车转向可变助力功能丧失，ABS 指示灯点亮，车速表指针不动**

（1）**故障现象**。

一辆大众 Polo 轿车的车主反映汽车可变助力功能丧失，同时仪表中的 ABS 指示灯点亮，仪表板中车速表指针不动。

（2）**故障诊断与排除**。

根据故障现象分析这三者之间可能存在关系。再进行试车，确实与车主叙述一致，汽车在静止状态下助力正常，但高速行驶时助力仍很明显，没有高速助力减小效果，同时车速表指针为 0，ABS 不起作用。

首先，利用 VAS 5052 故障诊断仪进入转向助力控制单元 J500，无故障码显示，各项数据流正常。然后进入 ABS 控制单元，发现其内记录一个故障码"车速传感器（G22）：不可靠信号"，进入数据流发现在行驶时显示为 0km/h。进入仪表电脑，同样读到"车速传感器（G22）：不可靠信号"故障码。说明车速传感器 G22 存在问题，常规检查后发现线束正常，更换轮速传感器，重新读取数据流，发现数据流正常，车速表指针正常动作，同时发现汽车在高速行驶过程中转动转向盘时转向变得有点沉重，说明可变助力功能正常。

（3）**故障总结**。

车速信号是助力转向控制单元 J500 的主要输入信号之一。通过车速传感器 G22 把信号送至仪表电脑，仪表电脑处理后把信号放在 CAN 总线上，助力转向控制单元 J500 和 ABS 控制单元 J104 根据需要到 CAN 总线上接收车速信号并用于各自的控制。若助力转向控制单元 J500 接收不到车速信号，则失去转向可变助力功能。

3. 案例三：一辆奥迪 A6L 轿车，转向感觉沉重，转向盘红色指示灯点亮。

(1) 故障现象。

一辆奥迪 A6L 轿车，发动机排量为 2L，转向感觉沉重，仪表上转向盘红色指示灯全亮，并且提示"转向系统故障，请勿继续行驶"。

(2) 故障诊断与排除。

利用 VAS 5054 故障诊断仪调取故障码，显示两个故障码：①B200049 控制单元损坏；②C10ACF0 转向系统未学习的端位。

因为转向系统的力矩传感器、位置传感器、电动机、电子控制单元与转向机集成于一体，所以上述元件即使出现单个故障点，也不可单独更换，如有故障则需更换转向机总成。

根据故障码推测控制单元损坏与 J500 有关，未学习的端位与位置传感器故障有关，或学习数据丢失。但转向盘红色指示灯全亮，说明系统确实存在故障，必须检修或更换，即使端位学习有故障，也只是亮起黄色指示灯，所以第二个故障码并不重要，重要的是第一个故障码：控制单元损坏。因为 VAS 5054 故障诊断仪可以进入地址码 44 实施诊断，且 J500 能够存储故障记录，线路出问题可能性几乎为零。即便如此，还是检查了相关控制线路，结果一切良好。初步确定，故障出在转向助力控制单元 J500 上，需更换转向机总成。

更换转向机总成，新控制单元总成安装后需要在线编程，并进行端位匹配。在线编程后，仪表上转向盘黄色指示灯依然点亮；然后对 G85 进行校准，校准工作可在 J527 或 J500 中按引导功能完成；接着做端位匹配，起动汽车，向左转动转向盘到底，并保持 20s 以上，向右转动转向盘到底并保持 20s 以上；转向盘回正后仪表转向盘黄色指示灯熄灭，故障排除。

(3) 故障总结。

转向系统自诊断故障指示的两种状态模式如下。

① 黄色指示灯在下述情况下会点亮。电控助力转向系统在没有进行极限位置（端位匹配）学习的情况下（或学习值丢失），故障存储器会记录下与端位匹配相关的故障，且助力转向功能会降至 60% 的水平，即转向系统助力降低，仪表显示屏上出现文字信息提醒驾驶人。在成功完成端位匹配后，黄色指示灯会自动熄灭，故障存储器内的记录也会自动清除。

② 红色指示灯在下述情况下会点亮。15 号接线柱接通后，系统内部自检，仪表控制单元 J285 会使该指示灯暂时亮起以检查其功能，如系统无故障，几秒后指示灯熄灭。自检不正常、系统存在故障时，红色指示灯一直点亮，仪表屏上会显示文字信息并存储故障记录，此时转向沉重，汽车不易操控，因为助力功能已降至不足 20% 的水平，甚至彻底失灵。

通过分辨两种颜色的指示灯，了解故障所在，从而有针对性地进行检查与排除故障，以免在无关紧要的部件检查上浪费较多时间。

1. 简述辛普森式自动变速器 D 位 2 挡的动力传递路线。

2. 简述拉维娜式自动变速器D位4挡的动力传递路线。
3. 绘制自动变速器电子控制系统组成框图并说明工作原理。
4. 简述无级变速器的特点及R位的动力传递路线。
5. 简述大众OAM 7挡双离合器式自动变速器D位4与D位5挡的动力传递路线。
6. 试比较无级自动变速器与双离合器式自动变速器的优缺点。
7. 绘制大众OAM 7挡双离合器式自动变速器的控制原理框图，并说明主要传感器和执行器的作用。
8. 简述滑移率的定义以及影响滑移率的主要因素。
9. 简述ABS的基本组成与工作过程。
10. 简述ASR的作用及主要控制措施。
11. 试比较ABS与ASR在组成和功能上的异同点。
12. 简述ESP对不足转向与过度转向的调整过程。
13. 简述电子控制悬架系统的分类方式。
14. 简述电子控制悬架系统的基本功能。
15. 实现减振器阻尼可调的主要方式有哪些？
16. 简述空气弹簧实现弹性功能的机理及优缺点。
17. 简述电控悬架系统油气弹簧的基本结构与工作原理。
18. 简述奥迪A6轿车电控悬架系统的组成及各元件功能。
19. 简述电子控制转向系统的作用及分类方式。
20. 简述大众汽车EPS的基本组成与工作原理。
21. 简述大众汽车EHPS中转向盘转角传感器的作用。
22. 与EHPS相比，EPS有何优点？

第 5 章
车载其他控制系统

 知识结构

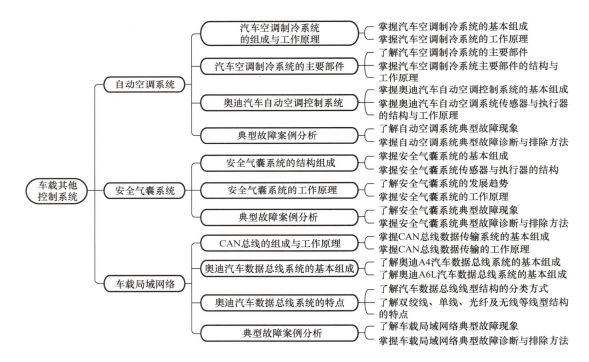

第 5 章 车载其他控制系统

随着电子技术特别是微型计算机技术的发展，越来越多的汽车装置采用电子控制技术，提高了工作效率与性能。除了前面提到的发动机管理系统和底盘控制系统以外，汽车上的电子控制系统还有很多，如自动空调系统、安全气囊系统、汽车防盗系统、车载导航系统、车载娱乐系统及车载局域网络等。本章以自动空调系统、安全气囊系统及车载局域网络为学习对象。自动空调系统可以调节车内的温度、湿度等，提供舒适的车内环境；安全气囊系统是一种汽车被动安全装置，可以提供有效的防撞保护；车载局域网络可以实现各种汽车控制系统之间的数据传输高速化和简单化。

5.1 自动空调系统

自动空调系统可以调节车内的湿度、温度、气流速度、空气洁净度，防止车窗玻璃结霜，使驾驶人保持清晰的视野，从而为安全驾驶提供基本保障，为乘员创造清新、舒适的车内环境。自动空调系统按功能可分为制冷系统、暖风系统、通风系统、空气净化系统和自动调节与保护系统五个基本组成部分。

自动空调系统1

（1）制冷系统。制冷系统对车内空气或由外部进入车厢的空气进行冷却，实现降低车厢温度的目的。作为冷源的蒸发器，其温度低于空气的露点温度，因此制冷系统还具有除湿作用。

（2）暖风系统（图 5.1）。暖风系统一般将发动机的冷却液引入空调加热器，通过鼓风机将被加热的空气吹入车厢，以提高车厢内空气温度；同时可以对前风窗玻璃进行除霜、除雾。

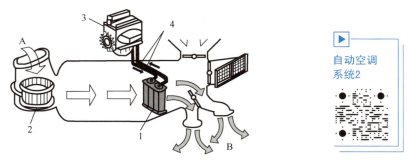

1—暖风水箱；2—鼓风机；3—发动机；4—发动机冷却液；A—进风口；B—出风口
图 5.1 暖风系统

自动空调系统2

（3）通风系统。通风一般分为自然通风和强制通风。自然通风是汽车行驶时，根据车外所产生的风压不同，在适当地方设置进风口和出风口来实现通风换气；强制通风是利用鼓风机强制将外界空气引入车厢，这种方式在汽车行驶时常与自然通风一起工作。在通风系统中设有空气处理室、送风道及翻板等部件。

（4）空气净化系统。空气净化系统一般由空气过滤器、出风口等组成，用来对进入车厢的空气进行过滤，有些高档汽车的空调装有负离子发生器或者臭氧发生器，用来消除车内异味、霉菌等污浊气体，保持车厢内空气清洁。

345

（5）自动调节与保护系统。空调系统设置有操纵机构、恒温器、膨胀阀等部件，可以使其自动运行。压力开关、压缩机泄压阀、压缩机温度保护开关可以使空调在安全状态下运行。

5.1.1 汽车空调制冷系统的组成与工作原理

汽车空调制冷系统按照节流装置形式不同，可分为膨胀阀式制冷系统、节流管式制冷系统等。

1. 膨胀阀式制冷系统

膨胀阀式制冷系统的组成如图 5.2 所示，主要有冷凝器、压缩机、膨胀阀、蒸发器、储液干燥器等。

汽车空调制冷系统1

汽车空调制冷系统2

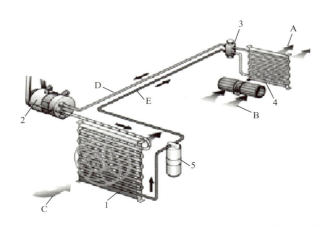

1—冷凝器；2—压缩机；3—膨胀阀；4—蒸发器；5—储液干燥器；
A，C—冷空气；B—暖空气；D—低压侧；E—高压侧

图 5.2　膨胀阀式制冷系统的组成

2. 节流阀式制冷系统

节流阀式制冷系统的组成如图 5.3 所示，主要有带有电磁离合器的压缩机、冷凝器、节流管、蒸发器等。

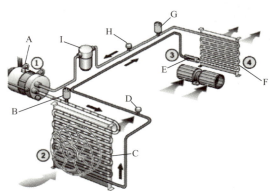

①—压缩过程；②—冷凝过程；③—膨胀过程；④—蒸发过程
A—带有电磁离合器的压缩机；B，G—低压开关；C—冷凝器；D—高压维修用接口；E—节流管；
F—蒸发器；H—低压维修用接口；I—集液器

图 5.3　节流阀式制冷系统的组成

3. 制冷系统的工作原理

下面以膨胀阀式制冷系统为例，介绍空调制冷系统的工作原理。制冷功能是指吸收车厢内空气中所含的热量和水分。车厢内热量主要由外部空气、阳光、路面、乘员、发动机等热源点产生。制冷循环就是利用有限的制冷剂在封闭的制冷系统中，周而复始地将制冷剂压缩、冷凝、膨胀、蒸发，在蒸发器中吸热汽化，对车厢内空气进行制冷降温。

膨胀阀式制冷系统的工作原理如图 5.4 所示，制冷循环分为以下四个工作过程。

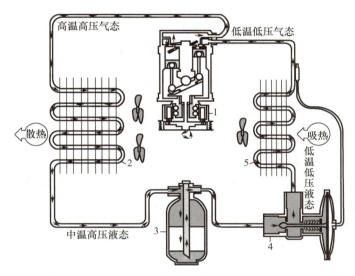

1—压缩机；2—冷凝器；3—储液干燥器；4—膨胀阀；5—蒸发器
图 5.4 膨胀阀式制冷系统的工作原理

（1）压缩过程。压缩机将蒸发器低压侧（温度约为 0℃、气压约为 0.15MPa）的低温、低压的气态制冷剂压缩成高温（70～80℃）、高压（1.5～1.7MPa）的气态制冷剂，这些气体与润滑油一起送往冷凝器冷却降温。

（2）冷凝过程。送往冷凝器的过热气态制冷剂的温度高于外部温度很多时，热量释放到比制冷剂温度低的空气中，向外散热，进行热交换，制冷剂被冷凝成中温、压力为 1.0～1.2MPa 的液态制冷剂。

（3）膨胀过程。冷凝后的液态制冷剂经过膨胀阀使流过空间体积增大，压力和温度急剧下降，变成低温（约为 −5℃）、低压（约为 0.15MPa）的雾状液体，以便进入蒸发器中迅速吸热蒸发。在膨胀过程中同时进行流量控制，以便供给蒸发器所需的制冷剂，从而达到控制温度的目的。

（4）蒸发过程。液态制冷剂通过膨胀阀变为低温、低压的雾状液体，流经蒸发器不断吸热汽化转换成低温（约为 0℃）、低压（约为 0.15MPa）的气态制冷剂，吸收车厢内空气的热量。从蒸发器流出的气态制冷剂又被吸入压缩机，增压后泵入冷凝器冷凝，进行制冷循环。

在整个系统中，膨胀阀是控制制冷剂进入蒸发器的机关，若太多制冷剂进入蒸发器则不易蒸发，太少则冷气不够，因此膨胀阀是调节中枢。

5.1.2 汽车空调制冷系统的主要部件

1. 压缩机

压缩机由发动机曲轴带轮驱动，吸入蒸发器中因吸热汽化的低压、低温制冷剂蒸气，并将其压缩成高温、高压制冷剂气体，经高压管送入冷凝器。

压缩机按照结构形式分为斜盘式、摆盘式、滚动活塞式、螺杆式、旋片式、涡旋式等，其中斜盘式压缩机应用最广。斜盘式压缩机又分为斜盘式定排量压缩机和斜盘式变排量压缩机。

（1）斜盘式定排量压缩机。

斜盘式定排量压缩机常简称斜盘式压缩机。斜盘式压缩机是一种轴向往复活塞式压缩机，是汽车空调压缩机中使用最广泛的一种。

斜盘式压缩机和摆盘式压缩机同属于轴向往复活塞式压缩机，其结构如图 5.5 所示。它们的不同是摆盘式压缩机的活塞运动属单向作用式，而斜盘式压缩机的活塞运动属双向作用式，所以有时把它们分别称为单向斜盘式压缩机和双向斜盘式压缩机。

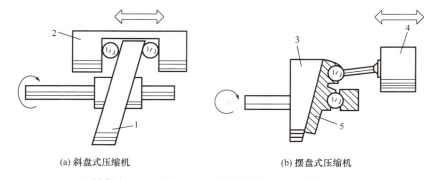

(a) 斜盘式压缩机　　　　　(b) 摆盘式压缩机

1—回转斜盘；2—活塞；3—楔形传动板；4—活塞；5—摆盘

图 5.5　斜盘式压缩机与摆盘式压缩机的结构

斜盘式压缩机的主要零件有缸体，前、后缸盖，前、后阀板，活塞等。斜盘式压缩机的剖视图如图 5.6 和图 5.7 所示。斜盘固定在主轴上，钢球用滑靴和活塞的连接架固定。钢球的作用是使斜盘的旋转运动经钢球转换为活塞的直线运动时，由滑动转换为滚动，以减少摩擦阻力和磨损，延长滑板的使用寿命。

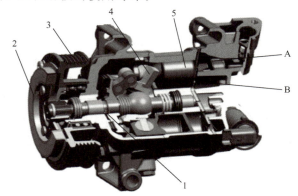

A—吸入腔；B—排出腔；1—传动轴；2—电磁离合器；3—带轮；4—斜盘；5—活塞

图 5.6　斜盘式压缩机的实物剖视图

车载其他控制系统 第5章

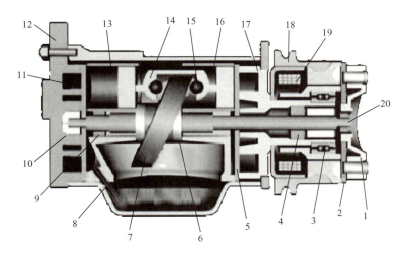

1—离合器；2—套筒；3—带轮轴承；4—轴封；5—前阀板；6—轴承；7—斜盘；8—吸油管；9—轴承；
10—机油泵；11—后阀板；12—后缸盖；13—后气缸；14—活塞；15—钢球；16—前气缸；17—气缸盖；
18—带轮；19—离合器线圈；20—主轴

图 5.7　斜盘式压缩机剖视图

斜盘式压缩机有两种润滑方式，一种是采用油泵强制润滑，这种压缩机制冷量较大；另一种是设置油池，没有油泵，依靠冷冻机油和制冷剂一起循环时在吸气腔内因压力和温度下降而分离出的冷冻机油来润滑压缩机各组件，与摆盘式压缩机的工作原理类似。

斜盘式压缩机工作原理如下：当主轴 20 带动斜盘转动时，斜盘便驱动活塞 14 做轴向移动，由于活塞在前后布置的气缸中同时做轴向运动，相当于两个活塞做双向运动，即当前气缸活塞向左移动时，排气阀片关闭，余隙容积（由于压缩机结构、制造、装配、运转等方面的需要，气缸中某些部位留有一定的空间或间隙，将这部分空间或间隙称为余隙容积，又称有害容积或存气）的气体先膨胀，在缸内压力略小于吸气腔压力时，吸气阀片打开，低压蒸气进入气缸开始了吸气过程，一直到活塞 14 向左移动到终点为止；当后气缸活塞向左移动时，开始压缩过程，蒸气不断压缩，压力和温度不断上升。当压缩蒸气的压力略大于排气腔压力时，排气阀片打开，转到排气过程，一直到活塞 14 移动到左边为止。**这样斜盘每转动一周，前后两个活塞各自完成吸气、压缩、排气、膨胀过程，完成一个循环，相当于两个工作循环**。这意味着如果缸体截面均匀分布 5 个气缸和 5 个双向活塞，主轴旋转一周，相当于 10 个气缸工作。所以，这种 5 缸、5 个双向活塞布置的压缩机为斜盘式十缸压缩机。

由于斜盘式压缩机活塞具有双向作用，因此在它的两边装有前、后阀总成，各总成上都装有吸气阀片和排气阀片，而且前、后缸盖上都有各自相通的吸气腔和排气腔，吸、排气缸用阀垫隔开。

（2）斜盘式变排量压缩机。

斜盘式定排量压缩机的排气量随发动机转速的提高而增大，它不能根据制冷负荷自动改变排气量，对发动机油耗影响比较大。它一般通过采集蒸发器出口的温度信号控制，当温度达到设定值时，空调压缩机电磁离合器分离，压缩机停止工作；当温度升高时，电磁

349

离合器接合，压缩机再次工作。斜盘式定排量压缩机也受空调制冷系统压力控制，当管路内压力过高或过低时，空调压缩机停止工作。**斜盘式变排量压缩机可根据制冷负荷自动改变输气量，使空调系统运行更加经济。**

斜盘式变排量压缩机的组成如图 5.8 所示，可以根据设定的温度自动调节功率输出。空调控制系统不采集蒸发器出风口的温度信号，而是**根据空调管路内的压力变化信号控制压缩机的压缩比来自动调节出风口温度**。在制冷过程中，压缩机始终是工作的，制冷强度调节完全依赖装在压缩机内部的压力调节阀。当空调管路内高压端的压力过高时，压力调节阀缩短压缩机内活塞行程以减小压缩比，从而降低制冷强度。当高压端压力下降到一定程度，低压端压力上升到一定程度时，压力调节阀增大活塞行程以提高制冷强度。

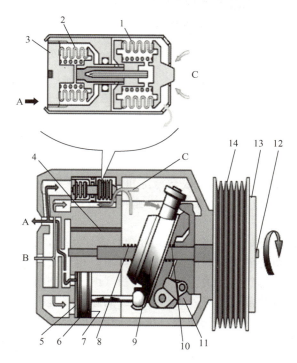

1，2—波纹管；3—调节阀；4—节流孔；5—活塞上侧；6—活塞；7—活塞下侧；8，10—弹簧；
9—斜盘；11—驱动轴套；12—输入轴；13—电磁离合器；14—皮带轮；A—高压端压力；
B—低压端压力；C—腔内压力

图 5.8　斜盘式变排量压缩机的组成

斜盘式变排量压缩机的工作原理如下：**传动轴的转动传至传动装置，通过旋转斜盘将旋转运动转换为压缩机活塞的往复运动，旋转斜盘沿滑轨垂直运动，旋转斜盘或传动装置的角度（该角度随活塞顶部和底部的压力变化而变）决定活塞行程，从而决定输送流量。**腔内压力取决于调节阀上的压力及标定的节流孔。

当需要大排量时，压缩机吸入压力大于控制点的压力，调节阀 3 开度增大，压缩机曲轴箱与吸入口之间的压力接近零，弹簧 8 伸长，弹簧 10 被压缩，使 5 个活塞斜盘倾角增大，排量也增大，制冷能力提高。反之，压缩机吸入压力小于控制点的压力，调节阀 3 开度减小，压缩机曲轴舱内与吸入口之间的压力差增大，弹簧 10 伸长，弹簧 8 被压缩，使 5

个活塞斜盘倾角减小,排量也减小,制冷能力下降。

制冷剂流量越大,制冷效率越高(腔内压力处于低压状态),波纹管 2 被高压压缩,较高的低压压缩波纹管 1,调节阀 3 开启,低压侧的腔内压力下降,柱塞顶部压力与弹簧的合力大于柱塞底部的腔内压力,斜盘倾斜角度增大,柱塞行程增长,从而增大输出流量;制冷剂流量越小,制冷效率越低(腔内压力处于高压状态),波纹管 2 伸长,相对较低的低压也使波纹管 1 伸长,调节阀 3 关闭,在腔内压力的作用下低压侧关闭,在经标定的节流孔的作用下腔内压力升高,柱塞顶部的高压降低至小于柱塞底部的腔内压力,旋转斜盘倾斜角度减小,柱塞行程缩短,从而减小输出流量。

斜盘式变排量压缩机的主要优点如下:**避免了对发动机的冲击,使温度及蒸发器低压保持稳定,延长了压缩机的使用寿命,减少了功率消耗**。

斜盘式压缩机实现容量变化的形式很多,但原理相似,归根结底都是采用电磁阀或机械阀来调节气缸内余隙容积,使排气量发生变化,从而达到调节制冷量的目的。

2. 冷凝器

冷凝器是一种由管子与散热片组合的热交换器。其作用是冷却压缩机排出的高温、高压制冷剂蒸气,使其凝结为高压制冷剂液体。

冷凝器均采用风冷式结构,如图 5.9 所示。其冷凝原理如下:**让外界空气强制通过冷凝器的散热片,带走高温制冷剂蒸气的热量,使之成为液态制冷剂**。制冷剂蒸气放出的热量被周围空气带走,排到大气中。

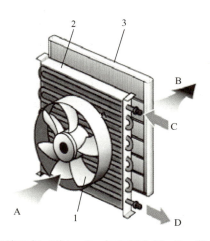

A—环境空气(冷);B—环境空气(热);C—气态制冷剂;D—液态制冷剂;1—冷却风扇;
2—冷凝器;3—冷却器(水箱)

图 5.9 冷凝器

冷凝器总是安装在汽车前部,风扇将风吹过散热装置,以利于排出热量。

3. 蒸发器

蒸发器是一种热交换器,如图 5.10 所示。**其作用是将液态低温制冷剂在低压下蒸发,转变成低温的气态制冷剂,吸收周围空气中的热量来制冷**;同时空气中的水分和湿气会凝结在蒸发器芯的外表面而形成水流出,达到干燥空气的作用。

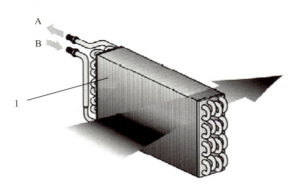

A—制冷剂出口（气态）；B—制冷剂入口（液态）；1—蒸发器

图 5.10　蒸发器

4. 储液干燥器

储液干燥器用于膨胀阀式空调系统，安装在冷凝器出口与膨胀阀入口之间。密封的储液罐与冷凝器出口管连接，用于干燥、过滤制冷剂及贮存来自冷凝器的制冷剂和机油。如图5.11所示，自冷凝器出来的高温高压液体从入口进入储液干燥器，在储液干燥器内有两层过滤器，一层为粗滤，另一层为细滤，这样可以防止杂质在系统内循环；中间是一层干燥剂，可以吸收系统中的水分。经过过滤和干燥的制冷剂只能从储液干燥器底部出来，流到膨胀阀，以保证从储液干燥器出来的都是液态制冷剂。

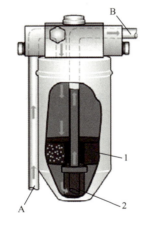

A—自冷凝器；B—至膨胀阀；1—干燥剂；2—过滤器

图 5.11　储液干燥器

5. 集液器

集液器用于节流阀式空调系统，安装在蒸发器出口与压缩机入口之间。如图5.12所示，从蒸发器流出的制冷剂进入集液器，如果其中含有水分，则会通过储液干燥器过滤掉。气态制冷剂收集在塑料盖的顶部，再通过U形管进入压缩机，以确保制冷剂吸入的全部为气态制冷剂。液态制冷剂和一部分冷冻机油收集在集液器的底部，通过下面的节流孔以蒸气形式进入压缩机。外面的滤网可以滤除制冷剂中的杂质。

6. 膨胀阀

膨胀阀安装在蒸发器入口处。其主要作用有两个：一是节流，高温高压的液态制冷剂经过膨胀阀的节流孔节流后，成为低温低压的雾状液态制冷剂，为制冷剂的蒸发创造条件；二是控制制冷剂流量，一旦液态制冷剂进入蒸发器，就会被蒸发为气态，吸收热量，降低车厢内温度。膨胀阀控制制冷剂的流量，保证蒸发器的出口处完全为气态制冷剂。若流量过大，则出口含有液态制冷剂，进入压缩机产生液击；若制冷剂流量过小，则提前蒸发完毕，造成制冷不足。

车载其他控制系统 第 5 章

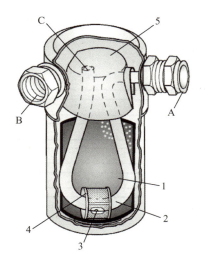

A—至压缩机；B—自蒸发器；C—气态制冷剂进气口；1—干燥剂；2—U形管；3—节流孔；
4—过滤器；5—塑料盖

图 5.12 集液器

按照平衡方式不同，膨胀阀分内平衡式膨胀阀和外平衡式膨胀阀。内平衡式膨胀阀如图 5.13 所示。感温包内充注制冷剂，放置在蒸发器出口管道上，感温包和膜片上部通过毛细管相连，感受蒸发器出口制冷剂温度，膜片下面感受到的是蒸发器入口压力。如果空调负荷增大，液压制冷剂在蒸发器内提前蒸发完毕，则蒸发器出口制冷剂温度升高，膜片上压力增大，推杆使膨胀阀开度增大，进入蒸发器中的制冷剂流量增大，制冷量增大；如果空调负荷减小，则蒸发器出口制冷剂温度降低，以相同作用原理使膨胀阀开度减小，从而控制制冷剂的流量。内平衡式膨胀阀工作原理如图 5.14 所示。

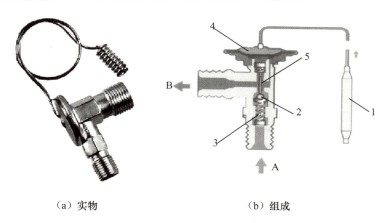

（a）实物　　　　　　　　　（b）组成

A—制冷剂入口；B—制冷剂出口；1—感温包；2—阀球；3—压力弹簧；4—膜片；5—推杆

图 5.13 内平衡式膨胀阀

外平衡式膨胀阀如图 5.15 所示，外平衡式膨胀阀的工作原理如图 5.16 所示，与内平衡式膨胀阀的组成、工作原理基本相同。两者的区别如下：**外平衡式膨胀阀膜片下感受到的是蒸发器出口压力，内平衡式膨胀阀膜片下感受到的是蒸发器入口压力。**

353

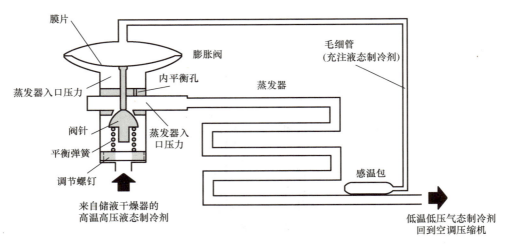

图 5.14　内平衡式膨胀阀的工作原理

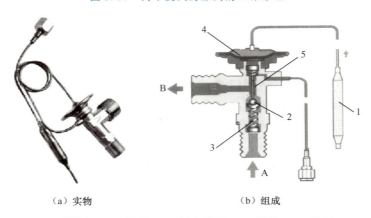

（a）实物　　　　　（b）组成

1—感温包；2—阀球；3—压力弹簧；4—膜片；5—推杆

图 5.15　外平衡式膨胀阀

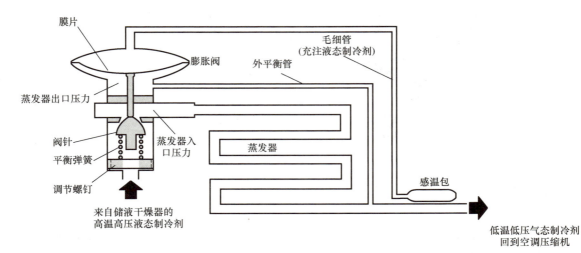

图 5.16　外平衡式膨胀阀的工作原理

7. 节流管

节流管如图 5.17 所示，是位于蒸发器前部的一段狭长管路，与膨胀阀作用相同，但它只是一个长度固定、不能调节的元件，依靠高低压侧的压力差来调节进入蒸发器的制冷剂量。节流管是制冷环路中高压区与低压区的分界，对流过的制冷剂进行"节流"。节流管前段的制冷剂处于温暖高压状态，制冷剂通过节流管后，压力立刻下降，制冷剂处于低温低压状态。

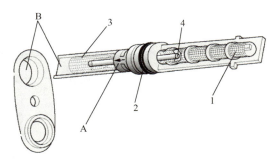

A—安装方向；B—至蒸发器；1—过滤网；2—O 形密封圈；3—雾化网；4—节流管
图 5.17 节流管

5.1.3 奥迪汽车自动空调控制系统

奥迪汽车采用的是自动空调控制系统。汽车空调自动温度控制也称恒温空调系统。自动空调控制系统的空气循环控制是由空调控制单元从传感器得到信息，并将其与控制单元中的理论值进行对比，再控制单元输出信号，从而控制电器部件（终端控制）。一旦设定目标温度，自动空调控制系统就自动控制与调整，使车内温度保持在设定值。

自动空调控制系统包括温度传感器、控制单元、执行机构等，如图 5.18 所示。其中温度传感器有车外气体温度传感器、车内气体温度传感器、日照传感器（阳光强度传感器）及蒸发器温度传感器。

自动空调控制系统不仅能根据乘员的需要吹出最适宜温度的风，而且能调节风速和风量，改变压缩机的运行状态，并具有故障自诊断功能。

空调控制单元（带显示和操作单元）如图 5.19 所示，收集并处理各传感器传递来的温度、压力、转速、车内空气质量及停车时间等信号，并输出一组控制信号，控制电磁离合器、鼓风机、伺服电动机和翻板等执行元件进行工作。

1. 环境温度传感器 G17

环境温度传感器也称车外温度传感器、外界空气温度传感器、大气温度传感器。环境温度传感器由负温度系数电阻制成，当车外温度变化时其电阻发生改变。环境温度传感器一般安装在前保险杠内或水箱之前，如图 5.20 所示，易受环境影响，包在一个注塑树脂壳内，以免对温度的突然变化作出反应，使其能准确地检测车外的平均温度。控制单元根据这个温度信号操纵温度翻板和新鲜空气鼓风机工作。如果这个温度信号失效，则使用另一个温度传感器（新鲜空气进气温度传感器）的测量值取代。如果后者也失效了，则用 +10℃ 这个替代值继续工作，此时循环空气模式不能使用。

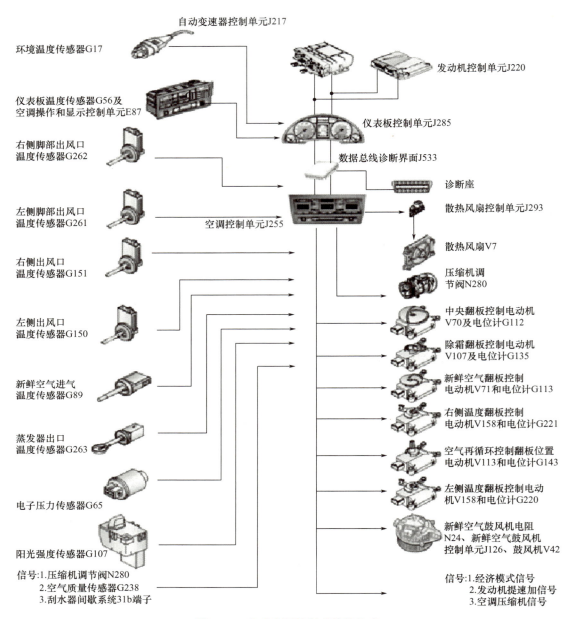

图 5.18　自动空调控制系统的构成

2. 电子压力传感器 G65

新一代奥迪汽车上安装了电子压力传感器（图 5.21），以代替压力开关。它是根据硅晶片在不同压力下的电特性，以数字信号实施控制，从而提高控制精度，使风扇的接通、切断具有延时性，风扇运转更平稳，乘坐更舒适；它能全程监控循环系统中的制冷剂压力，提高了系统的安全性。

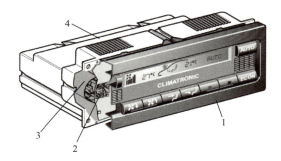

1—显示和操作单元；2—仪表板温度传感器 G56；3—鼓风机 V42；4—空调控制单元
图 5.19 空调控制单元（带显示和操作单元）

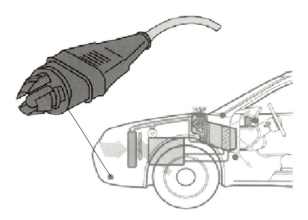

图 5.20 环境温度传感器安装位置

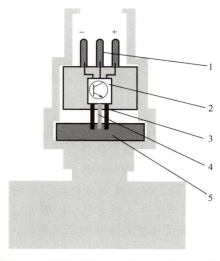

1—脉冲宽度调制信号；2—微处理器；3—输入电压；4—测试电压；5—硅晶片
图 5.21 电子压力传感器

3. 蒸发器出口温度传感器 G263

蒸发器出口温度传感器安装在蒸发器翼片上，以精确感应蒸发器的温度。其采用热敏电阻制造，具有负温度系数特性。当蒸发器出口温度传感器温度为-1~0℃时，空调控制单元切断电磁离合器的供电（定排量压缩机）或调整压缩机的排量（变容量压缩机），以防止蒸发器结冰。

4. 新鲜空气进气温度传感器 G89

新鲜空气进气温度传感器位于新鲜空气进气道中，如图5.22所示，其实际就是外部实际温度的第二个测量点。控制单元按照这个温度信号来操纵温度翻板和新鲜空气鼓风机工作。如果这个温度信号失效，则使用另一个温度传感器（车身前部的外部温度传感器）的信号。

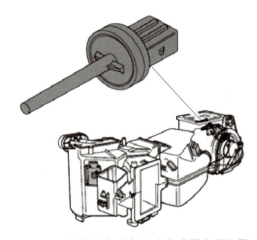

图 5.22　新鲜空气进气温度传感器安装位置

5. 出风口温度传感器 G150、G151、G261、G262

各出风口温度传感器的作用类似，出风口温度信号传递给空调控制单元 E87，以调节各翻板和新鲜空气鼓风机工作。出风口温度传感器具有负温度系数特性，一般安装于各出风口管道上。

6. 阳光强度传感器 G107

阳光强度传感器安装在前风窗玻璃内侧，测量直接照射在乘客身上的阳光强度，以作为制冷系统的控制依据，可以更好地改善乘车的舒适程度。

阳光强度传感器如图5.23所示。阳光从前方直接以斜线方向照在乘客身上，会使乘客感到很热；阳光通过滤色片2（滤色片2对光电二极管4起保护作用）和光学元件3照射在光电二极管4上，此时阳光强度传感器接收的阳光很强，流过光电二极管4的电流增大，空调控制单元J225根据该信息把车内温度降下来。当光线以垂直方向照在车身上时，乘客身上无阳光，阳光强度传感器接收不到阳光，流过光电二极管4的电流很小，车内温度仍保持原来的水平。当阳光强度传感器失效或出现故障时，没有任何其他替代功能，空调控制单元 J225 会自动转换为常规模式控制车内温度。

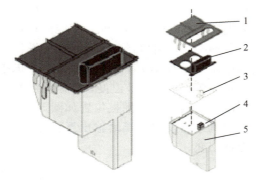

1—盖子；2—滤色片；3—光学元件；4—光电二极管；5—外壳
图 5.23　阳光强度传感器

7. 仪表板温度传感器 G56 和鼓风机 V42

如图 5.19 所示，仪表板温度传感器一般直接装在显示和操作单元内，它将车内的实际温度值传给显示和操作单元。在仪表板温度传感器的后面安装一个鼓风机，鼓风机不断地将车内的空气吹向仪表板温度传感器，使仪表板温度传感器的测量值更符合实际。显示和操作单元接收来自仪表板温度传感器的信号，与设定的目标温度值进行比较，控制温度翻板位置及鼓风机转速，进一步提高温度控制精度。如信号中断，则显示和操作单元将用 24℃代替。

8. 鼓风机控制

当空调处于自动模式时，空调控制单元根据设定的温度、车内现有温度、车外温度、阳光强度、蒸发器温度等信号，控制不同的鼓风机转速。人工控制鼓风机转速时，退出自动模式。

9. 散热风扇控制单元 J293 及散热风扇 V7

空调控制单元 E87 根据冷却液温度及制冷剂压力信号控制风扇的运转速度，散热风扇控制单元根据空调控制单元发出的风扇运转请求信号直接控制风扇转速。

10. 空调压缩机控制

当驾驶人选择 A/C 模式时，空调控制单元使压缩机离合器的电磁线圈搭铁，触点闭合，电流通过压缩机离合器电磁线圈使离合器结合，带盘带动压缩机转动。当车外温度传感器显示温度低于设定值时，空调控制单元使压缩机离合器不起作用；同理，当传感器显示节气门全开或发动机高速运转时，空调控制单元使压缩机离合器不起作用。对于斜盘式变排量压缩机，由空调控制单元控制调节阀开度，进而控制压缩机斜盘角度，达到变排量控制的目的。

11. 空调空气管路及送风系统

空调空气管路及送风系统的作用是将制冷、采暖、送风等有机地配合调节、输送和分配，形成舒适的汽车室内环境。

送风系统包括冷却机组、加热机组、鼓风机组三部分。冷却机组控制送风温度和湿度；加热机组控制送风温度和除霜送风；鼓风机组切换新鲜空气与内部空气之间的进气、净化空气并控制风量等。

空调控制单元通过计算、比较设定温度所表示的电阻阻值与车内温度传感器阻值、车外温度传感器阻值、出口处温度传感器阻值和日照、节能修正量的电阻阻值之和，作出相应的判断后向执行机构发出各种指令，由执行机构执行相应操作。通过按下按钮向空调控制单元输入各种信号，空调控制单元通过计算分析、比较后发出指令，接通相应电路使伺服电动机转动，打开相应的出风口翻板并调节温度，控制温度翻板的位置。

空调箱体结构及最大制冷模式输出时各翻板位置如图 5.24 所示，此时温度翻板关闭流经暖风水箱的空气通道，空气经蒸发器降温后输出至各出风口。如此时压缩机不工作，则流经蒸发器的空气温度保持不变。

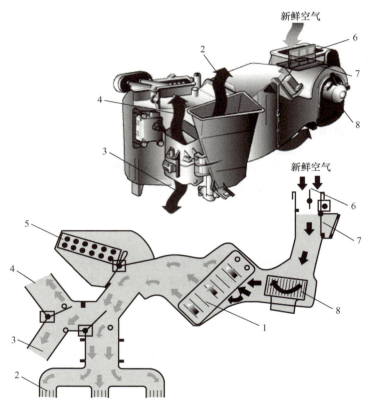

1—蒸发器；2—仪表台中间出风口；3—脚部出风口；4—除霜；5—暖风水箱；
6—新鲜空气翻板；7—内外循环翻板；8—鼓风机

图 5.24　空调箱体结构及最大制冷模式输出时各翻板位置

最大制热模式如图 5.25 所示，此时温度翻板处于将所有空气流经暖风水箱通道的位置，所有空气经暖风水箱加热后输出至各出风口。此模式下蒸发器不工作，即压缩机停止工作。

混合模式如图 5.26 所示，此时温度翻板处于最大制热模式与最大制冷模式之间。空气经过蒸发器降温后，一部分流经暖风水箱通道，经暖风水箱加热后，与降温后的冷空气混合，经各出风口输出。此模式下压缩机工作时，流经蒸发器的空气会被除湿，有利于清除风窗玻璃上的雾气。

由于不同乘客对温度的要求不同，因此有些汽车自动空调可以独立设置驾驶侧和副驾驶侧出风口温度。独立控制左右侧温度的空调箱体结构如图 5.27 所示。在空气分配器壳

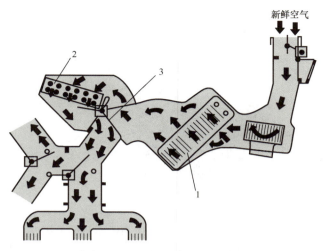

1—蒸发器；2—暖风水箱；3—温度翻板
图 5.25　最大制热模式

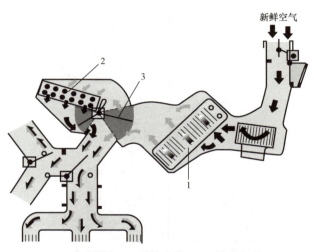

1—蒸发器；2—暖风水箱；3—温度翻板
图 5.26　混合模式

体中，气流分成冷、暖气流以及左、右气流。根据所需的温度情况，温度翻板会为车内分配好冷、暖气流所占的比例。

图 5.28 所示为独立控制左右侧出风口温度示意，左侧为最大冷风位置，此时左侧暖风通道完全关闭，空气流经蒸发器由左侧出风口吹出。右侧为最大暖风位置，冷风通道完全关闭，空气经暖风水箱加热后由右侧出风口吹出。

各翻板位置由伺服电动机控制，每个伺服电动机都配有一个电位计，每个电位计通过一个反馈值将翻板位置告知空调控制单元。位于空调箱体上的传感器及执行器元件位置如图 5.29 所示。

翻板伺服电动机的外形及电路图如图 5.30 所示。

(1) **温度翻板伺服电机**。

温度翻板执行器采用一个电控电动机，根据驾驶人设定的温度，自动控制温度翻板的

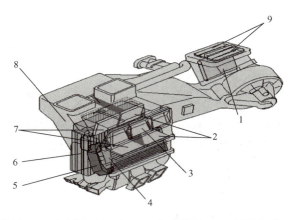

1—内外循环翻板；2—右侧温度翻板；3—中央翻板；4—辅助加热；5—暖风水箱；
6—蒸发器；7—左侧温度翻板；8—空调箱体；9—新鲜空气翻板

图 5.27 独立控制左右侧温度的空调箱体结构

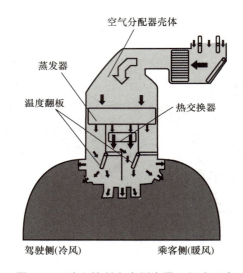

图 5.28 独立控制左右侧出风口温度示意

位置，以控制车厢内温度。

当驾驶人设定温度为 22℃时，如果车厢内温度低于 22℃，则空调控制单元发送指令给电动机，温度翻板关闭蒸发器侧通道，打开从暖气散热器一侧来的通道，使车厢内温度迅速升高到 22℃；当驾驶人设定温度为 22℃，而车厢内温度高于 22℃时，空调控制单元发送指令给电动机，温度翻板打开从蒸发器一侧来的通道，关闭暖气散热器一侧的通道，并使鼓风机电动机高速运转，车厢内温度迅速下降到 22℃。

（2）新鲜空气翻板伺服电动机。

新鲜空气翻板伺服电动机控制车内的空气再循环，防止外界空气进入车厢，使车厢内的温度快速降低。但是长时间采用空气再循环模式，会使车厢内二氧化碳浓度和湿度增大，风窗玻璃结雾。因此使用车内空气再循环模式一般不要超过 15min。

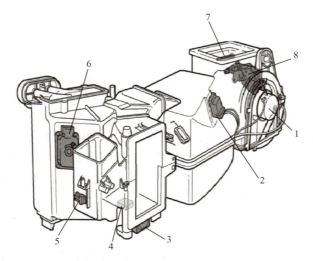

1—鼓风机；2—鼓风机模块；3—中央翻板伺服电动机；4—温度翻板伺服电动机；5—脚部通风温度传感器；6—脚部/除霜翻板伺服电动机；7—进气口温度传感器；8—新鲜空气/循环空气翻板伺服电动机

图 5.29 位于空调箱体上的传感器及执行器元件位置

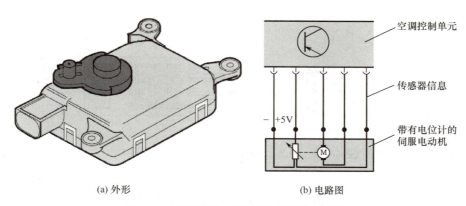

(a) 外形　　　　　　　　　(b) 电路图

图 5.30 翻板伺服电动机的外形及电路图

(3) 新鲜空气/循环空气翻板伺服电动机。

当新鲜空气翻板伺服电动机处于再循环模式时，控制翻板打开，使车厢内空气经翻板流通再循环。当新鲜空气翻板伺服电动机处于外部空气模式，即外界新鲜空气进入车厢时，翻板关闭，防止车内空气再循环。

在有些汽车上新鲜空气翻板和新鲜空气/循环空气翻板共同使用一个伺服电动机驱动。这两个翻板通过一个驱动带轮（有两个导轨）分别调节。

(4) 中央翻板伺服电动机。

中央翻板伺服电动机用于控制中央出风口翻板的开启和关闭。

(5) 脚部/除霜翻板伺服电动机。

脚部/除霜翻板伺服电动机控制空气吹向脚部或前风窗玻璃。当同时开启除霜、脚部风向时，脚部/除霜翻板位于中间位置，此时脚部及前风窗玻璃出风口同时有空气吹出。

12. 循环空气模式及新鲜空气模式

空调系统在进行空气准备时有两种空气模式可用：新鲜空气（外部空气）和循环空气（内部空气）。

循环空气模式可以通过手动或自动控制方式执行。对于手动空调装置来说，通过控制和操纵循环空气模式，驾驶人可决定何时使用循环空气模式以及使用时间。一些型号的自动空调装置已经采用自动方式操纵循环空气模式了。一旦有害物质进入车外空气，新鲜空气的输送就被切断了。对于手动操纵循环空气模式的空调装置来说，当驾驶人感觉到车厢内的空气不适时才启用循环空气模式，车厢内的空气已经被外来的空气污染。而对于自动操纵循环空气模式的空调装置来说，在通过传感器识别出空气中存在有害物质时，车上的通风系统自动关闭，此时异味尚未进入车厢内。

空气质量传感器的工作原理如下：当空调开启自动空气循环功能时，空气质量传感器探测到车外空气中的有害物质，如果有害物质浓度较高，空调控制单元就会根据这个信号将新鲜空气模式转换成循环空气模式。如果有害物质浓度降低，则车厢内又恢复成新鲜空气模式。自动空气循环功能可以通过手动开闭。

空气质量传感器如图 5.31 所示。当探测到空气中有污染物时，会在驾驶人还未感觉到不适气味前自动关闭通风系统，进入循环空气模式；当污染程度下降到一定值时，会自动恢复车厢内的新鲜空气供给。

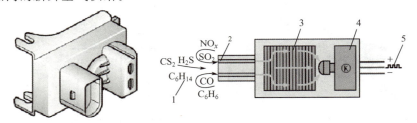

1—污浊的空气；2—新鲜空气进口；3—组合过滤网；4—空气质量传感器 G238；5—至空调控制单元的信号

图 5.31　空气质量传感器

空气质量传感器可以探测的主要有害物质有一氧化碳（CO）、乙烷（C_6H_{14}）、苯（C_6H_6）、庚烷（C_7H_{16}）、氮氧化物（NO_x）、二氧化硫（SO_2）、硫化氢（H_2S）、二硫化碳（CS_2）等，当空气质量传感器到达保养周期时，必须更换。

5.1.4　典型故障案例分析

1. 案例一：帕萨特轿车汽车空调制冷效果不佳

（1）故障现象。

一辆帕萨特 1.8T B5 轿车，汽车空调制冷效果不佳，甚至出热风。

（2）故障诊断与排除。

帕萨特 B5 轿车全部装配自动空调系统，其工作均由空调控制单元控制。

根据上述故障现象，接车后试车，发现空调各出风口温度明显比其他汽车的高。首先用 VAS 5051 故障诊断仪检测，无故障码。然后检查空调压缩机是否运转；将发动机转速提高为 2500r/min，打开空调，根据经验由于压缩机参与工作，增大了发动机的负荷，发动机转速下降 300~400r/min,这是判断空调压缩机是否工作的最简单有效的方法。从发动机转速可判断压缩机吸合,接着进 08-01 读取数据流,第 1 区显示 0,也说明压缩机吸合。

接着怀疑冷凝器散热不良或管路压力不正常。检查冷凝器,表面清洁,电子风扇高速运转。检查压力,高压为 1500kPa,低压为 220kPa,压力正常。但为何制冷效果不好?唯一的解释就是管路堵塞。帕萨特 B5 轿车采用变排量压缩机,早期的膨胀阀被节流管代替,制冷剂经过固定截面的节流管由高压变成低压。整个制冷管路中直径最小处就是节流管,拆下检查,发现节流管中滤网严重堵塞。更换节流管后,故障排除。

(3) **故障总结**。

帕萨特 B5 轿车采用可变排量压缩机,其系统可根据制冷管路高、低压侧压力来改变活塞的有效行程,从而使管路压力稳定,不会随发动机转速变化而出现压力波动,大大提高了空调稳定性和汽车燃油经济性,使得管路压力不会因为管路堵塞而出现过高的现象。

2. 案例二:帕萨特 B5 轿车空调冷风突然变成热风,但过一段时间又能恢复正常

(1) **故障现象**。

帕萨特 B5 轿车行驶 10min 后,空调冷风突然变成热风,但过一段时间又能恢复正常。

(2) **故障诊断与排除**。

帕萨特 B5 轿车制冷系统采用变排量压缩机。变排量压缩机的排量根据高压压力与低压压力之差,在 4%~97% 之间调节排量。

当压缩机刚起动工作时,由于高、低压力趋于平衡,因此排量为 40%~50%。随着压缩机的工作,高压升高,低压降低,高低压差推动压缩机向大排量转移,直至最大排量。但对于外界温度过高或冷凝器脏污散热不良的,高压压力升高,当高压压力达到 1.6MPa 以上时,压缩机内高压阀打开,窜通高、低压通道,使高低压差降低,压缩机排量减小,低压升高,高压下降,制冷量减小,热负荷减小,高压被限制。

鉴于以上原因,变排量压缩机制冷系统采用以下控制。

① 冷凝器电子风扇的起动取决于高压压力。定排量压缩机工作时,冷凝器电子风扇开始工作。变排量压缩机制冷系统为了使高压快速升高,压缩机初始工作时,冷凝器电子风扇不工作,只有当高压压力达到 1.4~1.6MPa 时,电子风扇才起动,以降低冷凝器温度。

② 高压压力过高而产生变量。为了防止冷凝器及管路损失,当高压压力达到或超过 1.6MPa 时,压缩机将进行变量降压,使制冷量减小,出风口温度升高。

经分析,该故障是由电子风扇起动过迟或压缩机过早变量造成的。因为电子风扇起动过迟,所以当系统压力大于 1.5MPa 时,冷凝器压力上升,超过 1.6MPa 后,压缩机变量工作造成制冷量下降,出风温度升高。另外,压缩机运行一段时间后,内部高压阀弹簧老化,高压限制压力降低,压缩机就会在电子风扇起动前进行变量,使制冷量减小,也会出现制冷不良。

于是检查冷却水散热器、冷凝器,发现冷凝器表面很脏,清洗表面后试车,空调工作正常。

(3) **故障总结**。

由于冷凝器脏污造成散热不良,因此管路中的制冷剂温度升高,压力升高。而此时电子风扇并未工作，只有在系统压力达到 1.5～1.6MPa 时才开始工作，相对而言起动过迟，制冷量减小。而一旦电子风扇工作，温度和压力将随之下降，压缩机再次满负荷工作，制冷量恢复正常。该故障的一般表现是出风时冷时热，一旦散热严重不良，空调系统就不工作，这种故障在空调维修中也比较常见。

3. 案例三：一辆奥迪 A6 轿车，空调控制面板上各按键指示灯均点亮，按压各按键均无效

（1）故障现象。
一辆奥迪 A6 轿车，空调控制面板上各按键指示灯均点亮，按压各按键均无效。

（2）故障诊断与排除。
首先用 VAS 5051 故障诊断仪检测，出现故障码 65535（控制单元损坏），更换空调控制单元，汽车空调工作仍然不正常。

然后用 VAS 5051 故障诊断仪进行编码和初始设置，按照自诊断步骤 08－07 进行编码，输入 00060 并存储。接着按照 08－04－001 进行初始设置，翻板依次起动：左侧温度翻板 V158→右侧温度翻板 V159→通风翻板 V71→中央翻板 V70→除霜翻板 V107。空调内外循环方式、温度及风量分配就是由以上五个伺服电动机带动控制翻板来实现的。各翻板在伺服电动机带动下，由当前转动到一个机械止点，再转动到另一个机械止点。空调控制单元记录下翻板位置传感器的两个机械止点的信号，并作为空调控制单元调节的基准。

编码和初始设置结束后，空调工作正常。

（3）故障总结。
大众汽车更换控制单元后，应根据维修手册进行编码和初始设置。控制单元编码的目的是根据汽车的装备或使用国家标准，通过编码调用与该车配置适应的控制程序；初始设置的目的是让控制单元学习相应传感器或执行元件的工作特性和参数，以提高控制单元控制的准确性。

5.2 安全气囊系统

汽车安全有主动安全与被动安全之分。汽车主动安全性是指防止汽车发生交通事故的性能；汽车被动安全性是指交通事故发生时，汽车本身具有保护乘员、行人不受伤亡或伤亡程度最小的性能。当汽车发生事故时，对乘员的伤害是瞬间发生的。例如，汽车以 50km/h 进行正面撞车时，其发生时间只有 0.1s 左右。为了在短暂的时间内防止对乘员产生伤害，必须设置安全装备，主要有安全带、防撞式车身和安全气囊系统（Supplemental Restraint System，SRS）等。安全气囊系统作为被动安全性的研究成果，使用方便，效果显著，造价不高，迅速得到了发展和普及。

5.2.1 安全气囊系统的结构组成

安全气囊系统的组成部件分布在汽车的不同位置，不同汽车采用的部件的结构和数量有所不同，但基本组成和工作原理大致相同。安全气囊系统主要由安全气囊控制单元、传感器、执行器、主动头枕、蓄电池安全接线柱、安全带警告灯、安全气囊指示

灯、安全气囊系统线束连接器及保险机构等部件组成。奥迪 A4 轿车安全气囊系统如图 5.32 所示。

安全气囊系统1

图 5.32　奥迪 A4 轿车安全气囊系统

1. 安全气囊控制单元

安全气囊控制单元（图 5.33）是安全气囊系统的控制中心，又称气囊电脑，其功能是接收传感器输入的信号，判断是否起动安全气囊系统。安全气囊控制单元由稳压电路、备用电源电路、系统侦测电路、点火控制和驱动电路、触发传感器、记忆电路和故障自诊断电路等组成，大多安装在驾驶室内中央控制台下面。气囊爆炸后，会在安全气囊控制单元中存储碰撞数据和故障码，这些故障码无法用故障诊断仪清除。

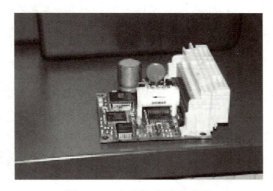

图 5.33　安全气囊控制单元

安全气囊系统有两个电源，即汽车电源和备用电源。备用电源电路由电源控制电路和若干电容器组成。当汽车发生碰撞导致蓄电池和发电机与安全气囊系统断开时，备用电源在一定时间内可以维持安全气囊系统供电。在维修安全气囊系统时应注意备用电源的作用，在断开蓄电池电源后仍需要等待一段时间以使备用电源放电。

2. 传感器

安全气囊传感器主要包括前部碰撞传感器、侧面碰撞传感器和安全碰撞传感器，用来检测碰撞减速力和碰撞强度，作为安全气囊控制单元计算气囊是否动作的参数。

按照用途的不同，碰撞传感器分为触发碰撞传感器和防护碰撞传感器。触发碰撞传感器也称碰撞强度传感器，用于检测碰撞时的减速度或惯性，并将碰撞信号传给安全气囊控制单元，作为安全气囊控制单元的触发信号；防护碰撞传感器也称安全碰撞传感器，与触发碰撞传感器串联，用于防止气囊误爆。

按照结构的不同，碰撞传感器分为机械式碰撞传感器、机电结合式碰撞传感器及电子式碰撞传感器。防护碰撞传感器一般采用电子式碰撞传感器，触发碰撞传感器一般采用机电结合式碰撞传感器或机械式碰撞传感器。

比较常见的机械式碰撞传感器是水银开关式碰撞传感器，它利用水银导电的特性来控制相关电路接通和断开，在早期的汽车中应用比较广泛，但随着技术的发展已被淘汰。

机电结合式碰撞传感器利用机械的运动（滚动或转动）来控制电气触点动作，再由触点开闭来控制气囊电路的接通和断开，常见的有滚球式碰撞传感器和偏心锤式碰撞传感器，这类传感器也基本被淘汰。

目前广泛应用的是电子式碰撞传感器，按照信号测量方式通常分为加速度型碰撞传感器和压力型碰撞传感器。

加速度型碰撞传感器既能接收车辆纵轴（X轴）的减速信号，又能接收车辆横轴（Y轴）的减速信号。加速度型碰撞传感器的原理与电容传感器的相似，如图5.34所示，在加速度力的影响（惯性）下，固定电容片固定不动，可动电容片由于惯性向相对方向移动，中间电极的距离发生变化，各自电容也会相应减小或增大，这种差值正是加速度变化的测算值。评估电子元件将信息转换成数字信号并向控制单元传递。

压力型碰撞传感器一般安装在车门装饰板中，当车门受碰撞时，车门发生变形（车门受瘪），车门内部压力短时升高，压力型碰撞传感器将压力信号传送至气囊模块，并作为侧面碰撞触发功能的识别信号。压力型碰撞传感器如图5.35所示。

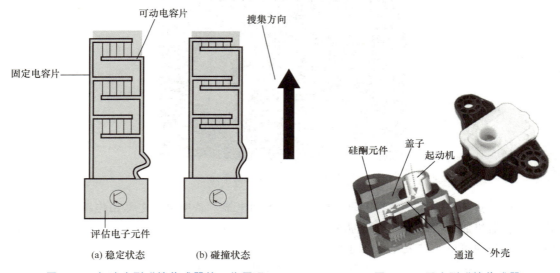

图5.34 加速度型碰撞传感器的工作原理　　图5.35 压力型碰撞传感器

正面碰撞引爆正面安全气囊是安全气囊系统的基本触发功能，为了对正面碰撞进行精确测量，现代轿车不仅在安全气囊控制模块设置内部碰撞传感器，而且在外部设有独立的前部碰撞传感器，如图5.36所示。前部碰撞传感器信号只用于触发正面安全气囊，不能触发侧面安全气囊和窗帘式安全气囊。因此当车身上设有侧面安全气囊和窗帘式安全气囊时，必须配置单独的侧面碰撞传感器，如图5.37所示。这种传感器安装在车身侧部，如座椅下方、B柱内侧或车门内侧等，传感器信号只用于触发侧面碰撞功能。

图5.36　前部碰撞传感器

图5.37　侧面碰撞传感器

3. 执行器

安全气囊系统执行器分为安全气囊和安全带。

（1）安全气囊。

安全气囊系统的碰撞触发功能不同，安全气囊的类型和安装位置也不同。对于一个高级别的安全气囊系统，气囊组件可分为正面安全气囊、侧面安全气囊、窗帘式安全气囊。

① 正面安全气囊。正面安全气囊包含驾驶人防撞安全气囊和前排乘客防撞安全气囊，分别安装在转向盘和前排乘客侧仪表台内。由于汽车正面碰撞对驾乘人员的伤害是最大的，因此这两个安全气囊是整个系统最重要的部件。只有当汽车发生正面碰撞时，正面安全气囊才会触发。

正面安全气囊按照不同的控制机理，分为1级气体发生器（1个点火器）和2级气体发生器（2个点火器）。安全气囊控制单元根据汽车的行驶速度和碰撞程度，控制2级气体发生器分两个阶段调节充气膨胀力。两级气体发生器展开的时间有一定间隔，一般为5～40ms，2次引爆推进剂可以减小作用在驾乘人员身上的负载。车速越高，撞击程度越大，2次引爆间隔的时间越短，充气膨胀力越大，对驾乘人员保护的效果越好。正面安全气囊2级气体发生器如图5.38所示。

② 侧面安全气囊。侧面安全气囊安装在前后座椅的靠背侧面（少部分汽车安装在车门内），当汽车遭受侧面碰撞时，侧面安全气囊可以来乘员的整个上半身（胸部、腹部和胯部）提供保护。

③ 窗帘式安全气囊。窗帘式安全气囊又称安全气帘，安装在车内两侧车门上方。在汽车遭受侧面碰撞时，与侧面安全气囊同时展开，对驾乘人员头部和颈部提供额外保护。近几年，窗帘式安全气囊在汽车上应用广泛。

前面所述各类气囊组件都是由气体发生器、气囊及外壳等组成的。

① 气体发生器。气体发生器与气囊安装为一体，由推进剂、引爆器、过滤器和外壳等组成，如图5.38所示。碰撞发生后，引爆器引燃火药，产生高温，使推进剂迅速生成大量气体，经过滤后充入气囊，使气囊瞬间展开。气体发生器自安装之日起有一定的使用期限，应按照安全气囊使用说明书定期更换。

② 气囊。气囊安装在充气装置上部，用塑料盖板护住。气囊由尼龙制成，内层涂有聚氯丁二烯，以密封气体。气囊静止时被折叠成包，安放在气体发生器上部与气囊饰盖之间，气囊饰盖表面模压有浅印，以便气囊充气展开时撕裂饰盖，并减小冲出饰盖的阻力。

汽车电器与电子控制技术

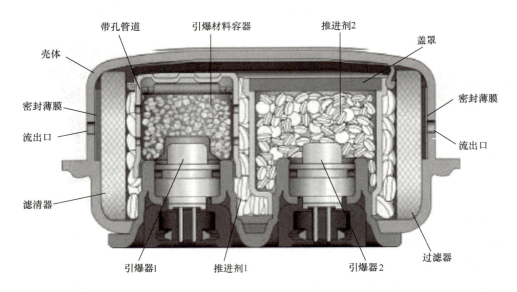

图 5.38 正面安全气囊 2 级气体发生器

气囊背面或顶部设置有排气孔，当驾乘人员与气囊接触时，气囊受压后便从排气孔排气。

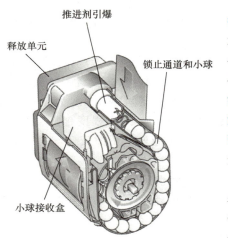

图 5.39 安全带张紧器的工作原理

（2）安全带。安全带包含安全带张紧器和安全带开关。安全带是安全气囊系统的基本部件，其功用是约束驾乘人员的身体，防止其在事故中受伤。安全带张紧器是根据"球-齿轮"的原理工作的，如图 5.39 所示。当汽车发生意外碰撞事故时，安全气囊控制单元通过引爆推进剂，钢球滚动推动齿轮，齿轮带动安全带轴回转，使安全带反向收紧，阻止驾乘人员向前运动，以保护其安全。

为实施"安全带警告"功能，安全气囊控制单元要知道驾驶人是否系上安全带。位于安全带锁扣内的安全带开关是一种机械操作开关。安全气囊控制单元可以通过测量电阻识别安全带是否系上。

4. 主动头枕

高档汽车的前座椅上使用了主动头枕。当汽车遭受后部碰撞时，驾乘人员被压在座椅靠背上，这个压力被靠背的蒙皮饰物传递到靠背中的腰部支承板。腰部支承板通过一个杠杆机构与主动头枕功能单元连接，腰部支承板向后移动时，主动头枕自动向前运动，从而保护驾乘人员的头颈，如图 5.40 所示。

5. 蓄电池安全接线柱

蓄电池安全接线柱是一种引爆装置，安装在蓄电池正极。其作用是汽车发生碰撞事故时，切断起动机和发电机与蓄电池的连接线，以避免短路，防止汽车着火。

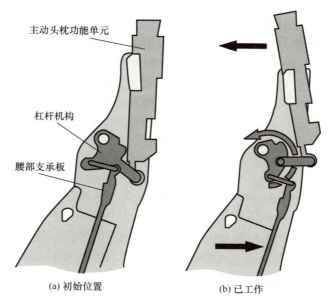

图 5.40　主动头枕

奥迪 A6L 轿车蓄电池切断继电器连接线路如图 5.41 所示，触发过程由安全气囊控制单元通过③号线来控制，蓄电池切断继电器 J655 工作引爆使触点 A 与 B 断开，触发后必须更换蓄电池切断继电器。

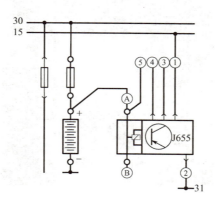

图 5.41　奥迪 A6L 轿车蓄电池切断继电器连接线路

6. 安全带警告灯

现代轿车驾驶人和乘员座椅均有安全带警告功能。一旦打开点火开关，安全气囊控制单元通过安全带锁扣的开关内部电阻来判断驾乘人员是否系安全带，如果驾驶人未系安全带，则集成在组合仪表内的安全带警告灯亮起以示警告。若行驶速度超过 5km/h，则除了视觉警告之外，还会发出警告声音。

高档汽车中，前排乘客座椅大多安装了座椅占用识别系统，用来识别座椅上是否有人，信号传至安全气囊控制单元，由安全气囊控制单元决定在碰撞过程中是否触发与前排乘客座椅相关的引爆装置，故取消了前排乘客气囊开关。

汽车电器与电子控制技术

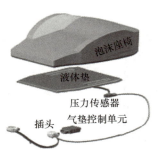

图 5.42 座椅占用识别系统

座椅占用识别系统如图 5.42 所示。它由两部分元件组成：**压力传感器和气垫控制单元**。压力传感器的外观如同一张塑料薄膜，当作用力施加在传感器表面时，传感器的阻值会发生相应改变，因此传感器的电阻信号反映的是施加作用力，而且可依据作用力面积准确判断是有乘员坐在座椅上，还是公文包等物件搁置在座椅上。气垫控制单元的功用是对压力传感器信号进行处理，将模拟信号转换成数字信号，再传至安全气囊控制单元。

7. 安全气囊指示灯

安全气囊指示灯安装在仪表板上，用于指示安全气囊系统是否处于正常状态。正常情况下，打开点火开关后，安全气囊指示灯应点亮几秒后熄灭。如果安全气囊指示灯不亮、一直亮或在行驶途中突然点亮，则表示安全气囊系统有故障，应及时检修。

8. 安全气囊系统线束连接器及保险机构

为了便于将安全气囊系统线束与其他电气系统线束区别开，大多数汽车的**安全气囊系统线束采用黄色连接器**，如图 5.43 所示，也有采用深蓝色连接器和橘红色连接器的。连接器采用导电性能和耐久性能良好的镀金端子，并设有防止安全气囊误爆机构，以保证安全气囊系统可靠工作。

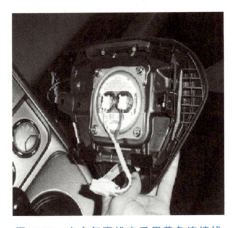

图 5.43 安全气囊线束采用黄色连接线

为了保证转向盘有足够的转动角度而又不损伤安全气囊组件的连接线束，**在转向盘和转向柱之间采用螺旋线束**（图 5.44），即将线束安装在螺旋形弹簧内。在不同汽车制造厂商提供的维修手册中，螺旋线束的名称不同，如螺旋弹簧、游丝、游丝弹簧或滑动环。

5.2.2　安全气囊系统的工作原理

当汽车行驶过程中遭受正面碰撞或侧面碰撞时，安全气囊系统的工作原理基本相同。现以图 5.45 所示的正面碰撞为例，说明安全气囊系统的工作原理。

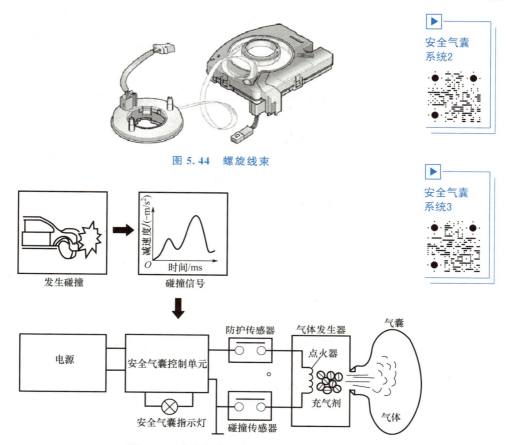

图 5.44　螺旋线束

图 5.45　安全气囊系统的工作原理

安全气囊
系统2

安全气囊
系统3

当物体受到作用时间极短的力时，会改变运动状态，这种现象在物理上叫作碰撞。

当汽车受到前方一定角度范围内的高速碰撞时，车体会受到强烈的振动，同时车速急剧下降，安装在汽车前端的碰撞传感器和与安全气囊控制单元安装在一起的防护碰撞传感器（安全传感器）就会监测到汽车突然减速和撞击强度的信号，当达到规定强度时，传感器向安全气囊控制单元发出信号。**安全气囊控制单元接收到信号后，与其原存储信号进行比较，若达到气囊的展开条件，则由驱动电路向安全气囊组件中的气体发生器传送启动信号**。气体发生器接收到启动信号后，引爆安全气囊点火器，充气剂受热分解产生大量气体，经过滤并冷却后进入气囊，使气囊在极短时间内突破衬垫迅速展开，在驾驶人或乘客的前部形成弹性气垫，并及时泄漏、收缩，将人体与车内构件之间的碰撞转换为弹性碰撞，气囊产生的变形吸收人体碰撞产生的动能，有效保护人体头部和胸部，使之免于伤害或减轻伤害程度。

安全气囊系统的全部工作过程完全是由安全气囊控制单元的程序控制的，按照事先设计的工作程序和步骤逐条执行。汽车的点火开关处于 ON 位时，安全气囊系统开始工作。首先安全气囊控制单元的电子电路复位，然后系统进行自检工作，由专门的自检程序对各传感器、引爆装置、RAM、ROM、电源等部件逐个进行检查，如果发生故障，则启动故障灯显示子程序，使安全气囊指示灯点亮以提醒驾驶人注意，驾驶人可以按相应的操作程序读取故障码，查出故障所在部位；如果没有发生故障，则启动传感器采集子程序，对所有传感器进行巡回检测。如果没有发生碰撞，则程序返回自检子程序。如果一直没有发生碰撞，则程序循环下去。

对于两次动作安全气囊系统，当发生碰撞时，经安全气囊控制单元的判别，碰撞速度小于 30km/h 时，安全气囊控制单元发出引爆双安全带收紧器的指令，点燃双安全带收紧器的点火器，拉紧双安全带，保护乘员，并发出光电指令。如果碰撞速度大于 30km/h，则安全气囊控制单元发出指令引爆安全带收紧器，同时引爆安全气囊点火器，使气囊展开，并发出光电报警指令；如果在较大速度碰撞后，主电源断线，则电源监控器自动启动备用电源，支持整个系统工作，并使报警系统工作至备用电源耗尽。

5.2.3 典型故障案例分析

1. 案例一：奥迪轿车安全气囊警告灯长亮不熄

（1）故障现象。

一辆奥迪 A6 轿车，1.8T 发动机，因肇事车身严重损伤，安全气囊展开，修复后安全气囊指示灯长亮不灭。

（2）故障诊断与排除。

该车安全气囊系统配置 6 个安全气囊和 4 个爆燃式安全带张紧器。6 个安全气囊分别位于驾驶人转向盘处、前排乘客仪表板处、驾驶人座椅外侧、前排乘客座椅外侧、后排座椅两侧。4 个爆燃式安全带张紧器分别位于驾驶人处、前排乘客处和后排乘客处。安全带回收装置采用的是具有内置点火器的爆燃式安全带回收装置，点火器与机械式预紧卷缩器组合成一体。当发生撞车时，点火器由安全气囊控制单元发出指令并点燃火药，使安全带回卷 120mm，与气囊共同完成对乘客的安全防护功能。

由于撞击力位于汽车左前方，因此除了前排乘客座椅外侧和后排座椅右侧的 2 个气囊未引爆外，其余均爆开。汽车上的 2 个前座安全带张紧器引爆后安全带被绷紧，无法继续使用，根据维修手册的有关要求，连同展开的 4 个气囊、2 个安全带张紧器、安全气囊控制单元一起更换。

另外，新购置的奥迪 A6 安全气囊控制单元均未编制代码，如果不编码使用，则打开点火开关后，仪表板上的安全气囊指示灯一直处于点亮状态。因此，需先使用故障诊断仪对旧控制单元编码进行识别，再将该代码输入至新控制单元上。奥迪 A6 轿车安全气囊系统控制单元编码见表 5-1。

表 5-1 奥迪 A6 轿车安全气囊系统控制单元编码

气囊数目	安全带紧张器数目	编码代号
2 个（转向盘及前排乘客仪表板处）	4 个（2 个前座，2 个后座）	00004
4 个（转向盘及前排乘客仪表板处，两个前排座椅外侧）	4 个（2 个前座，2 个后座）	00204
6 个（转向盘及前排乘客仪表板处，两个前排座椅外侧，两个后排座椅外侧）	4 个（2 个前座，2 个后座）	00104

安装完所有应更换的部件后，打开点火开关，对新控制单元进行编码。完成后退出系统，发现仪表板的安全气囊指示灯依然点亮。再次读取故障码，显示故障码00588，表明驾驶人侧安全气囊点火器N95的电阻太小。经分析认为，故障的可能原因有转向盘安全气囊元件总成的内阻不正确、外部线路存在连接问题。

将安全气囊总成与转向盘之间的螺旋线束取下，该线束插头为4针形式，2根黑色线为喇叭所用，2根黄色线为气囊总成所用，测量2根黄色线之间的阻值，发现为0。用针头将线束插头挑开分解，仔细检查后发现原来是气囊引爆时，高温及强烈振动造成线皮熔化，线头松动，导致2根气囊线头被钢质锁片短路。更换这根专用连接线束后试车，故障排除。

(3) 故障总结。

通常安全气囊控制单元在汽车出厂时已经编码，而在维修站作为配件供应的控制单元则没有编码，因此更换安全气囊控制单元后必须借助故障诊断仪重新编码。在奥迪A6轿车上，由于安全系统的配置不同，控制单元的编码也不同，因此在更换其控制单元期间，必须用正确代号重新编码。螺旋线束是易损部件，驾驶人正面气囊引爆后，应连同螺旋线束一起更换。

2. 案例二：奥迪轿车安全气囊警告灯长亮

(1) 故障现象。

一辆奥迪轿车配置2.4L电控发动机和自动变速器，行驶里程为30000km，起动发动机后，仪表板上的安全气囊指示灯长亮。

(2) 故障诊断与排除。

使用故障诊断仪对安全气囊系统进行自诊断，结果出现故障码00589，表明排乘客侧安全气囊点火器N131的电阻太大。清除故障码，但发现该故障码无法清除。故障原因可能是导线断路或对正短路、前排乘客侧安全气囊N131本身损坏、安全气囊控制单元损坏等。

本着由简到繁的原则拆下杂物箱，拔下N131线束插头，接上一个2.5Ω电阻，清除故障码，结果故障消失，安全气囊指示灯熄灭，系统正常。

(3) 故障总结。

当某气囊出现问题时，可以用汽车制造厂商提供的专用检测设备替换气囊进行检查，不具备条件的汽车制造厂商可以自制电阻器，采用模拟替代法查找故障，以准确排除故障。

5.3 车载局域网络

随着汽车技术日新月异的发展，以及电子技术和控制技术在汽车上的大量应用，汽车上的传感器数量和导线数量迅速增大，采用的控制单元越来越多。控制单元之间的信息交换越来越密集，显然传统的多线数据传输方式已不能满足各模块间数据传输的要求。汽车控制系统中采用了一种新型的双线数据传输网络——控制器局域网络（Controller Area Network，CAN），如图5.46所示。其目的是使汽车控制系统的数据传输实现高速化，并使汽车控制系统简单化。它具有信息共享、减少导线、减轻线束质量、使控制单元和控制单元插脚最少、提高可靠性和可维修性等优点。

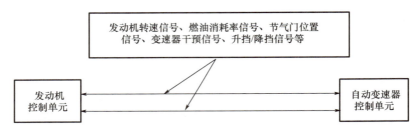

图 5.46 双线数据传输网络

5.3.1 CAN 总线的组成与工作原理

CAN 总线数据传输系统将传统的多线传输系统改为双线（总线）传输系统。一辆汽车无论有多少控制单元，也无论信息容量有多大，每个控制单元都只需引出两条线接在两个节点上，这两条线称为数据总线。数据总线好比一条信息高速公路，信息通过在高速公路上行驶的总线（Bus）传递，所以 CAN 总线数据传输系统又称 CAN-Bus 总线系统，如图 5.47 所示。

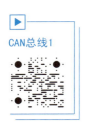

CAN总线1

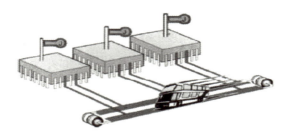

图 5.47 CAN-Bus 总线系统

1. CAN 总线数据传输系统的组成

CAN 总线数据传输系统由一个控制器、一个收发器、两个数据传输终端及两条数据传输线组成，如图 5.48 所示。除了数据传输线，其他元件都置于控制单元内部，控制单元功能不变。

CAN总线2

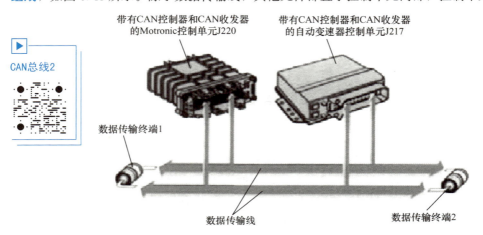

图 5.48 CAN 总线数据传输系统的组成

（1）**CAN 控制器**。CAN 控制器的作用是接收控制单元中微处理器发出的数据，处理数据并传给 CAN 收发器。同时，CAN 控制器接收 CAN 收发器发出的数据，处理数据并传给微处理器。

（2）**CAN 收发器**。CAN 收发器是发送器和接收器的结合，它将 CAN 控制器提供的数据（逻辑电平）转换为电信号（线路输送电平）并通过数据总线发送出去。同时，它接收 CAN 总线数据，并将数据传输给 CAN 控制器。

（3）**数据传输终端**。数据传输终端实际上是一个电阻器，其作用是保护数据。它防止数据在线端被反射，以回声的形式返回，影响数据的传输。

（4）**数据传输线**（图 5.49）。数据传输线是传输数据的双向数据线，分为高位数据线（CAN-High）和低位数据线（CAN-Low）。为了防止外界电磁波干扰和向外辐射，数据传输线通常缠绕在一起。这两条线的电位相反，如果一条是 5V，则另一条是 0V，始终保持电压总和为常数。通过这种方法，CAN 数据总线得到了保护而免受外界的电磁场干扰，同时 CAN 数据总线向外辐射保持中性，无辐射。

图 5.49　数据传输线

2. CAN 总线数据传输原理与过程

（1）CAN 总线数据传输原理。

如图 5.50 所示，**CAN 总线数据传输原理类似于电话会议**。一个用户向网络中"说出"数据，其他用户"收听"这些数据。某控制单元认为这些数据对它有用，就接收并应用这些数据，其他控制单元也许不会理会这些数据。因此 CAN 总线数据并没有指定的接收者，而是被所有控制单元接收并计算。

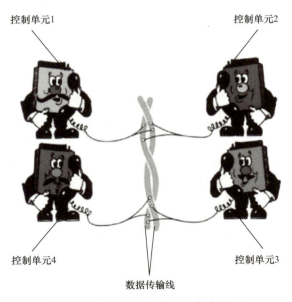

图 5.50　CAN 总线的数据传输原理

数据：数据由二进制数构成，即"0"或"1"。"1"表示电路接通，"0"表示电路断开。二进制状态图如图 5.51 所示。

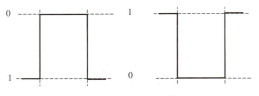

图 5.51 二进制状态图

位是信息的最小单位（单位时间电路状态）。1 位数可表示 2 种状态，2 位数可表示 4 种状态，3 位数可表示 8 种状态，依此类推，最大的数据是 64 位，可表示的信息量为 2^{64}。用二进制数表达温度信息的实例见表 5-2。

表 5-2 用二进制数表达温度信息的实例

1 位数值的变化	产生信息	2 位数值的变化	产生信息	3 位数值的变化	产生信息
0（5V）	10℃	00	10℃	000	10℃
1（0V）	20℃	01	20℃	001	20℃
		10	30℃	010	30℃
		11	40℃	011	40℃
				100	50℃
				101	50℃
				110	70℃
				111	80℃

（2）CAN 总线数据传输过程。

CAN 总线数据传输过程包括**提供数据、发送数据、接收数据、检查数据及接受数据**，如图 5.52 所示。

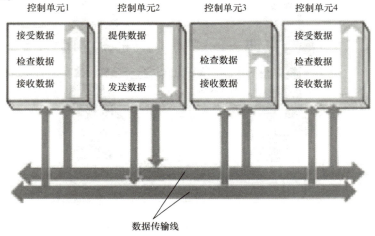

图 5.52 CAN 总线数据传输过程

① 提供数据。控制单元 2 向 CAN 控制器提供用于传输的数据。

② 发送数据。

CAN 收发器从 CAN 控制器处接收数据，将其转换为电信号发出。这些数据以数据列的形式进行传输，数据列由一长串二进制（高电平与低电平）数组成（0110100100111011…），可以分成 7 个区域：**开始域、状态域、检验域、数据域、安全域、确认域及结束域**，如图 5.53 所示。

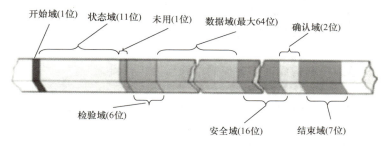

图 5.53　数据列

a. 开始域。开始域标志数据列的开始。

b. 状态域。状态域确认数据列的优先级别。如果两个或两个以上控制单元同时发送各自的数据，为了避免多个信息在传递时发生冲突，CAN 数据总线在同一时刻只允许传递一个数据，优先级高的控制单元优先发送，而数据的优先级别是由二进制的 11 位数值来表示的。当多个控制单元同时发送数据时，在数据传输线上由左到右对表示优先级别的 11 位数字进行逐一比较。如果一个控制单元发送了一个低电位（用"1"表示），而检测到一个即将接收的高电位（用"0"表示），那么该控制单元就停止发送而转变为接收状态；如果一个控制单元向外发送高电位（用"0"表示），而另一个控制单元同时向外发送低电位（用"1"表示），则数据传输线将体现高电位（用"0"表示）。

例如：发动机控制单元要发送的数据为"00101000000"，而自动变速器控制单元要发送的数据为"01000100000"，ABS 控制单元要发送的数据为"00011010000"。数据传输线将如何传递这些数据呢？首先，第一位均为"0"，数据传输线上也体现为"0"。三个数据的第二位数字，自动变速器控制单元准备向外发送"1"，而发动机控制单元和 ABS 控制单元均准备向外发送"0"，因此，自动变速器控制单元发送了一个低电位（用"1"表示），而接收了一个高电位（用"0"表示），那么自动变速器控制单元将失去优先权，而转变为接收状态，数据传输线传送"0"。再比较第三位数字，发动机控制单元准备向外发送"1"，而 ABS 控制单元准备向外发送"0"，同理，发动机控制单元将失去优先权而转变为接收状态，数据传输线传输"0"。

通过比较三个数据的状态域，可以确定 ABS 控制单元具有最高优先权，可以接管数据总线的控制权，该优先权保证其持续发送数据至发送终了。ABS 控制单元结束发送数据后，因为发动机控制单元的优先权高于自动变速器控制单元的，所以数据总线的发送次序如下：首先发送 ABS 控制单元数据，然后发送发动机控制单元数据，最后发送自动变速器控制单元数据。

c. 检验域。检验域显示数据区中包含的数据数目。该域可以让接收者检验是否收到传输来的全部信息。

图 5.54　数据信息传递

d. 数据域。数据域显示传递给其他控制单元的信息，其大小由总线的宽度决定。例如传送一组 8 位数的信息，两条数据线的数据是相同的，如图 5.54 所示。

e. 安全域。安全域检测传递数据中的错误。

f. 确认域。确认域显示接收者发给发送者的信号，用来告知已正确收到数据列。若有错误被检验到，则接收者迅速通知发送者，发送者将再次发出该数据列。

g. 结束域。结束域标志数据列的结束，是显示错误以得到重新发送数据的最后一次机会。

（3）接收数据。

所有与 CAN 总线一起构成网络的控制单元均为接收器。

（4）检查数据。

控制单元对接收到的数据进行检查判断，看是否是需要的数据。

（5）接受数据。

如果接收的数据是重要的、有用的，则被接受并处理；反之则忽略。

5.3.2　奥迪汽车数据总线系统的基本组成

1. 奥迪 A4 轿车 CAN 数据总线系统的基本组成

CAN总线3

如图 5.55 所示，奥迪 A4 轿车 CAN 数据总线系统由**驱动 CAN 总线、舒适 CAN 总线、显示/信息娱乐 CAN 总线和网关（未标）**组成。

（1）驱动 CAN 总线。

驱动 CAN 总线由发动机控制单元 J220、自动变速器控制单元 J217、ABS 控制单元 J104、安全气囊控制单元 J234、NO_x 传感器、转向盘转角传感器 G85 及仪表控制单元 J285 等组成。

（2）舒适 CAN 总线。

舒适 CAN 总线由舒适系统中央控制单元 J393、轮胎压力监控控制单元 J502、驻车加热控制单元 J162、空调控制单元 E87、挂车识别控制单元 J345、停车辅助控制单元 J446、座椅调节控制单元 J136、汽车电气控制单元 J519、转向柱控制单元 J527、仪表控制单元 J285 和多功能转向盘控制单元 J453 等组成。

（3）显示/信息娱乐 CAN 总线。

CAN总线4

显示/信息娱乐 CAN 总线由语音输入控制单元 J507、卡片阅读器 R99、远程通信 J499、车载电话控制单元 R37、收音机 R、导航控制单元 J401、电子导航 J402 和仪表控制单元 J285 等组成。

（4）网关。

由于不同 CAN 总线的速率和识别代号不同，因此一个信号要从一个总线区域进入另一个总线区域，必须改变识别信号和速率，能够让另一个系统接受，这个任务由网关完成。

下面以火车站为例说明网关的工作原理，如图 5.56 所示。站台 A 到达一列快车（驱动 CAN 总线），站台 B 到达一列慢车（舒适 CAN 总线），快车的有些乘客换到慢车上，慢车上的乘客换到快车上继续旅行。站台的这种让乘客换车的功能与网关的功

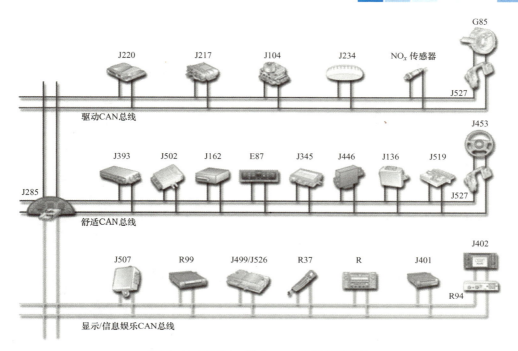

图 5.55 奥迪 A4 轿车 CAN 数据总线系统

能是相同的。

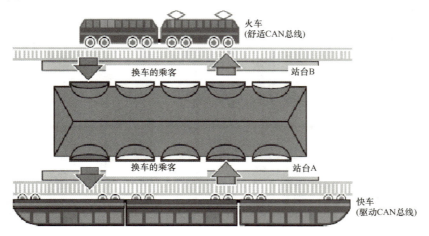

图 5.56 网关的工作原理

奥迪 A4 轿车网关与仪表控制单元安装在一起，完成如下两个任务：①完成驱动 CAN 总线、舒适 CAN 总线、显示/信息娱乐 CAN 总线间的数据交换；②在不改变数据的情况下，将驱动 CAN 总线、舒适 CAN 总线、显示/信息娱乐 CAN 总线的诊断信息传递到 K 线。

2. 奥迪 A6L 轿车数据总线系统的组成

奥迪 A6L 轿车采用先进的数据总线技术，包含 CAN−驱动、CAN−舒适、MOST 总线、CAN−组合仪表、LIN 总线、CAN−车距调节、CAN−诊断、蓝牙总线等总线子系统，如图 5.57 所示。

汽车电器与电子控制技术

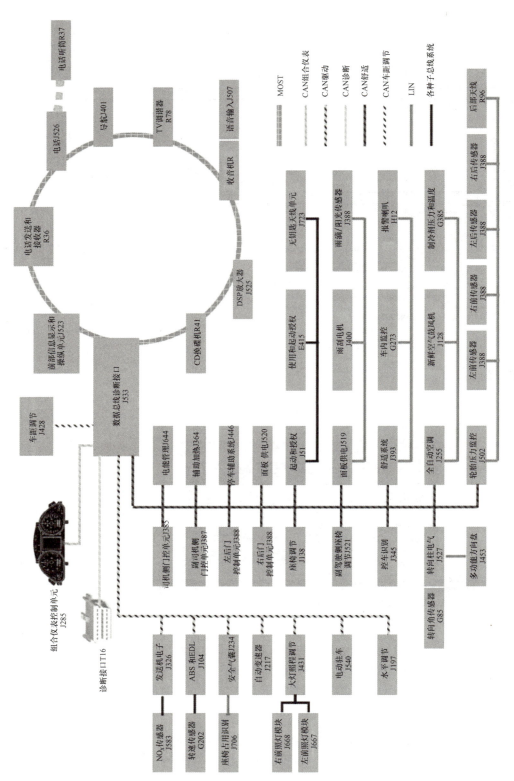

图5.57 奥迪A6L数据总线系统

5.3.3 奥迪汽车数据总线系统的线型特点

以奥迪 A4 和奥迪 A6L 轿车为例，数据总线线型大致分为四种：双绞线、单线、光纤（MOST）和无线（蓝牙）。

1. 双绞线

双绞线结构的总线有驱动 CAN 总线、舒适 CAN 总线、组合仪表 CAN 总线、诊断 CAN 总线、显示/信息娱乐 CAN 总线及车距调节 CAN 总线等。

（1）双绞线的共性。

① 各条双绞线在数据高速公路上采用相同交通规则，即"传输协议"。

② 为了保证具有较高的抗干扰性（如来自发动机舱内的干扰），数据总线采用双线式系统（双绞线），这两条线分别称为高位数据线和低位数据线。

③ 将要发送的信号在发送控制单元的收发器内转换成不同的电信号电平，并输送到两条 CAN 总线上，接收控制单元内的差动信号放大器能建立两个信号电平的差值，并将其作为唯一经过校正的信号继续传至控制单元的 CAN 接收区。

④ 双绞线总线都采用中央线束连接（星形连接），如图 5.58 所示。

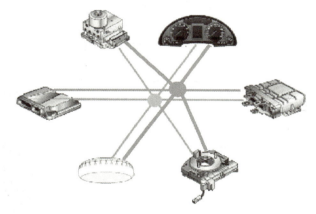

图 5.58 双绞线总线中央线束连接

（2）双绞线的个性。

① 传输速率不同。例如，驱动 CAN 总线速率为 500kbit/s（高速），舒适 CAN 总线和显示/信息娱乐 CAN 总线速率为 100kbit/s（低速）。

② 运行模式不同。例如，如果舒适 CAN 总线和显示/信息娱乐 CAN 总线中有一条发生故障，则另一条能继续工作，具有单线运行能力。驱动 CAN 总线某条数据线短路或断路时，总线传输中断，不具备单线运行能力。

③ 控制方式不同。例如，驱动 CAN 总线通过 15 号接线柱切断或经过短时无载运行后切断。舒适 CAN 总线和显示/信息娱乐 CAN 总线由 30 号接线柱供电且必须保持随时可用状态。

④ 传输数据电信号不同。例如，驱动 CAN 总线的电信号与舒适 CAN 总线和显示/信息娱乐 CAN 总线的电信号不同。

2. 单线

数据总线的单线结构主要是指局域互联网（Local Interconnect Network，LIN）总线和各种子总线。

Local Interconnect（局域互联）表示所有控制单元都装在一个有限的空间内，所以也称"局域子系统"。

LIN 总线是一种新发展起来的汽车车载网络系统，应用成本较低，**主要用于汽车系统内部数据交换，在奥迪 A6L 轿车中应用于空调、车门和刮水器系统。**

LIN 总线使用一根双向单线导线作为传输介质。总线协议严格按等级分为主控单元和从控单元。通过主控单元进行 LIN 总线系统自诊断。一个 LIN 总线系统最多只能有一个主控单元，它是 LIN 总线系统中唯一与 CAN 数据总线相连的控制单元，执行 LIN 总线系统的主功能，主控单元在 LIN 总线系统中与 CAN 总线之间起"网关"作用。一个 LIN 总线系统中最多可以有 16 个从控单元，分别充当系统的执行器和传感器，从控单元受主控单元管理，听从主控单元的指令。

奥迪 A6L 轿车空调系统 LIN 总线信息传递过程如图 5.59 所示。空调系统在 LIN 总线系统上发送命令——调节鼓风机的转速等级，这个命令用于调节新鲜空气鼓风机转速等级，鼓风机从 LIN 总线读取信息，相应地控制鼓风机转速并进行反馈。

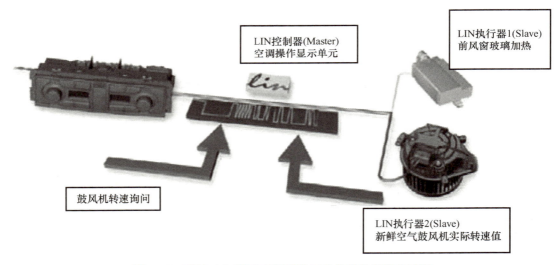

图 5.59　奥迪 A6L 轿车空调系统 LIN 总线信息传递过程

3. 光纤

数据总线的光纤结构主要是指 MOST 总线。近年来，德国汽车上使用了专门针对多媒体应用的 MOST 总线。**MOST 总线主要应用于音频、视频、宽带和导航数据传输方面。**

汽车上的电子设备越来越多，而且传输声音或图像数据量越来越大，使用传统铜导线传输数据会造成较强的电磁辐射，干扰车内电子元件，造成电子元件工作不正常。而用光缆进行传输，不仅传输数据量大、传输速度快，而且具有质量轻、维修方便等优势。

光缆有塑料光缆和玻璃光缆两种类型。汽车上使用的光缆是塑料光缆,它是一根较细的圆柱形塑料纤维,外面包裹着一层较薄的护皮和缓冲保护层,如图 5.60 所示。

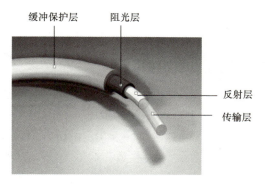

图 5.60　塑料光缆

奥迪 A6L 轿车 MOST 总线应用于多媒体传输系统,用于传输移动电话、无线广播、DVD 播放器、车载电视、CD 播放器及 DVD 导航等数据信号。奥迪 A6L 轿车 MOST 多媒体组件如图 5.61 所示。

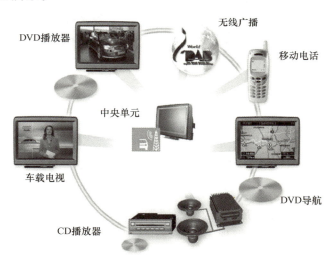

图 5.61　奥迪 A6L 轿车 MOST 多媒体组件

MOST 总线特点如下。

(1) MOST 总线采用环形光缆结构,允许发送的信息在该环形导线上循环运行,该信息由环形结构中的每个终端设备(控制单元)读取并继续发送。

(2) MOST 总线通过光脉冲传输数据,但只沿一个方向传输数据。光缆作为传输媒介,各组件通过总线共同组成一个中央单元。

(3) 一旦 MOST 总线系统的某个控制单元出现故障,就会影响整个系统工作。

(4) 根据即插即用(连接后即可使用)原则,可以非常简单地通过各组件扩展 MOST 总线系统。

(5) 有较高的数据传输率,奥迪轿车的数据传输率为 21.2Mbit/s。

(6) MOST 总线将控制单元的节点分配到总线内。MOST 总线不仅表示一种传统意义上的网络，而且表示一种用于多媒体和网络控制的集成技术。

4. 无线（蓝牙）

数据总线的无线主要是指蓝牙（Bluetooth）总线。蓝牙技术的实质是建立通用的无线电空中接口及其控制软件标准，使通信与计算机进一步结合，使不同厂商生产的便携式设备在没有电线或电缆连接的情况下，能近距离具有互用、相互操作的性能。通信系统控制单元的无线连接如图 5.62 所示。

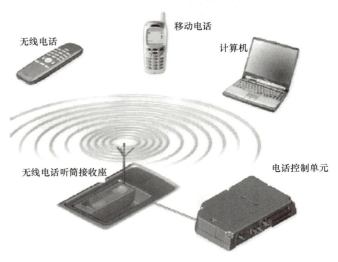

图 5.62　通信系统控制单元的无线连接

5.3.4　典型故障案例分析

1. 案例一：一辆大众帕萨特 B5 1.8T 轿车舒适 CAN 总线故障

（1）故障现象。

一辆大众帕萨特 B5 1.8T 轿车，因中控锁和电动玻璃升降器不能正常工作来站检修。维修人员对该车进行初步检查，发现无论点火开关处于开锁位置还是闭锁位置，都只有左前门的中控锁和左前门的电动玻璃升降器正常工作，其他车窗的电动玻璃升降器都不工作。但是，如果按动其他门窗上控制该车窗的开关，则各门窗开关均能正常工作。关闭车门，将车钥匙插入左前门的锁孔内，进行开锁和闭锁操作，也只有左前门的门锁能打开和关闭；如果将车钥匙插入车门锁芯内并在开锁或闭锁位置保持，则也只有左前门的电动玻璃升降器可以自动打开或关闭。

（2）故障诊断与排除。

经过以上操作检查，初步认定该车舒适系统存在故障。用 VAS 5051 故障诊断仪对舒适系统进行检查，连接好仪器并打开点火开关，进入舒适系统中央控制单元 J393（地址码 46）查询故障，仪器屏幕显示查询到如下 7 个故障：①与左前门窗控制单元没有通信；②与右前门窗控制单元没有通信；③与左后门窗控制单元没有通信；④与右后门窗控制单元没有通信；⑤与 CAN 数据总线诊断接口 J533 没有通信；⑥舒适系统数据总线处于单线运行模式；⑦控制单元编码不正确。

为了查看舒适系统中央控制单元编码，重新进入舒适系统中央控制单元，查看该控制单元的版本信息，发现编码为00017，确实不正确。接下来使用VAS 5051故障诊断仪对舒适系统进行正确编码（00259），并清除所有故障记录，此时控制单元的不正确编码和CAN数据总线单线运行模式的故障记录已经清除，但是其他故障仍然无法清除。

因为大众帕萨特B5轿车的四个门窗控制单元和舒适系统中央控制单元之间的信号通过CAN数据总线传递。舒适CAN总线通过两根相互绞合的信号线同时传递相同数据，一根为CAN-High（橙/绿色），另一根为CAN-Low（橙/黄色）。舒适系统的所有控制单元都连接在舒适CAN总线上进行数据交换和信号传递，另外，位于组合仪表中的数据总线诊断接口与数据总线随时保持通信，检测总线的工作状态。如果各车门控制单元与舒适系统中央控制单元之间CAN总线无法正常通信，就会导致左前门窗控制单元至中控开关的信号无法正常传递到其他三个门窗控制单元，并且所有门窗控制单元只能接收直接输入该控制单元的电动玻璃升降器开关信号。所以，排除该车故障的关键就是查找各门窗控制单元与舒适系统控制中央控制单元CAN无法通信的原因。

为了确定舒适系统中央控制单元、各门窗控制单元与数据总线的连接情况，通过VAS 5051故障诊断仪进入46-08-012，观察数据组测量值，4组数据用"1"或"0"分别代表左前门窗、右前门窗、左后门窗及右后门窗控制单元与舒适系统中央控制单元CAN总线的连接状态，此时4组数据均为"0"，说明各门窗控制单元与CAN总线通信确实有故障，但还是无法确定具体故障点。

为了进一步查找CAN总线无法通信的原因，拆卸舒适系统中央控制单元（位于驾驶人侧座位地板下）进行检查，经检查发现线路连接没有问题。为了排除舒适系统中央控制单元中存在问题的可能，更换新的控制单元，故障依然存在，说明舒适系统中央控制单元没有问题。

由此推断故障在舒适总线或门窗控制单元上。接上VAS 5051故障诊断仪，利用DSO进行波形分析，静态时发现低位数据线波形正常，高位数据线断路。当操作中控锁开关和电动玻璃升降器开关时，发现低位数据线显性电压明显降低（小于标准值），舒适系统传输中断。因为各门窗的CAN总线从各车门引出后都在中央控制单元插头后面的线束内汇总，然后引入中央控制单元，所以为了确定具体是哪个门窗控制单元或CAN总线通信线路有问题，只要分别断开各门窗CAN总线的连接，就可确定哪个门窗控制单元或CAN总线通信线路存在故障。

断开左后门窗控制单元的两根数据总线，故障波形仍然存在。当断开右后门窗控制单元的数据总线时，故障波形突然正常，此时操纵电动玻璃升降器和中控锁开关，除了右后车门不动外，其他车门正常工作。查询故障，只有右后车门有无法通信的故障记录，由此确定右后门窗控制单元或CAN总线某点存在故障。

因为仓库没有门窗控制单元，所以只能先对线束做检查，发现右后门窗控制单元组合插头后的高位数据线线路有一处已经接近断路，将断点重新连接并包扎好，再连接事先断开的CAN总线。此时，无论从车外通过车钥匙操作中控锁和电动玻璃升降器使其工作，还是通过车内中控开关操作，之前的故障都一直未再现。再用VAS 5051故障诊断仪查询故障，没有任何故障记录，故障彻底排除。

（3）**故障总结**。

由于右后门窗控制单元到中央控制单元的高位数据线线路接触不良，因此当右后门电动玻璃升降器或闭锁电动机工作振动时，接触不良的断点会使通信中断或产生不规律的信号脉冲，干扰 CAN 总线的正常通信，中央控制单元的信息无法可靠传递给其他模块，记录这些故障，最终停止通信，从而出现该车故障。

2. 案例二：大众 POLO 1.4L 轿车不能起动

(1) 故障现象。

一辆大众 POLO 1.4L 轿车，发动机无法起动，不能正常行驶。

(2) 故障诊断与排除。

初检该车，起动时，起动机运转正常，蓄电池电量充足，但发动机起动不能着车。打开点火开关后，观察仪表指示灯，仅有 ABS 指示灯和安全气囊指示灯不灭。根据推断，即使这两个系统有故障也不该影响发动机正常起动。

检查熔丝架上发动机各相关熔丝，均正常无损坏。用燃油压力表检测发动机燃油系统的压力，发现正常。拔下喷油器的插头，接上发光二极管，起动发动机，发现发光二极管仅闪烁一下。拔下点火线圈的插头，测量三号插脚有 12.7V 电源。一、二号脚搭铁正常。用发光二极管接在二、四号插脚间，起动发动机，发现发光二极管仅闪烁一下。说明起动发动机时发动机控制单元并没有发出点火和喷油的控制信号，所以发动机不能起动运转。

使用 VAS 5051 故障诊断仪读取各控制单元内的故障存储，发现 ABS、安全气囊系统、电子仪表、电动转向系统均无法通信。发动机控制单元内存储如下两个故障内容：发动机控制单元失效、CAN 总线硬件损坏。在数据总线的诊断接口和汽车电器系统控制单元内均存储如下六个故障内容：驱动链数据总线损坏（故障码为 01312）、电动转向控制单元 J500 没有通信（故障码为 01309）、发动机控制单元无信息交换（故障码为 01314）、制动控制单元无信息交换（故障码为 01316）、仪表板中带指示灯装置的控制模块 J285 无信息交换（故障码为 01317）、安全气囊控制单元 J234 无信息交换（故障码为 01321），且均为永久性故障。清除故障后起动发动机，故障内容再次出现并存储在各自控制单元内。根据日常维修经验，不会有多个系统的控制单元同时损坏而无法通信，因此故障应该出在这些控制单元的共同部位或者驱动系统数据总线。

通过 VAS 5051 故障诊断仪的引导型故障查询，不能准确查找故障位置。此时应该从该车最初表现出的故障处入手。通过与用户沟通，了解到该车最初是转向助力系统出现故障，转向无助力。于是重点查看该车电控转向助力系统，发现该车曾经发生过事故，转向助力泵上的线束插头破损后都是用单个插头插接的。仔细查看该线束，发现 CAN 数据总线的橙/棕、橙/黑色高、低线外层绝缘皮破损，相互短接在一起。整修线束及插头后，用 VAS 5051 故障诊断仪查询各控制单元的故障存储，发现各控制单元内存储的故障内容均变为 SP（偶发）故障，而且 ABS、安全气囊系统、仪表、电控转向助力系统均可以正常通信。清除各控制单元内存储的故障后，可以正常起动发动机。发动机工作稳定后，再次用 VAS 5051 故障诊断仪查询发动机控制单元，无故障内容存储。查看各组数据流，显示值均在正常范围内。再次查询各控制单元故障存储内容，均无故障存储。至此，全部故障排除，各系统均恢复正常，维修结束。

(3) 故障总结。

装有 CAN 数据总线的汽车出现故障，维修人员应先检测数据总线传输系统是否正常。如果数据总线系统有故障，则整个汽车数据总线传输系统中的有些信息无法传输，接收这些信息的控制单元无法正常工作,从而为故障诊断带来困难。维修汽车数据总线传输系统故障时,应根据数据总线传输系统的具体结构和控制回路具体分析。通过该车的故障现象(多个控制单元无法通信、显示驱动系统数据总线损坏),可以判断出该车数据总线传输系统的链路出现故障。

习　题

1. 简述汽车空调制冷系统的基本组成与工作原理。
2. 简述热力膨胀阀的作用及两种主要形式。
3. 汽车空调系统按照功能可分为哪几个部分?
4. 简述蒸发器出口温度传感器的作用及工作原理。
5. 简述储液干燥器和集液器的作用及两者的区别。
6. 绘制安全气囊系统控制原理框图,并说明各输入信号的作用。
7. 简述安全气囊系统气体发生器的结构与工作原理。
8. 简述安全气囊系统正面碰撞引爆气囊充气的条件。
9. 简述汽车车载网络系统的分类及优点。
10. 简述 CAN 总线数据传输系统的组成与工作原理。
11. 简述车载网络系统中网关的作用与原理。
12. 绘制一汽宝来轿车车载网络系统简图,并说明数据总线传输原理。

参 考 文 献

贝绍轶，2016. 汽车发动机管理系统［M］. 北京：北京大学出版社.
冯崇毅，鲁植雄，何丹娅，2005. 汽车电子控制技术［M］. 北京：人民交通出版社.
杭卫星，2016. 汽车车身控制系统［M］. 北京：北京大学出版社.
赖夫，2011. 汽车电子学：第3版［M］. 李裕华，李航，马慧敏，译. 西安：西安交通大学出版社.
麻友良，2013. 汽车电器与电子控制系统［M］. 3版. 北京：机械工业出版社.
宁德发，2017. 电动汽车：结构·原理·检测·维修［M］. 北京：化学工业出版社.
瑞佩尔，2019. 新能源汽车结构与原理［M］. 北京：化学工业出版社.
孙仁云，付百学，2011. 汽车电器与电子技术［M］. 2版. 北京：机械工业出版社.
王军，刘强，2018. 新型汽车电器维修简明教学图解［M］. 北京：电子工业出版社.
王震坡，孙逢春，2012. 电动车辆动力电池系统及应用技术［M］. 北京：机械工业出版社.
向立明，史良碧，2018. 汽车电器及电子设备检修［M］. 北京：北京理工大学出版社.
杨保成，2016. 汽车电器与电子控制技术［M］. 北京：清华大学出版社.
于万海，2016. 汽油发动机管理系统故障诊断与修理［M］. 北京：高等教育出版社.
周云山，张军，安颖，等，2014. 汽车电器与电子控制技术［M］. 北京：人民交通出版社.